說文解字注

四

（清）段玉裁 撰

國家圖書館出版社

頁　古文䭫首如此　案此解鶻突之至以爲䭫乎不當訓頭以爲首乎何得專屬之䭫凡从頁之字不皆係䭫首義玉篇頁說文云頭也䭫之无重文作頁者唐韻頁胡結切頭也蕭數不收頁字頁字出古文𦣻後世讀胡結切疑與康禮一字　此六字蓋後人所加小徐亦但云古文以爲首字

說文解字第九篇上

金壇段玉裁注

頁　頭也从𦣻从儿古文䭫首如此　按此十二字蓋後人所改竄非許氏原文原文當云頁古文䭫首字如此从𦣻从儿共十一字䭫字見下文首部䭫者小篆依常例當於䭫下出頁解云古文䭫而以如是立文則从頁之九十三文無所附故別出頁爲部首正如儿卽古文奇字人介卽籀文大而皆必別出之爲部首云儿古文奇字人也云介籀文大改古文也皆不必再釋儿字介字頁字之義後人乃於儿下贅之云仁人也頁下贅之云頭也而倒亂其文皆由不知許氏立言之變例故爾頁部不廁首部後而列於前者蒙八篇从儿之字爲次也小篆𦣻古文作首小篆䭫古文作頁今隸則𦣻用古文䭫用楷字而𦣻頁䭫皆不行矣从𦣻儿爲頁首字如从气儿爲欠从目儿爲見會意字本與䭫同音康禮切十五部今音轉爲胡結切　凡頁之屬皆

从頁大徐本此下有百者𩠐𦣻字也小徐本百作頁此古注謂頁郎𩠐字也要非許語今刪

頭百也百各本作𦣻今正小篆作百說文據小篆爲書故敘曰今敘篆文合以古籒也漢人多用𦣻不用百者自係一時相習而然許造字書則有定體百下曰頭也頭下曰百也是曰轉注禮記曰頭容直頭頸必中**从頁**𦣻以𩠐爲取重故字多从頁**豆聲**度侯切四部

顏眉之間也各本作眉目之間淺人妄增字耳今正眉與目之間不名顏釋言曰猗嗟名兮目上爲名郭注云眉眼之間西京賦名作略薛注曰眉睫之間是不謂之顏也若云兩眉間兩目間則兩目間已是鼻莖謂之頞又非顏也面下曰顏前也色下曰顏气也是可證顏爲眉間醫經之所謂闕道書所謂上丹田相書所謂中正印堂也按庸風揚且之晳也子之淸揚揚且之顏也傳曰揚眉上廣也淸視淸明也揚且之顏者廣揚而顏角豐滿也毛云顏角蓋指全額而言中謂之顏旁謂之角由兩眉間以直上皆得謂之顏醫經頟曰顏曰庭是也國語角犀豐盈亦角謂旁犀謂中犀牛一角在鼻一角在頂故相法有

骨自印堂至頂者曰伏犀貫頂若方言云顲頟顏顙也湘江之間謂之顲中夏謂之頟東齊謂之顙汝潁淮泗之閒謂之顏此則依方語通謂頟爲顏顏非毛許意也小雅顏之厚矣凡羞媿喜憂必形於顏謂之顏色故色下曰顏气也

从頁彥聲五姦切十四部

顏籒文鉏樹玉曰各本篆體右作覺誤也此从古文百

頌皃也皃下曰頌儀也與此爲轉注不曰頌也而曰頌儀者其義小別也於此同之於彼別之也古作頌皃今作容皃古今字之異也容者盛也與頌義別六詩一曰頌周禮注云頌之言誦也容也誦今之德廣以美之詩譜曰頌頌之言容天子之德光被四表格于上下無不覆燾無不持載此之謂容於是和樂興焉頌聲乃作此皆以容受釋頌似頌爲容之假借字矣而毛詩序曰頌者美盛德之形容以其成功告於神明者也此與鄭義無異而相成鄭謂德能包容故作頌序謂頌以形容其德但以形容釋頌而不作形頌則知假容爲頌其來已久以頌字專系之六詩而頌之本義廢矣漢書曰徐生善爲頌曰頌禮甚嚴其本義也曰有罪當盜械者皆頌繫此假頌爲寬容字也**从**

九篇上　二

頁公聲余封切又似用切九部按古祇余封一切䪫籒文疑从省𩑋𩑋顱首骨也此五字各本作顱也二字今依全書通例正骨部曰髑髏頂也𩑋顱卽髑髏語之轉也𩑋顱亦疊韵玉篇引博雅聲類作𩑋顱恐有誤戰國策云頭顱僵仆相望於竟从頁乇聲徒谷切按此音誤也廣韵一屋無此字十九鐸音徒落切是不誤矣五部顱𩑋顱也各本作𩑋顱首骨也五字今依全書通例正漢書武五子傳作盧从頁盧聲洛乎切五部顨顚頂也篇韵皆云顯願二同按說文義異从頁巺聲穴部曰巺讀若僊魚怨切十四部顚頂也見釋言國語班序顚毛注同引伸爲凡物之頂如秦風有馬白顚傳曰白顚的顙也馬以顙爲頂也唐風首陽之顚山頂亦曰顚也顚爲冣上倒之則爲冣下故大雅顚沛之揭傳曰顚仆也論語顚沛馬注曰僵仆也離騷注曰自上下曰顚廣雅曰顚末也从頁眞聲都秊切十二部頂顚也頂顚異部疊韵字故顚倒樂府或作丁倒引伸爲凡在冣上之

偁故廣雅云頂上也按頂之假借字作定詩周南麟之定釋言毛傳皆曰定題也毛傳一本作顛也亦與爾雅無不合蓋禽獸橫生以頟爲頂故秦風白顛傳曰的顙亦以顙釋顛 从頁丁聲 都挺切十一部 𩒫 或从𩑋作 鈕曰从古文百也舊作𩑋誤 𪔂 籀文从鼎 鼎聲也 顙 頟也 方言中夏謂之頟東齊謂之顙九拜中之頓首必重用其顙故凡言稽顙者皆謂頓首非稽首也公羊傳曰再拜顙者即拜而後稽顙也何曰顙者猶今叩頭按叩頭者經之頓首也 从頁桑聲 穌朗切十部 題 頟也 釋言毛傳曰定題也引伸爲凡居前之偁 从頁是聲 杜兮切十六部 頟 顙也 釋名曰頟鄂也有垠鄂也引伸爲凡有垠鄂之偁如喪服疏引大戴禮云大功已上唯唯小功已下頟頟然皋陶暮晝夜頟頟釋名云頟頟然憚之韓碑云頟頟蔡城 从頁各聲 五陌切古音在五部今隸作額 頞 鼻莖也 鼻謂之準鼻直莖謂之頞史記唐舉相蔡澤曰先生曷鼻巨肩魋顏蹙齃既言鼻又言頞者曷同遏遏鼻言其

內不通而齆蹙齃則言在外鼻莖也鼻有中斷者蔡澤諸葛恪之相是也有憂愁而蹴縮者孟子言蹙頞是也有病而辛頞者此言其內酸辛素問所言是也**从頁安聲**烏割切十五部釋名曰頞鞍也偃折如鞍也知固可讀如安

𪖠 或从鼻曷曷聲也

頯 權也權者今之顴字戰國策眉目準頞權衡犀角偃月其字正作權易夬九三壯于頄王云面權也翟云面顴頰間骨也鄭作頯頯夾面也王與許說同國策謂之權衡者象其平也按大元視次四頯須姝爲韵今本頯作頯誤肉部曰肫者面頯也儀禮釋文引說文肫章允反漢高祖隆準準與肫音同故應劭曰隆高也準頯權準也入聲音拙則字又作頄**从頁弁聲**渠追切按古音仇在三部是以蜀才作仇也三篇谷部𧮫从肉聲讀如逵逵同馗讀如仇

頰 面旁也面者顏前也顏前者兩眉間兩目間已下至頰間也其旁曰頰面部曰酺頰也易咸上六咸其輔頰舌輔即酺之假借字也凡言頰車者今俗謂牙牀骨牙所載也與單言頰不同**从頁夾聲**古叶切八部

𩑊 籒文頰各本

九篇　三

右作覺誤今依集韵正又左體之夾今改从籀文大頣頰後也頰後謂近耳及耳下也从頁艮聲古恨切十三部廣韵古很切頜顄也公羊傳呼獒而屬之獒亦躇階而從之祁彌明逆而踆之絕其頜何云以足逆躝曰踆頜口也按玉篇引作絕其頜此謂以足迎蹋之遂使獒之頤不能噬也方言頜頤頜也南楚謂之頜秦晉謂之頜頤其通語也从頁合聲胡感切按依方言則緩言曰頜急言曰頜頜當讀如合也玉篇公苔切七部顄頤也𦣝下曰顄也𦣝者古文頤與此爲轉注王莽傳作顄正字也方言作頷於說文爲假借字从頁圅聲胡男切七部顄同頸頭莖也从頁巠聲居郢切十一部領項也按項當作頸碩人桑扈傳曰領頸也此許所本也釋名國語注同領字以全頸言之不當釋以頭後若廣雅領頸項也合宜分別者渾言之其全書之例類皆然矣衣之曲袷謂之領亦不謂衣後也仲尼燕居注領猶治也淮南書高注領理也皆引伸之義謂得其首領也龜策傳用領爲蓮異部假借从頁

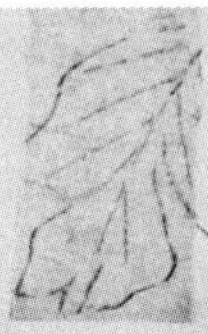

令聲巨郢切古音在十二部

項 頭後也 頭後者在頭之後後項雙聲故項槀亦曰后槀也肉部曰脰項也公羊傳搏閔公之脰何云脰頸也齊人語此當曰項而曰頸者渾言則不別小雅四牡項領傳曰項大也此謂項與堆同 从頁工聲 胡講切九部

煩 玉枕也 玉枕各本作項煩小徐作項枕廣韵作項煩云頊魚欲切醫經本作玉枕許說同一譌爲項煩再譌爲項煩項煩皆非也沈氏彤詳攷內經甲乙經作釋骨曰顛之後橫起者曰頭橫骨曰枕骨其兩旁尤起者曰玉枕骨玉枕骨卽偃臥箸枕之處單評曰煩玉篇引蒼頡云垂頭之皃此別一義 从頁冘聲 章衽切八部

顀 出頟也 謂頟肰出向前也元應曰今江南言傾頭肰顙乃以傾爲後枕之名按後枕卽上文之煩也 从頁隹聲 直追切十五部

碩 曲頤也 曲頤者頤曲而微向前也揚雄傳鎮頤師古曰曲頤也按廣頤曰𦣝曲頤曰碩頤狀之不同也 从頁不聲 薄囘切古音在一部

顩 䶢皃也 䶢者齒差也篇韵皆云頑顩不平也頑邱檢切字當

案顀之義爲堆堆即肰也蔡澤傳魋顏顏即眉間魋顏即出顏也顀正字魋假借字

作頚羊聲按許說顩之本義文選解嘲顩頤乃假顩爲䫡也从頁齒差必形於外故从頁僉聲魚檢切七部

䪼面目不正皃玉篇曰面不平廣韵曰面斜从頁尹聲余準切十三部

頵頭頵頵大也按錯本作頭頵也與文選注合然恐有奪字耳文選長笛賦重巘增石簡積頵砡春秋楚君有名頵者从頁君聲於倫切十三部李善引說文巨隕切

䫇面色顚顚皃皃當依玉篇作也从頁員聲讀若隕于閔切十三部

䫡頭頰長也四字當作頭陜面長皃五字玉篇云頭頰面長皃頰亦譌字廣韵面長皃則少頭陜二字文選解嘲顩頤折頞韋昭曰面長曰顩欺甚切玉篇引蒼頡云顩面長銳頤之皃蓋解嘲及蒼頡皆以顩爲䫡也从頁兼聲五咸切七部

碩頭大也引伸爲凡大之偁釋詁毛傳皆曰碩大也簡兮傳曰碩人大德也碩與石二字互相借从頁石聲常隻切古音在五部

頒大頭也小雅魚藻曰魚在在藻有頒其首傳曰頒

大首皃若之華牂羊墳首傳曰墳大也此假墳爲頒也孟子頒白者不負戴於道路此假頒爲𩬑也周禮匪頒之式鄭司農云匪分也頒讀爲班布之班謂班賜也此假頒爲班也**从頁分聲**布還切按古音在十三部符分切**一曰鬢也**鬢者頰髮也引伸之頰亦曰頒玉藻笏大夫以魚須文竹鄭云文猶飾也大夫士飾竹以爲笏按須乃頒之誤故釋文音班崔靈恩作魚班知唐初故作頒須無音班之理魚頒者謂魚頰骨考工記注曰之而頰頌也是也**詩曰有須其首**證前一義

顒 大頭也引伸之凡大皆有是偁小雅六月其大有顒傳曰顒大皃大雅卷阿傳曰顒顒溫皃卬卬盛皃釋訓曰顒顒卬卬君之德也又其引伸之義也**从頁禺聲**魚容切按禺聲本在四部此四部九部合音也**詩曰其大有顒**

䫜 大頭也玉篇引蒼頡云頭大也廣雅曰䫜大也**从頁羔聲**口幺切二部

顝 大頭也廣雅曰顝大也思元賦顝羈旅而無友舊注顝獨也此與九辨塊獨守此無澤之塊同皆於音求之玉篇引蒼頡云相抵

觸廣雅云醜也皆引伸之義

从頁骨聲讀若魁苦骨切十五部玉篇口骨口回二切廣韵同

願大頭也本義如此故从頁今則本義廢矣邶風願言思子中心養養傳曰願每也此每如春秋外傳懷私爲每懷賈誼賦品庶每生之每按毛詩願字首見於終風願言則嚏而無傳則毛意謂與今人語同耳釋詁曰願思也方言曰願欲思也邶風鄭箋曰願念也皆與今語合丂部曰寧願詞也用部曰甯所願也心部曰憖肎也凡言願者盍寧甯憖三字語聲之轉自詩所用已如是而二子乘舟語意尤深故傳別言之實非異也**从頁原聲**魚怨切十四部

顤高長頭玉篇下有皃字靈光殿賦李注顯顡顥大首深目之皃**从頁堯聲**五弔切二部

頎頭佳皃此本義也引伸爲長皃衛風碩人其頎齊風頎若長兮傳皆曰頎長皃又曰敖敖猶頎頎也古假頎爲懇如檀弓頎乎其至是也**从頁斤聲**渠希切按古音在十三部如旂本讀同芹然則碩人何以韵衣也曰碩人頎讀入微韵衣讀如殷皆可**讀又若鬢**讀又若者

謂讀若芹矣又有此讀也按頎篆併解各本奪今依小徐本及集韵類篇韵會所引訂補

⿰敖頁 ⿱敖頁⿱敖頁高也當云頭高也廣韵云頭長从頁敖聲五到切二部亦作顤

⿰岳頁 前面岳岳也前當作芛芛面猶俗云當面李白詩山從人面起靈光殿賦神仙岳岳於棟間李注岳岳立皃从頁岳聲岳古文嶽五角切古音在二部

⿰㬎頁 昧前也前當作芛昧當作眛眛於當芛論語所謂正牆面而立也从頁㬎聲讀若昧莫佩切十五部

𩕄 面瘦淺𩕄𩕄也从頁霝聲郎丁切十一部

顡 頭蔽顡也蔽顡疊韵字蓋古語也集韵曰謂頭癡錢氏大昕曰春秋戰國人名有蒯聵者疑卽此蔽顡字从頁豙聲五怪切十五部

頑 梱頭也木部曰梱梡木未析也梡梱木薪也凡物渾淪未破者皆得曰梱凡物之頭渾全者皆曰梱頭梱頑雙聲析者鋭梱者鈍故以爲愚魯之偁左傳曰心不則德義之經爲頑从頁元聲五還切十四部

⿰頁桼 小頭⿰頁桼⿰頁桼也⿰頁桼之言嬰也嬰

者細也从頁枝聲讀若規又己恚切徐云又者謂居隨切矣又有此切也十六部亦作頼亦作
櫇顆小頭也引伸爲凡小物一枚之偁珠子曰顆米粒曰顆是也賈山傳蓬顆蔽冢晉灼曰東北
人名土塊爲蓬顆按此卽淮南書宋玉風賦之堁字許注淮南曰堁塵塺也从頁果聲苦惰切十七部
頢短面也廣韵曰小頭皃从頁𠯑聲五活切又下活切十五部廣韵古活切頲
狹頭頲也疑當作頲頲也假借爲挺直之挺釋詁曰頲直也从頁廷聲他挺切十一部
頠頭閑習也閑當作嫺字之誤也引伸爲凡嫺習之偁釋詁曰頠靜也頠與女部之婉義略同
从頁危聲語委切十六部頷面黃也離騷苟余情其信姱以練要兮長顑頷亦何傷王注
顑頷不飽皃本部顑字下云飯不飽面黃起行也義得相足今則頷訓爲頤古今字之不同也从頁含聲
胡感切七部李善注離騷音呼感反⿰爰頁面不正也从頁爰聲于反切十四部頛

順　柔順者面目顏色之治如玉之有理而字从頁遂訓理與
下頿䫨爲數段但以治玉釋之忘其从頁之字矣

九篇　七

舉頭也此頍之本義也故其字从頁士冠禮緇布冠缺項今未冠笄者著冠卷頍象之所生也滕薛名簂爲頍如鄭說則頍所以支冠舉頭之義之引伸也小雅有頍者弁傳曰頍弁皃弁皮弁也惟舉頭曰頍故載弁亦曰頍義之相因而引伸者也从頁支聲丘弭切十六部詩曰有頍者弁頍弁篇

⿰𠬛頁　內頭水中也內者入也入頭水中故字从頁𠬛與水部之沒義同而別今則𠬛頭廢而沒專行矣从頁𠬛𠬛亦聲烏沒切十五部

顧　還視也還視者返而視也檜風箋云迴首曰顧析言之爲凡視之偁鄉黨賓不顧矣謂還視也車中內顧苞氏謂前視不過衡軛旁視不過輢轂則顧猶視也又引伸爲臨終之命曰顧命又引伸爲語將轉之詞从頁雇聲古慕切五部

順　理也理者治玉也玉得其治之方謂之理凡物得其治之方皆謂之理理之而後天理見焉條理形焉非謂空中有理非謂性卽理也順者理也順之所以理之未有不順民情而能理者凡訓詁家曰從順

也曰愻順也曰馴順也此六書之轉注曰訓順也此六書之假借凡順愼互用者字之譌从頁川人自頁以至於踵順之至也川之流順之至也故字从頁川會意而取川聲小徐作川聲則舉形聲包會意訓馴字皆曰川聲也食閏切十三部

⿰㐱頁顏色㐱䫲愼事也愼事玉篇廣韵作順事疑南宋改耳从頁㐱聲之忍切十三部廣韵亦章刃切

䫲㐱䫲也从頁粦聲良刃切玉篇來軫切二篆今作須顙十二部

一曰頭少髮廣韵廿一震曰須顙頭少髮竊疑頭少髮單承䫲字言十六軫說是也

顓頭顓顓謹皃此本義也故从頁白虎通曰謂之顓項何顓者專也項者正也言能專正天之道也按叀者小謹也今字作專亦假顓作專如淮南云顓民法言云顓蒙漢書言顓顓獨居一海之中皆是从頁耑聲職緣切十四部

頊頭頊頊謹皃此本義也故从頁引伸爲正也白虎通又曰冬其帝顓頊顓頊者寒縮也从頁玉聲許玉切三部

顉低頭也低當作氐氐者說文

空手譌當作空首

之低字也左傳襄廿六年衛獻公反國大夫逆於竟者執其手而與之言道逆者自車揖之逆於門者頷之而已釋文頷本又作顉按依許則頷顉皆非也杜注搖頭亦非既不執手而言又不自車揖之則在車首肎而已不至搖頭也釋文本又作頷正是本又作顉之譌列子湯問曰顉其頤則歌合律郭璞游仙詩洪厓頷其頤注引列子亦作頷引廣雅頷動也頷皆顉之譌故云五感反若本頷字則當云胡感反也顉其頤者開口則低其頤靈光殿賦顉若動而躨跜今本亦譌頷**从頁金聲**五感切古音在七部**春秋傳曰迎于門顉之而已**

頓下首也按當作頓首也三字爲句周禮太祝九㩻一曰䭬首二曰頓首三曰空首三者分別劃然不當頓䭬二字皆訓之曰下首明矣鄭曰稽首拜頭至地也頓首拜頭叩地也空手拜頭至手所謂拜手也吉拜拜而後稽顙謂齊衰不杖以下者凶拜稽顙而後拜謂三年服者玉裁按九拜以前三者爲體後六者爲用如六書以指事象形形聲會意四者爲體轉注假借二者爲用也凡經言拜手言拜皆周禮之空首手部㩻字下曰首至

手何注公羊傳曰頭至手曰拜手皆與周禮空首注合凡經言稽首小篆作䭬古文作𩒨經傳無異偁何注公羊云頭至地曰稽首與周禮注合凡經傳言頓首言稽顙或單言顙皆九拜之頓首何注公羊曰顙猶今叩頭檀弓稽顙注曰觸地無容皆與周禮頓首注合頭至手者拱手而頭至於手頭與手俱齊心不至地故曰空首若稽首頓首則拱手皆下至地頭亦皆至地而稽首尙稽遲頓首尙急遽頓首主於以顙叩觸故謂之稽顙或謂之顙周禮之九拜不盡知而稽首者吉禮也頓首者凶禮也空首者吉凶所同之禮也經傳立文凡單言拜及下屬稽首稽顙言拜言拜手者皆空首也言拜手稽首者空首而稽首也言拜而後稽顙者空首而頓首也言稽顙而後拜者頓首而空首也言稽顙而不拜者頓首而不空首也經於吉賓嘉曰稽首未有言頓首者也於喪曰稽顙亦未有言頓首者也然則稽顙之卽頓首無疑矣有非喪而言頓首者非常事也顙乎凶事也如申包胥之九頓首而坐以國破君亡穆嬴頓首於宣子以太子不立與季平子稽顙於叔孫昭子以君亡昭公子家駒再拜顙於齊侯以失國正同也若陳無

頫

宇稽顙於欒施以排患釋難禮之過也無宇之詐也沿至秦漢以頓首爲請罪之辭中山策司馬喜之頓首別於陰姬公之稽首漢人文字存者蔡邕戍邊上章云朔方髡鉗從臣邕稽首再拜上書皇帝陛下末云臣頓首死罪稽首再拜以聞蔡質所記立宋皇后儀首云尚書令臣囂等稽首言末云臣囂等誠惶誠恐頓首死罪稽首再拜以聞許沖進說文解字首云召陵萬歲里公乘臣沖䭬首再拜上書皇帝陛下末云臣沖誠惶誠恐頓首頓首死辠死辠䭬首再拜以聞皇帝陛下皆頓首與稽首分別稽首爲對皺之辭**从頁**首叩地故从頁**屯聲**都困切十三部凡言供頓頓宿皆取屯聚意而假頓爲之又多假頓爲鈍

頫低頭也低當作氐西京賦伏欞檻而頫聽聞雷霆之相激薛綜曰頫低頭也上林賦頫杳眇而無見李善引聲類頫古文俯字**从頁逃省**逃者多媿而俯故取以會意从逃猶从兔也匡謬正俗引張揖古今字詁云頫今之俯俛也蓋俛字本从兔　俯則由音誤而製用府爲聲字之俗而謬者

頫　羞低頭者遁其意故从逃猶孟子遁辭知其所窮

故許書不録俛舊音無𢍰切頫玉篇音靡卷切正是一字一音而孫強輩增說文音俯四字不知許正讀如免耳古音在十三十四部之閒大徐云方矩切者俗音也

大史卜書頫仰字如此卜或作公誤匡謬正俗引正作卜漢藝文志蓍龜十五家四百一卷大史卜書當在其內言此者以正當時多作俛俯非古也

楊雄曰人面頫此蓋摘取楊所自作訓纂篇中三字以證从頁之意頫本謂低頭引伸爲凡低之偁

俛　頫或从人免匡謬正俗引及小徐皆作俗頫字篆體或改作俛解作从人免以从免聲而讀同俯爲龤不知舊讀同免過秦論俛起阡陌之中李善引漢書音義音免史記倉公傳不可俛仰音免龜策列傳首俛索隱正義皆音免元應書兩云俛仰無𢍰切廣韵俛亡𢍰切俯俛也玉篇人部俛無𢍰切俯俛也此皆俛之正音而表記俛焉日有孶孶釋文音勉毛詩黽勉李善引皆作僶俛俛與勉同音故古假爲勉字古無讀俛如府者也頫音同俛

頣　舉目視人皃目當依廣韵作眉舉眉揚眉也**从頁臣聲**式忍切十二部

九篇上　一

⿰善頁倨視人也倨者不遜也**从頁善聲**旨善切十四部

頡直項也淮南修務訓王公大人有嚴志頡頏之行者無不憚悇癢心而悅其色矣此頡頏正謂強項也亢部頏下曰直項莽頏淮南之頏即說文之頏也直項者頡之本義若邶風燕燕于飛頡之頏之傳曰飛而下曰頡飛而上曰頏此其引伸之義直項爲頡頏故引伸之直下直上曰頡頏**从頁吉聲**胡結切十二部

⿰出頁頭頡⿰出頁也頡⿰出頁疊韵古語頭菌蠢皃若高祖隆準服虔準音拙應劭曰頰權準也師古曰⿰出頁權⿰出頁字豈當借準爲之按服但云準音拙耳權⿰出頁之名又出漢後也**从頁出聲**之出切十五部**讀又若骨**云又者謂出聲則讀若拙矣又讀若骨也

顥白皃漢郊祀歌曰西顥沆碭西都賦曰鮮顥氣之清英顥與臭音義略同**从景頁**景者日光也日光白从景頁言白首也按上文當云白首皃李善注文選引聲類顥白首皃聲類葢本許書今許書乃爲淺人刪首字耳郊祀歌西都賦及楚辭則皆引伸假借也胡老切二部**楚詞曰**詞當作辭

許書皆作楚詞天白顥顥見大招王逸曰顥顥光貌按此當廁白首人也之下寫者亂之耳土部堋下引左傳朝而堋在前引虞書堋淫于家在後可證許偁古之例南山四顥南四八目廣韵作商皇甫士安高士傳曰四皓皆河內軹人或在汲一曰東園公二曰角里先生三曰綺里季四曰夏黃公秦始皇時退入藍田山作歌乃共入商雒隱地肺山漢高徵之不至深自匿終南山不能屈己按曰藍田山曰商雒地肺山曰終南山東西相接八百里實一山也詩傳曰終南周之名山中南也左傳作中南史漢謂之南山楊雄解嘲曰四皓采榮於南山說文作南山不誤張良傳注商山四皓宋時浙本作南山顥此字今補白首人也以是爲白首之證他書作四皓者通假字也

⿰樊頁大醜皃醜可惡也从頁樊聲附袁切十四部⿰爭頁好皃頭好也从頁爭聲疾正切十一部詩所謂⿰爭頁首⿰爭頁首當作螓首見衛風碩人傳曰螓首顙廣而方箋云螓謂蜻蜻也按方言蟬小者謂之麥蚻有文者謂之蜻蜻孫炎注爾雅引方言有文者謂之螓然

則螓蜻一字也引古罕言所謂者假令詩作頞首則徑偁詩句不言所謂𩔆𩔆妍也三字爲句𩔆妍疊韻大徐改爲頭妍此卽改頓首爲下首之比妍安也𩔆義如周易之翩翩東都賦翩翩巍巍顯顯翼翼从頁翩省聲讀若翩按此當紙延切古音在十二部篇韵王矩一切葢有認爲羽聲者耳廣韵注云孔子頭也又附會以爲孔子圩頂之圩

顗謹莊皃莊者壯盛字之假借也義相足釋詁曰顗靜也从頁豈聲魚豈切十五部

顅頭鬢少髮也髟部曰鬜者鬢秃也此音義皆同葢實一字矣而以顅从頁故云頭鬢謂頭上及鬢夾也鬜从髟故單言鬢考工記數目顅脰故書顅或作牼鄭司農曰牼讀爲鬜頭無髮之鬜司農意謂鳥頭毛短也鄭注明堂位曰齊人謂無髮爲秃楬釋名曰秃無髮沐秃也髦頭生瘡曰瘕髦亦然也楬與髦皆卽鬜字許說周禮與先鄭同後鄭易之曰顅長脰也非許義證以莊子其脰肩肩則後鄭是也肩卽顅从頁肩聲苦閑切十四部周禮曰數目顅脰

頣無髮也廣韵曰頣

案既云从翩省聲何又云讀若翩 玉篇王矩切引說文云頨妍也廣韵九麌頨 又二仙許緣切頨妍美頭 疑許書本云从頁羽聲又讀若翩今本从翩省聲四字後人因讀若翩而竄改之

● 玉篇存羽孰知其爲翩省

者頤顫也顫者禿也五囷切**一曰耳門也**別一義**从頁囷聲**按毛刻作囷聲篆左从囷
不誤凡囷聲之字亦入竆韵矣苦昆切十三部**頵禿也**禿本訓無髮此則用其引伸之義也考工記作
其鱗之而注曰之而頰頌也按頰謂鱗屬之面旁頌謂鱗屬之頤顫圓潤光滑故謂之禿古語如是魚游泳必動其
頰與顫所謂作其之而也玉篇頛者頛下也是其字可作頛而淺者謂爲穨字**从頁气聲**苦骨切十五部
按周禮釋文云許愼口忽反禿也劉古本反正義曰舊讀頌字沽罪反劉炫以爲當音壺玉裁謂板本壺字葢誤當
作壺**頛頭不正也**釋魚左倪不類周禮類作靁葢皆頛之假借字也**从頁耒**會意**耒**
頭傾說从耒之意**亦聲**耒亦聲盧對切十五部廣韵無**讀又若春秋陳夏齧之**
齧又有此音卽與左倪右倪之倪同也曰陳夏齧之齧當許時讀春秋此齧必與他齧不同也陳夏齧見春秋經
昭廿三年正義考世本齧者徵舒曾孫杜云元孫**䫌傾首也**首元應引作頭元應引蒼頡篇云頭

九篇上　三

不正也又引淮南子左顊右倪按釋魚左倪右倪郭注行頭左俾右俾俾俾亦作庳皆非是其字正當作顊故釋文普計反也从頁卑聲匹米切十六部䫔司人也司者今之伺字一曰恐也从頁契聲讀若楔楔或作禊誤今依古本正今楔讀先結切類胡計切韵書之分別也十五部䫥頭不正也从頁鬼聲口猥切十五部頗頭偏也引伸爲凡偏之偁洪範曰無偏無頗遵王之義人部曰偏者頗也以頗引伸之義釋偏也俗語曰頗多頗久頗有猶言偏多偏久偏有也古借陂爲頗如洪範古本作無偏無陂顏師古匡謬正俗李善文選注所引皆作陂可證迄乎天寶乃據其時所用本作頗而詔改爲陂一若古無作陂者不學而作聰之過也陂義古皆在歌戈部則又不知古音之過耳从頁皮聲滂禾切十七部又匹我切言部曰詖古文以爲頗字言古文之假借也頄顫也从頁尢聲按元應書兩引說文皆作䫏是其字从頁叉聲今本說文作頄尢聲非古也篇韵皆沿俗本之誤耳元應

引說文云謂掉動不定也蓋演說文語通俗文曰四支寒動謂之顫疛于救切古音在一部疣頄或从疒按此篆亦當作疚从疒又聲據元應書及廣韵可證元應曰今作疣知淺人以今體改古體耳顫頭不定也不定各本作不正今正顫頄皆不寧之皃上文頛頓顚頗四篆言頭不正此則義別頭不定故从皃引伸爲凡不定之偁从頁亶聲之繕切十四部顑顑顲逗二字各本無今依全書通例補疊韵字食不飽面黃起行也離騷長顑頷亦何傷王注顑頷不飽皃按許之顑顲卽顑頷也離騷假借頷爲顲許書單出頷篆云面黃也此恐淺人所增廣韵顑顲瘦也从頁咸聲下感下坎二切七部廣韵苦感切又作顑呼唵切讀若戇顲顑顲也各本作面顑顲皃今依全書通例正从頁㐭聲盧感切七部煩熱頭痛也詩曰如炎如焚陸機詩云身熱頭且痛从頁火會意一曰焚省聲焚火部作焚此謂形聲也附袁切十四部顡癡顡逗各本奪

顡字今依玉篇廣韵補 **不聰明也** 廣韵曰顡顏惡也此今義也 **从頁豪聲** 五怪切十五部 據廣韵此說文舊音也 **頪 難曉也** 謂相佀難分別也頪類古今字類本專謂犬後乃類行而頪廢矣廣雅云頪疾也 **从頁米** 頁猶種也言種䌛多如米也米多而不可別會意一說黑首之多如米也故曰元元盧對切十五部按六書故引唐本从迷省 **一曰鮮白皃从粉省** 鮮猶新也粉者白之甚者也 **顇 顦顇也** 許書無顦篆大徐增之非也錢氏大昕曰面部之醮當是正字小雅或盡瘁事國傳云盡力勞病以從國事左傳引詩曰雖有姬姜無棄蕉萃杜曰蕉萃陋賤之人楚辭漁父顏色憔悴王曰皯黴黑也班固荅賓戲朝而榮華夕而焦瘁其字各不同今人多用憔悴字許書無憔篆悴則訓憂也 **从頁卒聲** 秦醉切十五部 **⿰昏頁 繫頭殟也** 歺部曰殟者暴無知也今本譌作胎敗則此以殟釋⿰昏頁遂不可通集韵類篇引此條有謂頭被繫無知也七字當是古注語玉篇引莊子云問焉則⿰昏頁然⿰昏頁不曉也按與心部之惛音義

略同。从頁昏聲。莫奔切十三部

頦醜也。廣雅同。篇韵云頣下。非許義从頁亥聲。戶來切一部按廣雅柯開切

䫏醜也。此䫏之本義从頁其聲。去其切一部今逐疫有䫏頭。此舉漢事以爲證也周禮方相氏注云冒熊皮者以驚敺疫癘之鬼如今魌頭也淮南書視毛嫱西施猶䫏醜也高注云䫏䫏頭也方相氏黃金四目衣赭稀世之䫏貌䫏醜言極醜也風俗通曰俗說亾人魂氣游揚故作魌頭以存之言頭魌魌然盛大也或謂魌頭爲觸壙殊方語按魌䫏字同頭大故从頁也亦作⿰僛頁靈光殿賦仡䫏猑以雕䫏李注䫏猑大首也今本作欺猑葢誤

籲呼也。呼當作評言部曰評者召也口部曰召者評也周書乃有室大競籲俊尊上帝某氏曰招呼賢俊與共尊事上天商書率籲眾戚出矢言某氏曰籲和也率和眾憂之人出正直之言按和之訓未知何出葢謂籲同龠龠以和眾聲也夫下文自我王來至底綏四方皆民不欲徙之言姚氏鼐之說是也籲眾戚出矢言正謂不欲徙之民相評急出誓言爲盤庚教民命眾張本注疏殊繆

从頁籥聲讀與籥同羊戌切古音在二部讀如姚商書曰率籲衆戚見盤庚上戚今本作慼俗字也衛包所改

顯頭明飾也故字从頁飾者妝也女部曰妝飾也是也頭明飾者冕弁充耳之類引伸爲凡明之偁按㬎謂衆明顯本主謂頭明飾乃顯專行而㬎廢矣日部㬎下曰古文以爲顯字由今字假顯爲㬎乃謂古文假㬎爲顯也此古今字之變遷所必當深究也从頁㬎聲此舉形聲包會意呼典切十四部

𩕄選具也選擇而共置之也顛選疊韵丌部曰巽具也顨具也人部曰僎具也是巽顛顨僎四字義同玉篇曰顛古文作選从二頁二頁具之意也士戀切十四部

文九十三宋本九十三毛刻九十二今刪顯字補順字仍九十二　重八

百頭也頭下曰百也與此爲轉注自古文𩠐行而百廢矣白虎通何注公羊王注楚辭皆曰首頭也引伸之義爲始也本也儀禮古文假借手爲首象形象人頭之側面也左象前右象後書九切三部凡百

之屬皆从百

脜　面和也　和當作龢　龢調也味相應也許書分別畫然今人淆之邶詩輯柔爾顏傳曰輯和也泮水載色載笑傳曰色溫潤也玉篇曰野王案柔色以蘊之是以今爲柔字按今字柔行而脜廢矣　从百肉　骨剛肉柔故从百肉會意肉亦聲　讀若柔　耳由切三部

文二

面　顏前也　顏者兩眉之中閒也顏前者謂自此而前則爲目爲鼻爲目下爲頰之閒乃正鄉人者故與背爲反對之偁引伸之爲相鄉之偁又引伸之爲相背之偁易窮則變變則通也凡言面縛者謂反背而縛之偭从面　从百象人面形　謂囗也左象面　彌箭切十四部　凡面之屬皆从面

靦　面見人也　各本無人今依毛詩正義補面見人謂但有面相對自覺可慚也小雅何人斯有靦面目傳曰靦姡也女部曰姡面靦也按心部曰靑徐謂慙曰㥦音義皆同而一从心者慙在中一从面者媿在外韋注國語曰

靦面目之見也从面見此以形爲義之例見亦聲他典切十四部詩曰有靦面目

䩄或从旦旦聲也玉篇曰埤蒼䩄同靦字書作靧

䩉頰也頰者面旁也面旁者顏前之兩旁大招靨輔奇牙宜笑嫣只王注言美頰有靨䩉口有奇牙嘕然而笑尤媚好也淮南書奇牙出靨輔搖高注靨輔頰邊文婦人之媚也又曰靨輔在頰則好在顙則醜注靨䩉者頰上窐也由此言之靨䩉在頰故䩉與頰可互偁古多借輔爲䩉如毛詩傳曰倩好口輔也此正謂靨䩉咸上六咸其輔頰舌艮六五艮其輔其字皆當作䩉葢自外言曰䩉曰頰曰靨䩉自裏言則上下持牙之骨謂之䩉車亦謂牙車亦謂頷車亦謂頰車亦謂䶬車亦謂之䩉亦謂之頰許言䩉頰也者言其外也易言䩉頰言䩉言其裏也䩉車非外之䩉頰車非外之頰此名之當辨者也諸家說左傳輔車相依用牙車爲訓而許君不同說詳車部○按艮卦虞注云輔面頰骨上頰車也面頰骨今俗語尚如是上頰車即頰骨在上持牙者服虔注左傳謂之上頷車然則在下持牙者亦得曰下頰車下頷車矣必云上頰車

上頷車者言酺則言上是也頰車與古言則必動故咸艮爻辭取此**从面甫聲**符遇切五部

𩈝**面焦枯小也**玉篇引楚辭云顏色醮顇希馮所據古本也漢外戚傳嫶妍大息歎稚子兮晉灼曰三輔謂幽愁面省瘦曰嫶冥嫶妍猶嫶冥也按嫶卽醮字省同瘠**从面焦**此舉會意包形聲卽消切二部

文四　重一

丏**不見也象雝蔽之形**雝各本作壅今正其實許書當作邕也禮經之參侯道居侯黨之一西五步鄭曰容謂之乏所以爲獲者御矢也周禮鄭司農注云容者乏也待獲者所蔽按乏與丏篆文相似義取蔽矢豈禮經本作丏與彌兖切古音在十二部以丏賓字知之**凡丏之屬皆从丏**

文一

𦣻**古文百也**各本古文上有百同二字妄人所增也許書絕無此例惟𣏟下云與林同亦妄人所

增也今刪正義已見上矣故祇言古文百如几下曰古文奇字人介下曰籒文大頁下曰古文䭫皆此例也不見𦣻於百篆之次者以有从𦣻之篆不得不出之爲部首也今字則古文行而小篆廢矣**巛象髮**說百上有巛之意象髮形也小篆則但取頭形**髮謂之鬊**鬊字舊奪今補**鬊即巛也**當作巛即鬊也與去即易突字也例同鬊之訓髮隋也渾言之則爲髮偁此八字蓋別一說上文謂象形此謂巛即山川字古音同春故可假爲鬊字會意**凡𦣻之屬皆从𦣻**

䭫

䭫首也三字句各本作下首也亦由妄人不知三字句之例而改之今正頓首䭫首爲周禮九拜之二犬耑在漢末時上書言事者必分別其辭則二者拜狀之不同所用行禮之分別許時人人知之故小雅大雅稽首之毛皆無傳許亦但曰此篆謂䭫首此篆謂頓首而已周禮䭫首本又作稽許沖上書前作稽首後作䭫首恐今之經典轉寫譌亂者多矣鄭曰䭫首句拜頭至地也頓首拜頭叩地也蓋䭫首者拱手至地頭亦至於地而顙不觸地與頓首之必以顙叩地異矣䭫首者稽遲其首也頓首亦

曰䭫顙䭫顙者稽遲其顙也此吉凶之大辨也今人作名刺必曰頓首拜是以凶禮施於賓禮嘉禮且頓首而拜非即喪禮之稽顙而後拜乎亦議禮者所當知矣詳見頁部手部古者吉賓嘉皆䭫首無言頓首者喪則䭫顙無言䭫首者以是知䭫顙即頓首也諸侯於天子䭫首大夫士於諸侯䭫首大夫士於鄰國之君䭫首家臣於大夫不䭫首以避君也君之於臣拜手若於臣䭫首者重其臣也洛誥云成王拜手稽首是也　从𩠐旨聲　康禮切十五部按此下不云頁古文䭫者已別出之爲部首矣

𩠐　截𩠐也　首字各本奪今補斤部曰斷者截也戈部曰截者斷也截首則字从斷首會意集韵類篇皆云斷首是也廣雅𩠐斷也此引伸爲凡截之偁也　从斷𩠐　舊誤今正斷亦聲此舉會意包形聲也大丸旨沇二切十四部

剸　或从刀專聲　王褒傳水斷蛟龍陸剸犀革即蘇秦傳之水斷牛馬陸截鵠鴈也剸與刀部剬義相近古亦借爲專擅字小徐本無此篆

文三　重一

県 到首也。到者今之倒字。此亦以形爲義之例。**賈侍中說**偁官不偁名者，尊其師也。**此斷首到縣県字。**廣韵引漢書曰：三族令先黥劓斬左右趾，県首菹其骨。按今漢書刑法志作梟葅，非孫愐所見之舊矣。県首字當用此，用梟於義無當。不言从到首者，形見於義，如珏下不言从二玉也。古堯切。二部。

凡県之屬皆从県。

縣 繫也。繫當作系。繫者，繫繻也，一名惡絮。許書本非此字，明矣。許自序云據形系聯，不作繫也。系篆下云繫也，當卽縣也之譌。二篆爲轉注。古懸挂字皆如此作。引伸之則爲所系之偁。周禮縣系於遂，邑部曰周制天子地方千里分爲百縣，則系於國。秦漢縣系於郡。釋名曰：縣，縣也，縣係於郡也。自專以縣爲州縣字，乃别製从心之懸挂，别其音，縣去懸平，古無二形二音也。顔師古云古縣邑字作寰，亦爲臆說。**从系持県。**會意。胡涓切。十四部。

文二

須頤下毛也各本譌作面毛也三字今正禮記禮運正義曰案說文云耏者鬚也鬚謂頤下之毛象形字也今本而篆下云頰毛也須篆下云面毛也語皆不通毛篆下云眉髮之屬故眉解目上毛須解頤下毛須在頰者謂之頾不謂之須而釋須爲面毛則尤無理須在頤下頾在口上頿在頰其名分別有定釋名亦曰口上曰髭口下曰承漿頤下曰鬚在頰耳旁曰髯與許說合易賁六二賁其須侯果曰自三至上有頤之象二在頤下須之象也引伸爲凡下垂之偁凡上林賦之鴟蘇吳都賦之流蘇今俗云蘇頭皆卽須字也俗假須爲需別製鬚鬚字从頁彡彡者毛飾畫之文須與頾每成三綹形似之也相俞切古音在四部讀如揆釋名曰鬚秀也凡須之屬皆从須

頾口上須也在口上在頰亦得名須而正名百物則曰頾曰髯左傳曰至於靈王生而有頾是爲頾王釋名曰髭姿也爲姿容之美也从須此聲卽移切十五十六部或作髭

䫇頰須也頰面旁也釋名曰隨口動搖冄冄然也封禪書有龍垂胡髯下迎黃帝詳文意乃泛謂須

从須冄會意冄亦聲汝鹽切七部俗作䫇髯

𩓣須髮半白也兼言髮者類也此孟子頒白之正字也趙注曰頒者斑也頭半白斑斑者也卑與斑雙聲是以漢地理志卑水縣孟康音斑葢古𩓣讀如斑故亦假大頭之頒藉田賦士女頒斌李注頒斌相襍之皃也其引伸之義也王制諸侯曰頖宮頖葢𩓣字之異體故假爲泮水之泮廣韵又借臥髻之髮爲𩓣从須卑聲府移切十六部讀如班則十四部

𩒸短須髮皃也西京賦說猛獸髬髵薛曰髬髵作毛鬣也髬卽𩒸字須髮短則植猛獸毛鬣植从須否聲敷悲切古音在一部

文五

彡毛飾畫文也巾部曰飾者㕞也飾畫者㕞而畫之毛者聿也亦謂之不律亦謂之弗亦謂之筆所以畫者也其文則爲彡手之列多略不過三故以彡象之也毛所飾畫之文成彡須髮皆毛屬也故皆以爲彡

之屬而从彡象形所銜切七部凡彡之屬皆从彡形象也各本作象形也今依韵會本正象當作像謂像似可見者也人部曰像似也似像也形容謂之形因而形容之亦謂之形六書二曰像形者謂形其形也四曰形聲者謂形其聲之形也易曰在天成象在地成形分偁之實可互偁也左傳形民之力假爲型模字也易其形渥假爲荆罰字也从彡有文可見故从彡幵聲戶經切十一部按幵幷字皆古兮切研字五堅切幵聲古音俟考㐱稠髮也稠者多也禾稠曰稹髮稠曰㐱其意一也从彡謂髮人聲之忍切十二部詩曰㐱髮如雲鄘風君子偕老文今詩作鬒葢以或字改古字傳曰鬒黑髮也疑黑字亦非毛公之舊許多襲毛不應有異左傳昔有仍氏生女鬒黑而甚美鬒正謂稠髮髮多且黑而皃甚美也服杜皆云美髮爲鬒不言黑髮鬒㐱或从髟眞聲鬒又其或體㣎飾也巾部曰飾者㕞也又部曰㕞者飾也二篆爲轉注飾即今之拭字拂拭之則發其光采故引伸爲文飾女部曰

妝者飾也用飾引伸之義此云修飾也者合本義引伸義而兼舉之不去其塵垢不可謂之修不加以縟采不可謂之修修之从彡者洒㕞之也藻繪之也修者治也引伸爲凡治之偁匡衡曰治性之道必審己之所有餘而強其所不足**从彡攸聲**息流切三部經典多假肉部之脩**彰彣彰也**彣各本作文今正文逪畫也與彣義別古人作彣彰今人作文章非古也尚書某氏傳呂覽注淮南注廣雅皆曰彰明也通作章**从彡章**會意謂文成章**章亦聲**諸良切十部**彫琢文也**琢者治玉也玉部有琱亦治玉也大雅追琢其章傳曰追彫也金曰彫玉曰琢毛傳字當作琱凡琱琢之成文曰彫故字从彡今則彫雕行而琱癈矣**从彡**治玉成文也**周聲**都僚切二三部**𢒠清飾也**清飾者謂清素之飾也上林賦靚莊刻飾郭璞曰靚莊粉白黛黑也刻飾刻畫鬋鬢也按靚莊即𢒠妝之假借字𢒠與水部之瀞義略同**从彡青聲**疾郢切十一部按丹部曰彤者丹飾也从丹彡彡其畫也疑此當云𢒠青飾也从彡青青亦聲葢謂以青色飾

段注彤不入彡部云云　案彤从彡聲故入丹部　彨从青聲故入彡部　若彨入靘部　則从彡聲与丹同讀矣　下手

畫之文也彤不入彡部彨不入青部者錯見也

㣎細文也細文文之細者故字从彡𡭴彡者文也𡭴者際見之白際者壁隙也㣎之細者也引伸爲凡精美之偁周頌曰維天之命於穆不已傳曰穆美也大雅傳曰穆穆美也釋訓曰穆穆肅肅敬也皆其義也古本作㣎今皆从禾作穆假借字也古昭穆亦當用㣎**从彡𡭴省**各本有聲字誤也今正莫卜切三部廣韵莫六切

弱橈也橈者曲木也引伸爲凡曲之偁直者多強曲者多弱易曰棟橈本末弱也弱與橈疊韵**上象橈曲**謂弓也**彡象毛氂橈弱也**曲似弓故以弓像之弱似毛氂故以彡像之**弱物并**不能獨立**故从二𢑔**而勺切古音在二部

文九　重一

彣䎩也有部曰䎩有彣彰也是則有彣彰謂之彣彣與文義別凡言文章皆當作彣彰作文章者省也

九篇上

文訓遺畫與彣義別**从彡文**以毛飾畫而成彣彰會意文亦聲無分切十三部**凡彣之屬皆从彣**

彥美士有彣彣作文非是今正**人所言也**言彥疊韵釋訓曰美士爲彥郭曰人所言詠也鄭風傳曰彥士之美稱人所言故曰彥有文故从彣大學彥或作盤古文假借字**从彣厂聲**厂山石之厓巖人可居者也呼旱切彥魚變切十四部

文二

文錯畫也錯當作遺遺畫者逡遺之畫也考工記曰青與赤謂之文遺畫之一耑也遺畫者文之本義彣彰者彣之本義義不同也黃帝之史倉頡見鳥獸蹏迒之迹知分理之可相別異也初造書契依類象形故謂之文**象交文**像兩紋交互也紋者文之俗字無分切十三部**凡文之屬皆从文**

斐分別文也謂分別之文曰斐衛風有匪君子傳曰匪文章皃小雅萋兮斐兮傳曰萋斐文章相錯也考工

段謂彥盤古假借　其彥盤音義絕遠未由假借直謂字耳

記注曰匪采貌也皆不言分別許云分別者渾言之則爲文析言之則爲分別之文以字从非知之也非違也凡从非之屬巷別也靠相違也**从文非聲**此舉形聲包會意也敷尾切十五部**易曰君子豹變其文斐也**革上九象傳文今易作蔚虞曰蔚蔬也許所據蓋孟易

辬駁文也謂駁襍之文曰辬也馬色不純曰駁引伸爲凡不純之偁辬之字多或體易卦之賁字上林賦之斒字史記璸斒漢書文選玢豳俗用之斑字皆是斑者辬之俗今乃斑行而辬廢矣又或假班爲之如孟堅之得氏以楚人謂虎文曰斑卽虍部虨字也作辬斑近是而漢書作班頭黑白半日須亦辬之假借字許知爲不純之文以从辡知之辬辯字皆从辡**从文辡聲**此舉形聲包會意布還切十四部

𢽾微畫文也文各本奪今補此謂微畫之文曰𢽾也凡今人用豪氂當作此字經解曰差若豪氂謬以千里乃是假借字知爲微畫之文者以从𠩺知之𠩺者坼也微之意也**从文𠩺聲**此舉形聲包會意里之切一部

文四

髟　長髮猋猋也　猋與髟疊韵猋猋當依玉篇作髟髟通俗文曰髮垂曰髟潘岳秋興賦斑鬢髟以承弁按馬融長笛賦特麚昏髟注髟長髦廣成頌曰羽旄紛其髟䰕[广票]縰之假借字也　从長彡　彡猶毛也會意五經文字必由反在古音三部桼部髼从此爲聲可得此字之正音矣音轉乃爲必凋切匹妙切其云所銜切者大謬誤認爲彡聲也　一曰白黑髮襍而髟　依李善秋興賦注補此八字而似當作曰　凡髟之屬皆从髟

髮　頭上毛也　各本作根也廣韵已然以釋名廣雅正之乃拔也之誤要此二字可不必有耳毛部曰毛者眉髮之屬故眉下曰目上毛須下曰頤下毛則髮下必當有頭上毛也四字且下文云鬢者頰髮不先言頭上何以別其在頰者乎今依玉篇廣韵語正　从髟犮聲　方伐切十五部

𩠐　髮或从首

𩑶　古文　蓋象角鬣之形

鬢　頰髮也　謂髮之在面旁者也

晉語美鬢長大則賢韋昭曰鬢髮頴也明道本如是他本頴作頪非髮頴者頴禾末近於采似人頸故錐刀皆有頴髮亦有頴髮以項爲下上至於頂至於𡿺蓋而旁至於頰則謂之鬢鬢者髮之濱也似禾穎之在末禾之老先采而後莖髮之老而白也先鬢而餘髮繼之項髮冣後韋語俗多不解故詳說之釋名曰在頰耳旁曰髯其上連髮曰鬢鬢曲頭曰距 从髟賓聲 必刃切十二部

𩬆 髮長皃 皃字依玉篇訂引伸爲凡長之偁如郊祀歌曰掩回轅𩬆長馳𩬆猶今言道里曼曼也如淳曰音㒼 从髟㒼聲讀若蔓 母官切十四部

⿱髟監 髮長也 集韵曰⿱髟監鬖髮長皃廣韵曰⿱髟監鬢髮疎皃 从髟監聲 魯甘切八部 讀若春秋黑肱以濫來奔 左氏春秋經昭公三十一年冬黑肱以濫來奔讀如此濫也

⿱髟差 髮好也 廣韵有皃字 从髟差聲 千可切十七部廣韵昨何切

鬈 髮好也 也廣韵作皃齊風盧令曰其人美且鬈傳曰鬈好皃傳不言髮者傳用其引伸之義許用其本義也本義謂髮好引伸爲

凡好之偁凡說字必用其本義凡說經必因文求義則於字或取本義或取引伸假借有不可得而必者矣故許於毛傳有直用其文者凡毛許說同是也有相近而不同者如毛曰鬈好皃許曰髮好皃毛曰飛而下曰頡許曰直項也是也此引伸之說也有全違者如毛曰匪文章皃許曰器似竹匧毛曰干澗也許曰犯也是也此假借之說也經傳有假借字書無假借字

从髟卷聲衢員切十四部**詩曰其人美且鬈**

髦髮也三字句各本刪髦字作髮也二字此如巂下之刪巂作周燕也離下之刪離雇下之刪雇江河等下之刪江河等字皆不可通今補元應佛書音義卷二引說文髦髮也謂髮中之髦也卷五引說文髦髮也髮中豪者也下句乃古注語上句亦奪一髦字不可讀髮中之秀出者謂之髦髮漢書謂之壯髮馬鬣偁髦亦其意也詩三言髦士爾雅毛傳皆曰髦俊也釋文云毛中之長豪曰髦士之俊傑者借譬爲名此引伸之義也古亦假髦爲毛字旣夕禮注曰今文髦爲毛是今文禮叚毛爲髦也**从髟毛**髮之秀者曰毛猶角之好者曰角毛亦聲莫袍切二部

鬗髮皃元應曰凡鬘字皆當作鬗从髟㒼聲讀若宀莫賢切十二部䯾髮多也彡部曰㐱者稠髮也稠髮當作䯾此則說䯾之義小雅曰彼君子女綢直如髮傳曰密直如髮也是則綢乃䯾之假借字从髟周聲直由切三部⿱髟爾髮皃从髟爾聲此字亦取薾會意如華盛之字作薾皆取麗爾之意也讀若江南謂酢母爲⿱髟爾此江南之方言也漢之江南謂豫章長沙二郡⿱髟爾無異字者方言固無正字知此俗語則髮皃之字之音可得矣奴禮切十五十六部酢今之醋字廣雅⿱髟爾母也音與⿱髟爾同⿱髟咅髮皃从髟咅聲步矛切四部髳髮至眉也庸風髧彼兩髦傳曰髧兩髦之皃髦者髮至眉子事父母之飾許所本也內則拂髦注云髦用髮爲之象幼時鬌其制未聞既夕禮曰既殯主人脫髦注云兒生三月翦髮爲鬌男角女羈否則男左女右長大猶爲之飾存之謂之髦所以順父母幼小之心至此尸柩不見喪無飾可以去之髦之形象未聞玉藻親沒不髦注云去爲子之飾按鄭既言

髳之用而云其制未聞者謂其狀不可詳也毛云髳至眉蓋以髮兩綹下垂至眉像嬰兒夾囟之角髮下垂父母在不失其嬰兒之素也依禮經曰脫依內則注曰拂髦振去塵箸之是假他髮爲之許引毛詩作髳今則詩禮皆作髦或由音近假借髳與髦義古畫然不同**从髟敄聲**亡牢切古音在三部廣韵莫浮切**詩曰紞彼兩髳**今詩紞作髧釋文云本又作优按紞冕冠塞耳者髳蓋似之也

㲾**髳或省漢令有髳長**髳即髳字而羌髳字祇从矛牧誓庸蜀羌髳微盧彭濮小雅如蠻如髦傳曰蠻南蠻也髦夷髦也箋云髦西夷別名按詩髦即書髳髳長見漢令蓋如趙佗自稱蠻夷大長亦謂其酋豪也

鬋**女鬢垂皃也**招魂曰盛鬋不同制王云鬋鬢也制法也言九侯之女裝飾兩結垂鬢下髮形貌詭異又長髮曼鬋豔陸離些注曼澤也言美人長髮工結鬢鬋滑澤其狀豔美儀皃陸離而難形也按張揖注上林賦亦云刻畫鬋鬢鬋主謂女鬢不施於男子曲禮不蚤鬋士虞禮蚤翦翦或爲鬋鬋皆翦之假借字也喪大記爪手翦須可證曲禮注翦鬋鬢

釋文作翦鬋非是从髟𢑱聲作踐切十二部

鬑鬋也一曰長皃此別一義謂須髮之長古陌上桑曰爲人絜白晳鬑鬑頗有鬚从髟兼聲讀若慊力鹽切七部

䰐束髮𡕒小也𡕒小二字各本作少廣韵十六屑十七薛引作少小二字少乃𡕒之誤今正𡕒與䰐疊韵面小亦謂之䰐𡕒通俗文曰露髻曰䰐露髻者士喪禮婦人髽于室注云既去纚而以髮爲大紒如今婦人露紒其象也注喪服亦云髽露紒也然則露髻漢人語謂不用韜髮之縰露髮爲髻也今乃婦人無不露髻者矣二京賦解訓䰐亦云露頭髻按鄭云大髻許云𡕒小者其辭異其爲粗率之意一也从髟截聲子結切十五部

鬄髲也庸風不屑髢也傳衞莊公見己氏之妻髮美使髡之以爲呂姜髢按箋云髢髲也不絜者不用髲爲善左鬄與鬀義別音亦有異从髟易聲大計切古音在十六部从易爲正大徐又載先彳切誤

髢鬄或从也聲古易聲在十六部也聲在十七部合韵冣近此字今音大計切於也聲得之地亦也聲

髲益髮也各本作鬄也二字今正庸風正義引說文云髲益髮也言人髮少聚他人髮益之下十字古注語髲字不見於經傳假被字爲之召南被之僮僮傳曰被首飾也箋云禮主婦髲鬄少牢饋食禮主婦被錫注曰被錫讀爲髲鬄古者或鬄賤者刑者之髮以髲婦人之紒爲飾因名髲鬄焉周禮所謂次也按如鄭說則詩禮之被皆卽髲也以鬄爲髲卽是以鬄爲鬄許云益髮不謂爲禮服鄭說不同者髲本髮少禆益之名因用爲禮服之名庸風不屑髢也自謂髮髩不假益髮爲髻要燕居則縱笄總而已禮服笄總之後必分別加副編次於上爲飾副編次皆假他髮爲之也周禮追師之次禮經曰髲鬄詩曰被从髟皮聲平義切古音在十七部

⿱髟次用梳比也比者今之篦字古祇作比用梳比謂之⿱髟次者次第施之也凡理髮先用梳梳之言疏也次用比比之言密也周禮追師爲副編次注云次者次第髮長短爲之疑次卽⿱髟次从髟次聲此舉形聲包會意七四切十五部

髺絜髮也絜各本譌作潔今依玉篇韵會正絜麻一耑也引伸爲圍束之偁絜髮指

束髮也按士喪禮主人髻髮戴記作括髮謂小斂訖去纚爲露髻也婦人之髽亦是去纚而髻與男子之髻髮相等則髻爲凶禮矣然許於髽曰喪髻於髻不云喪髻者髻髮猶云束髮內則喪服之總深衣之束髮士喪禮之鬠同爲一事鬠卽髻字之異者髻非喪服之專偁也故士喪禮之用組以組束髮也深衣之用錦以錦束髮也喪服小記之始死括髮以麻以麻束髮也喪服之布總以布束髮也其他縞總素總以縞素束髮也是皆得謂之髻非凶禮之專辭也士喪禮注曰髻古文作括鬠古文作括禮經髻髮戴禮皆作括髮則用古文與周禮注引鬠用組作擔**从髟昏聲**古活切十五部

𩬊臥結也結今之髻字也士冠禮采衣紒注云古文紒爲結按許書皆作結鄭注經皆作紒鄭依今文禮許依古文禮故系部有結無紒也臥髻者蕬謂寢時盤髮爲之令可不擜**从髟般聲讀若槃**薄官切十四部

𩭙結也廣韵云露髻**从髟付聲**方遇切四部

䰖䰖帶逗**結頭飾也**各本奪二字今依西京賦注補䰖帶二字爲句如方言之䰎帶

所以繞於髻上爲飾者西京賦朱鬘薛注以絳帕額按薛注帕乃帞之誤帕卽鬘字其字之本義乃飾髻上也故从髟**从髟莫聲**莫駕切古音在五部

⿱髟貴　屈髮也當依廣韵屈上有髻字屈者無尾也引伸爲凡短之偁方言絡頭帞頭也紗繢鬢帶髤帶帤㡤幧頭也自關而西秦晉之郊曰絡頭南楚江湘之閒曰帞頭自河以北趙魏之閒曰幧頭或謂之帤或謂之㡤其偏者謂之鬢帶或謂之髤帶按鬢者髻短髮之偁方言之鬢帶謂帞頭帶於髻上也帞頭之制自項中而前交於額卻繞髻**从髟貴聲**丘媿切十五部

⿱髟介　簪結也簪結者旣簪之髻也許以笄與兓互訓而笄有固冕弁之笄有固髮之笄子事父母櫛縰笄總拂髦此固髮爲髻之笄也縰者所以韜髮韜之而後髻之髻之而後簪之旣簪之髻曰⿱髟介按⿱髟介蓋卽今文禮之紒**从髟介聲**簪之如介畫然故从介古拜切十五部按曹憲注廣雅曰按說文⿱髟介卽籒文髻字也

鬣　髮鬣鬣也囟部巤下曰毛巤也象髮在囟上及毛髮鬣鬣之形鬣鬣動而直上皃所謂頭髮上指髮上衝冠也辭賦家言

旌旗獵獵是其假借字也許意巤爲今馬鬣字鬣爲顫動之字今則鬣行而巤廢矣人部曰儠者長壯儠儠也字意略同今左氏傳長儠作長鬣杜以多須釋之殊誤須下垂不屏鬣凡上指者屏鬣**从髟巤聲**此舉形聲包會意良涉切八部

𣰽**鬣或从毛**許說毛者通乎獸毛而言故馬豕之髦亦曰鬣周禮巾車⿱髟⿱又女字故書爲氉亦或爲毼按氉毼皆卽鬣字也鬣體多假葛爲巤

⿰豕巤**或从豕**曲禮曰豕曰剛鬣希部曰豕鬣如筆管者曰豪是或从豕之意也

鬛**鬣也**亦謂髮鬣鬣也二篆雙聲**从髟盧聲**洛乎切五部

髴**髴**此復舉字之未刪者**若侶也**侶者像也若侶者糸言之髴與人部仿佛之佛義同許無髣字後人因髴製髣**从髟弗聲**敷勿切十五部

髶**亂髮也**此與艸部茸義略同**从髟耳聲**各本作茸省聲今正此於雙聲取聲也而容切九部

鬌**髮墮也**鉉本墮作隋廣韵云髮落是也內則曰三月之末擇日翦髮爲鬌男角女羈鬌本髮落之名因以爲存髮不翦者之名故鄭注云鬌所遺髮也

方言廣雅有髶字江賦注所引字書有毻字皆謂落毛與鬌義相近**从髟隋省聲**鍇本隋作墯皆通此舉形聲包會意也內則音義曰丁果反徐大果反是古音在十七部匡謬正俗引呂氏字林玉篇切韵並直垂反則轉入十六部矣大徐引唐韵直追切在脂韵非也宋廣韵直垂切則同陸法言切韵

鬊髮也士喪禮曰巾柶鬊爪埋于坎喪大記君大夫鬊爪實于緣中注曰鬊亂髮也漢書曰黑雲如猋風亂鬊按鬊爲墮髮而省字下曰髮謂之鬊巛即鬊也則髮在頭者亦非不可云鬊矣**从髟𦗔聲**舒閏切十三部

鬜秃也考工記顅脰注曰顅故書或作牼鄭司農云牼讀爲鬜頭無髮之鬜按大鄭改牼爲鬜而今書作顅頁部云顅頭鬢少髮也是鬜顅音義皆同顅即鬜也明堂位注曰齊人謂無髮爲秃楬釋名曰秃無髮沐秃也毼頭生瘡曰瘕毼亦然也毼與楬皆即鬜也**从髟閒聲**苦閒切十四部經典釋文鬜有苦瞎枯鎋二反明堂位釋文楬有苦瞎苦八二反

鬀鬀髮也此篆今經典不見而五經文字曰鬄聽亦反見詩風注所云詩

風注謂采蘩箋也今箋云禮記主婦髲髢髢釋文作鬄張參所見作鬄爲是葢鄭旣注禮乃箋詩自用其禮經注之說也少牢饋食禮曰主婦被錫注云被錫讀爲髲鬄古者或鬄賤者刑者之髮以髲婦人之紒爲飾因名髲鬄焉周禮所謂次也周禮追師注引少牢饋食禮主婦髲鬄與詩箋皆自用其改易之字而俗人多識鬄少識鬄且誤認爲一字於是二禮及詩注皆改鬄爲鬄爲髢夫鬄髢同字訓髲髲者益髮也今俗所謂頭髲也鬄者鬀髮也然則鄭云鬄髲以髲婦人之紒卽鬄髮以鬄婦人之紒也倘經云髲鬄直重字而已於義安乎推詳召南正義孔沖遠所見禮注詩箋不誤而顏師古毛詩定本誤也若毛詩音義云鬄本亦作髢徒帝反劉昌宗吐歷反沈湯帝反夫徒帝爲鬄之反語吐歷湯帝二反則爲鬄之反語詩音義之云劉昌宗吐歷反卽少牢音義之云劉土歷反也葢陸氏於鬄鬄未辨亦溷爲一字致後來之誤鬄字見他書者大元增次八兼貝以役往益來鬄釋文云鬄以刀出髮也司馬遷傳鬄毛髮嬰金鐵受辱師古鬄音吐計反文選作剔毛髮韓非曰嬰兒不剔首則腹痛莊子馬蹄燒之剔之剔皆鬄之

省也至若由髟之本義而引伸之則爲解散士喪禮特豚四鬄注曰鬄解也今文鬄爲剔禮經此鬄周禮禮記作肆皆託歷反本非鬄字也而今之禮經作鬄則亦譌字而已矣○或問大雅皇矣攘之剔之何謂也曰釋文云字或作鬄詩本作鬄譌之則爲鬄俗之則爲剔非古有剔字也又周頌狄彼東南釋文云狄韓詩作鬄除也鬄亦鬄之譌鄭箋云狄當作剔用韓說也抑用逷蠻方箋云當作剔蓋鄭不廢剔字 **从髟从刀以刀除髮** 會意也 **易聲** 他歷切十六部按小徐本作从髟剔聲此甚誤大徐本不誤而毛氏扆改爲从刀剔聲則誤中又誤矣許於刀部無剔字故此篆斷非剔聲也漢時有剔字許不錄者禮古文作鬄今文作剔許於此字從古文故不取今文也凡許於禮經依古文則遺今文依今文則遺古文猶鄭依古文則存今文於注依今文則存古文於注也剔者鬄之省俗據莊子音義呂忱乃錄剔於字林云剃也然則呂謂即俗鬄甚明今人好用剔字以之當手部他歷切之擿字蓋非古矣

鬄　鬄髮也 楚辭涉江接輿髡首王注云髡剔也剔者俗鬄字周禮髡者使守積注云此必

王之同族不宮者宮之爲翦其類髡之而已而部曰罪不至髡完其而鬌曰耏从髟兀聲苦昆切十三部

髨或从元元亦兀聲也故亦从元聲古或假完爲髡如漢刑法志完者使守積王制注同

鬀鬄髮也鬀俗作剃从髟弟聲必次弟除之故从弟此亦形聲包會意他計切十五部大人曰髡謂有罪者小兒曰鬀周禮雉氏注曰雉讀如鬀小兒頭之鬀韓非曰嬰兒不鬄首則腹痛鬄亦鬀也葢自古小兒鬀髮盡及身毛曰鬄此又析言三字之不同也上文則渾言之

⿱髟竝⿱髟彖也从髟竝聲蒲浪切十部按竝聲本在十部今俗謂卒然相遇曰㨗如滂去聲字當作⿱髟竝也

⿱髟彖⿱髟竝也忽見也按⿱髟竝也二字衍文集韵類篇增一曰二字於忽見之上尤非是从髟彖聲芳未切十五部此舉形聲包會意也下文說从彖之意彖籀文魅鬼部曰彖籀文魅也彔古文魅也與此不合立部𧰨下亦曰彖籀文鬽字然則鬼部之彔誤顯然亦忽見意故⿱髟彖从之

髽喪結也

鄭注喪服曰髽露紒也猶男子之括髮斬衰括髮以麻則髽亦用麻也蓋以麻自項而前交於額卻遶紒如箸幧頭焉注奔喪曰去纚大紒曰髽注檀弓曰去纚而紒曰髽禮戴先生曰婦人當男子括髮免則髽齊斬之髽皆布總

女子髽衰禮謂禮經也喪服經曰女子子在室爲父布總箭笄髽衰三年按布總箭笄髽者以布束髮篠竹爲笄其髻則露髻不用纚韜髮也許所偁者此經謂斬衰之服也齊衰亦髽**弔則不髽魯臧武仲與齊戰於狐鮐魯人迎喪者始髽**弔則不髽爲下文張本也檀弓注曰禮婦人弔服大夫之妻錫衰士之妻則疑衰與皆吉笄無首素總是婦人弔禮不當髽檀弓曰魯婦人之髽而弔也自敗於壺鮐始也記禮變之始也襄四年左傳亦曰邾人莒人伐鄫臧紇救鄫侵邾敗於狐鮐國人逆喪者皆髽魯於是乎始髽檀弓注曰其時家家有喪髽而相弔後遂因之爲弔服矣**从髟坐聲**莊華切十七部

文三十八　重七

后 繼體君也釋詁毛傳皆曰后君也許知爲繼體君者后之言後也開刱之君在先繼體之君在後也析言之如是渾言之則不別矣易象下傳曰后以施命誥四方虞云后繼體之君也此許說也葢同用孟易經傳多假后爲後大射注引孝經說曰后者後也此謂后卽後之假借 象人之形謂上體𠂆也𠂆葢八字橫寫不曰从八而曰象人形者以非立人也下文卮解亦曰象人 从口胡口切四部 易曰后以施令告四方此用遘象傳說从口之意傳曰天下有風遘后以施命誥四方鄭作詰許作告按此條各本作象人之形施令以告四方故𠂆之从一口發號者君后也淺人所竄不成文理上體既象人又何得云从余制切之厂且从一乎今以下卮字解文法更定則宜有易曰審矣 凡后之屬皆从后

㖃 厚怒聲厚當作㫗㫗與㖃疊韵諸書用呴字卽此字也聲類曰呴嘷也俗作吼 从后口各本作口后誤今正厚怒故从后后之言厚也聲出於口故从口會意不云从口后聲系之口部者許定此爲后口會意如古文厚之从

九篇上

后土也。后亦聲。呼后切。四部。

文二

司　臣司事於外者。外對君而言。君在內也。臣宣力四方，在外。故从反后。鄭風邦之司直，傳曰：司，主也。凡主其事必伺察，恐後，故古別無伺字，司卽伺字。見部曰：覹，司也。覗，司人也。人部曰：伺，司也。候，司望也。頁部曰：顡，司人也。犾部曰：獄，司也。豸下曰：欲有所司殺。皆卽今之伺字。周禮師氏、媒氏、禁殺戮之注皆云：司猶察也。俗又作覗。凡司其事者皆得曰有司。从反后。惟反后乃鄉后矣。息茲切。一部。凡司之屬皆从司。

𧫷　意內而言外也。有是意於內，因有是言於外，謂之𧫷。此語爲全書之凡例。全書有言意者，如歖言意、歍無腸意、歔悲意、㦎䐑意之類是也。有言𧫷者，如欥詮𧫷也、者別事𧫷也、皆俱𧫷也、曷𧫷也、魯鈍𧫷也、𥏼識𧫷也、曾𧫷之舒也、乃𧫷之難也、介𧫷之必然也、矣語已𧫷也、矤況𧫷也、粤驚𧫷也、碢亐惡驚𧫷也、䰠亐鬼驚𧫷也。

臮衆與𧮫也之類是也意卽意內𧮫卽言外言意而𧮫見言𧮫而意見意者文字之義也言者文字之聲也𧮫者文字形聲之合也凡許之說字義皆意內也凡許之說形說聲皆言外也有義而後有聲有聲而後有形造字之本也形在而聲在焉形聲在而義在焉六藝之學也𧮫與辛部之辭其義迥別辭者說也从𤔔辛𤔔辛猶理辜謂文辭足以排難解紛也然則辭謂篇章也𧮫者意內而言外从司言此謂摹繪物狀及發聲助語之文字也積文字而爲篇章積𧮫而爲辭孟子曰不以文害辭不以𧮫害辭也孔子曰言以足志𧮫之謂也文以足言辭之謂也大行人故書汁𧮫命鄭司農云𧮫當爲辭此二篆之不可掍一也

从司言　司者主也意主於內而言發於外故从司言陸機賦曰辭呈材以效伎意司契而爲匠此字上司下言者內外之意也郭忠恕佩觿曰詞朗之字是謂彞行本作𧮫朖李文仲字鑑曰詞朗崩秋字說文作𧮫朖崩烋是可證古本不作詞今各本篆作詞誤也似兹切一部

文二

卮圜器也内則注曰卮匜酒漿器一名觛角部曰觛者小卮也急就篇亦卮觛並舉此渾言析言之異也項羽本紀項王曰賜之卮酒則與斗卮酒斗卮者卮之大者也與下文㲋肎言生意同所㠯節㱃食飲食在是節飲食亦在是也故从卪象人謂上體似人字橫寫也卪在其下也卮从人卪與后从人口同意章移切十六部易曰君子節㱃食頤象傳文偁此說从卪之意古多假節爲卪凡卮之屬皆从卮

䏙小卮有耳蓋者急就篇皇象本欂榼椑榹欂卽䏙也有耳蓋謂有耳有蓋也从卮專聲市沇切十四部

𦞙小卮也顏師古急就篇椯榼椑榹椯卽𦞙也从卮耑聲讀若揣擊之揣廣韵之累切大徐市沇切由十四部轉入十六部也

文三

卪瑞信也瑞者以玉爲信也周禮典瑞注曰瑞節信也典瑞若今符璽郎掌節注曰節猶信也行者
所執之信邦節者珍圭牙璋穀圭琬圭琰圭也按是五玉者皆王使之瑞卪引伸之凡使所執以爲信而非用玉者
皆曰卪下文是也守邦國者用玉卪守都鄙者用角卪鄭云謂諸侯於其國
中公卿大夫王子弟於其采邑有所使亦自有節也使山邦者用虎卪土邦者用人
卪澤邦者用龍卪鄭云謂使卿大夫聘於天子諸侯行道所執之信也是三卪者皆以金爲之鑄
虎人龍象焉必自以其國所多者於以相別爲信門關者用符卪貨賄用璽卪道
路用旌卪鄭云門關司門司關也貨賄者主通貨賄之官謂司市也道路者主治五涂之官謂鄉遂大夫
也凡民遠出至於邦國邦國之民若來入由門者司門爲之節由關者司關爲之節其商則司市爲之節其以徵令
及家徙則鄉遂大夫爲之節符節者如今宮中諸官詔符也璽節者今之印章也旌節今使者所擁節是也已上八

句皆周禮掌節職文此三句許意葢與鄭注不同云門關者者蒙上文使字而言謂使於門關者也**象相合之形**若卯篆則兩合矣子結切十二部**凡卪之屬皆从卪**

令 發號也号部曰號者嘑也口部曰嘑者號也發號者發其號嘑以使人也是曰令人部曰使者令也義相轉注引伸爲律令爲時令詩箋曰令善也按詩多言令毛無傳古文尚書言靈見般庚多士多方般庚正義引釋詁靈善也葢今本爾雅作令非古也凡令訓善者靈之假借字也**从亼卪**號嘑者招集之卪也故从亼卪會意力正切古音在十二部

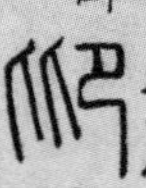 **輔信也**相輔之信也信者卪也从比故以輔釋之周禮掌節掌守邦節而辨其用以輔王命**从卪比聲**當云从比卪比亦聲古音在十五部大徐毗必切**虞書曰卹成五服**臯陶謨文今尚書作弼

卶 有大慶也慶各本作度今依廣韵正慶者行賀人也大慶謂大可賀之事也凡从多之字訓大釋言曰庶侈也是其義**从卪多聲讀若侈**充豉切古音在十七部

𠨘宰之也未聞䀁謂主宰之也主宰之則制其必然故从必按衛風有斐君子釋文云韓詩作𨚐美皃䀁即此字而今本釋文及廣韵皆誤从邑作𨚐廣韵六至云𨚐好皃五質云𨚐地名在鄭又美皃其誤甚矣从卩必聲兵媚切古音在十二部玉篇無此字廣韵亦有𨚐無𠨘

卲高也廣雅釋詁曰同法言曰公儀子董仲舒之才之卲也又曰賢皆不足卲也从卩召聲寔照切二部

厄科厄逗疊韵字木卩也卩各本作節誤今正凡可表識者皆曰卩竹之卩曰節木之卩曰科厄易曰艮於木爲多節科厄胅起之皃从卩厂聲五果切玉篇牛戈切十七部按厂聲在十六部合韵冣近也賈侍中說㠯爲厄逗裹也別一義不連科字一曰厄逗蓋也又一義不連科字

厀脛頭卩也肉部曰腳脛也脛胻也厀者在脛之首股與腳閒之卩也故从卩从卩桼聲息七切十二部俗作膝

卷厀曲也卷之本義也引伸爲凡曲之偁大雅有卷者阿傳曰卷曲

也又引伸爲舒卷論語邦無道則可卷而懷之卽手部之捲收字也又中庸一卷石之多注曰卷猶區也又陳風碩大且卷傳曰卷好皃此與齊風傳鬈好皃同謂卽一字也檀弓女手卷然亦謂好皃从卩𢍏聲十四部巨員切大徐但云居轉切

卻卩卻也各本作節欲也誤今依玉篇欲爲卻又改節爲卩卩卻者節制而卻退之也从卩谷聲去約切古音在五部俗作却

卸舍車解馬也舍止也馬以駕車止車則解馬矣一說解馬謂騎解鞌方言曰發舍車也東齊海岱之閒謂之發宋趙陳魏之閒謂之稅郭注今通言發寫按發寫卽發卸也寫者卸之假借字曲禮曰器之漑者不寫其餘皆寫義正同卸今卸爲通用俗語从卩止午聲行止有節依韵會所據小徐本讀若汝南人寫書之寫司夜切古音在五部

𠨍二卩也義取於形巽从此見丌部闕謂其讀若未聞也大徐云士戀切者取饌僎孱等字之音義爲之廣韵亦云𠨍具也士戀切

[seal character]卩也闕按玉篇曰說文云闕葢本祇有

闕字其形反卪其義其音則葢闕今本說其義云卪也說其音云則候切皆肊爲之非許意

文十三

印　執政所持信也凡有官守者皆曰執政其所持之卪信曰印古上下通曰璽周禮璽節注曰今之印章按周禮守邦國者用玉節守都鄙者用角節謂諸侯於其國中公卿大夫於其釆邑用之是卽用印之始也季武子於周禮爲守都鄙者而以璽書達於晉君是古有印明矣葢以簡冊書之而寓書於遠必用布帛檢之以璽泥印之至用縑素爲書而印之用更廣漢官儀諸侯王黃金橐駝鈕文曰璽列侯黃金龜鈕文曰章御史大夫金印紫綬文曰章中二千石銀印龜鈕文曰章千石至四百石皆銅印文曰印**从爪卪**會意手所持之卪也左傳司馬握節以死於刃切十三部**凡印之屬皆从印**

𠨍　按也按當作抑印也淺人删去印字耳按者下也用印必向下按之故字从反印淮南齊俗訓曰若璽之抑埴正與之正傾與之傾璽之抑埴

卽今俗云以印印泥也此抑之本義也引伸之爲凡按之偁內則而敬抑搔之注曰抑按也又引伸之爲凡謙下之偁賓筵傳曰抑抑愼密也假樂傳曰抑抑美也抑傳曰抑抑密也猗嗟傳曰抑美色論語三用抑字皆轉語詞於按下之意相近抑詩國語作懿戒懿同抑抑此皇父懿厥哲婦懿亦同抑鄭云抑之言噫有所痛傷之聲也**从反印**用印者必下向故緩言之曰印急言之曰𠨑詩賓筵抑與怭韵假樂與秩韵古音在十二部𠨑卽印之入聲也今音於棘切入二十四職

𢪒　俗从手既从反爪矣又从手葢非是

文二　重一

色　顏气也顏者兩眉之閒也心達於气气達於眉閒是之謂色顏气與心若合符卪故其字从人卪記曰孝子之有深愛者必有和气有和气者必有愉色有愉色者必有婉容又曰戎容盛氣闐實陽休玉色孟子曰仁義理智根於心其生色也睟然見於面此皆从人卪之𦣠也生色而後見於面所謂陽氣浸淫幾滿大宅許曰面

玉篇[illegible]艴說文曰色艴如也孟子曰曾西艴然不悅廣韻亦有艴然不悅四字[illegible]
說解有誤

顏前也是也魯頌載色載笑傳曰色色溫潤也大雅令儀令色箋云善威儀善顏色也內則曰柔色以溫之玉藻曰色容莊色容顛顛色容厲肅論語曰色難色思溫色勃如也正顏色引伸之爲凡有形可見之偁 **从人卪** 此部不與从人爲伍而與从卪爲伍者重卪也所力切一部 **凡色之屬皆从色** 𩇘 **古文**

艴 色艴如也 按此當作艴怒色也孟子曾西艴然不悅趙曰艴愠怒色也 **从色弗聲** 蒲沒切十五部 **論語曰色艴如也** 見鄉黨篇今論語作勃木部引論語作孛蓋必有古魯齊之別在其閒矣或曰依論語則非怒色也不知怒者盛氣之偁不嫌同言孟子王勃然變乎色不與今鄉黨同言乎

艵 縹色也 縹者帛青白色也李善注神女賦頩薄怒以自持引方言頩怒色青皃今方言無此語玉篇引楚辭玉色頩以脕顏今遠遊作頩頩與艵同也按許不云怒色縹但云縹色者人或色青不必怒也遠遊玉色艵以脕顏謂光澤鮮好不謂怒色大招說美人亦云青色直眉 **从色幷聲** 普丁切十一部

文三　重一

事之制也从卪卩卪卩今人讀節奏合乎節奏乃爲能制事者也凡卯之屬皆从卯闕此闕謂闕其音也其義其形旣憭矣而讀若某則未聞也今說文去京切玉篇廣韵皆云說文音卿此葢淺人肊以卿讀讀之卿用卯爲義形不爲聲形也玉篇子兮切取卪字平聲讀之廣韵子禮切取卪上聲讀之葢其音必有所受之矣

章也此以疊韵爲訓白虎通曰卿之爲言章也章善明理也六卿天官冢宰地官司徒春官宗伯夏官司馬秋官司寇冬官司空周禮之六卿也周禮曰治官之屬太宰卿一人教官之屬大司徒卿一人禮官之屬大宗伯卿一人政官之屬大司馬卿一人刑官之屬大司寇卿一人其一則事官之屬大司空卿一人也天子六鄉鄉老二鄉則公一人鄉大夫每鄉卿一人卽此六卿也从卯皀聲皀下曰又讀若香卿字正从此讀爲聲也古音在十

部讀如羌今音去京切烏部鵠字皀聲則在古音七部

文二

辟　法也　法當作灋小雅辟言不信大雅無自立辟傳皆曰辟法也又文王有聲箋抑箋周禮鄉師注戎右注小司寇注曲禮下注皆同引伸之爲罪也見釋詁謂犯法者則執法以罪之也又引伸之爲辟除如周禮閽人爲之辟孟子行辟人以及辟寒辟惡之類是也又引伸之爲盤辟如禮經之辟鄭注逡遁是也又引伸爲一邊之義如左傳曰闕西辟是也或借爲僻或借爲避或借爲譬或借爲闢或借爲壁或借爲襞　**从卩辛節制其辠也**　節當作卩俗所改也以卩制說卩以辠說辛辛从辛辛辠也故辛亦訓辠　**从口**　句　**用法者也**　用法上當再出口字以用法說从口辟合三字會意必益切十六部　**凡辟之屬皆从辟**

辟　法也　辟各本作治也今依尚書釋文正金縢云我之弗辟某氏云治也馬鄭音避謂避居東都說文作

釋詁辟君也詩書以辟爲君者多矣法自君制君者人所取法故辟爲法此義尤近段注遺之

𨐨云必亦反法也从辟井制字下引易曰井者法也辟亦聲必益切十六部周書曰我之不𨐨許所據壁中古文也葢孔安國以今字讀之乃易爲辟字馬鄭所注者從孔讀不今尚書作弗⿱辟乂治也丿部曰乂芟艸也今則乂訓治而⿱辟乂廢矣詩作艾小雅小旻傳曰艾治也从辟乂聲魚廢切十五部虞書曰當作唐書說詳禾部有能俾⿱辟乂見堯典今⿱辟乂作乂葢亦自孔安國以今字讀之巳然矣計𨐨⿱辟乂字秦漢不行小篆不用倉頡等篇不取而許獨存之者尊古文經也尊古文也凡尊經尊古文之例視此

文三

勹裹也今字包行而勹廢矣象人曲形有所包裹包當作勹淺人改也布交切以包苞匏字例之古音在三部凡勹之屬皆从勹⿹勹䈞曲脊也此論語鄉黨聘禮記鞠躬之正字也聘禮鞠躬亦作鞠窮史記魯世家作匑匔徐廣云見三蒼謹敬皃也音穹窮廣雅亦曰匑匔謹敬也

漢書注曰鞠躬謹敬也葢上字巨弓切下字巨弓切爲曡韵如左傳鞠窮之卽营藭耳上字亦讀巨六切仍是聯綿字孔注論語曰斂身許曰曲脊葢未有謹敬而不傴僂者也許無匑竆字者以匔躬爲正字鞠則匔之假借字也鞠躬行而匔廢矣 从勹竆省聲 巨六切三部音轉入九部

匍 手行也 今人以手摸索其語薄乎切當作此字 从勹甫聲 薄乎切五部

匐 伏地也 匐伏曡韵釋名曰匍匐小兒時也匍猶捕也藉索可執取之言也匐伏也伏地行也人雖長大及其求事盡力之勤猶亦稱之詩曰凡民有喪匍匐救之是也按二篆可合用可析言 从勹畐聲 蒲北切一部

匊 在手曰匊 唐風椒聊之實蕃衍盈匊小雅終朝采綠不盈一匊毛皆云兩手曰匊此云在手恐傳寫之誤手部曰持握也握搤持也搤捉也捉搤也把握也然則在手曰捉曰搤曰握曰持曰把不曰匊也據篇韵所言則許書之譌久矣玉篇曰古文作臼此語尤誤臼者叉手也叉者手指相錯也廣韵以兩手奉物訓臼誤矣方言曰掬離也燕之外郊朝鮮洌水之閒曰

掬此方俗殊語不係乎本字也**从勹米**會意米至椈兩手兒之而聚居六切三部俗作掬

勻　少也少當作币字之誤也币者匊也匊者币徧也徧者币也是可以得勻之義矣廣韵曰勻徧也齊也作少必譌**从勹二**羊倫切十二部

勼　聚也釋詁曰鳩聚也左傳作鳩古文尚書作逑辵部曰逑斂聚也莊子作九今字則鳩行而勼廢矣**从勹九聲**此當作从勹九九亦聲轉寫奪之**讀若鳩**居求切三部

旬　徧也小徐無也字非是大雅王命召虎來旬來宣傳曰旬徧也菀彼桑柔其下侯旬傳曰旬言陰均也周禮均人豐年則公旬用三日焉注曰旬均也讀如營營原隰之營易坤爲均今書亦有作旬者內則旬而見注曰旬當爲均嬀姜同時生子以生先後見之也易說卦坤爲均今亦或作旬按旬與均音義皆略同土部曰均平徧也又按許書古文鈞作銞儀禮今文絢作約知古旬勻二篆相假爲用**十日爲旬**此徧中之一義也而必言之者說此篆从勹日之意也日之數十自甲至癸而一徧**从勹日**勹日猶勹十也

詳遵切十二部古文按从日勹會意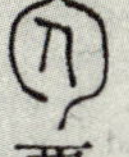覆也此當爲抱子抱孫之正字今俗作抱乃或捊字也衣部之褎則訓褎也从勹人薄晧切廣韵薄報切古音在三部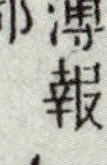膺也肉部曰膺匈也二篆爲轉注膺自其外言之無不當也匈自其中言之無不容也無不容故从勹从勹凶聲許容切九部今字胷行而匈廢矣匈或从肉帀徧也徧衍文當刪帀下曰匊也與此爲轉注帀則無不徧者不待言徧也匊與周義別口部曰周者密也周自其中之密言之匊自其外之極復言之凡圜周方周周而復始其字當作匊謂其極而復也凡圜冪方冪冪積謂之周謂其至密無疏罅也左傳以周疏對文是其義今字周行而匊廢槩用周字或又作週殊爲乖舛名之當正者也有帀而不密者有密而不帀者故其字宜辨也宙者舟輿所極復匊與宙音義皆相近易曰周流六虛蓋自古叚周爲匊矣从勹舟聲職流切三部帀也匌之言合也帀而與朔合矣海賦曰磊匌匌而相迆按釋詁曰敆郃合也郃乃地名

於義無取當爲匌字之假借也从勹合合亦聲侯閤切七部

飽也从勹象腹𣪘聲己又切又乙庶切按己又是也三部民祭句祝曰厭匓祝或作祀非厭當作猒飽也求鬼神之猒飫也

重也今則複行而匓廢矣从勹復聲扶富切三部廣韵匹北切

或省彳集韵云古作匔按小徐本有匔無匓云从勹夏聲

高墳也土部曰墳者墓也墓之高者曰冢周禮冢人掌公墓之地是也按釋山云山頂曰冢鄭注冢人云冢封土爲丘壟象冢而爲之此從爾雅說也許以冢爲高墳之正偁則不用爾雅說引伸之凡高大曰冢釋山及十月之交傳山頂曰冢乃借冢偁耳釋詁曰冢大也太子曰冢子太宰曰冢宰从勹墓取勹義豖聲知隴切九部按豖聲本在三部此合音也古音冢必可讀如獨矣

文十五　重三

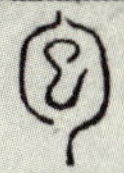妊也二字各本無今推文意補下文十三字乃說字形非說義則必當有說義之文矣女部曰妊者孕也子部曰孕者褢子也引伸之爲凡外褢之偁亦作苞皆假借字凡經傳言苞苴者褢之曰苞藉之曰苴象人褢妊巳在中象子未成形也勹象褢其中巳字象未成之子也勹亦聲布交切古音在三部元气起於子子人所生也子下曰十一月陽气動萬物滋人以爲偁男左行三十女右行二十俱立於巳爲夫婦左右當作𠂇又男自子左數次丑次寅次卯爲左行順行凡三十得巳女自子右數次亥次戌次酉爲右行逆行凡二十亦得巳至此會合故周禮令男三十而娶女二十而嫁是爲夫婦也褢妊於巳巳爲子下巳字衍巳部曰巳者巳也四月陽气巳出陰气巳藏萬物見成文章故夫婦會合而褢妊是爲子也十月而生十月上當有子字易本命曰天一地二人三三三而九九九八十一一主日日數十故人十月而生男起巳至寅女起巳至

申故男年始寅女年始申也淮南氾論曰禮三十而娶高云三十而娶者陰陽未分時俱生於子男從子數左行三十年立於巳女從子數右行二十年亦立於巳合夫婦故聖人因是制禮使男三十而娶女二十而嫁其男子自巳數左行十得寅故人十月而生於寅男子數從寅起女自巳數右行十得申亦十月而生於申故女子數從申起高說與許說同神仙傳王綱云陽生立於寅純木之精陰生立於申純金之精夫以木投金無往不傷是以金不爲木屈而木常畏於金按今日者卜命男命起寅女命起申此古法也自元气至此又詳說从巳之意**凡包之屬皆从包**

**兒生裹也**包謂母腹胞謂胎衣小雅不屬于毛不離于裹箋云今我獨不得父皮膚之氣乎獨不處母之胞胎乎釋文胞音包今俗語同胞是也其借爲脬字則讀匹交切脬者旁光也腹中水府也**从肉包**包子之肉也不入肉部者重包也包亦聲匹交切古音在三部

**瓠也**瓠下曰匏也與此爲轉注匏判之曰蠡曰瓢曰巹邶風傳曰匏謂之瓠謂異名同實也豳風傳

曰壺瓠也此謂壺卽瓠之假借字也从包从瓠省瓠省舊作瓠聲誤韵會作从夸包聲亦誤今正从包瓠者能包盛物之瓠也不入瓠部者重包也包亦聲薄交切古音在三部包逗取其可包藏物也說从包之意藏當作臧

文三

茍自急敕也急與茍雙聲敕與茍疊韵急者褊也敕者誡也此字不見經典惟釋詁寁駿肅亟遄速也釋文云亟字又作茍同居力反經典亦作棘同是其證可謂一字千金矣而通志堂刻乃改爲急字葢誤仍爲从艸之苟也急不得反居力與亟棘音大殊幸抱經堂刻正之或欲易禮經之茍敬爲苟則又繆。小雅六月古作我是用戒亦作我是用棘俗本改作急與飭服國不韵正同此从羊省从勹口从勹口三字各本作从包省从口五字誤也己力切一部勹口逗各本無勹字今補猶愼言也說从勹口之意从羊

與義善美同意各本疊羊字誤今删說从羊之意羊者祥也凡茍之屬皆从茍

茍古文不省

敬肅也肅部曰肅者持事振敬也與此爲轉注心部曰忠敬也戁敬也憼敬也恭肅也憜不敬也義皆相足後儒或云主一無適爲敬夫主一與敬義無涉且文子曰一也者無適之道淮南詮言曰一者萬物之本也無敵之道也適卽敵字非他往之謂从攴茍攴猶迫也迫而茍也居慶切十一部

文二　重一

鬼人所歸爲鬼以疊韵爲訓釋言曰鬼之爲言歸也郭注引尸子古者謂死人爲歸人左傳子產曰鬼有所歸乃不爲厲禮運曰䰟氣歸於天形魄歸於地从儿由象鬼頭自儿而歸於鬼也从厶二字今補厶讀如私鬼陰气賊害故从厶陰當作侌此說从厶之意也神陽鬼陰陽

公陰私居偉切十五部

凡鬼之屬皆从鬼

𩲡 古文从示

䰠 神也

當作神鬼也神鬼者鬼之神者也故字从鬼申老子曰其鬼不神封禪書曰秦中冣小鬼之神者中山經青要之山魋武羅司之郭云魋卽神字許意非一字也

从鬼申聲 食鄰切十二部

魂 陽气也

陽當作昜白虎通曰魂者沄也猶沄沄行不休也淮南子曰天气爲魂左傳子產曰人生始化曰魄既生魄陽曰魂用物精多則魂魄強

从鬼云聲

各本篆體作魂今正李文仲字鑑曰說文本下形上聲今作魂右形左聲如詞朗崩秋說文本作䛐朖𡺳秌今從隸變又召字形在左則爲叨含字聲在右則爲吟字畫稍改則爲別字按李氏在元時猶見說文舊本故䛐䰟等字不誤今則大徐本皆作魂惟小徐本作䰟廣韵集韵韵會亦作䰟乃乾隆閒汪啟淑刻小徐書翦劃俗刻說文之篆文付梓人而抄本䰟字不可復見矣是故刻書不可不慎也䛐之必司上言下者意內言外之象也䰟之必鬼下云上者陽氣沄沄而上之象也曰云聲者舉形聲包會意戶昆切十三部

魄

陰神也陰當作侌陽言气陰言神者陰中有陽也白虎通曰魄者迫也猶迫迫然著於人也淮南子曰地氣爲魄祭義曰氣也者神之盛也魄也者鬼之盛也鄭云氣謂噓吸出入者也耳目之聰明爲魄郊特牲曰䰟氣歸於天形魄歸於地祭義曰死必歸土此之謂鬼其氣發揚於上神之箸也是以聖人尊名之曰鬼神按䰟魄皆生而有之而字皆从鬼者䰟魄不離形質而非形質也形質亾而䰟魄存是人所歸也故从鬼**从鬼白聲**孝經說曰魄白也白明白也䰟芸也芸芸動也普百切古音在五部

䰡　厲鬼也厲之言烈也厲鬼謂虐厲之鬼厲或作癘非左傳曰其何厲鬼也月令注曰昴有大陵積尸之氣氣佚則厲鬼隨而出行虛危有墳墓四司之氣爲厲鬼將隨強陰出害人西山經剛山是多神䰡䰡卽此魅字郭云离魅之類也恥二反或作魅今本山海經傳譌舛依集韵類篇正**从鬼失聲**丑利切按失聲古音在十二部集韵類篇又丑栗切

魖　秏鬼也秏舊作耗今正秏者乏無之言東京賦曰殘夔魖與罔象夔木石之怪也罔象水之怪也與魖爲三物**从**

鬼虛聲形聲包會意朽居切五部

魃旱鬼也大雅雲漢曰旱魃爲虐傳曰魃旱神也此言旱鬼以字从鬼也神鬼統言之則一耳山海經曰大荒之中有山名曰不句有黃帝女妭本天女也黃帝下之殺蚩尤不得復上所居不雨妭卽魃也詩正義不引此而引神異經神異經乃不知何人假託東方朔者郭傳山海經不云妭卽詩之旱魃而云音如旱魃之魃疏矣女部曰妭婦人美皃然則山海經爲假借字从鬼犮聲薄撥切十五部周禮有赤魃氏除牆屋之物也周禮秋官之屬赤犮氏掌除牆屋以蜃炭攻之以灰灑毒之鄭云赤犮猶言捇拔也主除蟲豸自埋者按許作赤魃蓋其所據本不與鄭同其云除牆屋之物物讀精物鬼物之物故敺之之官曰赤魃氏說義亦與鄭異蓋賈侍中說與詩曰旱魃爲虐

鬽老物精也各本作精物今依蕪城賦王莽傳二注正論衡曰鬼者老物之精也漢藝文志有神鬼精物之語則作精物亦通周禮以夏日至致地示物鬽注曰百物之神曰鬽引春秋傳螭鬽魍魎按今左傳作魅

釋文本作鬽服虔注云魅怪物或云魅人面獸身而四足好惑人山林異氣所生**从鬼彡**密祕切十五部**彡鬼毛**說从彡之意彡者毛飾畫之文因以爲毛之偁**魅或从未**从未爲聲**□籀文从彖首从尾省聲**彖首謂彖也豕之頭也或曰當是帚首尾聲猶未聲也按此篆今訛爲二彔古文也帚籀文也與解語不相應亦與彡部立部不相應今删正鬽當是古文則彔爲籀文審矣○七篇彔下云刻木彔彔也盧谷切與此相似而非一字从豕首當是从帚省篆當作彖轉寫失其眞

鬾鬼服也衣部曰褮鬼衣也周禮大喪廞裘注曰廞興也若詩之興謂象似而作之凡爲神之偶衣物必沽而小耳**一曰小兒鬼**漢舊儀顓頊氏有三子生而亾去爲疫鬼一居江水爲瘧鬼一居若水爲魍魎蜮鬼一居人宮室區隅善驚人爲小兒鬼按此條東京賦注所引較完亦尚有奪字後漢書禮儀志注所引則不可讀東京賦八靈爲之震慴況鬾蜮與畢方薛解云鬾小兒鬼也畢方父老神也**从鬼支聲**奇寄切十六部按二義同音李善東

京賦注巨宜切廣韵以鬼服去聲小兒鬼平聲非也韓詩傳曰鄭交甫逢二女鬾服蓋韓詩內傳語也文選江賦注引韓詩內傳鄭交甫漢皐臺下遇二女請其佩二女與佩交甫懷之循探之即亡矣南都賦注引韓詩外傳鄭交甫遇二女佩兩珠大如荊雞之卵七發注引韓詩序曰漢廣悅人也漢有游女不可求思薛君曰謂漢神也許所偁亦說此詩之語

⿰鬼虎　鬼皃从鬼虎聲虎烏切五部

魕　鬼俗也謂好事鬼成俗也淮南人閒訓曰荊人鬼越人禨高云鬼好事鬼也禨禨祥也景十三王傳治宮室禨祥伏虔曰禨祥求福也史記正義引顧野王云禨祥吉凶之先見也按伏讀禨同祈顧讀爲知幾其神之幾皆好事鬼之意耳玉藻少儀二篇禨字乃旣嘰之假借小食也从鬼幾聲渠稀切十五部各書从示作禨同淮南傳曰吳人鬼越人魕淮南傳謂鴻烈也吳今鴻烈作荊列子說此事亦作楚疑荊字作是

䰭　鬼鬽聲䰭䰭不止也从鬼需聲奴豆切四部當依廣韵人朱乃侯二

切

⿺鬼化鬼變也鬼之變匕也从鬼化聲呼駕切十七部

⿺鬼堇見鬼驚詞見鬼而驚駭其詞曰⿺鬼堇也⿺鬼堇爲奈何之合聲凡驚詞曰那者卽⿺鬼堇字如公是韓伯休那是也左傳棄甲則那亦是奈何之合聲从鬼難省聲讀若詩受福不儺小雅桑扈受福不那傳曰那多也此作不儺疑字之誤或是三家詩諾何切十七部

⿺鬼賓鬼皃此蓋與覾⿰麥見之義相近从鬼賓聲符眞切十二部

醜可惡也鄭風無我魗兮鄭云魗亦惡也是魗卽醜字也凡云醜類也者皆謂醜卽疇之假借字疇者今俗之儔類字也內則曰鼈去醜鄭云醜謂鼈竅也謂卽爾雅白州驠之州字也从鬼非眞鬼也以可惡故从鬼酉聲昌九切三部〇按此下大徐補一魋篆以言部有⿰言魋篆从魋聲也但許書故有一字从二聲之例且釋獸云魋如小熊竊毛而黃是當命爲从隹鬼聲入隹部不當入鬼部肊解之曰神獸也

⿺鬼堯各本無此篆孝元應書五引說文⿺鬼堯字助交切訓捷健也又引廣雅⿺鬼堯捷也聲類⿺鬼堯疾也蓋後人以勦代⿺鬼堯而說文⿺鬼堯字

亡矣玉篇曰魑䰩輕爲害之鬼也說文訓當云鬼捷皃疑魑篆卽䰩篆之譌 从鬼堯聲 玉篇土交切廣韵楚交切

文十七 删魋補䰩 重四 今魅之重文删一則重三

甶 鬼頭也。象形。敷勿切十五部 凡甶之屬皆从甶。

畏 惡也。从甶虎省。虎上體省而儿不省儿者似人足而有爪也於貴切十五部 鬼頭而虎爪可畏也。說會意

古文省。下象爪形

禺 母猴屬也。爪部曰爲者母猴也夊部曰夒一曰母猴也郭氏山海經傳曰禺似獮猴而大赤目長尾今江南山中多有說者不了乃作牛字按左傳魯公爲檀弓作公叔禺人可證爲禺是一物也 頭佀鬼。故从甶 从甶从禸。牛具切古音在四部讀如偶

文三　重一

厶姦衺也衺字淺人所增當刪女部曰姦者厶也二篆為轉注若衺者亶也亶者衺也亦二篆為轉
注不與姦厶相淆也公私字本如此今字私行而厶廢矣私者禾名也韓非曰倉頡作字自
營為厶見五蠹篇今本韓非營作環二字雙聲語轉營訓帀居環訓旋繞其義亦相通自營為厶六書之指
事也八厶為公六書之會意也息夷切十五部凡厶之屬皆从厶篡屰而奪取
曰篡奪當作敓敓奪者手持隹失之也引伸為凡遺失之偁今吳語云奪落是也敓者彊取也今字奪行敓廢但
許造說文時晝然分別書中不應自相刺謬凡讀許書當先校正有如此者屰而敓者下取上也从厶姦謀
也算聲初宦切十四部羑相訹呼也呼當作評評召也言部曰訹者羑也羑與訹二篆為
轉注今人以手相招而口言羑正當作此字今則誘行而羑廢矣从厶羑羊部曰羑者進善也訹之若進
善然故从羑與久切三部誘或从言秀秀聲也召南曰有女懷春吉士誘之傳曰誘道也按道即

導字大雅天之牖民傳曰牖道也是則傳謂牖誘同字大雅牖民韓詩外傳樂記作誘民古二字多通用釋詁曰誘進也儀禮誘射鄭曰誘猶教也樂記知誘於外鄭曰誘猶道也引也蓋善惡皆得謂之誘論二字之本義牖訓窗明誘訓相訹固有不同故羨必从厶訹下曰相訹誘也許意誘不必以正似板傳爲正字野有死麕傳爲假借字惡無禮之詩必非訹誘之誘也

⿰言盾　或如此　从盾者盾下曰所以扞身蔽目蓋取自隱藏以招人之意宋玉曰若姣姬揚袂鄣日而望所思

羑　古文　羊部有此云進善也此云羨之古文說古文以羑爲羨也古文本但有羑字後乃有羨字訓爲相訹評則羑字專爲進善矣

文三　重三

嵬　山石崔嵬高而不平也　各本作高不平也四字今依南都賦李注訂有高而上平者兀下曰高而上平爾雅曰夷上洒下曰漘是也周南陟彼崔嵬釋山曰石戴土謂之崔嵬毛傳曰崔嵬土山之戴

石者說似互異依許云高不平則毛傳是矣惟土山戴石故高而不平也岨下云石山戴土亦與毛同 **从山鬼聲** 此篆可入山部而必立爲部首者巍从此也五灰切十五部

巍 高也 高者必大故論語注曰巍巍高大之稱也左傳卜偃曰萬盈數也巍大名也雉門外闕高巍巍然謂之象巍按本無二字後人省山作魏分別其義與音不古之甚 **从嵬委聲** 牛威切按古音當在十六部

文二

說文解字第九篇上　受業長洲徐頲校刊

說文解字第九篇下

金壇段玉裁注

山宣也謂能宣散气生萬物也九字依莊子釋文訂散當作㪔有石而高象形所閒切十四部凡山之屬皆从山

嶽東岱見下南靃南靃者衡山也在今湖南衡州府衡山縣西北風俗通曰衡山一名霍山爾雅釋山曰霍山爲南嶽尚書大傳白虎通皆舉霍山毛傳則曰南嶽衡許宗毛者也曰南霍正皆謂今湖南之衡山卽漢地理志長沙國湘南縣東南之禹貢衡山也封禪書漢武帝元封四年巡南郡至江陵而東登禮灊之天柱山號曰南嶽此郭景純所謂武帝以衡山遼曠移其神於天柱者蓋自是天柱始有霍山之名而衡山不曰霍山矣許言霍者從其朔偁也天柱山者今安徽六安州霍山縣南之霍山是也西𠌶見下北恆爾雅曰恆山爲北嶽毛傳曰北嶽恆禹貢職方之恆山也在今直隸

韵會引無之所㠯三字

王者之所㠯巡狩所至　韵會引無之所以三字
玉篇云王者巡狩所至之山

省定州曲陽縣

中大室大各本作泰今正古書大字俗或讀他蓋切改爲太又改爲泰蓋不可盡正矣爾雅曰嵩高爲中嶽封禪書郊祀志皆曰中嶽嵩高也按禹貢曰外方左傳曰大室國語曰崇山崇之字亦作崈亦作嵩故崇山亦曰崈高山亦曰嵩高山地理志潁川郡崈高縣武帝置以奉大室山是爲中岳古文以崇高爲外方山也大室崇高錯舉可見一山數名卽今河南河南府登封縣北之嵩山也**王者之所㠯巡狩所至**㠯用也王者所用至此而巡狩也巡狩者巡所守也天子適諸侯曰巡狩按堯典二月至于岱宗五月至于南嶽八月至于西嶽十有一月至于北嶽不言中嶽也而封禪書郊祀志述堯典皆云中嶽嵩高也何氏注公羊則偁堯典而補其文曰還至嵩如初禮應劭風俗通則曰中嶽嵩高高也王者所居故不巡焉其說乖異**从山獄聲**五角切三部

古文象高形今字作岳古文之變

大山也大作太者俗改也域中冣大之山故曰大山作太作泰皆俗釋山曰泰山爲東嶽毛傳曰東嶽岱堯典至于岱宗封禪書郊祀

志曰岱宗泰山也禹貢職方皆曰岱在今山東泰安府泰安縣北从山代聲徒耐切一部
海中往往有山可依止曰島禹貢鳥夷皮服某氏傳讀爲島與馬鄭注如字不同衞包
徑改經爲島字非也从山鳥聲韵會作鳥省聲非讀若詩曰蔦與女蘿小雅頍弁
文都晧切二部玉篇丁了多老二切峱山也舊奪峱字也字今補三字句在齊地上文
五嶽不言在者人所共知不待言也齊風還曰遭我乎峱之閒兮傳曰峱峱山也地理志引作嶩師古云亦作巎音
皆乃高反从山狃聲奴刀切古音在三部詩曰遭我于峱之閒兮今詩于作乎漢
書作虖葛嶧山也地理志東海郡下邳葛嶧山在西古文以爲嶧陽郡國志下邳國下邳縣
葛嶧山本嶧陽山按今在江蘇省淮安府邳州西北六里非山東兗州府鄒縣東南二十五里之嶧山也魯頌保有
鳧繹傳曰繹繹山也左傳邾文公卜遷于繹杜云繹邾邑魯國鄒縣北有繹山哀七年邾衆保于繹杜云繹邾山也

史記秦始皇上鄒嶧山刻石頌功德地理志魯國騶縣嶧山在北此山字作繹从糸不从山與東海葛嶧山字从山不同史記作鄒嶧漢志作嶧山乃譌字也秦時石刻字作繹**在東海下邳**此用永平以前地志也**从山睪聲**羊益切古音在五部**夏書曰嶧陽孤桐**禹貢青州文

嵎　**封嵎之山也在吳楚之閒汪芒之國**魯語孔子曰防風氏者汪芒氏之君也守封嵎之山者也韋云封封山嵎嵎山在今吳郡永安縣按據許則封嵎乃一山名耳今封嵎二山在浙江省湖州府武康縣東實一山也楚當依玉篇作越邑部曰在夏爲防風氏在殷爲汪芒氏孔子謂防風氏爲汪芒氏之君者以今釋古之例謂夏之防風氏其國在殷之汪芒氏也**从山禺聲**噳俱切四部

嶷　**九嶷山也舜所葬**海內經南方蒼梧之丘蒼梧之淵其中有九嶷山舜之所葬在長沙零陵畍中郭云山今在零陵營道縣南其山九溪皆相似故云九疑古者總名其地爲蒼梧也**在零陵營道**山在今湖南永州府寧遠縣南

六十里桂陽州藍山縣西南五十里从山疑聲語其切一部按諸書多作九疑惟山海經作嶷音疑而郭注亦作九疑

㟩山也禹貢岷山道江夏本紀作汶山封禪書曰瀆山蜀之汶山也在蜀湔氐西徼外地理志蜀郡湔氐道禹貢㟩山在西徼外江水所出郡國志同今四川直隸茂州西北有湔氐廢縣㟩山在茂州西北五百里江水所出郎瀧山之南首連峯千里不絕蜀西之山皆㟩也水部曰江水出蜀湔氐徼外㟩山入海从山敄聲武巾切古音在十三部按此篆省作㟩隸變作汶作文作岐作嵈俗作𡸣作崏漢蜀郡有汶江道漢元鼎六年置汶山郡亦作文山郡汶文皆㟩字之叚借也考工記貉踰汶則死自謂魯北之水般敬順乃疑爲岷江殊誤

𡵆山也三字句各本無𡵆字淺人所删乃使文理不完許書之例以說解釋文字若𡵆篆爲文字𡵆山也爲說解淺人往往氾謂複字而删之如髦篆下云髦髮也巂篆下云巂周河篆江篆下云河水江水皆删一字今皆補正玉篇廣韵皆曰女𡵆山名按中山經曰中次九經岷山之首曰女

几之山凡岷山之首自女几之山至于賈超之山凡十六山許立文𡾭𡸣系聯與山經合豈古本作女𡸣山與或曰溺水之所出溺各本作弱誤今正水部曰溺水自張掖刪丹西至酒泉合黎餘波入于流沙桑欽說不云出女𡸣山也此云或曰者廣異聞按集韵類篇引說文山名一曰女𡸣山弱水所出與今本異恐未可從从山几聲居履切十五部

𡾑巀嶭山也四字句在左馮翊池陽左字各本無今補地理志左馮翊池陽惠帝四年置巀嶭山在北漢池陽故城在今陝西西安府三原縣西北二十里嵯峨山在西安府涇陽縣北四十里即巀嶭山也巀嶭嵳峩語音之轉本謂山崚皃因以爲山名也楊雄長楊賦曰椽巀嶭而爲弋从山𢦏聲才葛切十五部按語轉爲嵳

嶭巀嶭山也从山辥聲五曷切十五部按語轉爲峩

嵏九嵏山也在左馮翊谷口左字各本無今補地理志曰左馮翊谷口九嵏山在西谷口故城今在西安府醴泉縣東北七十里九嵏山今在縣東北五十里[illegible]

九夆俱峻从山嵏聲子紅切九部按此篆各本在嶢嵈二篆之後非其次今依玉篇次弟正又按古書皆作嵏山在左

崋華山也在宏農華陰地理志京兆尹華陰大華山在南豫州山郡國志宏農郡華陰故屬京兆有大華山漢之華陰今陝西同州府華陰縣是其地泰華山在縣南十里卽西嶽也从山𠌶聲各本作䔢省聲今正䔢卽𠌶聲也胡化切古音在五部按西嶽字各書皆作華華行而崋廢矣漢碑多有从山者

崞崞山也在鴈門地理志鴈門郡領縣十四有崞縣葢以山名縣也不言某縣者略也今崞縣故城在山西直隸代州崞縣西三十五里崞山在縣西南四十里从山𩫖聲古博切五部

崵首崵山也在遼西各本無首字今依玉篇及伯夷列傳正義王貢兩龔鮑傳注所引正地理志遼西郡令支有孤竹城郡國志同應劭曰故伯夷國按許意首崵山卽伯夷叔齊餓於首陽之下也馬融注論語曹大家注幽通賦戴延之西征記說夷齊首陽各不同从山昜聲與章切十部一曰

嵎銕崵谷也銕宋本作鐵此即堯典之嵎夷暘谷也土部引書宅嵎夷日部引書暘谷皆謂古文尚書也此云嵎銕崵谷則今文尚書也堯典釋文曰尚書考靈曜及史記作禺銕尚書正義曰夏侯等書宅嵎夷爲宅嵎鐵夏本紀索隱曰嵎夷今文尚書及帝命驗竝作禺鐵凡緯書皆同今文尚書金部曰銕古文鐵

岵山有艸木也艸舊作草誤今正有當作無釋山曰多草木岵無草木峐釋名曰山有草木曰岵岵怙也人所怙取以爲事用也山無草木曰屺屺圮也無所出生也許書同爾雅釋名吳都賦岡岵童用字亦宗爾雅而毛詩魏風傳曰山無草木曰岵山有草木曰屺與爾雅互異竊謂毛詩所據爲長岵之言瓠落也屺之言荄滋也岵有陽道故以言父無父何怙也屺有陰道故以言母無母何恃也毛又曰父尚義母尚恩則屬辭之意可見矣許宗毛者也疑有無字本同毛後人易之从山古聲侯古切五部詩曰陟彼岵兮魏風陟岵

屺山無艸木也無當作有从山己聲墟里切一部釋山作峐三蒼字林聲類竝云峐

郎屺字音起詩曰陟彼屺兮魏風陟岵

嶨山多大石也釋山曰多大石嶨許所據字从山也廣韵引爾雅字亦从山許石部有礐訓石聲與此義別从山學省聲胡角切三部

嶅山多小石也釋山曰多小石磝許所據字从山也魯有具敖二山晉師在敖鄗二山之間敖蓋即嶅字以多小石得名从山敖聲五交切二部

岨石戴土也周南卷耳曰陟彼岨矣本亦作砠釋山曰石戴土謂之崔嵬土戴石爲岨毛傳云崔嵬土山之戴石者石山戴土曰砠二文互異而義則一戴者增益也釋山謂用石戴於土上毛謂土而戴之以石釋山謂用土戴於石上毛謂石而戴之以土以絲衣戴弁例之則毛之立文爲善矣石在上則高不平故曰崔嵬土在上則雨水沮洳故曰岨許於鬼下同毛此岨下亦同毛也詩爾雅作砠許作岨主謂山故字从山重土故不从石从山且聲七余切五部詩曰陟彼岨矣

岡山脊也釋山曰山脊岡周南傳曰山脊曰岡从山网聲古郎切十部

岑 山小而高 釋山曰山小而高曰岑釋名曰岑嶃也嶃然也 从山今聲 鉏箴切七部

崟 山之岑崟也 子虛賦岑崟參差日月蔽虧又楊雄蜀都賦張衡南都賦皆有嶜岑字李善讀爲岑崟 从山金聲 魚音切七部

崒 崒 此複舉字之未刪者 危高也 言危殆之高也釋山曰崒者厜㕒厜㕒亦作嵳峩按小雅十月之交箋曰崒者崔嵬是鄭所據爾雅厜㕒作崔嵬也惟土山戴石故易崩耳漸漸之石曰漸漸之石維其卒矣箋云卒者崔嵬也謂山巔之末也是鄭謂卒爲崒之假借字子虛賦隆崇嵂崒 从山卒聲 醉綏切十五部按廣韵六術崒慈卹切六脂嶉醉綏切大徐誤也

巒 山小而鋭 釋山曰巒山墮說者謂爲一條許於巒墮別爲二條毛公釋隋亦不云巒也蓋爾雅巒墮二物許云山小而鋭巒之解也毛云山之隋隋小者隋之解也後儒合爲一者非是劉淵林注蜀都賦曰巒山長而狹也一曰山小而鋭也兼用爾雅說文而爾雅之讀與毛許異矣 从山䜌聲 洛官切十四部

密 山如堂

者土部曰堂殿也釋山曰山如堂者密郭引尸子松柏之鼠不知堂密之有美樅按密主謂山假爲精密字而本義廢

从山宓聲美畢切十二部按廣韵密下引說文山脊也峚下云山形如堂蓋有誤玉篇云峚同密

岫

山有穴也有字各本奪今依文選張景陽襍詩注補有穴之山謂之岫非山穴謂之岫也東京賦王鮪岫居薛解云山有穴曰岫然則岫居言居有穴之山

从山由聲似又切三部

⿱穴由

籀文从穴

⿱山陖

高也高上當有陖字轉寫奪之耳高者崇也陖者陗高也凡斗上曰陗崚从陖則義與陖同同一高而有危高陖高九高短而高巍高大而高之別大雅崧高維嶽駿極于天傳曰駿大也中庸孔子閒居注皆曰峻高大也然則大雅之駿用叚借字

从山陖聲此舉形聲包會意私閏切十三部

峻

陖或省今經典作此字

嶞

山之嶞嶞者周頌曰嶞山喬嶽毛傳曰嶞山山之嶞嶞小者也嶞嶞狹長之皃凡圜而長者謂之隋圜方而長者謂之隋方字或作楕毛傳方銎曰斨隋銎曰斧鄭注

月令曰隋曰賨方曰窨注禮器曰楸禁如今方案隋長隋
長皆用隋字爾雅鰿貝小而橢平準書食貨志三曰復小
橢之皆用橢字此說山則用隓字疑當同毛傳作隓隋小
者今奪小字耳隓隓疑當作隋隋隋卽隓字詩釋文曰隓
字又从山橢省聲讀若相推落之隓徒果切十七部嶘尢高也
乙部曰尢者異也京部曰尤者異於凡也尢高謂之棧今字作㟞从山棧聲士限切十四部崛
山短而高也而字舊無今依廣韵補短高者不長而高也不長故从屈屈者無尾也無尾之物則短張
揖上林賦注曰崛崎斗絕也从山屈聲衢勿切十五部屈省作崛崇山大而高也
各本作巍高也三字今正大雅崧高維嶽釋山毛傳皆曰
山大而高曰崧孔子閒居引詩崧作嵩釋名作山大而高
曰嵩崧嵩二形皆卽崇之異體韋注國語云古通用崇字
太平御覽及徐鉉皆引其語詩序曰崇巨萬物得極其高
大也此崇之故訓也河東賦瞰帝唐之嵩高脈隆周之大
寧嵩高卽崇高也漢碑曰如山如岳嵩如不傾謂崇而不

傾也中嶽禹貢謂之外方秦名大室漢武帝始謂之崇高山因以山下戶三百爲之奉邑名曰崇高縣武帝紀郊祀志地理志封禪書可證崇字地里志作崈體之小異耳史漢或崇嵩錯出要無礙爲一字惟後漢書靈帝紀熹平五年復崇高山爲嵩高山語大可疑證以東觀紀堂谿典請雨因上言改之名爲嵩高山是則非復崇高爲嵩高乃改崇高爲嵩高葢其時六書之學不明謂嵩與崇別而改之沿至今日尚仍其誤李賢注云前書武帝祠中嶽改嵩高爲崇高前書未嘗有此文武帝改大室爲崇高武帝以前但曰大室不曰嵩高也崇高本非中嶽之專偁故淺人以崇爲氾辭嵩爲中嶽強生分別許造說文不取嵩崧字葢其時固憭然也崇之引伸爲凡高之偁大雅福祿來崇傳曰崇重也禮經崇酒注崇充也邶風崇朝其雨傳曰崇終也皆音近假借○或問釋山嵩高爲中嶽非古名嵩高之證與曰嵩卽崇字封禪書曰秦有大室祠大室嵩高也此謂秦之大室卽漢之崇高也釋山之嵩高葢漢人語非本經故許嶽字下言大室不言崇高　从山宗聲　鉏弓切九部此篆舊在岊篆之後解云嵬高也必轉寫之篆

誤今依玉篇移其次依毛傳釋名易其解㠥巍高也从山蠆聲虫部作蠆毒蟲也从虫上象形依隸體从虫从萬則誤讀若厲力制切十五部玉篇廣韵作巁云巍也巖厓也各本作岸也今依太平御覽所引正厂部曰厓者山邊也厓亦謂之巖故厂下云山石之厓巖人可居也戰國策巖下有貫珠者漢書遊於巖廊之上皆謂殿下小屋如厓巖之下可居也天子之堂九尺諸侯七尺其上曰巖廊其下曰巖下从山山部之巖主謂山厓石部之礹主謂積石嚴聲五緘切八部按此篆之上舊有峯篆乃大徐所增古祇用峯峯峿也嵒山巖也西京賦曰下嶄巖以嵒齬从山品聲大徐無聲按嵒與石部之碞別五咸切七部讀若吟㠑㠑嶵逗疊韵字也山皃也各本外誤今依全書通例補正西京賦曰上林岑以壘嶵按壘嶵即㠑嶵也从山絫聲落猥切十五部俗作㠑按二篆同在十五部則應作㠑纍聲嶵㠑嶵也从山辠聲徂賄切十五部文選篇韵皆作嶵

嵪山皃一曰山名从山告聲古到切篇韵皆口沃切三部嶞山皃从山隓聲徒果切十七部按隓者小篆文之墮也隓从隋者从墯之省也是則隓隓蓋一字不當爲二嵳嵳峨逗二字各本無今依全書通例補山皃釋山厜㕒又作嵳峩从山嵳聲昨何切十七部峨嵯峨也从山我聲五何切十七部崝崝嶸逗山皃也各本不完今補方言曰崝高也郭云崝嶸高峻之皃也崝今字作崢从山青聲七耕切十一部按七耕當作士耕切嶸崝嶸也从山榮聲戶萌切十一部亦作嵤⿰山巠⿰山巠谷也三字句各本刪⿰山巠字今補廣韵曰⿰山巠口莖切或作硎谷名在麗山昔秦密種瓜處按秦冬月種瓜谷中溫處瓜實因使諸生往視說之發機阬諸生事見尚書正義所引衞宏詔定古文官書序漢書儒林傳注藝文類聚卷八十七同而師古作阬谷正義及類聚作硎谷實則⿰山巠谷也从山巠聲戶經切十一部[illegible]山壞也引伸

之天子死曰崩从山朋聲方滕切六部按崩體山在朋上𡽱古文从𨸏

岪山脅道也脅者兩膀也山如人體其兩旁曰脅水經注曰江水又東逕赤岬城引淮南子彷徨於山岬之旁注云岬山脅也楚辭招隱士云坱兮軋山曲岪王注云盤結屈也結屈許書作詰詘山脅之道然也从山弗聲符勿切十五部

嵍山名按此篆許書本無後人增之許書果有是山則當廁於山名之類矣顏氏家訓柏人城東有山世或呼爲宣務山予讀柏人城內漢桓帝時所立碑銘云上有巏嵍王喬所仙巏字遂無所出嵍字依諸字書即旄丘之旄也嵍字字林一音忘付反今依附俗名當音權務經典釋文曰字林有嵍亡周反一音毛嵍丘也又有嵍亡附反一音毛亦云嵍丘也據顏陸之書字林乃有嵍字則許書之本無此顯然矣旄丘見詩爾雅曰前高曰旄丘劉成國曰如馬舉頭垂髦依字林嵍丘即旄丘乃丘名非山名也从山敄聲亡遇切古音在三部

嶕焦嶢山高皃楊雄傳曰泰山之高不嶕嶢則不能浡滃雲而散歊蒸嶕古祇作焦

从山堯聲古僚切二部

⿰山戕 山陵也从山戕聲慈良切十部

岊 陬隅皀部曰隅者陬也陬者隅也孟子虎負嵎是知隅者高山之卪也嵎卽隅字趙注曰虎依陬而怒高山之卪也卪各本作節今正山之卪曰岊猶竹卪曰節木卪曰科厄也劉逵注吳都賦引此謂之許氏記字从山卪會意卪亦聲子結切十二部

崔 大高也齊風南山崔崔傳曰崔崔高大也此云大高未知孰是嵬下曰山石崔嵬高而不平也亦卽毛傳之土山戴石曰崔嵬也从山隹聲聲字鉉無今補胙回切十五部按小徐無此篆大徐此篆在部末非其次玉篇亦本無崔字於部末補之疑許蓋本無此莊子山林之畏隹隹卽今之崔也但人部有催手部有摧則山部當有崔矣

文五十三今刪峯則五十二　重四

屾 二山也此說義而形在是如玨之例凡屾之屬皆从屾闕此闕謂闕其讀

若也今音所臻切恐是肌說

嵞　會稽山也左傳禹會諸矦於塗山執玉帛者萬國魯語昔禹致羣神於會稽之山防風氏後至禹殺而戮之二傳所說正是一事故云嵞山卽會稽山嵞塗古今字故今左傳作塗封禪書云管仲曰禹封泰山禪會稽吳越春秋曰禹登茅山以朝羣臣乃大會計更名茅山爲會稽封禪書又云秦幷天下自殽以東名山五大室恒山太山會稽湘山劉向上封事曰禹葬會稽葢大禹以前名嵞山大禹以後則名會稽山故許以今名釋古名也杜注左傳云塗山在壽春東北非古說也會稽山在今浙江省紹興府治東南十二里

一曰九江當涂也民俗㠯辛壬癸甲之日嫁娶一曰者别一義謂嵞山在九江當塗也地理志九江郡當塗應劭曰禹所娶塗山氏國也郡國志九江郡屬縣有當塗有平阿平阿有塗山按平阿本當塗地漢當塗卽今安徽省鳳陽府懷遠縣縣東南有塗山非今在江南太平府治之當塗也咎繇謨曰予創若時娶于塗山辛壬癸甲鄭注云登用之年始娶于塗山氏三宿而爲帝所命治水水經注引呂氏春

秋禹娶塗山氏女不以私害公自辛至甲四日復往治水故江淮之俗以辛壬癸甲爲嫁娶日也許云當塗民俗以辛壬癸甲之日嫁娶正與呂覽合鄭注尚書亦同呂覽尚書辛壬癸甲言娶塗山所歷之四日也縣之名當塗者蓋以嵞山得名嵞塗古今字**从屾余聲**同都切五部**虞書曰予娶嵞山**咎繇謨文合二句爲一句如東方昌矣之類此證後說也

文二

屵岸高也屵之言巘巘然也廣韵高山狀**从山厂厂亦聲**五葛切十四十五部**凡屵之屬皆从屵**

岸水厓洒而高者各本無洒字今依爾雅補釋丘曰望厓洒而高岸夷上洒下不漘李巡曰夷上平上洒下陗下故名漘孫炎曰平上陗下故名曰漘不者蓋衍字據李孫之釋漘則知李孫之釋岸亦必曰陗下而高上也陗下者謂其體斗陗平上高上者謂其顛有崔嵬平坦之不同嵬下曰

高不平也對夷上言也洒釋爲陗者洒卽陵之假借二字古音同自部曰陵者陗高也陗者陵也凡斗立不可上曰陗詩新臺有洒傳曰洒高峻也峻同陵郭景純昧於其義乃釋高曰陵陵非高之謂也釋洒曰水深水之深淺何與於厓不得冠以望厓矣爾雅言厓許言水厓者申爾雅之說別於山邊之厓也衛風淇則有岸小雅高岸爲谷其本義也大雅誕先登于岸傳曰岸高位也其引伸之義也箋云岸訟也小雅小宛傳曰岸訟也此皆借岸爲犴獄字也

从屵干聲五旰切十四部

崖高邊也辵部曰邊行垂崖也土部曰垂者遠邊也按垂爲遠邊崖爲高邊邊之義謂行於此二者此二者因名邊矣其字从屵也故爲高邊从屵圭聲五佳切十六部此與厂部之厓義別

嵟高也玉篇曰亦作陮按自部曰陮隗高也義同字異从屵隹聲都回切十五部玉篇徒罪切

嶏崩也列子黃帝篇目所偏視晉國爵之口所偏肥晉國黜之殷敬順釋文云肥皮美切說文字林皆作嶏又作圮皆毁也按古肥與非通口所偏肥猶云口所偏非耳不必援此也嶏與圮亦

非一字从屵肥聲符鄙切十五部

嶏崩聲从屵配聲讀若費蒲沒切十五部按此葢卽㞙之或體耳玉篇有㞙無嶏可證廣韵傍佩切

文六

广因厂爲屋也厂各本作广誤今正厂者山石之厓巖因之爲屋是曰广廣韵琰儼二韵及昌黎集注皆作因巖可證因巖卽因厂也从厂各本無此二字今補象對刺高屋之形刺各本作刺今正讀七亦切謂對面高屋森聳上刺也首畫象巖上有屋凡广之屬皆从广讀若儼然之儼魚儉切八部

府文書藏也文書所藏之處曰府引伸之爲府史胥徒之府周禮府六人史十有二人注云府治藏史掌書者又大宰以八法治官府注云百官所居曰府从广付聲方矩切古音在四部

廱天子饗飮辟廱饗飮謂鄉飮酒也食部曰饗者鄉人飮酒也辟廱者

天子之學也在郊禮記文王世子曰凡大合樂必遂養老天子視學設三老五更羣老之席位焉注云以鄉飲酒禮言之席位之處則三老如賓五更如介羣老如衆賓必也又云遂養老者用大合樂之明日也鄉飲酒鄉射之禮明日乃息司正徵唯所欲以告於先生君子可也是養老之象類是則天子養老之禮卽鄉飲酒之禮水部泮下曰諸侯鄉射之宮鄉謂鄉飲酒射謂鄉射魯頌泮宮箋云在泮飲酒者徵先生君子與之行飲酒之禮而因以謀事也永錫難老者長賜之冣壽考如王制所云八十月告存九十日有秩也是則天子諸侯養老皆用鄉飲酒禮韓詩說辟廱所以教天下春射秋饗尊事三老五更許但云饗飲者舉鄉飲以該鄉射也大雅曰於樂辟廱毛傳曰辟廱水旋丘如璧以節觀者也魯頌傳曰天子辟廱諸侯泮宮五經異義公羊說天子三諸侯二天子有靈臺以觀天文有時臺以觀四時施化有囿臺觀鳥獸魚鼈諸侯當有時臺囿臺諸侯卑不得觀天文無靈臺皆在國之東南二十五里東南少陽用事萬物著見用二十五里者吉行五十里朝行暮反也韓詩說辟雝者天子之學圓如璧壅之以水示

圜言辟取辟有德不言辟水言辟雝者取其雝和也所以教天下春射秋饗尊事三老五更在南方七里之內立明堂於中五經之文所藏處葢以茅草取其潔清也左氏說天子靈臺在太廟之中壅之靈沼謂之辟廱諸侯有觀臺亦在廟中皆以望嘉祥也毛詩說靈臺下足以監視靈者精也神之精明稱靈故稱臺曰靈臺稱圃曰靈圃沼曰靈沼謹按公羊傳左氏說皆無明文說各無以正之元之聞也禮記王制天子命之教然後爲學在公宮之左大學在郊天子曰辟廱諸侯曰泮宮天子將出征受命於祖受成於學出征執有罪反釋奠於學以訊馘告然則太學卽辟廱也詩頌泮水云既作泮宮淮夷攸服矯矯虎臣在泮獻馘淑問如臯陶在泮獻囚此復與辟廱同義之證也大雅靈臺一篇之詩有靈臺有靈圃有靈沼有辟廱其如是也則辟廱及三靈皆同處在郊矣圃也沼也同言靈於臺下爲圃爲沼可知小學在公宮之左大學在西郊王者相變之宜衆家之說各不昭晢當然於郊差近之耳在廟則遠矣王制與詩其言察察亦足以明之矣 从广雝聲 於容切 九部

庠 禮官養老夏

曰校殷曰庠周曰序孟子滕文公篇曰夏曰校殷曰序周曰庠史記儒林傳同漢書儒林傳則云夏曰校殷曰庠周曰序許同漢書疑今孟子史記有誤孟子曰庠者養也从广羊聲似陽切十部

廬寄也秋冬去春夏居大雅于時廬旅毛傳曰廬寄也小雅中田有廬箋云中田田中也農人作廬焉以便其田事春秋宣十五年公羊傳注曰一夫受田百畝公田十畝廬舍二畝半凡爲田一頃十二畝半八家而九頃共爲一井在田曰廬在邑曰里春夏出田秋冬入保城郭漢食貨志曰一井八家共之各受私田百畝公田十畝是爲八百八十畮餘二十畮以爲廬舍在野曰廬在邑曰里春令民畢出在壄冬則畢入其詩曰四之日舉止同我婦子饁彼南畮又曰十月蟋蟀入我牀下嗟我婦子聿爲改歲入此室處所以順陰陽備寇賊習禮文也孟子曰五畝之宅趙注廬井邑居各二畝半以爲宅冬入保城二畝半故爲五畝也按許意廬與下文廛義互相足在野曰廬在邑曰廛皆二畝半也引伸之凡寄居之處皆曰廬周禮十里有廬廬有飲食左傳立戴公以廬於

曹吾儕小人皆有闔廬以避燥溼寒暑皆是从广盧聲古亦與盧相假借力居切五部庭宮中也下文曰中庭則此當曰中宮俗倒之耳中宮宮之中如詩之中林林中也攴部曰廷中朝也朝不屋故不从广宮者室也室之中曰庭詩曰殖殖其庭曰子有廷內曰洒埽庭內檀弓孔子哭子路於中庭注曰寢中庭也凡經有謂堂下爲庭者如三分庭一在南正當作廷爲義相近爾雅釋詁詩大田韓奕閔予小子傳曰庭直也引伸之義也庭者正直之處也从广廷聲特丁切十一部廇中庭也中庭者庭之中也月令中央土其祀中霤注曰中霤猶中室也古者複穴是以名室爲霤正義引庾蔚之云複者謂地上累土爲之穴則穿地也複穴皆開其上取明故雨霤之是以後因名室爲中霤也按釋名曰室中央曰中霤古者寝穴後室之句霤當今之棟下直室之中古者霤下之處也月令呂覽鄭劉皆作中霤許則霤謂屋水流廇謂中室晝分二字葢既有宮室以後則霤在屋垂而屋中謂之廇以存古釋宮曰宎廇謂之梁葢言室內之制賦家所謂藻井其是與从广

畱聲力救切三部庉樓牆也樓者重屋也从广屯聲徒損切十三部庌
廡也从广牙聲五下切古音在五部周禮曰夏序馬夏官圉師職文注曰故書序爲
訝鄭司農云當爲序元謂序廡也廡所以庇馬涼也按許亦用仲師說廡堂周屋也各本作堂
下元應引作堂周屋曰廡今從之釋名曰大屋曰廡幽冀人謂之序說與許異許謂堂之四剏爲屋也洪範晉語蕃
廡皆假廡爲𣞤也从广𣞤聲文甫切五部𢊁籀文从舞舞聲⿸广虜廡也
从广虜聲讀若鹵郎古切五部庖廚也王制三爲充君之庖注曰庖今之廚也周
禮庖人注曰庖之言苞也苞裹肉曰苞苴从广包聲薄交切古音在三部廚庖室也室各
本作屋今依御覽从广尌聲直株切古音在四部庫兵車藏也此庫之本義也引伸
之凡貯物舍皆曰庫从車在广下會意車亦聲苦故切五部廏馬舍也从广𣪘

聲居又切三部周禮曰馬有二百十四匹爲廄廄有僕夫四當爲六字之誤也夏官校人曰乘馬一師四圉三乘爲皁皁一趣馬三皁爲轂轂一馭夫六轂爲廄廄一僕夫六廄成校校有左右注曰二耦爲乘四匹也自乘至廄其數二百一十六匹易乾爲馬此應乾之策也

㡀古文从九此从古文叀而九聲也

序東西牆也釋宮曰東西牆謂之序按堂上以東西牆爲介禮經謂階上序端之南曰序南謂正堂近序之處曰東序西序古假杼爲序尚書大傳天子賁庸諸侯疏杼鄭注云牆謂之庸杼亦牆也李善文選注引雒書天準聽天球河圖在東杼又攴部曰敘次弟謂之敘經傳多假序爲敘周禮儀禮序字注多釋爲次弟是也又周頌繼序思不忘傳曰序緒也此謂序爲緒之假借字从广予聲徐呂切五部

𢊁牆也與土部之壁音義同从广辟聲比激切十六部

廣殿之大屋也土部曰堂殿也倉頡篇曰殿大堂也廣雅曰堂皇合殿也殿謂堂無四壁漢書胡建傳注無四壁曰堂皇是也

覆乎上者曰屋無四壁而上有大覆蓋其所通者宏遠矣是曰廣引伸之爲凡大之偁詩六月雝傳皆曰廣大也从广黃聲古晃切十部

廥 芻稾之藏也天官書其南衆星曰廥積如淳漢書注曰芻稾積爲廥也史記正義曰芻稾六星在天苑西主積稾草者从广會聲古外切十五部

庾 水漕倉也漢書孝文紀應劭注同謂水轉穀至而倉之也从广臾聲以主切古音在四部一曰倉無屋者無屋無上覆者也小雅楚茨傳曰露積曰庾甫田箋云庾露積穀也周語野有庾積韋注庾露積穀也釋名說同胡廣漢官解詁云在邑曰倉在野曰庾

屏 蔽也此與尸部之屏義同而所謂各異此字从广謂屋之隱蔽者也廣雅曰圊圂屏廁也急就篇曰屏廁清溷糞土壤屏與屛通溷與圂通圊與清通下文云廁清也則屏亦謂廁戰國策云宋王鑄諸侯之象使侍屏匽周禮注云匽路廁也从广幷聲必郢切十一部

廁 清也清圊古今字釋名曰廁言人雜廁在上非一也或曰溷言溷濁也或曰圊言至穢之處宜

常修治使潔淸也按凡云雜廁者猶云溷雜急就篇說文敘皆曰分別部居不雜廁是也古多假廁爲側如史記張釋之傳北臨廁漢書汲黯傳上踞廁視之是也从广則聲初吏切一部

廛二畝半也一家之尻二各本作一尻名本作居今正按說巳見廬篆注合漢食貨志公羊傳何注詩南山箋孟子梁惠王篇趙注知古者在野曰廬在邑曰里各二畝半趙注一尤明里卽廛也詩伐檀毛傳曰一夫之居曰廛遂人夫一廛先鄭云廛居也後鄭云廛城邑之居載師以廛里任國中之地後鄭云廛里者若今云邑居廛民居之區域也里居也毛鄭皆未明言二畝半要其意同也許於廬不曰二畝半於廛曰二畝半以錯見互足从广里八土里者尻也八土猶分土也亦謂八夫同井也以四字會意直連切十四部

庋屋牡瓦也各牡本作牝也各本作下今正廣韵二十七刪曰屋牡瓦名是也屋瓦下載者曰牝昌邑王傳之版瓦也上覆者曰牡玉篇甋牡瓦也甋廣雅作甎今俗猶以圜而上覆之瓦曰瓪庋之言似環也甋之言似筩也一曰維綱也

糸部曰縜持綱紐也庋與縜音相近从广閔省聲讀若環戶關切十四部

𢈔屋階中會也謂网階之中湊也西京賦曰刊層平堂設切厓隒今之階隒石必長石居中网邊闢合篇韻皆作屋中會無階字非是从广悤聲倉紅切廣韻又作孔切九部

㢋廣也上文殿之大屋曰廣矣此廣則其引伸之義也凡讀說文者必知斯例而後無所庢廣雅曰㢋大也今人曰㢋斂古字作㢋廉从广侈聲尺氏切古音在十七部春秋國語曰俠溝而㢋我吳語王孫雒曰齊宋徐夷曰吳既敗矣將夾溝而㢋我韋注㢋擊曰㢋按㢋擊者開拓自廣之意也夾古書多作俠

廉仄也此與廣爲對文謂偪仄也廉之言斂也堂之邊曰廉天子之堂九尺諸侯七尺大夫五尺士三尺堂邊皆如其高賈子曰廉遠地則堂高廉近地則堂卑是也堂邊有隅有棱故曰廉廉隅也又曰廉棱也引伸之爲清也儉也嚴利也許以仄晐之仄者圻堮陵阽之謂今之辭法謂邊曰廉謂角曰隅从广兼聲力兼切七部

㡿開

𢈔　案屋階中會蓋謂歷階而上值堂外除檐屋所覆處古東西兩階賓主至中而相見於此設因屋階中會其字从广如段說階隒長石居中闕合要則是𢈔矣𢈔亦讀之切俗作砌其字不當从广

底　段注分別底底二義非矣蓋丁禮之視二音本類隔釋詁底底皆訓止蓋二字皆从氐聲氐至也从一一地也物下至地而止矣郝義疏得相通

張屋也謂屋之開張者也从广秅聲宅加切古音在五部今字作秅殊誤濟陰有⿸广秅縣地理志濟陰郡有秅孟康音妒此古音也龐高屋也謂屋之高者也故字从广引伸之爲凡高大之偁小雅四牡龐龐傳曰龐龐充實也从广龍聲薄江切九部詩音義鹿同反徐扶公反底山尻也尻各本譌作居今正山當作止字之誤也字从广故曰止尻玉篇曰底止也下也廣韵曰底下也止也皆本說文釋詁曰底止也又曰底止徯待也晉語戾久將底注曰底止也左傳昭元年勿使有所壅閉湫底服注底止也杜注底滯也楚語夫民氣縱則底底則滯注曰底著也按底訓止與厂部厎訓柔石引伸之訓致也至也迴別俗書多亂之小雅伊于胡厎箋云厎至也俗本多作胡底一曰下也下爲底上爲蓋今俗語如是與前一義相足高唐賦曰不見其底虛聞松聲列子無底之谷名曰歸墟从广氐聲都禮切十五部按釋詁替戾底厎尼定曷遏止也釋文及唐石經不誤郭注厎義見詩傳謂靡所厎止伊于胡厎傳曰厎至也郭又引國

語戾久將底此爲底字作注也釋文底音丁禮反厎音之視反今薺音二韵區別亦如是

㢓　礙止也　石部曰礙者止也凡㢓礙當作此字今俗作窒礙非也七發曰發怒㢓沓言水初發怒礙止而涌沸也又右扶風有盩㢓縣山曲曰盩水曲曰㢓　**从广至聲**　陟栗切十二部

廮　安止也　从广嬰聲　於郢切十一部　**鉅鹿有廮陶縣**　地理志郡國志同

废　舍也　詩召南甘棠曰召伯所茇傳曰茇草舍也周禮大司馬中夏教茇舍注云茇讀如萊沛之沛茇舍草止之也軍有草止之法按許書艸部茇艸根也此废訓舍也與毛鄭說異以其字从艸从广別之耳同音故義相因茇废實古今字也毛傳又云草行曰跋跋卽茇之假借字漢禮樂志拔蘭堂拔舍止也卽废之假借字　**从广犮聲**　蒲撥切十五部　**詩曰召伯所废**　此蓋用三家詩字作废故與毛作茇訓草舍異

庳　中伏舍　謂高其兩旁而中低伏之舍也　**从广卑聲**　便俾切十六部　**一曰屋卑**　卑各本作庳今依韵會訂左傳曰宮室卑庳引伸之

凡甲皆曰庳周禮其民豐肉而庳或讀若逋雙聲

庇蔭也蔭艸侌也引伸之爲凡覆庇之偁釋言曰庇休蔭也从广比聲必至切十五部按周禮注庇具也左傳國語亦有庇字注或云具也或云治也攷周禮故書庇作比許從故書故說文無庇

庶屋下眾也諸家皆曰庶眾也許獨云屋下眾者以其字从广也釋言曰庶侈也侈鄭箋作𢓬此引伸之義又引伸之釋言曰庶幸也詩素冠傳同又釋言曰庶幾尚也从广炗光取眾盛之意商署切五部炗古文光字見火部

庤儲置屋下也庤與待音義同云置屋下者以其字从广也周頌庤乃錢鎛傳曰庤具也从广寺聲直里切一部

廙行屋也行屋所謂幄也許書巾部無幄篆周禮帷幕幄帟注云四合象宮室曰幄王所居之帳也疏引顏延之纂要四合象宮曰幄巾部曰帳張也木部曰橦者帳柱也帳有梁柱可移徙如今之蒙古包之類廙字本義如是魏晉後用爲翼字如魏丁廙字敬禮是用爲小心翼翼字也篇韵皆曰廙敬也从广異

聲與職切一部廔屋麗廔也麗廔讀如離婁二音㒺字下曰囪牖麗廔闓明也長門賦靈光殿賦皆作離樓謂在屋在牆囪牖穿通之皃玉篇作𨺅廔从广婁聲洛侯切四部一曰所㠯種也所㠯二字各本奪今補種之用切謂以廔貯穀播種於地也木部曰杸種樓也廣韵耬種具也皆即廔字

𢈞屋從上傾下也𢈞之下推也从广隹聲都回切十五部

廢屋頓也頓之言鈍謂屋鈍置無居之者也引伸之凡鈍置皆曰廢淮南覽冥訓四極廢高注廢頓也古謂存之爲置棄之爲廢亦謂存之爲廢棄之爲置公羊傳曰去其有聲者廢其無聲者鄭曰廢置也于去聲者爲廢謂廢留不去也左傳廢六關王肅家語作置六關淮南子舜葬蒼梧不變其肆高注不煩市井之所廢莊子曰廢一於堂廢一於室仲尼弟子列傳子貢好廢居與時轉貨貲殖列傳作廢箸鬻財徐廣曰箸猶居也讀如貯廢之爲置如徂之爲存苦之爲快亂之爲治去之爲藏从广發聲方肺切十五部古可入聲

庮久屋朽木朽同

死見歺部周禮內饔牛夜鳴則庮先鄭云庮朽木臭也內則鄭注云庮惡臭也引春秋傳一薰一庮許說同先鄭久屋而後有朽木故字从广**从广酉聲**與久切三部**周禮曰牛夜鳴則庮臭如朽木**

廑　少劣之凥凥舊作居誤今正少劣之居故从广引伸之義與人部之僅同古多用廑爲僅亦用爲勤字文選長楊賦注引古今字詁曰廑今勤字**从广堇聲**巨斤切十三部

廟　尊先祖皃也尊其先祖而以是儀皃之故曰宗廟諸書皆曰廟皃也祭法注云廟之言皃也宗廟者先祖之尊皃也古者廟以祀先祖凡神不爲廟也爲神立廟者始三代以後**从广朝聲**聲字蓋衍古文从苗爲形聲小篆从广朝謂居之與朝廷同尊者爲會意眉召切二部

庿　古文見禮經十七篇凡十七篇皆作庿注皆作廟

⿸广且　人相依⿸广且也从广且聲子余切五部按篇韻皆七賜切則與且聲不相應廣雅無⿸广且有庛音七賜切玉篇⿸广且字亦不次於援引說文之處疑許本無⿸广且

⿸广囧　屋迫也腐之

言過也从广曷聲於歇切十五部

㡿卻屋也卻屋者謂開拓其屋使廣也與上屋迫成反對廣韵引作卻行也非是卻屋之義引伸之爲㡿逐爲充㡿魏都賦注引倉頡曰㡿廣也又引伸爲指㡿穀梁信五年傳曰目晉侯㡿殺是也从广屰聲廣韵引無聲字非是昌石切古音在五部俗作斥作斥幾不成字

廞陳輿服於庭也周禮故書廞爲淫鄭司農云淫讀爲廞廞陳也許說同先鄭釋詁曰廞興也後鄭注周禮云廞興也興作之說同爾雅按易淫爲廞古音同在七部也釋廞爲興古六部七部合音也从广欽聲讀若歆許今切七部

廖空虛也从广膠聲此今之寥字洛蕭切古音在三部

文四十九　重三

厂山石之厓巖人可凥凥舊作居今正厓山邊也巖者厓也人可居者謂其下可居也

屋其上則謂之广象形謂象嵌空可居之形呼旱切十四部凡厂之屬皆从厂

厈籒文从干象形而从干聲

厓山邊也高邊則曰崖从厂圭聲五佳切十六部

厜厜㕒逗山顛也顛者頂也俗造巔字唐風作首陽之巔謬甚釋山曰崒者厜㕒又作㢛㢞又作㟨嶬許書釋㟨嶬曰山皃釋厜㕒曰山頂不曰同字也从厂垂聲姊宜切古音在十七部

㕒厜㕒也从厂義聲魚爲切古音在十七部

厳崟也崟者山之岑崟也一曰地名蓋公羊傳殽之嶔巖是也嶔蓋卽厳字从厂𢽎聲魚音切古音在八部𢽎作厳

厬仄出泉也小雅有洌氿泉釋水曰氿泉穴出穴出仄出也毛傳側出曰氿泉按側出泉之字詩爾雅作氿許作厬水醮之字今爾雅作厬許作氿正互相易水部氿篆下引爾雅水醮曰氿則知許所據與今本絕異水厓枯土爲氿字側出泉當作厬字矣从厂晷聲讀若軌居洧切古音在三部讀如九氿亦讀

如九是以二字通用

厎柔石也柔石石之精細者鄭注禹貢曰厲摩刀刃石也精者曰砥尚書大傳其稱天子斲其材而礱之加密石焉注曰礱厲之也密石砥之也按厎者砥之正字後人乃謂砥爲正字厎與砥異用强爲分別之過也厎之引伸之義爲致也至也平也有假借者字爲之者如周頌耆定爾功傳曰耆致也是也从厂氐聲職雉切十五部按此字从氐聲俗从氏誤也古音氐聲在十六部氐聲在十五部不容稍誤唐以來知此者鮮矣五經文字石刻譌作底少一畫不可從顧亭林與潘次耕書分別厎厎不同義不知古無从氏之厎厎與底爭首筆之有無末筆則從同也厎與底音義均別广部詳之

砥厎或从石今字用此而厎之本義廢矣毛詩大東周道如砥孟子作厎

厲旱石也旱石者剛於柔石者也禹貢厲砥砮丹大雅取厲取鍛引伸之義爲作也見釋詁又危也見大雅民勞傳虞注周易又烈也見招䰟王注俗以義異異其形凡砥厲字作礪凡勸勉字作勵惟嚴厲字作厲而古引伸假借之法隱矣凡經傳中有訓爲惡訓爲病訓爲鬼者

謂厲卽癘之假借也訓爲遮列者謂厲卽迾之假借也周禮之厲禁是也有訓爲涉水者謂厲卽濿之假借如詩深則厲是也有訓爲帶之垂者如都人士垂帶而厲傳謂厲卽烈之假借也烈餘也**从厂蠆省聲**按說文厲與蠆篆形絕異厲从蠆省聲則字當作厲而隸體蠆作蠆厲作厲皆从萬非也後人以隸改篆則又篆皆从萬矣漢隸存者作蠆作厲可考也今篆體及說解皆正力制切十五部

𠪚或不省今各本篆从萬下虫非是漢人隸多作厲不省

厥發石也發石故从厂引伸之凡有撅發皆曰厥山海經曰相柳之所抵厥郭云抵觸也掘也孟子若崩厥角稽首趙云厥角者叩頭以額角犀撅地也晉灼注漢書曰厥猶豎也叩頭則額角豎按厥角者謂額角如有所發角部觷下云角有所觸發是也以上皆厥之本義若釋言曰厥其也此假借也假借盛行而本義廢矣**从厂欮聲**欮或瘚字舉形聲該會意也俱月切十五部

厱厱諸逗**治玉石也**淮南說山訓玉待礛諸而成器高注曰礛諸攻玉之石礛卽厱字也廣韵曰礛䃴青礪**从**

厂僉聲魯甘切七部高誘曰磏讀曰廉氏之廉讀若藍

厤治也甘部曆下云从甘厤厤者調也按調和即治之義也厤从秝秝者稀疏適秝也从厂秝聲郎擊切十六部

⿸厂異石利也謂石銳也漢書馮奉世傳器不犀利如淳曰今俗刀兵利爲犀犀後漢張衡傳犀舟注同按石之利如砮砭厎厲厝是也犀與⿸厂異雙聲假借石利之義引伸之凡利皆曰⿸厂異犀宋本漢書作犀从厂異聲讀若枲胥里切一部

⿸厂古美石也从厂古聲侯古切五部廣韻又當古切

厗唐厗石也四字句唐厗雙聲字石名也廣韻齊韻唐韻皆作磄厗又曰鎕銻火齊也玉篇曰厗古銻字从厂屖省聲杜兮切十五部按厗固辛聲然則厗亦辛聲也葢古辛亦讀如今西

⿸厂立石聲也謂石崩之聲吳都賦曰拉擸雷硍崩巒弛岑拉郎⿸厂立字也玉篇曰⿸厂立亦拉字拉者折也柆木折也从厂立聲盧荅切七部

⿸厂兒石地惡也集韻類篇皆曰碣⿸厂兒石地按石部曰碣石地惡也二篆疊韻从

厂兒聲五麻切十六部⿸厂金石地也⿸厂金者堅閉之意从厂金聲讀若紟巨今切七部庯石閒見也閒讀去聲閒見謂突兀忽見人部俔下云閒見是也庯史假逋字爲之魏書北史溫子昇傳皆云子昇詣梁客館不修容止謂人曰詩章易作逋峭難爲字當作庯廣韵引字林云峬峭好形見也峬卽庯之隸變凡字書因時而作故說文庯字林作峬說文秖有殷字林有⿱甫土近世波俏之語又音字之遷移也从厂甫聲讀若敷芳無切五部厝厝石也各本作厲石今正小雅鶴鳴曰他山之石可以爲錯傳曰錯錯石也今本少一錯字可以琢玉舉賢用滯則可以治國下章曰他山之石可以攻玉傳曰攻錯也錯古作厝厝石謂石之可以攻玉者爾雅玉曰琢之玉至堅厝石如今之金剛鑽之類非厲石也假令是厲石則當次厎厲二篆之下而不當次此矣金部鑢下云錯銅鐵也錯亦當作厝謂劙礪之从厂昔聲蒼各切又七互切五部按許書厝與措錯義皆别而古多通用如抱火厝之積薪之下假厝爲措也詩曰佗

山之石可㠯爲厝

厖　石大也　石大其本義也引伸之爲凡大之偁釋詁曰厖大也左傳民生敦厖周語敦厖純固是也又引伸之爲厚也商頌爲下國駿厖毛傳是也或假此厖爲尨襍字荀卿引商頌厖作蒙　从厂尨聲　莫江切九部

屵　岸上見也　岸者厓陵而高也岸上見故从厂屮會意上見者望之而見於上也　从厂从㞢省　按之省二字當作屮弓部弢下曰屮垂飾與鼓同意皆以屮象上見者而豈下曰陳樂立而上見也从屮九爲明證岸上見故以屮象之淺人乃改爲㞢省耳廣韵云說文作屵亦誤又按屮與㞢皆謂艸初生故凡上出者可以㞢象之周禮作其鱗之而之謂上出而謂下垂此从㞢省與肯从㞢皆是也　讀若躍　以灼切二部

㕅　辟也　㕅與陝音同義近　从厂夾聲　胡甲切八部

仄　側傾也　傾下曰仄也此仄下云傾也是之謂轉注古與側昃字相假借　从人在厂下　會意阻力切一部

仄　籒文从夨夨亦聲　夨傾頭也昃亦作昗當是籒文昃字

㕔仄也仄俗本譌作反今依篇韵正今人言偪仄乃當作㕔仄从厂辟聲普擊切十六部廣韵之石切

厞隱也隱者蔽也特牲饋食禮佐食徹尸薦俎敦于西北隅几在南厞有司徹有司官徹饋饌于室中西北隅設右几厞鄭云厞隱也喪大記甸人取所徹廟之西北厞薪用爨之按室西北隅曰屋漏厞者又西北隅隱蔽之處也屈原賦隱思君兮陫側陫蓋同厞禮注曰古文厞作茀从厂非聲扶沸切十五部詩音義引沈重云許愼凡非反計沈所見說文當有讀若某之云矣

厭笮也竹部曰笮者迫也此義今人字作壓乃古今字之殊土部壓訓壞也寘也無笮義凡喪服言尊之所厭皆笮義喪冠謂之厭冠謂冠出武下也周禮巾車王后厭翟注云次其羽使相迫也禮經推手曰揖引手曰厭厭卽尚書大傳家語之葉拱家語注云兩手薄其心古文禮揖厭分別今文禮厭皆爲揖鄭不之從而禮經有厭譌作撎者周禮大祝疏竟作引手曰撎斷不可從撎爲跪而舉頭下手與厭爲立而引手箸胷不相涉也檀弓死而不弔者厭注行止危險之下巳上皆笮之

義其音於輒切从厂猒聲於輒切又一剡切八部按厭之本義笮也合也與壓義尚近於猒飽也義則遠而各書皆假厭爲猒足猒憎字猒足猒憎失其正字而厭之本義罕知之矣一曰合也周語克厭天心韋注厭合也韋注漢書敘傳亦同按蒼頡篇云伏合人心曰厭字苑云厭眠內不祥也此合義之一耑寐下云寐而厭也是也俗字作魘徐鉉用爲新附字誤矣山海經服之使人不厭郭云不厭不厭夢也此厭字之取古者也其音一剡切

产仰也从人在厂上會意魚毁切十六部危字从产卩會意一曰屋梠也秦謂之楣齊謂之产楣各本作檐今依木部訂木部曰楣者秦名屋櫋聯也謂屋櫋聯秦謂之楣也木部又曰齊謂之檐楚謂之梠此云齊謂之产者葢齊人或云檐或云产也

文二十七　重四

丸圜也也字各本無今依韵會補以疊韵爲訓也今丸藥其一耑也商頌松桷丸丸傳曰丸丸易直也

丸　案傾仄而轉者如今丸藥者旋轉竅仄而成圜也　段注附會商頌未得許意

按謂其滑易而謂直也丸義之引伸也大雅松柏斯兊傳亦云兊易直也兊與丸古蓋音同而義同矣傾側而轉者从反仄圜則不能平立故从反仄以象之仄而反復是爲丸也胡官切十四部凡丸之屬皆从丸

⿰丸咼　鷙鳥食已吐其皮毛如丸玉裁昔宰巫山縣親見鴟鳥所吐皮毛如丸从丸咼聲讀若骫於跪切十六部

⿰丸而　丸之孰也俗所謂圜熟言旋轉之易也从丸而聲奴禾切十七部按而聲而奴禾切者如奭之从而合音也

奿　闕謂其義其形其音說皆闕也廣韵入二十五願芳万切引說文其義闕其義二字乃廣韵所增耳玉篇同○芳萬切則與餕婏二字同音集韵云于願切引李舟云說文闕

文四

危　在高而懼也引伸爲凡可懼之偁喪大記注危棟上也从产人在厓上自

卪止之人在厓上四字依韵會補魚爲切十六部凡危之屬皆从危⿰危支此複舉字之未刪者𨺅也元應所引云⿰危支𨺅傾側不安也此乃以注家語入正文耳非是𨸏部𨺅下云⿰危支也與此爲轉注廣韵云⿰危支者不正也𨺅者𨺅隅不安皃俗用崎嶇字正此二字之隸變⿰危支爲不正故箸之訓曰飯⿰危支言⿰危支衺之以入飯於口中也宥坐之器曰⿰危支器虛則⿰危支中則正滿則覆也今俗作攲又譌欹去之遠矣周禮奇衺之民注曰奇衺譎觚非常周禮之奇正⿰危支之假借字从危支聲去其切按去其當依廣韵作去奇十六部

文二

石山石也或借爲碩大字或借爲䄷字䄷百二十斤也在厂之下口象形常隻切古音在五部凡石之屬皆从石

礦銅鐵樸石也文選注二引及玉篇無石字樸木素也因以爲凡素之偁銅鐵樸者在石與銅鐵之閒可爲銅鐵而未成者也不言金玉者舉觕以該精也周

禮丱人掌金玉錫石之地而爲之厲禁以守之注云丱之言礦也金玉未成器曰礦未成器謂未成金玉　从石

黃聲讀若穬　古猛切古音在十部按各本此下出丱篆解云古文礦周禮有丱人按周禮鄭注云丱之言礦也賈疏云經所云丱是總角之丱字此官取金玉於丱字無所用故轉從石邊廣之字語甚明析丱之言礦丱非礦字也凡云之言者皆就其雙聲疊韵以得其轉注假借之用丱本說文丱字古音如關亦如鯤引伸爲總角丱兮之丱又假借爲金玉樸之礦皆於其雙聲求之讀周禮者徑謂丱卽礦字則非矣又或云與角丱之字有别亦誤至於說文𠦃字本作丱不作𠦃五經文字曰丱古患反見詩風說文以爲古𠦃字九經字樣曰丱𠦃上說文下隸變是說文𠦃字作丱唐時不誤確然可證五經文字又云丱字林不見可證丱變爲𠦃始於字林今時說文作𠦃不作丱則五季以後據字林改說文者所爲也說文旣無丱乃有淺人於石部妄增之丱果是古文礦則鄭何必云之言賈何必云此官取金玉於丱字無所用哉今於𠦃部正之於石部刪之學者循是以求之許書之眞面可見矣○五

經文字云說文以爲古卝字謂說文作卝乃古卝也九經字樣語甚明

碭文石也地里志梁國碭縣山出文石應劭云碭山在東師古云山出文石故以名縣也按以碭名山又以碭名縣本爲文石之名从石昜聲徒浪切十部

碝石次玉者子虛賦碝石武夫張揖曰皆石之次玉者碝石白如冰半有赤色武夫赤地白采蔥龍白黑不分按此注有奪誤如冰半謂如冰片也有赤色宜依山海經注作有赤色者蔥蘢白黑不分亦宜依山海經注作色蔥蘢不分了西都賦曰碝礝采致从石耎聲而沈切十四部按耎多譌需故山海經誤作礝玉藻誤作瑌

砮石可㠯爲矢鏃砮石之名淺人以爲複字刪之則不完鏃當作族族矢鋒也禹貢荊州梁州皆貢砮賈逵注國語曰砮矢鏃之石也按砮本石名韋昭注石砮云砮鏃也以石爲之乃少誤从石奴聲乃都切五部夏書曰梁州貢砮丹禹貢荊州貢厲砥砮丹梁州貢砮磬此乃許君筆誤國語曰肅慎氏貢楛矢石砮見魯語楛

當作桔字之誤也

礜　毒石也　疑本作礜石也三字爲句後人改之礜石石名周禮說詳木部桔下注曰今醫方有五毒之藥作之合黃堥置石膽丹沙雄黃礜石慈石其中燒之三日三夜其煙上箸以雞羽埽取之以注創惡肉破骨則盡出本艸經曰礜石味辛有毒西山經曰礜可以毒鼠郭云蠶食之而肥按今世無此物　出漢中　本艸曰生漢中山谷及少室　从石與聲　羊茹切五部

碣　特立之石也　碣之言偈也　東海有碣石山　碣石山見禹貢地理志右北平郡驪成縣大碣石山在縣西南非東海郡也東海字疑誤　从石曷聲　渠列切十五部

𥓏　古文

磏　厲石也　音義與廣略同　赤色也　廣韵曰磏赤礪石也礛磏青礪也　从石兼聲　讀若鎌　力鹽切七部

碬　碬石也　碬篆舊作碫九經字樣所引說文已然今依詩釋文及玉篇正碬石本作厲石自詩釋文所引已然今正大雅取厲取碬今本作取鍛當依釋文本又作碬毛傳曰碬　逗　碬石也　今本奪一字　箋云碬石所以爲

鍛質也箋意此石可爲椎段之椹質是則碫石者石名椎段字今多用鍛古祇作段考工段氏爲鎛器禮經段脩字皆作段是也段與厲絕然二事碫石厲石必是二物尚書棐誓段乃戈矛厲乃鋒刃段之欲其質之堅也厲之欲其刃之利也詩取厲取鍛亦明明分別言之毛傳亦旣確指云碫石矣豈許君於此乃忽溷淆之訓碫爲厲石乎揆厥所由由許依傳云碫石也三字爲句而删複字者乃妄改爲厲字猶上礐篆下本云礐石也而删複字者妄改爲毒石夫碫豈可爲厲礐豈可概以毒哉大抵淺人於複字之不可删者或删或改删之則如巂周之去巂離黃之去離改之則如碫石之改爲厲石䭫首頓首之改爲下首知删者難知改者九難○或問廣雅何以云碫礪也曰此自廣雅之誤廣雅之例每合異類之相近者爲一此則異類而迥別者也○又按上文云磏礪石赤色據淮南注礛讀廉氏之廉淮南礛諸許作厱諸然則磏卽厱礛三字一也以馬赤白色曰騢玉小赤曰瑕海賦瑕石詭暉蜀都賦吳都賦皆有瑕英江賦壁立赮駮言之則厲石赤色名碫宜矣磏篆恐當爲碬篆古本碬碫皆有而致舛譌如鼎部之鼏

鼏二篆衣部之袗袀二篆皆以形似致合爲一字○又按椎段古祇用段不用鍛鍛者小冶也凡用鍛爲椎段者非古詩之碫石鄭箋謂可爲段質許意不如是許謂此石可段物故引鄭公孫段字子石古今物不同今之無碫石猶之無砭砮矣**从石段段亦聲**各本作从石段聲四字今正會意兼形聲也殳部曰段椎物也丁亂切故爲會意碫都亂切十四部**春秋傳**舊有曰字今刪正**鄭公孫段字子石**段各本作碫乎加切繆甚矣而改爲碫字者恐亦尚未是葢此引經說字之例舉公孫段字子石以證碫之从段石會意也春秋傳多古文段者碫之古文也

礫**小石也**釋名小石曰礫礫料也小石相枝柱其間料料然出內氣也楚辭王逸注兩云小石爲礫西京賦薛注石細者曰礫**从石樂聲**郎擊切古音在二部

䂬**水邊石也从石巩聲**居竦切古音在三部**春秋傳曰闕䂬之甲**左傳昭十五年定四年皆作鞏杜注闕鞏國所出鎧

磧**水陼有石者**陼丘水中高者也三蒼曰磧水中沙堆也

吳都賦劉注曰磧礫淺水見沙石之皃从石責聲七迹切十六部碑豎石也聘禮鄭注曰宮必有碑所以識日景引陰陽也凡碑引物者宗廟則麗牲焉其材宮廟以石窆用木檀弓公室視豐碑三家視桓楹注曰豐碑斲大木爲之形如石碑於椁前後四角豎之穿中於閒爲鹿盧下棺以繂繞天子六繂四碑前後各重鹿盧也諸侯四繂二碑大夫二繂二碑士二繂無碑按此檀弓注郞聘禮注所謂窆用木也非石而亦曰碑假借之偁也秦人但曰刻石不曰碑後此凡刻石皆曰碑矣始皇本紀上鄒嶧山立石上泰山立石下皆云刻所立石其書法之詳也凡刻石必先立石故知豎石者碑之本義宮廟識日影者是从石卑聲府眉切當依廣韵彼爲切十六部隊隊也隊者落也䃍與隊音義同隊者從高隊也廣韵曰礧䃍物墜也从石彖聲徒對切十五部磒落也磒與隕音義同隕者從高下也春秋經僖公十有六年隕石于宋五左穀作霣許所據左傳作磒釋詁隕磒落也郭云磒猶隕也从石員聲本義石落也故从石于敏切十三部

春秋傳曰磒石于宋五偁此者說从石之意䃺碎石磒聲磒舊作隕今正其聲䃺䃺然从石炙聲所責切古音在五部硞石聲今爾雅釋言硞鞏也郭云硞然堅固邢昺曰硈苦學切當从告說文別有硈苦八切石堅也按邢語剖別甚精釋文苦角切故邢曰苦學切四覺韻字多從屋韻轉入如四江韻字多從東韻轉入告聲在古音三部屋韻是以硞轉入覺韻據陸氏反語則知陸本作硞不作硈廣韻玉篇皆曰硞苦角切硈恪八切集韻類篇克角一切內亦有硞無硈皆可證而釋文注疏唐石經皆譌作硈則與陸氏苦角之音不合矣且硞之與鞏音切近以九韵與東韵切近而硈與鞏不相關也硈斷無苦學之音硞斷無苦八之音此一定之音理學者不知古音不可與讀古者此也江賦曰幽㵎積岨礐硞礐確礐硞當上音學下音角○或問何不正音之苦角爲苦八而謂正文字誤也曰音義積古相傳之學陸氏多從舊當陸時字固未誤也○五經文字曰硞口八反又苦角反見爾雅知張時爾雅巳誤而張云吉聲之字可有口八口角二反是其不知音

理也　从石告聲　苦角切　三部

硍　石聲　从石㫗聲　此篆各本作硠从石良聲魯當切今正按今子虛賦礧石相擊硠硠礚礚史記文選皆同漢書且作琅以音求義則當爲硍硍而夬非硠硠何以明之此賦言水蟲駭波鴻沸涌泉起犇揚會礧石相擊硍硍礚礚若雷霆之聲聞乎數百里之外謂水波大至動搖山石石聲磤天硍硍者石旋運之聲也礚礚者石相觸大聲也硍篇韵音諧眼切古音讀如痕可以皃石旋運大聲而硠硠字祇可皃淸朗小聲非其狀也音不足以皃義則斷知其字之誤矣江賦曰巨石硉矹以前卻又曰觸曲崖以縈繞駭犇湏而相礧皆卽此賦之意漢桂陽太守周憬碑㴸水之邪性順導其經脉斷硍溢之電波弱陽侯之洶涌此用子虛賦也而硍作硍可證予說之不繆釋名曰雷硍也如轉物有所硍雷之聲也取爲明證左思吳都賦拉擸雷硍崩巒弛岑雷卽子虛礧石之礧硍亦用子虛賦字也而俗本譌作硠李善不能正且曰音郎於是韓愈本之有乾坤擺雷硠之句蓋積譌之莫悟也久矣至於許書之本有此篆可以字林證之周禮典同釋文曰字林硍音限

云石聲此必本諸說文說文必本子虛賦也至於許書本無硠字以硠从良聲當訓爲清澈之聲非石聲思元賦伐河鼓之磅硠古作旁琅未可知也古音在十三部○周禮典同高聲硍注曰故書硍爲硍杜子春讀硍爲鏗鎗之鏗硍字見於經典者惟此

礐石聲也此與山部嶨義別爾雅假礐爲嶨耳江賦曰幽澗積岨礐硞犖確注云皆水激石險峻不平之皃按當云水激石聲也**从石學省聲**胡角切三部

磕石聲也高唐賦曰礫磥磥而相摩兮巆震天之礚礚子虛賦曰礧石相擊硠硠礚礚甘泉賦曰登長平兮雷鼓礚今俗用爲磕破磕隘字讀苦盍切**从石盍聲**篆體本如此俗字則從蓋聲口太切十五部按玉篇磕與硠相屬云硠磕石聲廣韵亦云硠磕石聲是皆硠磕之誤也

硈石堅也从石吉聲格八切古音在十二部按廣韵恪八切**一曰突也**別一義

硻餘堅也也各本作者今依廣韵集韵類篇正按硈下當云石堅聲硻下當云餘堅聲皆轉寫之譌葢自磤至磿八篆皆皃石聲下文訓堅之礊與

瑟誤琴

此訓堅聲之硻硈義固別也論語曰鄙哉硜硜乎又云硜硜然小人哉其字皆當作硻硻叚借古文磬字耳硜者古文磬字也鏗爾舍琴亦當爲硻爾又樂記石聲磬磬當爲硻釋名磬者磬也其聲磬磬然堅緻當作硻硻然堅緻

从石堅省聲按此當云臤聲淺人所改也臤堅也讀若鏗鏘之鏗硻口莖切按古音在十二部眞耕之合也俗作礥韓退之詩用之

磿石聲也左思蜀都賦原豪鬼彈飛丸以礰礰集韵曰礰卽磿字磿爲石聲者謂其聲歷歷然玉篇曰石小聲是也周禮遂師抱磿後鄭云磿者適歷執綍者名也是叚磿爲歷史記樂毅傳故鼎反乎磿室戰國策作歷室○蜀都賦語見太平御覽世說新語注引左思別傳作鬼彈飛丸以礌礉按鬼彈見水經注若水篇非佳物也故改定之本無此語

从石厤聲郎擊切十六部

礹石也按磛礹二篆之解似當依玉篇更正磛下云磛礹山石皃也礹下云磛礹也乃合全書之例今本乃爲淺人所亂耳蓋磛礹古多用爲連緜字上林賦嶄巖嵾嵳郭云皆峯嶺之皃高堂賦登巉巖而下望西都賦巖巉嶄巖皆卽此二篆

也古二篆分用者小雅漸漸之石傳曰漸漸山石高峻此磛之假借字也節南山傳曰節高峻皃巖巖積石皃此礹之假借字也嚴詩音義作巖謂嚴爲或本今按許書則巖者厓也礹者山石皃音同而義別詩當作嚴爲長从石斬聲鉏銜切八部

礹石山也从石巖主謂山故从山礹主謂石故从石詩曰維石嚴嚴嚴聲諸書多假巖爲礹如高唐上林是也五銜切八部

礊堅也从石毄聲楷革切十六部

确礊也依韵會訂确卽今之埆字與土部之墧音義同丘中有麻傳曰丘中墝埆之處也墝埆謂多石瘠薄犾部曰獄确也召南傳曰獄埆也謂堅剛相訟其引伸之義也鉉等曰今俗作確从石角聲胡角切三部

㱿确或从㱿㱿聲管子地貟剛而不觳觳薄也當是㱿之誤

磽礊也與土部之墽音義同墽下曰磽也孟子地有肥磽趙曰磽薄也从石堯聲口交切二部

硪石巖也巖厓也石巖石厓也玉篇作礒从石我聲五河切十七部

碞磛碞也磛碞

各本作磛嵒非是今依集韵類篇正磛嵒猶上文之磛礹積石高峻皃也周書召誥畏于民嵒某氏曰嵒僭也葢謂嵒卽僭之假借字耳**从石品**品象石之磛礹品亦聲也五銜切七部**周書曰畏于民嵒**各本嵒作喦誤今依集韵類篇正**讀與巖同**

磬石樂也石樂各本作樂石誤今正樂下云五聲八音總名也瑟下云弦樂也籥龢下皆云管樂也則此當云石樂信矣匡謬正俗所引已作樂石其誤已久或疑樂石字見秦繹山刻石不知與此無涉也彼謂可樂之石此謂製石之樂白虎通曰磬者夷則之氣也**从石**句**声象縣虡之形**各本声作殸上屬今正豈下云陳樂立而上見也从屮此从屮謂虡之上出可見者崇牙樹羽是也一象栒之橫丨象虡之植卩象編磬係焉也或曰卩象磬之股丨象磬之鼓磬之縣股橫出而鼓直凡言磬折者取象於此程氏瑤田通藝錄言之詳矣**殳所㠯擊之也**所以二字今補說从殳之意磬从石殳會意而又象其形也苦定切十一部**古者毋句氏作磬**毋各本作母今正明

堂位注引世本作曰無句作磬風俗通山海經注廣雅皆作毋句古無毋通句其俱反 殸 籀文省 非籀省篆乃篆加籀也 硜 古文从巠 各本篆體誤今依汗簡正樂記曰石聲磬磬以立辨史記樂書作石聲硜硜以立別蓋硜本古文磬字後以爲堅确之意是所謂古今字論語子擊磬於衛下文旣而曰鄙哉硜硜乎亦不以爲一字要之論語非不可作鄙哉磬磬也釋名曰磬者磬也其聲磬磬然堅緻也

礙 止也 列子黃帝篇作硋 从石疑聲 五漑切古音在一部

硩 上擿山巖空青珊瑚陊之 擿各本作摘今按手部擿搔也搔刮也當正作擿陊各本作墮今按吳都賦硩陊山谷正用許語當正作陊空青見本艸經珊瑚見玉部陊落也周禮硩蔟氏掌覆妖鳥之巢鄭司農云硩讀爲擿蔟讀爲爵蔟之蔟謂巢也先鄭擿音剔謂如今人以竿毀鳥巢也後鄭申其說曰元謂硩古字从石析聲硩古字者謂硩擿爲古今字也从石析聲者謂古人以石上擲毀物故从石析會意而析亦聲也許意空青珊瑚皆石也取石故其字从石而覆巢

用此字乃引伸之義也从石析聲析各本作折篆體作硩今正按周禮音義云硩音摘宅歷反徐丈列反沈勑徹反李又思亦反知周禮寫本故不同徐邈沈重本作硩从折聲李軌本作𥓓从析聲以先鄭讀爲擿許云上擿山巖準之擿與析古音同在十六部葢作𥓓者是作硩者非今本周禮說文作硩皆誤本許以擿訓𥓓以疊韵爲訓也集韵先的切依李音大徐丑列切依沈音周禮有硩蔟氏周禮下有曰字者衍文

硟㠯石衦繒也衦各本作扞今正衣部衦下曰衦摩展衣也廣韵二仙曰硟衦繒石也急就篇有硟字注曰硟以石輾繒色丸光澤也今俗謂之砑从石延聲各本作延聲篆體作硟今依脠朁字正尺戰切十四部

䃺䊶也䊶各本作䃺其義廻殊矣䃺所以碎物而非碎也今正米部曰䊶碎也二篆爲轉注䊶各書假靡爲之孟子假糜爲之碎者破也䊶者破之甚也義少別而可互訓瓦部曰𤭢者破也音義同从石石可碎物物亦可碎石兼此二義卒聲蘇對切十五部

破石碎也瓦部曰𤭢者破也然

則碎瓶䃺三篆同義引伸爲碎之偁古有假破爲披者如衛風傳云泮坡也亦作陂亦作破 **从石皮聲** 普過切十七部

礱　䃺也 下文云䃺者石磑也此云䃺也者其引伸之義謂以石䃺物曰礱也今俗謂磨穀取米曰礱 **从石龍聲** 盧紅切九部 **天子之桷椽而礱之** 椽當依類篇所引作斲穀梁傳晉語尚書大傳公羊何注皆作斲可證尚書大傳曰桷天子斲其材而礱之加密石焉大夫達菱士首本庶人到加鄭云礱礪之也密石砥之也菱棱也按棱者謂斲其通體成棱首本者斲其首也韋注晉語亦云先粗礱之加以密砥是可證厲厎之分㵟細矣

研　䃺也 亦謂以石䃺物曰研也手部曰摩者䃺也䃺者摩也此亦研與䃺爲轉注䃺摩以手故从手研䃺以石故从石 **从石幵聲** 五堅切十四部亦作硯

䃺　石磑也 䃺今字省作磨引伸之義爲研磨俗乃分別其音石磑則去聲模臥切研磨則平聲莫婆切其始則皆平聲耳按詩如琢如磨釋器毛傳皆曰玉謂之琢石謂之磨詩釋文磨本又作摩詩爾雅皆言治石非

謂以石治物然則作䃺是矣釋元應引爾雅作石謂之䃺乃善本从石靡聲模臥切十四部磑䃺也从石豈聲五對切十五部古者公輸班作磑廣韵云世本曰公輸般作磑語必出世本作篇矣班與般古通是以檀弓作般孟子注作班碓所㠯舂也所㠯二字各本無今補舂者擣粟也杵臼所以舂本斷木掘地爲之師其意者又皆以石爲之不用手而用足謂之碓桓譚新論宓犧制杵臼之利後世加巧借身踐碓按其乂巧者則水碓水磑失聖人勞其民而生其善心之意矣从石隹聲都隊切十五部䃒舂已復擣之曰䃒䃒之言沓也取重沓之意廣雅䃒舂也从石以石舂沓聲徒合切八部磻㠯石箸隿繁也隿者繁射飛鳥也繁者生絲縷系矰矢而以隿䠶也以石箸於繁謂之磻戰國策被礛磻引微繁折清風而抎矣从石番聲博禾切十四十七二部合音也玉篇廣韵䃴字同此䃴斫也斫者其器所以斫地因謂之斫也釋器曰斫謂之鐯鐯字

又作櫡依許則當作⿰石著郭云钁也金部钁者大鉏也然則必以金爲之安得从石蓋上古始爲之用石如砮砭之類或以其可斫地撅石故从石歟从石箸聲張略切五部

硯石滑也謂石性滑利也江賦曰緌苔鬖髿乎研上李注研與硯同按字之本義謂石滑不澁今人研墨者曰硯其引伸之義也从石見聲五甸切十四部

砭以石刺病也以石刺病曰砭因之名其石曰砭石東山經高氏之山其下多箴石郭云可以爲砭針治癰腫者素問異法方宜論東方其治宜砭石王云砭石謂以石爲鍼按此篇以東方砭石南方九鍼並論知古金石並用也後世乃無此石矣从石乏聲方廉方驗二切七部

⿰石鬲石地惡也此與厂部之厎音義略同類篇曰⿰石鬲厎石地管子沙土之次曰五塥塥疑同⿰石鬲从石鬲聲下革切十六部

砢磊砢也磊砢二字雙聲上林賦曰水玉磊砢張揖云磊砢魁礨皃也又說樹曰坑衡閜砢郭璞云閜砢相扶持也世說新語曰其人磊砢而英多从石可聲來可切十七部

⿰石眔

石皃皃各本作也今依廣韵訂石三爲磊猶人三爲眾磊磊之言絫也古音在十六部楚辭石磊磊兮葛蔓蔓**从三石**落猥切古音在紙韵是以亦作礧、

文四十九　重五按廣韵十二齊引說文磾染繒黑石出琅邪山

長久遠也久者不暫也遠者不近也引伸之爲滋長長幼之長今音知丈切又爲多餘之長度長之長皆今音直亮切兒下曰長也是滋長長幼之長也**从兀从匕**會意匕呼霸切**亾聲**二字各本在變匕之下今依韵會正直良切十部**兀者高遠意也**說从兀之意儿部曰兀者高而上平也**久則變匕**匕各本作化今正說从匕之意匕下曰變也**亾者到亾也**到各本作倒今正說亾卽亾字亾而倒變匕之意**凡長之屬皆从長**　**長古文長**　**長亦古文長**

肆極陳也陳當作敶敶列也極陳者窮極而列之也傳注有但言陳者如楚茨或肆或將傳行

葦或肆之筵傳鄉飲酒禮鄉射禮燕禮注是也經傳有專取極意者凡言縱恣者皆是也釋言曰肆力也毛傳大明皇矣傳曰肆疾也皆極陳之義之引伸也又釋詁曰肆故也肆今也毛詩緜傳思齊傳曰肆故今也此以爲語詞也其他或以肆爲遂或以肆爲鬄或以肆爲肄蓋皆假借从長崧高其風肆好傳曰肆長也按極陳之則其勢必長此字之所以从長也隶聲息利切十五部

⿰髟隶或从髟亦取長髟之意

镾久長也镾今作彌蓋用弓部之彌代镾而又省王也彌行而镾廢矣漢碑多作彌可證镾之本義爲久長其引伸之義曰大也遠也益也深也滿也徧也合也縫也竟也其見於詩者大雅生民卷阿傳皆曰彌終也周禮小祝假爲救史記禮書假爲彌从長爾聲武移切十五十六部

镻蝁也各本誤今正此用釋魚文也虫部曰蝁镻也二篆爲轉注今各本蝁篆下作虵屬者非是蛇毒長从長說从長之意郭璞云蝁者蝮屬以上七字今本作蛇惡毒長也从長七字甚譌舛釋文引蛇毒長也無惡字亦可證今本之誤失聲徒結切十二部

文四 重三

勿 州里所建旗九旗之一也州里當作大夫士周禮司常大夫士建物師都建旗州里建旟許於旟下既偁州里建旟矣則此偁大夫士建勿必也葢亦一時筆誤耳大司馬鄉家載物注云鄉家鄉大夫也鄉射禮旃各以其物注襍帛爲物大夫士之所建也士喪禮爲銘各以其物注襍帛爲物大夫之所建也文弗切十五部經傳多作物而假借勿爲毋字亦有借爲沒字者禮記勿勿乎其欲其饗之勿勿即沒沒猶勉勉也象其柄謂右筆也有三游謂彡也三游別於旂九游旟七游旗六游旐四游襍帛句幅半異司常日通帛爲旜襍帛爲物注云通帛謂大赤從周正色無飾襍帛者以帛素飾其側白殷之正色凡九旗之帛皆用絳按許云幅半異直謂正幅半赤半白鄭則云以素飾側釋名則云以襍色綴其邊爲翅尾說各不同似許爲長所㠯趣民趣者疾也色純則緩色駁則急故襍帛所以促民故遽偁勿勿遽韵會作宂遽二字

旀

案隸書於旁或作扌或作壯遂仍旀為物凡司常之士大夫建物大司馬之鄉家載物鄉射士畫之旨以其物皆旀之誤釋名亦作雜帛為物

偁舊作稱今正凡宂遽偁勿勿此引伸假借子下曰十一月陽氣動萬物滋人以爲偁亦是此例凡勿之屬皆从勿

旀勿或从㫃經傳多作物蓋旀之譌也

昜開也此陰陽正字也陰陽行而侌昜廢矣闢戶謂之乾故曰開也从日一勿从勿者取開展意與章切十部一曰飛揚一曰長也一曰彊者眾皃

文二　重一

冄毛冄冄也冄冄者柔弱下垂之皃須部之䫇取下垂意女部之姌取弱意離騷老冄冄其將至此借冄冄爲宂宂詩荏染柔木傳曰荏染柔意也染卽冄之假借凡言冄言姌皆謂弱象形而琰切七部

凡冄之屬皆从冄

文一

而（篆）須也象形各本作頰毛也象毛之形今正頰毛者須部所謂頾須之類耳禮運正義引說文曰而須也須謂頤下之毛象形字也知唐初本須篆下也而篆下云須也二篆相爲轉注其象形則首畫象鼻耑次象人中次象口上之頾次象承漿及頤下者蓋而爲口上口下之總名分之則口上爲頾口下爲須須本頤下之專偁頾與承漿與頰頾皆得偁須是以而之訓曰須也象形引伸假借之爲語詞或在發端或在句中或在句末或可釋爲然或可釋爲如或可釋爲汝或釋爲能者古音能與而同叚而爲能亦叚耐爲能如之切一部　周禮曰作其鱗之而考工記梓人文鄭云之而頰頌也戴先生云鱗屬頰側上出者曰之下垂者曰而此以人體之偁施於物也按顧氏玉篇以而部次於毛毳冄之後角皮之前則其意訓而爲獸毛絕非許意　凡而之屬皆从而

耏（篆）罪不至髡也罪當作辠高帝紀令郎中有罪耐以上請之應劭曰輕罪不至於髡完其耏鬢故曰耏古耏字从彡髮膚之意也杜林以爲法度之字皆从寸後改如是言耐罪以上皆

當先請也耐音若能按耐之罪輕於髡髡者鬀髮也不鬀其髮僅去須鬢是曰耐亦曰完謂之完者言完其髮也刑法志曰當髡者完爲城旦舂王粲詩許歷爲完士一言猶敗秦江遂曰漢令謂完而不髡曰耐然則應仲遠言完其耏鬢正謂去而鬢而完其髮耳

从彡而　而亦聲 彡拭畫之意此字从彡而彡謂拂拭其而去之會意字也而亦聲當如之切一部大徐奴代切非是

耐　或从寸 諸 **法度字从寸** 此爲罪名法度之類故或从寸也應仲遠高帝紀注意謂耏卽而鬢字用爲耏罪字至杜林以後乃改从寸作耐許說不如是耐漢人叚爲能字本如之切後變音奴代切古音能讀如而今音耐能皆奴代切

文二　重一

豕　彘也 彑部彘豕也是二篆爲轉注小雅傳曰豕豬也毛渾言之許分別言名豕名彘名豬之故 **竭其尾故謂之豕** 此與後蹏廢故謂之彘相對成文於其音求其義也立部曰竭者負舉也豕怒而豎

其尾則謂之豕象毛足而後有尾毛當作頭四二字轉寫之誤馬篆下曰象馬頭髦尾四足之形象篆下曰象耳牙四足之形芉篆下曰从丫象四足尾之形豕首畫象其頭次象其四足末象其尾讀與豨同左傳封豕長蛇淮南書作封豨脩蛇式視切十五部廣韵施是切按今世字誤㠯豕爲豕以彖爲彖何㠯明之爲啄琢从豕蠡从彖皆取其聲㠯是明之此三十三字未必爲許語而各本譌舛特甚今正之啄琢用豕絆足行之豕爲聲俗乃作啄琢是豕誤爲豕也蠡从彑部訓豕之彖爲聲俗乃作蠡是彖誤爲彖也故皆爲今世字誤彑部曰彖讀若弛許書蚰部之蠡心部之像皆从彖爲聲在古音十六部各本譌云今世字誤以豕爲彘以彘爲豕何以明之爲啄琢从豕蠡从彘皆取其聲不可讀或正之又不知蠡之本彖聲而非从彖也凡豕之屬皆从豕𧰨古文古文與亥同字說詳亥部按此下當有象髦足三字[illegible]猶希下云象髦足也丿象髦の象足の象爪字也[illegible]

豕而三毛叢凥者 凥舊作居今正三毛叢凥謂一孔生三毛也說見蘇頌本艸圖經犀下今之豕皆然 从豕者聲 陟魚切五部 豰小豚也 豚者小豕也左傳晉有先穀字彘子葢穀卽穀字釋獸曰貔白狐其子穀異物而同名也 从豕㱿聲 步角切三部 豯生三月豚 此當句下當有一曰二字爲別一義 腹豯豯皃也 豯豯各本作貕貕今正宂部曰豯大腹也以疊韵爲訓方言曰豬其子或謂之豯 从豕奚聲 胡雞切十六部 豵生六月豚从豕從聲 子紅切九部 一曰一歲曰豵 曰字今補召南傳豝傳大司馬職先鄭注皆云一歲曰豵釋獸曰豕生三豵 尚叢聚也 以疊韵爲訓 豝牝豕也 釋獸召南傳皆曰豕牝曰豝 从豕巴聲 伯加切古音在五部 一曰二歲豕 豕字今補大司馬先鄭注云二歲爲豝 能相杷拏者也 者字今依韵會補杷舊作把譌今正杷者捂也拏牽引也以疊韵爲訓 詩曰一發五

豝召南騶虞文今詩一作壹豣三歲豕齊風還曰並驅從兩肩兮傳云獸三歲曰肩豳七月獻豣
于公傳曰三歲曰豣豣肩一物豣本字肩假借也大司馬先鄭注云四歲爲肩肩相及者也也字今補
此以疊韵爲訓肩相及者謂與二歲之豕肩相差次从豕开聲古賢切古音在十一部詩曰並
驅從兩豣兮今詩豣作肩周禮注引豳風亦作肩豶羠豕也羠騬羊也騬犗馬也犗騬
牛也皆去勢之謂也或謂之劇亦謂之犍許書無此二字周易大畜六五豶豕之牙虞翻曰劇豕稱豶今俗本劇譌
作劇从豕賁聲符分切十三部豭牡豕也左傳野人歌曰既定爾婁豬盍歸吾艾豭此豭
爲牡豕之證也方言曰豬北燕朝鮮之間謂之豭郭云猶云豭斗也从豕叚聲古牙切古音在五部
豛上谷名豬豛謂上谷評豬曰豛也上谷漢郡名領沮陽等縣十五沮陽在今直隸保安州
从豕役省聲營隻切十六部䝐豶也䝐豶釋獸文郭云俗呼小豶豬爲䝐子按蓋羠豕之

小者也从豕隋聲以水切按當依廣韵羊捶切古音在十七部䝐與毅音同疑䝐即毅之或字

豤豕齧也豕字今補人之齧曰齦字見齒部豕之齧曰豤音同而字異也考工記髻豤薜暴不入市注云豤頓傷也此引伸假借字今本作墾非从豕艮聲康狠切十三部

豷豕息也息者喘也豷與屓呬齂音義皆同而有人豕之別从豕壹聲許利切十二部春秋傳曰生敖及豷襄四年左傳文今左傳敖作澆論語及夰部作奡

豧豕息也从豕甫聲芳無切五部

豢以穀圈養豕也圈者養嘼之閑圈養者圈而養之圈豢曡韵樂記注曰以穀食犬豕曰豢月令注曰養牛羊曰芻犬豕曰豢少儀假圂爲豢从豕𢍏聲胡慣切十四部

豠豕屬凡言屬者類而別也別而類也廣雅曰豠豕也从豕且聲疾余切五部

豲豕屬也三字依戴氏侗六書故所偁唐本蓋晁氏說之所據也篇韵皆云豲豕屬則爲唐本信矣二徐本皆云逸也乃以下

文逸周書割一字爲之韵會又增之云豕之逸也更可笑矣廣雅說豕屬有貆貆非豪豬也或以豪豬說之殊誤

从豕原聲讀若桓三字舊在撅下今移此胡官切十四部逸周書曰貆有爪而不敢㠯撅見周書周祝解今周書爪作蚤蚤齧人跳蟲也爪覆手也皆假借字許則叉爲本字撅者有所杷也

豨　豕走豨豨也豨豨走皃以其走皃名之曰豨方言豬北燕朝鮮之間謂之豭關東西謂之彘或謂之豕南楚謂之豨許說其本義故次於此方言說其引伸之義也下文言封豨則亦引伸之義从豕希聲虛豈切十五部古有封豨脩虵之害上古有此害也左傳申包胥曰吳爲封豕長蛇以荐食上國淮南書說封豨脩蛇卽封豕長蛇也

豖　豕絆足行豖豖也豕豖艱行之皃孟子曰如追放豚既入其苙又從而招之趙曰招罥也按罥之謂絆其足經文招字與豖古音相近招之卽豖之也此猶州吁卽祝吁从豕繫二足繫當作係此从豕而象形也丑六切三部廣韵丑玉切

豦 鬭相丮不解也鬭當作鬥兩丮相對也丮持也不言持言丮者以疊韵爲訓也从豕虍此會意虍者虎文也故卽以爲虎字豕虎之鬭當作鬥不相捨說會意之恉讀若蘮蒘艸之蘮蘮蒘當作蘮挐之蘮當作之挐蓋本無末二字後人增之而誤耳蘮蒘竊衣見釋艸強魚切五部司馬相如說豦封豕之屬此別一說也毛詩傳曰封大也封豕大豕也上林賦擽蜚遽遽或作虡廣韵引作虞其卽豦歟一曰虎兩足舉此又別一義

豙 豕怒毛豎也毅妄怒也从此會意兼形聲一曰殘艾也艾當作乂乂或作刈芟艸也殘乂者刪夷之也从豕辛省各本無省字篆體从辛豕今按五經文字毅下云从辛省正从辛省之譌以毛豎如食辛辣也會意魚既切十五部

豩 二豕也豳从此許書豳燹二篆皆用豩爲聲也然則其讀若尚略可識矣古音當在十三部闕謂其義其音皆闕也二豕乃兼頑鈍之物故古有讀若頑者大徐伯貧切又呼關切

文二十二 重一

詩音義引說文豩字爾雅音義引字林豩字未知說文本有此字否也

希 脩豪獸 毛詩六月韓奕傳曰脩長也周秦之文攸訓爲長其後乃叚脩爲攸而訓爲長矣豪豕鬣如筆管者因之凡髦鬣皆曰豪釋獸曰隸脩豪希者正字隸者俗字或作肆者叚借字也按此言獸與下文𧰲豕非一物顏氏注漢書曰豪豬一名希非也 一曰河內名豕也 謂河內評豕爲希猶上谷之評豭也河內漢郡名領懷縣等縣十有八今懷慶衛輝以及彰德府南境皆是其地 从彑 象頭銳 下象毛足 ㄕ者象其髦也毛當作髦巾象足 凡希之屬皆从希讀若弟 羊至切十五部

希 籒文 希 古文

彙 豕屬从希胃聲 呼骨切十五部

𧰲 𧰲豕 逗 鬣如筆管者 𧰲字各本無今補𧰲豕名西山經之豪彘長楊賦之豪豬也西山經曰竹山有獸焉其狀如豚而白毛大如笄而黑端郭云貆豬也能以脊上豪射物按本是豕名因其鬣如筆管遂以名其鬣

凡言豪俊豪毛叉皆引伸之義也俗乃別豪俊字从豕豪毛字从毛**出南郡**漢郡名領江陵等縣十有八今荆州府北至襄陽府境是其地**从希高聲**乎刀切二部**豪篆文从豕**篆各本作籒非是今正𧰲爲籒文則豪爲古文𧰲古文也豪則小篆改希从豕以豪附𧰲此正以上附二之例下文以豚附𢑱亦其類孫強輩增竄玉篇所據說文已是誤本矣**彙蟲也**彙字各本無今補也字依廣韵補釋獸曰彙毛刺其字俗作蝟作猬周易拔茅茹以其彙鄭云勤也以爲謂之叚借也王弼云類也以爲會之叚借也**似豪豬而小从希**而小二字依廣韵補有毛刺似豪豬故从希也上文云𧰲籒文豪此正从籒文**胃省聲**于貴切十五部**蝟或从虫作**爾雅亦入之釋獸**𢑱希屬从二希**息利切十五部**𢑱古文𢑱虞書曰**虞當作唐說詳示部**𢑱類于上帝**堯典文許所據葢壁中古文也伏生尚書及孔安國以今文讀定之古文尚書皆作肆太史公史記作遂然則漢人釋肆爲遂

郎爾雅之肆故也壁中文作𥾟乃肆之假借字也此引書說叚借與𤕟郎好蒖郎蔑爲一例

文五 重五

彑 豕之頭 篇韵曰彙類今義也 **象其銳而上見也** 象形也 **凡彑之屬皆从彑 讀若罽** 罽者籀文銳故音相通也居例切十五部

彘 豕也 與豕篆下彘也爲轉注 **後蹏廢謂之彘** 廢鈍置也彘之言滯也豕前足僅屈伸後足行步蹇劣故謂之廢 **从彑从二匕矢聲** 直例切十五部 **彘足與鹿足同** 說从二匕之意也鹿能足皆从二匕

彖 豕也 从彑从豕 讀若弛 式視切按古音在十六十七部閒廣韵尺氏切是也蠡从蚰彖聲條从心彖聲古音皆在十六部今韵蠡入薺條入佳皆不誤而字形从彖則誤

彖 豕也 从彑下象其足 讀若瑕 乎加切按小徐本此爲彖之古文篇韵皆無此字

㣇 豕

彘 後蹏廢 案彘从比者前後足比近与鹿能皃熊諸字同 豈後蹏廢之謂乎 疑廢字本作比 誤為址 再誤為蹳 三寫成廢

也 玉篇作豕走悅也恐是許書古本如此周易卦辭謂之彖爻辭謂之象繫辭傳曰彖也者才也虞翻曰彖說三才象者言乎象者也虞翻曰八卦以象告彖說三才故言乎象也古人用彖字必系叚借而今失其說劉瓛曰彖者斷也 从彑从豕省 通貫切十四部

文五 小徐作四

𧱓 小豕也 方言豬其子或謂之豚或謂之豯 从古文豕 各本作从希省象形五字非也今正 从又持肉以給祠祀也 凡祭宗廟之禮豕曰剛鬣豚曰腯肥又手也徒魂切十三部

凡𧱓之屬皆从𧱓 各本𧱓作豚誤今正

豚 篆文从肉豕 上古文此小篆也亦以上附二之例不入豚於豕部附以古文𧱓者以有从𧱓之䝈則不得不立此部首也爾雅音義曰籀文作豚玉篇亦曰豚者籀文皆誤恐學者惑焉故著於此

䝈 豚屬从𧱓衞聲讀若罽 于歲切十

五部

文二　重一

豸　獸長脊行豸豸然欲有所司殺形總言其義其形故不更言象形也或曰此下當有象形二字司今之伺字許書無伺凡獸欲有所伺殺則行步詳宷其脊若加長豸豸然長皃文象其形也周禮射人以貍步張三侯注云貍善搏者也行則止而儗度焉其發必獲是以量矦道法之也許言獸者謂凡殺物之獸也釋蟲曰有足謂之蟲無足謂之豸按凡無足之蟲體多長如蛇蚓之類正長脊義之引伸也上林賦曰陂池貏豸郎子虛賦之罷池陂陀西京賦曰增嬋娟以此豸按貏豸謂池邐之長此豸謂婀娜之長亦皆長義之引伸古多叚豸爲解廌之廌以二字古同音也廌與解古音同部是以廌訓解方言曰廌解也左傳庶有豸乎釋文作廌引方言廌解也正義作豸引方言豸解也今本釋文廌譌爲鳩今本方言廌譌爲癒音胡計切蓋古書之難讀如此

豸　肉非从肉。乃象其首。豸。象其長脊。伺物之形。豸之之為言伺也

豸之狌

池爾切十六部。凡豸之屬皆从豸。

豹　似虎圜文。豹文圜。易曰君子豹變其文蔚也。豹一名程。从豸勺聲。北教切。二部。

貙　貙獌似貍。各本下有者字。今刪正。貍篆下曰似貙。其狀互見也。釋獸貙似貍。又曰貙獌似貍。犬部獌下曰狼屬。引爾雅貙獌似貍。然則此襲爾雅貙似貍。獌衍文耳。貙常以立秋日祭獸。吳都賦注曰虎屬。从豸區聲。勑俱切。古音在四部。

貚　貙屬也。从豸單聲。徒干切。十四部。

貔　豹屬。大雅韓奕傳曰貔猛獸也。尚書某氏傳曰貔執夷虎屬也。釋獸曰貔白狐。舍人曰名白狐也。按方言曰貔陳楚江淮之間謂之貅。北燕朝鮮之間謂之貊。關西謂之貍。郭云貔未聞語所出。玉裁謂方言所說貍也。非貔也。爾雅所說白狐蓋亦貍類。非貔也。而皆得貔名者。俗評之相混也。說文毛傳尚書傳則皆貔之本義也。出貉國。北方國也。从豸毘聲。房脂切。十五部。詩曰獻其貔皮。大雅韓奕。周書曰如虎如貔。牧誓。貔猛獸。按上文豹屬當作貍屬。許以貍屬爲貔本義以猛獸爲詩書之貔也於全書之例知之豼或从比比聲豺狼屬狗聲釋獸曰豺狗足許云狗聲似許長其聲如犬俗評豺狗从豸才聲士皆切古音在一部當入咍韵

貐𧳜貐𧳜大徐作猰廣韵引許作𧳜無𧳜篆者疑許本作契無豸旁後人加之从貙虎爪依許當作叉食人迅走以上釋獸說如此从豸俞聲以主切古音在四部爾雅音義曰韋昭餘彼反按彼字必俟字或候字之誤集韵類篇不知其誤乃云貐尹捶切入四紙蓋古書之襲繆有如此者

貘似熊而黃黑色出蜀中卽諸書所謂食鐵之獸也見爾雅上林賦蜀都賦注後漢書爾雅謂之白豹山海經謂之猛豹今四川川東有此獸薪采攜鐵飯甑入山每爲所齧其齒則奸民用爲僞佛齒从豸莫聲莫白切古音在五部字亦作貊亦作狛

⿰豸庸猛獸也猛當作⿰豸庸三字爲句⿰豸庸見上林賦郭璞曰⿰豸庸似牛領有肉堆卽犎牛也按卽爾雅之犦牛也字亦作⿰豸庸亦作⿰虫庸漢書作庸从豸庸聲

余封切九部

貜　㺉貜也　㺉廣韵引作𧴫未知孰是盍合二字爲獸名與犬部玃字義別　从豸矍聲　王縛切五部

貀　貀獸　貀字各本無今補　無前足　前當作歬貀無前足釋獸文　从豸出聲　女滑切十五部　漢律能捕豺貀購錢百　錢百各本作百錢今正爾雅郭注律捕虎一購錢三千其豿半之葢亦沿漢律也購者以財有所求也

貈　似狐善睡獸也　凡狐貉連文者皆當作此貈字今字乃皆假貉爲貈造貊爲貉矣　从豸舟聲　下各切按此切乃貉之古音非此字本音也其字舟聲則古音在三部邠詩貈貍裘爲韵一部三部合音也　論語曰狐貈之厚㠯居　鄉黨篇文居當作凥

貆　貈之類　从豸亘聲　按此篆舊系貉篆下云貉之類然則亦必人而豸種者而經傳不言有貆人則知轉寫譌舛耳釋獸曰貈子貆可援以證許書矣今更正而移其次於此胡官切十四部

豻　胡地野狗　禮記玉藻周禮巾車注皆云豻胡犬也正義皆云胡當作狐與

貜　玉篇貜狙獸也疑即釋獸貜父善顧之貜　篇九縛切廣韵居縛切爾雅釋文俱縛切皆同　凡从矍之聲不當音王縛者音王縛則音从蒦徐音非也

犬合所生按犬有名狼名狐者見廣雅但此注胡犬證以說文高誘淮南注熊安生禮記正義云胡地野狗則其字不當作狐宷矣从豸干聲五旰切十四部

犴豻或从犬詩曰宜犴宜獄小雅小宛文毛詩作岸釋文曰韓詩作犴云鄉亭之繫曰犴朝廷曰獄李善文選注亦引韓詩按毛詩傳曰岸訟也此謂岸爲犴之假借也獄从二犬故犴與獄同意皇矣箋亦曰岸訟也本小宛傳

貍伏獸似貙伏獸謂善伏之獸鄭注大射云貍首逸詩貍之言不來也其詩有射諸侯首不朝者之言因以名篇皇侃以爲舊解云貍之取物則伏下其頭然後必得言射亦必中如貍之取物矣上文云貙似貍此云貍似貙言二物相似即俗所謂野貓从豸里聲里之切一部

貒貒獸也各本無貒字今補三字爲一句釋獸曰狐貍貒貈醜其足蹯其跡内貒子貗似豕而肥各本無此四字今依韵會所據及爾雅音義所引補从豸耑聲讀若湍他耑切十四部

貛野豕也从豸雚聲呼官切十四部按凡

部引爾雅狐貍貒貈醜貒作貛蓋貒貛本一字貛乃貒之或體淺人刪去上文似豕而肥四字乃注野豕也三字於此以分別之耳其物非有二集韵類篇按亦合爲一字宜正之曰貒或从雚聲

貁　鼠屬善旋　當作禺屬善倒縣周禮爾雅山海經有蜼字許無蜼貁即蜼廣雅曰狖蜼也是也釋獸曰蜼卬鼻而長尾周禮注曰蜼禺屬卬鼻而長尾郭景純曰蜼似獮猴而大黃黑色尾長數尺末有兩岐雨則自縣於樹以尾塞鼻零陵南康人呼之音餘建平人呼之音相贈遺之遺又音余救反皆土俗輕重不同耳淮南覽冥注曰狖猨屬長尾而卬鼻吳都賦劉注引異物志曰狖猨類露鼻尾長四五尺居樹上雨則以尾塞鼻是以狖者貁之俗省蜼貁爲古今字許不取蜼用今字也與鼠部之鼨鼬分別爲三物　从豸宂聲　此宂散之宂俗譌作穴聲篆體亦誤今正宂之古音在三部余救切三部

貂　鼠屬大而黃黑出胡丁零國　郭氏山海經注曰今扶餘國即濊貉故地在長城北去玄菟千里出名馬赤玉大珠如酸棗也　从豸召聲　都遼切二部

貉

北方貉各本奪貉字今補此與西方羌从羊北方狄从犬南方蠻从虫東南閩越从虫東方夷从大參合觀之鄭司農云北方曰貉曰狄周禮大甸獵祭表貉注云貉讀爲十百之百豸種也从豸長脊獸之種也故从豸各聲莫白切古音在五部下各切俗作貊孔子曰貉之言貉貉惡也七字一句各本作貉之爲言惡也今依尚書音義五經文字正尚書音義作貊貊淺人所改耳貉與惡疊韵貉貉惡皃〇貂貉二篆各本在豻篆之後貆貍篆之前今以虫部之蠻閩次於以虫爲象之末犬部之狄次於犬末羊部之羌次於羊末人部之僥次於人末大部夷字次於大末依類求之移易次此必有合乎古本矣

文二十　重二小徐本文十七容有誤也其曰重三必合貒貛爲一字矣

𤉡如野牛青皃其皮堅厚可制鎧青皃各本作而青其皮堅厚可制鎧各本無此七字今補論語季氏疏爾雅釋獸疏詩何草不黃正義春秋左傳宣二年正義皆有此七字皆作青皃或作青

毛釋獸曰兕似牛許云如野牛者其義一也野牛卽今水牛與黃牛別古謂之野牛爾雅云似牛者似此也郭注山海經曰犀似水牛豬頭庳腳兕亦似水牛青色一角重三千斤考工記函人爲甲犀甲七屬兕甲六屬犀甲壽百年兕甲壽二百年**象形**謂上象其頭下象其足尾也徐姊切十五部**舄頭**二字今補**與禽离頭同**丸部禽下亦曰禽离舄頭相似今人作楷舄作凶禽离作凶其頭不同矣篆法古當同**凡舄之屬皆从舄**

兕　古文从儿蓋亦謂其似人肵也虎足亦與人足同今字兕行而舄不行漢隸作光經典釋文云本又作兕

文一　重一

易　蜥易蝘蜓守宮也虫部蜥下曰蜥易也蝘下曰在壁曰蝘蜓在艸曰蜥易釋魚曰榮螈蜥蜴蜥蜴蝘蜓蝘蜓守宮也郭云轉相解博異語別四名也方言曰守宮秦晉西夏謂之守宮或謂之蠦蠷或謂之

蜥蜴其在澤中者謂之易蜴南楚謂之蛇醫或謂之蠑螈東齊海岱謂之螔蝾北燕謂之祝蜒桂林之中守宮大者而能鳴謂之蛤解按許舉其三者略也易本蜥易語言假借而難易之義出焉鄭氏贊易曰易之爲名也一言而函三義簡易一也變易二也不易三也按易象二字皆古以語言假借立名如象卽像似之像也故許先言本義而後引祕書說云祕書者明其未必然也

象形

上象首下象四足尾甚微故不象羊益切十六部古無去入之分亦以豉切今俗書蜥易字多作蜴非也按方言蜥易其在澤中者謂之易蜴郭云蜴音析是可證蜴卽蜥字非羊益切小雅胡爲虺蜴毛傳曰蜴螈也釋文蜴星歷反字又作蜥說文引詩正作蜥毛語正與方言合方言易蜴南楚謂之蛇醫或謂之蠑螈謂在澤中者也螈卽虫部之蚖字蛇醫也陸璣云蜴一名蠑螈水蜴也或謂之蛇醫如蜥易然則蜥易者統名倒言易蜥及單言蜥者別其在澤中者言也

祕書說曰日月爲易

祕書謂緯書目部亦云祕書瞚从戌按參同契曰日月爲易剛柔相當陸氏德明引虞翻注參同契云字从日下月

象侌易

易

祕書曰日月爲易則形當作易繫辭曰陰陽之義配日月又曰縣象著明莫大乎日月與明字取義相同於門中爲易簡之易夫乾確然示人易矣是也从日从月乃易之本義蜥易則當作易別一義

也謂上从日象陽下从月象陰緯書說字多言形而非其義此雖近理要非六書之本然下體亦非月也

一曰从勿又一說从旗勿之勿皆字形之別說也凡易之屬皆从易

文一

象南越大獸獸之冣大者而出南越長鼻牙有長鼻長牙以上七字依韵會所據小徐本三年一乳左傳定四年正義作三年一乳字按古書多假象爲像人部曰像者似也似者像也像从人象聲許書一曰指事二曰象形當作像形全書凡言象某形者其字皆當作像而今本皆从省作象則學者不能通矣周易繫辭曰象也者像也此謂古周易象字卽像字之假借韓非曰人希見生象而案其圖以想其生故諸人之所以意想者皆謂之象似古有象無像然像字未製以前想像之義已起故周易用象爲想像之義如用易爲簡易變易之義皆於聲得義非於字形得義也韓非說同俚語而非本無其字依聲托事之恉象耳牙四

足尾之形象當作像耳牙疑當作鼻耳尾字各本無今補徐兩切十部凡象之屬皆从象

豫象之大者此豫之本義故其字从象也引伸之凡大皆偁豫故淮南子史記循吏傳魏都賦皆云市不豫價周禮司市注云防誑豫皆謂賣物者大其價以愚人也大必寬裕故先事而備謂之豫寬裕之意也寬大則樂故釋詁曰豫樂也易鄭注曰豫喜豫說樂之皃也亦借爲舒字如洪範豫恒燠若即舒恒燠若也亦借爲與字如儀禮古文與作豫是也賈侍中說不害於物賈侍中名逵許所從受古學者也侍中說豫象雖大而不害於物故寬大舒緩之義取此字从象非許書則从象不可解予聲羊茹切五部俗作預

𢊁古文

文二　重一

四十六部　文四百九十六　重六十四宋本四作三

凡七千二百四十七字此以上言九篇部分篆文說解字三者之都數也

說文解字第十篇上

金壇段玉裁注

馬 怒也武也 以疊韵爲訓亦門聞也戶護也之例也釋名曰大司馬馬武也大揔武事也 象馬頭髦尾四足之形 古籀文皆以彡象髦石建奏事事下建讀之曰誤書馬字與尾當五今乃四不足一上譴死矣 莫下切古音在五部 凡馬之屬皆从馬 影古文 影籀文馬與影同有髦 說文各本籀文古文皆作影無別據玉篇古文作影籀文作影是古文从希加髦籀从彡加髦故云二者同有髦也毛髦覆於頸故象覆形

騭 牡馬也 釋嘼曰牡曰騭牝曰騇郭云今江東呼駁馬爲騭按騭古叚陟爲之小正四月執陟攻駒陟騭古今字謂之騭者陟升也牡能乘牝月令所謂累牛騰馬皆乘匹之名月令三月遊牝小正四月執騭事實相因也若釋詁曰騭陞也郭注引方言魯衛之閒曰騭

洪範惟天陰騭下民馬融曰騭升也升猶舉也舉猶生也漢五行志引經服虔曰騭音陟應劭曰騭升也此等騭字皆登陟字之假借爾雅以釋詩書者也故陟騭並列而統曰陞也方言躡郅跂洛躋踚登也魯衞曰郅郭注爾雅引之郅作騭葢郭當日所見不誤後人或**从馬陟聲**鉉本此下有讀若郅三字此必後人羼入非許原文也陟聲古音在今職韵郅聲古音在今質韵相隔甚遠諸家訓登子慎音陟騭之爲之翼切無可疑矣葢自僞孔安國解尚書云騭定也意謂爲質之假借而陸德明乃曰之逸反師古乃音質尤而效之者且改方言之騭爲郅增竄讀若郅三字於許書世有善讀書者必能心知其意矣一部

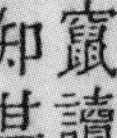

馬一歲也从馬一絆其足絆其足三字葢衍文衹當云从馬一而已一說馵下云从馬二其足此當作一其足絆字賸韵書字書皆作馵疑非是不當从十也**讀若弦**小徐作紘**一曰若環**戶關切十四部按今玉篇有爲萌一切集韵類篇收入耕韵皆讀若紘之本也集韵類篇又收入咍韵未詳又按紘葢譌字[illegible]

是也釋嘼[元]駒音義曰[元]字林作駭音同廣韵駭胡涓切馬一歲語必本諸字林蓋字林始變馬爲駭也

馬二歲曰駒三歲曰駣 周禮廋人教駣攻駒鄭司農云馬三歲曰駣二歲曰駒月令曰犧牲駒犢舉書其數犢爲牛子則駒馬子也小雅老馬反爲駒言已老矣而孩童慢之也按詩駒四見而漢廣株林皇皇者華於義皆當作驕乃與毛傳說文合不當作駒依韵讀之則又當作駒乃入韵不當作驕深思其故蓋角弓用字之本義南有喬木株林皇皇者華則皆讀者求其韵不得改驕爲駒也駒未可駕車故三詩斷非用駒本義駣字既見周禮何以連類言之不錄此篆也曰疑周禮故書本作兆或借羊部挑爲之許解中駣字蓋非許君原文後人依周禮改之耳不當如玉篇擅增也 **从馬句聲** 舉朱切古音在四部

馬八歲也 初學記引何承天纂文同 **从馬八八亦聲** 合二徐本訂博拔切古音在十二部

馬一目白曰䮂 一字賸目部曰瞯戴目也爾雅釋文引倉頡篇瞯目病也廣韵曰瞯人目多白也是則人目白曰瞯

馬目白曰䮶䮶卽从瞯省爾雅釋嘼䮶作瞯二曰白魚二當作一按釋嘼曰一目白䮶二目白魚魯頌毛傳正義本作二目白曰魚釋文本作一目白曰魚以理覈之蓋陸本是孔本非毛傳是爾雅誤傳言一目者以別於二目也假令二目白則傳不言二許本毛則必上句言目白下句言一目白毛本爾雅則知爾雅轉寫失其眞也魚字林作⿰馬無許無⿰馬無字類言之从馬閒聲戶閒切十四部字林作䮶

騏馬青驪文如綦也如綦各本作如博綦不通今依李善七發注元應書卷二卷四卷八正凡馬言色者如下文深黑色淺黑色全體之色也其言某處黑某處白發白色發赤色一耑之色也言襍毛者謂其毛異色相錯非比異色成片段者也其曰文者獨此而已謂異色成枝條相交如文之錯畫然下文青驪馬爲駽謂其全體青黑色此云青驪文如綦謂白馬而有青黑紋路相交如綦也綦糸部作綥白蒼文也綦者青而近黑秦風傳曰騏綦文也魯頌傳曰蒼騏曰騏蒼騏卽蒼綦謂蒼文如綦也曹風其弁伊騏傳曰騏騏文也正義作綦文顧命騏弁鄭注曰青黑曰騏本作綦弁

古多叚騏爲綦从馬其聲渠之切一部驪馬深黑色魯頌傳曰純黑曰驪按引伸爲凡黑之偁亦叚黎棃爲之从馬麗聲呂支切十六部駽青驪馬謂深黑色而戴青色也魯頌有駜曰駜彼乘駽釋嘼毛傳皆曰青驪曰駽从馬肙聲火玄切十四部按當火縣切詩曰駜彼乘駽騩馬淺黑色漢舊儀有天地大變丞相上病使者奉策書駕駹駱馬即時布衣步出府免爲庶人丞相有他過使者奉策書駕騅騩馬即時步出府乘棧車牝馬歸按乘騩者取無色之意从馬鬼聲俱位切十五部騮赤馬黑髦尾也髦各本作毛今依廣韵正髦者髦髮也髮之長者偁髦因之馬鬣曰髦魯頌傳曰赤身黑鬣曰騮从馬丣聲丣各本作畱篆體作騮大誤今依五經文字玉篇廣韵正力求切三部騢馬赤白襍毛襍毛者謂異色之毛襍亂相廁也或作襍色非是魯頌有騢釋嘼毛傳皆曰彤白襍毛曰騢从馬叚聲乎加切古音在五部謂色似鰕魚

也此當作色似鰕魚四字系襍毛之下如驒下文如鼉魚一例鰕魚謂今之蝦亦魚屬也蝦畧有紅色凡叚聲多有紅義是以瑕爲玉小赤色此六字葢舊注之僅存者

騅 馬蒼黑襍毛黑當作白釋嘼毛傳皆云蒼白襍毛曰騅蒼者青之近黑者也白毛與蒼毛相閒而生是爲青馬雖深於青白襍毛之驄未黑也若黑毛與蒼毛相閒而生則幾深黑矣釋言曰菼騅也王風傳曰菼亂也萑之初生者艸部曰薍者萑之初生一曰騅此以同色名之觀萑葦之初生之色則知蒼白之不可易矣○六書故云徐本作白正謂唐本不作白也 从馬隹聲職追切十五部

駱 馬白色黑鬣尾也釋嘼曰白馬黑鬣駱詩音義曰樊孫爾雅並作白馬黑髦鬣尾也然則許正同樊孫本矣魯頌毛傳亦曰白馬黑鬣曰駱按今毛詩有驒有駱有駵有雒毛曰黑身白鬣曰雒正與白身黑鬣曰駱互異正義曰定本集注及徐音皆作駱釋文亦云雒本或作駱然則本二物相似而同名淺人惑之乃妄改字 从馬各聲盧各切五部

駰 馬陰白襍毛黑黑字宋本

舊本皆同汲古毛氏改黑作也以合爾雅毛傳然而非是釋嘼魯頌傳皆云陰白襍毛曰駰郭云陰淺黑也今之泥驄或云目下白或云白陰皆非也陰淺黑本叔然說然則許葢襍毛之下釋云陰淺黑也如虢下虎竊毛謂之虢苗竊淺也正是一例既說者惑於白陰之說謂馬私處白而襍黑毛因致漏奪不可讀苟求其故由不解陰之爲淺黑耳廣韵曰駰馬陰淺黑色有脫 **从馬因聲** 於眞切十二部 **詩曰有駰有騢** 魯頌駉文

驄 馬青白襍毛也 白毛與青毛相閒則爲淺青俗所謂蔥白色詩曰有瑲蔥衡釋器曰青謂之蔥 **从馬悤聲** 千公切九部

驈 驪馬白跨也 跨者兩股之閒也釋嘼毛傳皆曰驪馬白跨曰驈 **从馬矞聲** 食聿切十五部 **詩曰有驈有騜** 魯頌駉文按毛詩作皇許無騜字字林乃有之此騜後人所改耳韵會作有皇是也爾雅作黃白騜亦是俗本

駹 馬面顙皆白也 面者顏前也釋嘼曰面顙皆白惟駹按言惟者以別於上文的顙白顛白達素縣也面顙白其他非白也故从

尨周禮駹車借爲尨襍字也从馬尨聲莫江切九部

騧黃馬黑喙釋嘼曰白馬黑脣駩黑喙騧如爾雅之文則是白馬黑喙也秦風傳曰黃馬黑喙曰騧許本之豈今爾雅奪黃馬二字與郭云今之淺黃色者爲騧馬从馬咼聲古華切十七部宋明帝以騧字似禍改从瓜遂於古音不合

𩣡籀文騧咼聲𦣞聲同在十七部

驃黃馬發白色發白色者起白點斑駁也釋嘼曰黃白曰騜毛詩祇作皇然則皇卽驃與牛部犥下曰牛黃白色與驃音正同也一曰白髦尾也謂黃馬而白鬣尾也从馬票聲毗召切二部

駓黃白襍毛也各本作黃馬白毛今正六書通引唐本作黃馬白襍毛此唐本衍馬字淺人不刪馬字而刪襍字耳釋嘼毛傳皆曰黃白襍毛曰駓字林作駓从馬丕聲古作丕字中直貫下或作丕是以論曹魏者曰丕之字不十也詩釋文此字本作駓字林乃作駓敷悲切古音一部

驖馬赤黑色此與青驪馬句法同謂黑色而帶赤色也驖不見爾雅秦風駟

驖孔阜傳曰驖驪也驪者深黑色許說小異漢人或叚鐵爲之前書地理志叚𢧢爲之从馬𢧢聲他結切十二部詩曰四驖孔阜秦風駟驖文今詩四作駟按詩四牡四騤皆作四惟駟介俴駟乃作駟駟一乘也故言馬四則但謂之四言施乎四馬者乃謂之駟

馯馬頭有白發色大徐作馬頭有發赤色者非是篇韵皆云馬白額至脣則爲馬頭發白色矣廣韵曰駻騂馬行此今義也按東京賦作半漢从馬岸聲五旰切十四部

馰馬白額也秦風有馬白顛傳曰白顛馰顙也釋嘼曰馰顙白顛郭云戴星馬也說卦傳曰爲馰顙虞翻曰馰白顙顙頟也按馰顙之馬謂之馰易釋文云馰說文作馰从馬勺聲舊作的省聲的聲亦勺聲也今正都歷切古音在二部一曰駿也駿馬之良材者易曰爲馰顙

駁馬色不純純同醇崔覲曰不雜曰純釋嘼曰駵白駁邠風毛傳同謂駵馬發白色也許說不同者許意馬異色成片段者皆得曰駁引伸之爲凡色不純之偁从馬爻聲

北角切古音在二部與駮各字

馵　馬後左足白也　左當作ナ釋嘼毛傳皆曰後左足白曰馵說卦傳曰震爲馵足　从馬二其足　謂於足以二爲記識如馬於足以一爲記識也非一二字變篆爲隸馵既作馵則馵作馵與篆大乖矣石經作馵　讀若注　之戍切古音在三部讀如祝

驔　驪馬黃脊　魯頌有驔有魚釋嘼曰驪馬黃脊曰騽爾雅音義云騽說文作驔音簟是則爾雅之騽卽驔之異體許於此篆用爾雅不用毛傳也毛傳曰豪骭曰驔此卽驔之異說詩音義引字林云驔又音覃豪骭曰驔是則字林豪骭一義不作騽也今說文乃別有騽篆訓云豪骭前與毛詩不合後與字林不合此葢必非許原文許原文或驔下有一曰豪骭之文或驔篆後有重文作騽之篆皆不可定後人乃以兩義分配兩形耳　从馬覃聲讀若簟　徒玷切七部按覃之古音如淫其入聲則如熠古音又如尋其入聲則如習故驔騽必一字鳥之鵖鴔蟲之熠燿其理一也許此下當有一曰馬豪骭五字又出一騽篆解云驔或从習廣韵二十六緝騽字下云馬豪骭又驪馬

黃脊玉篇騽字下曰驪馬黃脊又馬豪骭亦可證二義分二形之非矣

驠　馬白州也　山海經曰乾山有獸其州在尾上今本譌作川廣雅曰州豚臀也郭注爾雅山海經皆云州竅也按州豚同字俗作启國語之龍尨史漢貨殖傳之馬噭皆此也蜀志周羣傳諸毛繞涿居署曰潞涿君語相戲謔涿亦州豚同音字也釋嘼曰白州驠　从馬燕聲　於甸切十四部

騽　馬豪骭也　骭者骹也骹者脛也高誘注淮南曰骭自膝以下脛以上也豪骭謂骭上有脩豪也魯頌傳曰豪骭曰驔正義本作豪骭白白衍　从馬習聲　似入切七部按此篆宜刪正玉篇驔騽二篆相接蓋說文之舊

䮧　馬毛長者也　者字依文選長楊賦注補此謂馬毛長者名䮧也多借翰字爲之翰行而䮧廢矣尚書大傳之西海之濱取白狐青翰注曰長毛也文選長楊賦翰林主人注引說文毛長者曰翰曲禮雞曰翰音注曰翰猶長也常武詩如飛如翰箋云鳥中豪俊蓋其字皆當作䮧引伸假借之字也　从馬倝聲　侯旰切十四部

騛　馬逸足者也　者字今補

騛　段云當作兔足者　某按當從廣韵作兔走兔善竄故以狀馬走之遠若作兔足兔蹯後馬豈如兔何以駕乘　段正退字未正足字

逸當作兔廣韵曰騛兔馬而兔走玉篇曰騛兔古之駿馬也呂氏春秋高注曰飛兔要裹皆馬名也日行萬里馳若兔之飛因以爲名也从馬飛會意飛亦聲甫微切十五部司馬法曰飛衛斯輿司馬法今佚此偁司馬法說从飛之意也

駁駿馬句絕謂駿馬之名也大射禮公入驚注曰驚夏亦樂章也以鐘鼓奏之按驚夏蓋取翺翔之意凡奇士偁豪俊者可作驚俊如尚書㢥可爲酋豪字也吕壬申曰死乘馬忌之忌此日也从馬敖聲五到切二部

驥千里馬也孫陽所相者孫陽字伯樂秦穆公時人其所與有九方臯卽九方歅戰國策汗明說春申君是伯樂相驥事按小徐說伯樂卽王良卽郵無恤大繆从馬冀聲几利切古音在一部天水有驥縣地理志天水郡冀縣郡國志漢陽郡冀縣漢陽卽天水也故城在今陝西鞏昌府伏羌縣東史皆作冀不作驥左傳冀之北土馬之所生許葢援此說字形从冀馬會意許本作冀縣謂此卽左傳生馬之地淺人改之

駿馬之良

材者引伸爲凡大之偁釋詁毛傳皆曰駿大也毛傳見文王崧高噫嘻从馬夋聲子峻切十三部

驍良馬也周禮良馬與駑馬爲對文良馬兼上文種馬戎馬齊馬道馬田馬言也周易曰良馬逐逐左傳云以其良馬二亦精駿之偁按上文云駿馬之良材者此云良馬卽蒙上文而言也魯頌傳曰駉駉良馬腹幹肥張也引伸爲勇捷之偁从馬堯聲古堯切二部詩曰驍驍牡馬陸氏德明所見說文如此詩釋文曰駉說文作驍按堯聲同聲之類相去甚遠無由相涉大雅崧高四牡蹻蹻傳云蹻蹻壯皃魯頌泮水傳云蹻蹻言彊盛也葢古本說文堯聲下有詩曰四牡驍驍六字乃崧高之異文或轉寫譌作驍驍牡馬而陸氏乃有駉說文作驍之語矣

䮔馬小皃从馬垂聲讀若箠之壘切按當依廣韵之累切十六十七部辵部邇以爲聲

䮔籒文从𠂹

驕馬高六尺爲驕漢廣言秣其馬言秣其駒傳曰六尺以上爲馬五尺以上爲駒按此駒字釋文不爲音陳風乘我乘駒傳曰大夫乘駒箋云馬

六尺以下曰駒此駒字釋文作驕引沈重云或作駒後人改之皇皇者華篇內同小雅我馬維駒釋文云本亦作驕據陳風小雅則知周南本亦作驕也葢六尺以下五尺以上謂之驕與駒義迥別三詩義皆當作驕而俗人多改作駒者以駒與蔞株濡諏爲韵驕則非韵抑知驕其本字音在二部於四部合韵不必易字就韵而乖義乎陸氏於三詩無定說彼此互異由不知古義也毛云大夫乘驕以此推之當是天子乘龍諸侯乘騋卿乘馬 **从馬喬聲** 舉喬切二部 **詩曰我馬維驕** 皇皇者華二章也可以此訂周南譌字 **一曰野馬** 凡驕恣之義當是由此引伸旁義行而本義廢矣女部曰嬌驕也心部曰怚驕也皆旁義也俗製嬌憍字

騋 **馬七尺爲騋八尺爲龍** 周禮廋人曰馬八尺以上爲龍七尺以上爲騋六尺以上爲馬庸風騋牝三千毛傳馬七尺以上曰騋鄭司農以月令駕蒼龍說周禮龍俗作駥 **从馬來聲** 洛哀切一部 **詩曰騋牝驪牝** 下牝字各本作牡今正詩曰騋牝三千毛傳曰騋牝騋馬與牝馬也釋嘼曰騋牝驪

牝今爾雅譌作驪牡而音義不誤可攷音義曰騋牝頻忍反下同下同者卽謂驪牝也此以驪牝釋詩之騋牝驪與騋以雙聲爲訓謂騋馬驪色亦兼牝馬也此與詩曰不騋不來也今偁詩爾雅正同若鄭注周禮則引騋句絕牡驪牝阮句絕駒句絕褭驂句絕孫叔然讀亦如是

驩馬名古叚爲歡字从馬雚聲呼官切十四部

驗馬名今用爲譣字證也徵也效也不知其何自始驗行而譣廢矣从馬僉聲魚窆切七部

𩢎馬名从馬此聲雌氏切十六部

馬名从馬休聲許尤切三部

媽媽馬媽字今補赤鬣縞身目若黃金名曰吉皇之乘各本名曰之下有媽字今刪正海內北經曰犬封國曰犬戎國有文馬縞身朱鬣目若黃金名曰吉量之乘量一作良郭注引周書六韜大傳說其狀略同周書作名曰吉黃之乘六韜作名曰雞斯之乘周成王時犬戎獻之成各本作文誤今正許引成王時周靡獻鷩鷩成王時蜀人獻大翰成王時揚州獻鰅皆逸周書王

會篇也王會篇又言犬戎文馬是其事矣或因尚書大傳散宜生之犬戎取美馬駮身朱鬣雞目者獻紂乃改此成王爲文王而不顧其文義从馬文文亦聲無分切十三部大徐左馬右文作駮春秋傳曰媽馬百駟見宣二年左傳作文馬按許書當作文馬此言春秋傳之文馬非周書之媽馬也恐人惑故辯之文馬二字今補畫馬也杜注亦云畫馬爲文四百匹孔子世家文馬三十駟亦謂畫馬西伯獻紂以全其身此八字蓋或取尚書大傳事箋記於此遂致誤入正文文理不貫當刪要自春秋傳以下恐皆非許語

馶馬彊也从馬支聲章移切十六部

駜馬飽也魯頌有駜曰有駜有駜傳曰駜馬肥彊皃馬肥彊則能升高進遠臣彊力則能安國按許義小別鄭箋亦云此言僖公用臣必先致其祿食祿食足而臣莫不盡其忠也从馬必聲毗必切十二部詩曰有駜有駜

駫馬肥盛也各本作盛肥今依廣韵訂从馬光聲古熒切古音在十部詩曰駫

駫牡馬各本作四牡駫駫陸氏德明所見作駫駫牡馬按卽魯頌之駉駉牡馬也駉駉牡馬古本作牧馬傳言牧之坰野自當是牧字周禮凡馬特居四之一又不當云良馬有驚無騲也詩釋文曰駉古熒反說文作驍又作駫同作驍又三字當刪云說文作駫同玉篇亦曰駫古熒切駉同則知說文作駫駫牧馬而讀古熒反十部十一部之音轉也以今攷之實則毛詩作駫駫許偁駫駫而後人譌亂作駉駉陸所見說文不誤今本說文則誤甚耳毛傳曰駫駫良馬腹幹肥張也許言肥盛卽腹幹肥張从馬光會意而光亦聲

騯馬盛也也當作皃从馬旁聲旁溥也此舉形聲包會意薄庚切古音在十部詩曰四牡騯騯小雅北山四牡彭彭傳曰彭彭然不得息大雅烝民四牡彭彭箋云彭彭行皃大明四騵彭彭箋云馬强疑皆非許所偁鄭風清人駟介旁旁葢許偁此而駟介轉寫譌四牡耳許所據旁作騯毛傳本有騯騯盛皃之語後逸之二章曰麃麃武皃三章曰陶陶驅馳皃則知首章當有騯騯盛皃矣

䭰䭰䭰馬怒皃从馬卬聲吾郞切十部廣

韵平聲

驤　馬之低仰也　低當作氐馬之或俛或仰謂之驤吳都賦四騏龍驤古多叚襄爲驤　从馬襄聲　息良切十部

驀　上馬也　吳都賦曰驀六駮上馬必捷故引伸爲猝乍之偁　从馬莫聲　莫白切古音在五部

騎　跨馬也　兩髀跨馬謂之騎因之人在馬上謂之騎今分平去二音曲禮曰前有車騎正義曰古人不騎馬故經典無言騎者今言騎當是周末時禮按左傳左師展將以昭公乘馬而歸此必謂騎也然則古人非無騎矣趙旝以其良馬二濟其兄與叔父非單騎乎　从馬奇聲　渠羈切古音在十七部

駕　馬在軛中也　毛傳曰軛烏噣也烏噣卽釋名之烏啄轅有衡衡橫也橫馬頸上其扼馬頸者曰烏啄下向叉馬頸似烏開口向下啄物時也駕之言以車加於馬也　从馬加聲　古訝切十七部

⿰牛各　籒文駕　从牛釋名曰軛所以扼牛頸也各聲者古音五部與十七部相合如春秋傳以輅爲訝是其理也

騑　驂也旁馬也　各本無上也字不可通今補攷禮記正義文選

注引說文或作旁馬也三字或作驂旁馬也四字正由有二也字而奪一耳騑馬經典皆謂之驂故曰驂也下文云駕三馬曰驂許意古爲駕三馬之名後乃駕四駕六其旁馬皆得驂名矣故又申之曰旁馬旁者冡上在軛中言之不當衡下者謂之驂亦謂之騑駕三駕四所同也若小雅傳曰騑騑行不止之皃別爲一義

从馬非聲

甫微切十五部

駢　駕二馬也

平帝本紀曰詔光祿大夫劉歆等襍定婚禮四輔公卿大夫士郎吏家屬皆以禮娶立軺併馬服虔曰立軺小車也併馬驪駕也按驪讀同伉儷非馬深黑色木部楷下曰讀若驪駕是也併馬謂之儷駕亦謂之駢併駢皆从幷謂並二馬也左傳渾良夫乘中佃兩牡蓋是駕二毛詩說士駕二禮王度記亦言士駕二王肅云夏后氏駕兩謂之麗駢之引伸凡二物幷曰駢

从馬幷聲

部田切古音在十一部

驂　駕三馬也

驂三疊韵爲訓詩干旄良馬四之良馬五之良馬六之傳曰四之御四馬也五之驂馬五轡也六之四馬六轡也然則毛公有駕三之說矣王肅云古者一轅之車駕三馬則五轡其大夫皆一轅

車夏后氏駕兩謂之麗殷益以一騑謂之驂周人又益以一騑謂之駟本從一驂而來亦謂之驂經言驂則三馬之名五經異義天子駕數易孟京春秋公羊說天子駕六詩毛說天子至大夫同四士駕二詩云四騵彭彭武王所乘龍旂承祀六轡耳耳魯僖所乘四牡騑騑周道倭遲大夫所乘謹按禮王度記曰天子駕六諸侯與卿同駕四大夫駕三士駕二庶人駕一說與易春秋同駁曰元之聞也周禮校人掌王馬之政凡頒良馬而養乘之乘馬一師四圉四馬爲乘此一圉者養一馬而一師監之也尚書顧命諸侯入應門皆布乘黃朱言獻四黃馬朱鬣也旣實周天子駕六校人則何不以馬與圉以六爲數顧命諸侯何以不獻六馬易經時乘六龍者謂陰陽六爻上下耳豈故爲禮制王度記云天子駕六者自是漢法與古異大夫駕三者於經無以言之依鄭駁則古無駕三之制孔晁云馬以引重左右當均一轅車以兩馬爲服旁以一馬驂之則偏而不調非人情也株林曰乘我乘驕傳曰大夫乘驕則毛以大夫亦駕四也且殷之制亦駕四故王基云商頌約軝錯衡八鸞鏘鏘是則殷駕四不駕三也按詩箋曰驂兩騑也

檀弓注曰騑馬曰驂蓋古者駕四兩服馬夾輈在中左右各一騑馬左右皆可以三數之故謂之驂以其整齊如翼言之則謂之騑驂本非謂駕三也顧王度記曰大夫駕三故訓傳亦言驂馬五轡則是古有其說故許釋驂爲駕三然許不偁王度記天子駕六以下云云於騑下亦云驂也是說文晚成不堅執異義之說其說經非不與鄭合矣

从馬參聲　倉含切古音在七部

駟　一乘也　周禮校人鄭司農注云四匹爲乘按乘者覆也車軛駕乎馬上曰乘馬必四故四馬爲一乘不必已駕者也引伸之凡物四曰乘如乘矢乘皮乘韋乘壺皆是駟者馬一乘之名鄭清人箋云駟四馬也按詩言四牡言四騏言四驖言四騵言四駱言四黃皆作四下一字皆馬名也言駟介言俴駟皆作駟謂有所以加乎駟者也今詩作駟驖駟騵而干旄疏引異義公羊隱元年疏說文驖字下皆不誤

从馬四聲　息利切十五部

駙　副馬也　副者貳也漢百官公卿表奉車都尉掌御乘輿車駙馬都尉掌駙馬皆武帝初置晉尚公主者並加之師古曰駙副馬也非正駕車皆爲副馬

从馬付聲

符遇切古音在四部一曰近也附近字今人作附或作傅依此當作駙一曰疾也與趨音義皆相近⿰馬皆馬和也和當作龢孫卿曰六馬不和則造父不能以致遠从馬皆聲戶皆切十五部駊駊騀逗二字疊韻馬搖頭也也廣韻作皃駊騀於頗俄皆近从馬皮聲普火切十七部騀駊騀也从馬我聲五可切十七部此二篆併解各本譌舛今依全書通例及玉篇所載訂正䮷馬行皃此當曰䮷䮷馬行皃淺人刪之也牛徐行曰⿰牛夋⿰牛夋馬徐行曰䮷今人俗語如是矣从馬舀聲土刀切古音在三部按篇韻皆左舀右馬作⿰舀馬初學記引何承天纂文作⿰舀馬篤馬行頓遲也頓如頓首以頭觸地也馬行箸實而遲緩也古叚借篤爲竺字以皆竹聲也二部曰竺厚也篤行而竺廢矣釋詁曰篤固也又曰篤厚也毛詩椒聊大明公劉傳皆曰篤厚也凡經傳篤字固厚二訓足包之釋詁篤竺並列皆訓厚釋名曰篤築也築堅實稱也厚後也有終後也蓋篤字之代竺久矣从

馬竹聲冬毒切三部

騤馬行威儀也馬行上當有騤騤二字詩三言四牡騤騤采薇傳曰彊也桑柔傳曰不息也烝民傳曰猶彭彭也各隨文解之許槩栝之云馬行威儀皃於疊韵取義也从馬癸聲渠追切十五部詩曰四牡騤騤

⿱與馬馬行徐而疾也⿱與馬⿱與馬二字今補从馬與聲此篆各本作⿱𦥯馬解云學省聲於角切今正玉篇⿱與馬弋魚弋庶二切馬行徐而疾次騤下騤上正與說文同然則古本與玉篇同可知矣廣韵平聲九魚⿱與馬以諸切馬行皃去聲九御⿱與馬羊洳切馬疾行皃集韵九魚⿱與馬下曰說文馬行徐而疾引詩四牡⿱與馬⿱與馬類篇⿱與馬羊諸羊茹二切說文馬行徐而疾引詩四牡⿱與馬⿱與馬是可證朱初大徐本不誤玉篇廣韵皆有⿱𦥯馬字訓馬腹下鳴不言出說文集韵類篇皆於⿱𦥯馬下云乙角切引說文馬行徐而疾也一曰馬腹下聲是當丁度司馬光編書時說文已或譌舛乃誤以爲一字兩義今本說文篆用⿱𦥯馬解用⿱與馬正與鼎部鼏篆鼏解衣部袗篆袀解同誤葢本有⿱𦥯馬篆解馬腹下聲當與騖篆爲伍耳論語注曰與與威儀中適之皃心部

曰懙趣步懙懙也蘇林漢書注曰懙懙行步安舒也是可以證𩦸𩦸之解矣五部詩曰四牡𩦸𩦸依集韵類篇王伯厚詩攷所引說文補今詩無此句小雅車攻大雅韓奕皆云四牡奕奕古音奕之平聲讀弋魚切蓋郎其異文也

駸馬行疾皃馬行上當本有駸駸字皃各本作也今依篇韵正小雅四牡傳曰駸駸驟皃驟者馬捷步也从馬侵省聲子林切七部詩曰載驟駸駸

馺馬行相及也以疊韵爲訓西京賦薛解曰馺娑駘盪桍詣承光皆臺名按馺娑駘盪皆以馬行皃皃臺之高也从馬及及亦聲合二徐本訂穌合切七部讀若爾雅曰小山馺大徐本此下有大山峘三字蓋淺人所增耳小山馺今爾雅作小山岌許所據古本也讀若二字蓋賸

馮馬行疾也从馬仌聲皮冰切六部按馬行疾馮馮然此馮之本義也展轉他用而馮之本義廢矣馮者馬蹏箸地堅實之皃因之引伸其義爲盛也大也滿也懣也如左傳之馮怒離騷之馮心以及天問之馮翼惟象淮南

書之馮馮翼翼地理志之左馮翊皆謂充盛皆畐字之合音叚借畐者滿也或叚爲凭字几經傳云馮依其字皆當作凭或叚爲淜字如易詩論語之馮河皆當作淜也俗作憑非是

䮍　馬步疾也　按今人專輒字作輒似當作䮍爲近之　从馬耴聲　尼輒切八部

騃　馬行仡仡也　人部曰仡勇壯也吉日儦儦俟俟人部作伾伾俟俟韓詩作駓駓騃騃李賢注馬融傳引韓詩駓駓騃騃或羣或友李善注西京賦引韓詩章句曰趨曰駓行曰騃按毛傳亦曰趨則伾伾行則俟俟毛用叚借字韓乃正字也騃騃與俟俟音義同俟大也皆鉏里切方言曰癡騃也乃讀五駭切俗語借用之字耳　从馬矣聲　一部

驟　馬疾步也　步下曰行也走下曰趨也行下曰人之步趨也然則行兼步與趨言之此馬行馬步馬走之別也小雅曰載驟駸駸按今字驟爲暴疾之詞古則爲屢然之詞凡左傳國語言驟者皆與屢同義如宣子驟諫公子商人驟施於國是也左傳言驟詩書言屢論語言屢亦言亟其意一也亟之本義敏疾也讀去吏切爲數數然數數然即是敏疾驟

之用同此矣數之本義計也讀所角切爲數數然乃又引伸爲凡追促之意好學者必心知其意於此可見也馳驟字曲禮叚騶爲之 从馬聚聲 鉏又切古音在四部徐仙民毛詩音反爲在蕃古音也

⿰馬匃 馬疾走也 廣韵作走疾 从馬匃聲 古達切十五部

颿 馬疾步也 馬之行疾於風故曰追奔電逐遺風 从馬風聲 此當云从馬風風亦聲或許舉聲包意或轉寫奪屚不可知也符嚴切廣韵符咸扶汎切七部按今有帆字船上幔以使風者也自杜注左傳巳用此字不必借颿

驅 驅馬也 各本作馬馳也今正此三字爲一句驅爲篆文此三字言其義許之例如此驅馬常言耳盡人所知故不必易字以注之也驅馬自人策馬言之革部曰鞭驅也是其義也 从馬區聲 豈俱切古音在四部俗作駈

敺 古文驅从攴 攴者小擊也今之扑字鞭箠策所以施於馬而驅之也故古文从攴引伸爲凡駕馭追逐之偁周禮以靈鼓敺之以炮土之鼓敺之孟子爲淵敺魚爲叢敺爵爲湯武敺民皆用古文其實皆可作

駃　疾足云有文義微審疾疑當作軼軼相過也軼足謂超軼特前故与駻相次駻馬突也段謂當作軼奔軼絕塵字駃其實軼駃義同

驅與殳部之敺義別

馳　大驅也　詩每以馳驅並言許穆夫人首言載馳載驅下言驅馬悠悠馳亦驅也較大而疾耳　从馬也聲　直离切古音在十七部

騖　亂馳也　从馬敄聲　亡遇切古音在三部

䮚　次弟馳也　次弟成行列之馳也故从列　从馬列聲　力制切十五部　玉篇作䮚

騁　直馳也　節南山傳曰騁極也　从馬甹聲　丑郢切十一部

駾　馬行疾來皃也　大雅緜曰混夷駾矣傳曰駾突也箋云混夷惶怖驚走奔突入柞棫之中　从馬兌聲　他外切十五部　詩曰昆夷駾矣　今詩昆作混按昆恐是譌字孟子亦作混

䮂　馬有疾足也　奔軼絕塵字當作䮂今人用俊逸字當作䮂於此知騀篆下馬逸足之斷爲譌字矣　从馬失聲　大結切十二部按當依廣韵夷質切

駻　馬突也　駻之言悍也淮南書作馯高曰馯馬突馬也　从馬旱聲　侯旰切十四部

駧　馳馬洞去也　洞者疾流也以疊韵爲訓　从馬同聲

徒弄切九部

驚　馬駭也驚與警義別小雅徒御不警傳曰不警警也俗多譌驚从馬敬聲舉卿切十一部

駭　驚也从馬亥聲侯楷切古音在一部經典亦作駴戒聲亥聲同在一部也

馬奔也奔者走也从馬巟聲呼光切十部按篇韵皆左巟右馬作禡

驇　馬腹墊也墊各本作縶自篇韵己然小徐作熱則更誤今正土部曰墊者下也引春秋傳墊隘馬腹墊正俗所云肚腹低陷也仲尼弟子列傳閔損字子騫是其義矣考工記小體騫腹謂之羽屬詩無羊天保傳皆曰騫虧也亏部曰虧者气損也按詩騫字本用此見詩左傳釋文謂摳衣不使盈滿也俗借褰絝字爲之習者不知其非矣从馬寒省聲去虔切十四部

馬腹下聲也从馬學省聲於角切三部按許書不必有此字姑補於此聲廣韵作鳴

駐　馬立也人立曰侸俗作住馬立曰駐从馬主聲中句切古音在四部

馴　馬順也古馴訓順三字互相叚借皆川聲也古文尚書五品

不愻史記殷本紀及兩漢書及周禮地官注愻皆作訓而五帝本紀作五品不馴馴之本義爲馬順引伸爲凡順之偁

从馬川聲 此舉形聲包會意 詳遵切十三部

駗驙 二字雙聲各本皆刪今依玉篇補 **馬載重難也** 俗本重難下有行字非 謂馬所負何者重難也 **从馬㐱聲** 張人切十二部

驙 駗驙也从馬亶聲 張連切十四部 **易曰乘馬驙如** 周易屯六二屯如邅如乘馬班如 亶俗作邅宋時經典釋文不誤許所據易蓋上句作駗如驙如乘馬二字當爲誤文

驇 馬重皃也 晉世家惠公馬驇不行卽左傳晉戎馬還濘而止 今本史記作鷙譌字也而秦本紀作馬驇不誤木部曰橉驇不行也今本亦譌鷙莊子馬蹄篇闉扼驇曼云拒扼頓遲也今刻釋文亦譌从鳥而集韵類篇不誤車之前重曰輊馬重曰驇其音義一也廣雅驎駤止也駤卽驇 **从馬埶聲** 各本埶譌執篆體上从執則失其聲矣今皆正 陟利切十五部亦紉利切

驧 馬曲脊也 勹部曰𦍺者曲脊也音義皆同 **从馬**

鞠聲巨六切三部玉篇作驧

騬犗馬也牛部曰犗者騬牛也其事一故其訓互通从馬乘聲食陵切六部

䮰系馬尾也此當依玉篇作結馬尾廣韵作馬尾結也結卽今之髻字大元曰車軨馬䮰可以周天下范注軨轄繫䮰尾結也釋文䮰音介馬尾髻也按遠行必髻其馬尾䮰與髻音義同詩曰駟介左傳曰不介馬而馳疑介卽古文䮰从馬介聲古拜切十五部

騷摩馬也各本摩馬上有擾也一曰四字淺人所增也今刪正人曰搔馬曰騷其意一也摩馬如今人之刷馬引伸之義爲騷動大雅常武傳曰騷動也是也檀弓注曰騷騷爾大疾若屈原列傳曰離騷者猶離憂也此於騷古音與憂同部得之騷本不訓憂而擾動則生憂也故曰猶从馬蚤聲穌遭切古音在三部

驏馬轉臥土中也韓詩外傳曰其馬佚而驏吾園而食吾葵从馬展聲張扇反十四部按各本無此篆藝文類聚引說文有之今依玉篇列字次弟補於此

馽絆馬足也足字依韵會補糸部曰絆者馬縶也是爲轉注

小雅白駒傳曰縶絆也周頌有客箋同莊子連之以羈馽卽此字从馬○其足○象絆之形隸書作馽失其意矣陟立切七部春秋傳曰韓厥執馽前前當作歬語見成公二年左傳今左作執縶馬前葢古本正作執馽前改易誤衍耳許意絆是物馽是人用物據傳文則謂絆爲馬馽讀若輒

縶馽或从糸執聲

駘馬銜脫也銜者馬勒口中者也脫當作挩解也馬銜不在馬口中則無以控制其馬崔實政論曰馬駘其銜則行遲鈍廣雅曰駑駘也是也又引伸爲寬大之意漢有臺名駘盪及春色駘蕩是也从馬台聲徒哀切一部亦徒亥切

駔壯馬也壯各本作牡今正李善文選注引皆作壯戴仲達引唐本說文作奘馬也皆可證此猶牙下壯齒譌牡齒耳士部曰壯者大也介部奘者駔大也釋言曰奘駔也郭云今江東呼爲大駔而猶麤也按駔本大馬之偁引伸爲凡大之偁故駔篆下云奘馬而奘篆下但云駔大許書義例之精密如此从馬且聲魏都賦注引說文千助反葢本音隱篇韵皆徂

十篇上

古切五部大徐子朗切相傳下文別一義之音也**一曰駔會也**舊作馬蹲駔今依後漢郭太傳注所引正注引說文駔會也謂合兩家之買賣如今之度市也下十三字葢系舊注駔會如今之牙行會俗作儈史記節駔會漢書作節駔儈漢書音義云駔亦是儈也後漢書王君公儈牛自隱徐廣曰駔音祖朗切駔儈也廣韵引晉令儈賣者皆當著巾白帖額言所儈賣及姓名一足白履一足黑履蓋駔者本平會賈賣馬之偁因以爲平會凡物之偁呂氏春秋段干木晉國之駔

騶　廄御也按騶之叚借作趣周禮詩周書之趣馬月令左傳謂之騶一用叚借一用本字也周禮乘馬一師四圉三乘爲皁皁一趣馬三皁爲毄毄一馭夫六毄爲廄廄一僕夫趣馬掌贊正良馬而齊其飲食掌駕說之頒鄭曰趣馬趣養馬者也按趣者疾也掌疾養馬故曰騶其字从芻馬正謂養馬也左傳程鄭爲乘馬御六騶屬焉使訓羣騶知禮杜注云六騶六閑之騶月令季秋命僕及七騶咸駕鄭云七騶謂趣馬主爲諸官駕說者也周禮趣馬統於馭夫馭夫統於廄之僕夫故約言之曰廄馭漢書材官騶發蘇林讀爲騶

如淳讀爲菆 从馬芻聲 此舉形聲包會意側鳩切四部 驛 置騎也 言騎以別於車也馹爲傳車驛爲置騎二字之別也周禮傳遽注曰傳遽若今時乘傳騎驛而使者也蓋乘傳謂車騎驛謂馬玉藻注云傳遽以車馬給使者也車謂傳馬謂遽渾言則傳遽無二析言則傳遽分車馬亦可證單騎從古而有非經典所無許傳下云遽也遽下云傳也此渾言也驛下云置騎也馹下云傳也此析言也置騎猶孟子言置郵俗用駱驛 从馬睪聲 羊益切古音在五部 馹 傳也 各本傳上有驛字淺人所增今刪正辵部曰遽者傳也人部曰傳者遽也釋言曰馹傳遽也許用釋言文左傳文十六年襄廿一年昭五年國語晉語韋杜注皆曰馹傳也爾雅舍人注曰馹尊者之傳也呂覽注曰馹傳車也按馹爲尊者之傳用車則遽爲卑者之傳用騎可知舍人說與許合俗字用馹爲驛故左傳文十六年傳注馹字皆譌驛成五年以傳召伯宗注曰傳驛也驛亦馹之譌 从馬日聲 人質切十二部从日者謂如日之健行 騰 傳也 傳與上文傳同皆張戀切引伸爲馳也爲

躍也从馬朕聲徒登切六部一曰犗馬也上文犗馬謂之騬則是騰爲騬之叚借字也亦有叚騰爲乘者如月令絫牛騰馬讀乘匹之乘

騅苑名也苑見下文騅苑蓋漢苑三十六所之一也一曰馬白頟與駁音義皆同鳥之白曰皠白牛曰騅从馬隺聲下各切古音在二部

駉牧馬苑也苑所以養禽獸也景帝紀匈奴入上郡取苑馬武帝紀罷苑馬百官公卿表曰大僕邊郡六牧師苑令各三丞屬焉如淳曰漢儀注大僕牧師諸苑三十六所分布北邊西邊以郎爲苑監官養馬三十萬匹地理志北地郡靈州有河奇苑號非苑歸德有堵苑白馬苑郁郅有牧師苑師古曰苑謂馬牧也駉之義蓋同閑牧馬之處謂之閑亦謂之駉从馬冋各本有聲字今刪此重會意同亦聲古熒切五經文字工營反十一部詩曰在冋之野冋各本作駉淺人不知許書之例者所改也今正魯頌曰駫駫牧馬在坰之野坰或冋字冂古文冋字邑外謂之郊郊外謂之野野外謂之林林外謂之冋詩言牧馬在冋故偁爲从馬冋會意之

解與麗下豐下相下去下引易買下引孟子說驫馬衆字形正同馬在同爲駉猶艸木麗於地爲䕻也

多皃皇皇者華云駪駪征夫傳曰駪駪衆多之皃按毛不曰馬者以詩言人也其引伸之義也許言馬者字之本義也以其字从馬焱部引詩莘莘征夫从馬先聲所臻切十三部

駮　駮獸駮字今補如馬倨牙食虎豹云如馬則非眞馬也自駮以下皆非眞馬故次於部末如馬倨牙食虎豹釋嘼毛傳同秦風言六駮者據所見而言也从馬交聲北角切古音在二部

駃　駃騠逗馬父驘子也謂馬父之騾也言馬父者以別於驢父之騾也今人謂馬父驢母者爲馬騾謂驢父馬母者爲驢騾不言驢母者疑奪蓋當作馬父驢母驘也六字孟康曰駃騠生七日而超其母从馬夬聲古穴切十五部

騠　駃騠也从馬是聲杜兮切十六部

驘　驘驢父馬母者也者字今補崔豹曰驢爲牡馬爲牝卽生騾馬爲牡驢爲牝生駏驉抱朴子曰世不信騾乃驢馬所生云各自有種況乎仙者難

知之事哉從馬贏聲洛戈切十七部今字作騾𩧲或从贏贏亦贏聲也𩣡驢獸二字今補侶馬長耳从馬盧聲力居切五部按驢騾駃騠騊駼驒騱大史公皆謂爲匈奴奇畜本中國所不用故字皆不見經傳蓋秦人造之耳若鄉射禮閭中注云閭獸名如驢一角或曰如驢岐蹄引周書北堂以閭閭斷非驢也而或以爲一物何哉𩦻驢子也何承天纂文同从馬冡聲莫紅切九部𩨗驒騱逗野馬屬屬各本作也今依大平御覽正依爾雅則騊駼爲野馬故許謂驒騱爲野馬屬郭注子虛賦曰野馬如馬而小驒騱駏驉類也从馬單聲古音在十四部郭璞張守節皆音顛大徐代何切乃下文別一義之音也一曰驒馬二字各本奪今補驒騱合二字爲一物此單言驒爲一物名之宜正者也青驪白鱗青黑色之馬起白片如鱗然釋嘼曰青驪驎驒魯頌毛傳同郭云色有淺深斑駁隱粼今之連錢驄也郭意與許略異文如鼉魚也謂如鼉魚青黑而白斑也鼉見黽部謂之

魚者水蟲皆得名魚也似鰕魚則曰騢似鼉魚則曰驒音各相同也徒河反十四十七部之合音

騱驒騱也依韵會訂从馬奚聲胡雞切十六部

騊騊駼逗北野之良馬也釋嘼曰騊駼馬野馬如淳漢書注曰騊駼野馬也師古曰騊駼出北海中其狀如馬非野馬也楊雄傳前番禺後陶塗師古曰國名出騊駼按如淳用爾雅爲訓顏氏駁之誤矣騊駼爲北野之良馬故謂之野馬从馬匋聲徒刀切古音在三部

駼騊駼也从馬余聲同都切五部

驫衆馬也廣雅曰驫驫走皃也吳都賦驫駥飍矞善曰衆馬走皃也从三馬甫虬切三部篆文音風幽切

文一百一十五今補鷩驖二篆則當云一百十七重八

廌解廌獸也四字一句佀牛一角各本皆作似山牛今删正玉篇廣韵及大平御覽所引皆無山也古者決訟令觸不直者下者字依玉篇補神異經曰東北荒中有獸見人門

則觸不直閒人論則咋不正名曰獬豸論衡曰獬豸者一角之羊性識有罪皐陶治獄有罪者令羊觸之按古有此神獸非必皐陶賴之聽獄也廣韵曰字林字㨿作解廌廣雅作⿰豸甬⿰豸弟陸作獬豸陸謂陸法言切韵也廌與解疊韵與豸同音通用廌能止不直故古訓爲解左傳宣十七年庶有廌乎杜注廌解也釋文本作廌正義本作豸陸云廌解之訓見方言孔云豸解也方言文今方言卷十二⿱廌心解也⿱廌心必廌之誤字既誤後乃反以胡計耳左釋文大書廌字俗改爲⿰亻鳥莫能諟正**象形**謂象其頭角也**从豸省**此下當有豸亦聲宅買切十六部**凡廌之屬皆从廌**

⿰孝廌　解廌屬也蓋亦神獸**从廌孝聲**古孝切二部按廣韵作⿰孝廌玉篇作⿰廌孝皆从孝

薦　獸之所食艸艸部曰荐艸席也與此義別而古相叚借左氏傳戎狄荐居服虔云荐艸也言狄人逐水艸而居徙無常處是則子慎謂荐即薦之叚借字也莊子麋鹿食薦釋文引三蒼注曰六蓄所食曰薦凡注家云薦進也者皆荐之叚借字荐者藉也故引伸之義爲進也陳也**从廌艸**會意作甸

切十三部古者神人㠯廌遺黃帝絫評曰解廌單評曰廌帝曰何食何處曰食薦當作艸夏處水澤冬處松柏此說从廌艸之意初造字時因廌食艸成字後乃用爲凡獸所食艸之偁不入艸部者重廌也

灋刑也刑者罰辠也易曰利用刑人以正法也引伸爲凡模范之偁木部曰模者法也竹部曰范者法也土部曰型者鑄器之法也平之如水从水說从水之意張釋之曰廷尉天下之平也廌所㠯觸不直者去之从廌去下廌字今依韵會補此說从廌去之意法之正人如廌之去惡也方乏切八部

法今文省許書無言今文者此葢隸省之字許書本無或增之也如艸部本有𣂚無折

佱古文

文四　重二

鹿鹿獸也鹿字今補三字句韵會作山獸象頭角四足之形盧谷切三部鳥

麀　案麀从牝省會意非諧聲蕭錫皆麀⿸鹿幽連文讀如幽礼記古
詩釋文皆然扶死之音無據
爾雅

鹿足相比从比依韵會訂說从比之意也上言𠔁象其足矣此當有一曰二字烏鹿皆二足相距密不同他獸相距寬故烏从匕鹿从比比密也古匕與比通用故槩之曰从比凡鹿之屬皆从鹿

麚牡鹿也釋嘼曰鹿牡麚从鹿叚聲古牙切古音在五部俗作麚㠯夏至解角月令仲夏之月日長至鹿角解

麐大牡鹿也牡各本及集韵類篇皆譌牝今正玉篇曰麟大麐也是也子虛賦射麋腳麟謂此按許此篆爲大麐麐篆爲麒麐經典用仁獸字多作麟蓋同音叚借从鹿粦聲力珍切十二部

麀牝鹿也釋嘼曰鹿牝麀小雅吉日傳曰鹿牝曰麀按引伸爲凡牝之偁大雅靈臺傳曰麀牝也左傳思其麀牡曲禮父子聚麀皆謂卽牝字也詩一言騋牝三言麀鹿鹿皆取生息蕃多之意从鹿牝省會意按牝本从匕聲讀扶死反麀音蓋本同後人以鹿聲呦呦改其音並改其字作⿸鹿幽耳於虯切三部

⿸鹿幽或从幽聲按上二篆鉉本在部末鍇本無知古本次此鍇本奪而未補鉉本則補而

綴於後也今更正䴨麛也各本麛上有鹿字今依李善刪吳都賦翳薈無麢鷚李善麢音須引說文麢也按廣韵麢入十一虞䴨入二十九換以許讀若便訂之是許本从耎而从需者乃轉寫譌俗也古音需聲在五部耎聲在十四部从鹿耎聲讀若便弱之便奴亂切十四部麛鹿子也釋嘼曰鹿子麛字亦作麑論語麑裘鄭麛裘國語注曰鹿子曰麑麋子曰䴠按䴠王制祇作夭注云少長曰夭从鹿弭聲莫兮切十六部兒聲同部也麉鹿之絕有力者釋獸文从鹿幵聲古賢切十二部今爾雅作麉麒麒麟仁獸也各本無麒麟二字今依初學記補公羊傳曰麟者仁獸也何注狀如麕一角而戴肉設武備而不爲害所以爲仁也麟者木精毛詩傳曰麟信而應禮左傳服虔注麟中央土獸土爲信信禮之子修其母致其子視明禮修而麟至思睿信立而白虎擾言從乂成而神龜在沼聽聰知正而名川出龍貌恭性仁則鳳皇來儀此左氏毛氏說與公羊說不同也五經異義許愼謹案禮運云麟鳳

龜龍謂之四靈龍東方也虎西方也鳳南方也龜北方也麟中央也是異義謂麟爲信獸從左毛說矣而此云仁獸何也異義早成說文解字晚定此云仁獸用公羊說以其角端戴肉不履生蟲不折生艸也鄭駁異義曰五事言作從從作乂言於五事屬金孔子作春秋故應以金獸性仁之瑞鄭說與奉德侯陳欽說略同鄭云金獸性仁許云仁獸與鄭駁無異但鄭君黨錮事解箋毛詩信而應禮乃依毛說與駁異義相違是知學固與年而徙矣**麇身**

牛尾一角爾雅釋獸文**从鹿其聲**渠之切一部廾部曰杜林以𢍜爲麒**麐牝麒**

也張揖注上林賦曰雄曰麒雌曰麟其狀麇身牛尾狼題郭璞曰麒似麟而無角**从鹿吝聲**力珍切按吝聲古音在十三部經典麒麟無作麐者惟爾雅从吝而亦云本又作麟許書別麟麐爲二又別麒麟之牡牝未知許書古本固如此不玉篇廣韵皆麟麐爲一字許書葢本無麐字淺人所增今於麒篆下補麒麟二字於仁獸之上而刪麐篆併解說則於古經傳及爾雅皆無不合單評麟者大牡鹿也評麒麟者仁獸也麒麟可單評麟麐者麟之

或字

麋鹿屬。从鹿米聲。武悲切十五部

麋冬至解角。月令仲冬日短至麋角解夏小正十有一月隕麋角

麎牝麋也。釋獸曰麋牡麔牝麎吉日其祁孔有箋云祁當作麎麎麋牝也大司馬注鄭司農曰五歲爲慎後鄭云慎讀爲麎麋牝曰麎按麎在漢時必讀與祁音同故後鄭得定詩之祁爲麎字林麎讀上尸反徐音同沈市尸反皆本古說也爾雅音義引字林上尸反宋本不誤俗改爲上刃反葢古書之難讀如此 从鹿辰聲。植鄰切十三部

麔麋牡者。見釋獸 从鹿咎聲。其久切三部

麂大麋也。麋各本誤麇今正釋獸曰麐大麢旄毛狗足郭云旄毛者猥長也山海經注曰麂似獐而大猥毛狗腳 狗足。从鹿旨聲。居履切十五部

麂或从几。几聲中山經如此作

麇麞也。釋獸曰麕牡麌牝麜其子麆許書皆無其字葢鹿旁皆後人所箸也 从鹿囷省聲。葢小篆省囷爲禾也居筠切古音在十三部

麕籀文不省。今詩如此作

麞麋屬。

也伏侯古今注曰麞有牙而不能噬考工記績人山以章鄭云章讀爲獐獐山物也齊人謂麇爲獐陸機詩疏云麏麞也青州人謂之麏按麞異於麇者無角从鹿章聲諸良切十部

麠大麃也牛尾一角麃各本作鹿誤今正釋獸云麠大麃牛尾一角許所本也史武帝紀漢郊祀志皆曰郊雍獲一角獸若麃然武帝所獲正是麠葢麃似麞無角大麃有一角則謂之麠當時有司因一角附會爲麟也从鹿畺聲舉卿切古音在十部

麖或从京蜀都吳都二賦如此作此與䲔或从京正同

麃麞屬鉉本作麠屬鍇本作麇屬今依韵會本麃者麞屬也麞者麇屬也韋昭曰楚人謂麇爲麃葢麃似麇而無角陸機詩疏曰四足之美有麃兩足之美有鷮从鹿票省聲薄交切二部詩鄭風駟介麃麃傳云武皃葢儦儦之叚借字也

麈麋屬說文自麋至麈皆說麋屬乾隆三十一年　純皇帝目驗御園麈角於冬至皆解而麋角不解　敕改時憲書麋角解之麋爲麈臣因知今所謂麈正古所謂麋也吳都賦注云旄麈有尾故翳

之從鹿主聲之庾切古音在四部

麑狻麑獸也釋獸曰狻麑如虥貓食虎豹从鹿兒聲五雞切十六部按此篆與犬部狻篆疑皆後人所增

麙山羊而大者細角此七字文理不順疑有誤當作山羊而大角者从鹿咸聲胡毚切七部按釋獸說麙與此絕異

麢大羊而細角釋獸曰麢大羊山海經作麢本艸作羚羊从鹿霝聲郎丁切十一部

⿸鹿圭鹿屬从鹿圭聲古攜切十六部

麝如小麋臍有香釋獸曰麝父麕足郭云腳似麕从鹿䠶聲神夜切古音在五部

⿸鹿與佀鹿而大楊雄蜀都賦麢⿸鹿與鹿麝从鹿與聲羊茹切五部

麗旅行也此麗之本義其字本作丽旅行之象也後乃加鹿耳周禮麗馬一圉八麗一師注曰麗耦也禮之儷皮左傳之伉儷說文之驪駕皆其義也兩相附則爲麗易曰離麗也日月麗乎天百穀艸木麗乎土是其義也麗則有耦可觀㸚部曰麗爾猶靡麗也是其義也兩而介其間亦曰麗離卦之一陰

麗二陽是也

鹿之性見食急則必旅行此說从鹿之意也見食急而猶必旅行者義也小雅呦呦鹿鳴食野之苹傳曰鹿得蓱呦呦然鳴而相呼懇誠發乎中以興嘉樂賓客當有懇誠相招呼以成禮也北史裴安祖聞講鹿鳴而兄弟同食古文祇作丽後乃加鹿之意如是从鹿丽各本丽下有聲字今正从鹿五經文字作从鹿省蓋張氏所據如是故隸書多作麗少一畫郎計切十五部禮麗皮納聘蓋鹿皮也聘禮曰上介奉幣儷皮士冠禮主人酬賓束帛儷皮儷卽麗之俗鄭注儷皮兩鹿皮也鄭意麗爲兩許意麗爲鹿其意實相通士冠注曰古文麗爲離丽古文丽篆文麗字古本皆作篆文毛刻作籀文集韵類篇曰古作丽丽玉篇又乖異不同廣韵則麗丽各字疑丽者古文麗者籀文丽者小篆也然小篆多用麗爲形聲

文二十六今删⿺辶鹿　重六

按此部各本麀下麢上有𪋻篆云鹿迹也从鹿速聲桑谷切無論横亙令上下二篆不相接釋獸曰麇其跡躔鹿其迹速又作𪋻麇其迹解兔其迹迒廣雅緫之曰躔䟫解亢迹也䟫曹憲匹迹反是可以證古爾雅之作速不作速卽加鹿亦當作𪋻不从速辵部曰速籒文迹速無妨專爲鹿迹之名卽作𪋻亦必匹迹切在十六部不得从速桑谷切在三部也許書有𪋻篆必是淺人據誤本爾雅所羼入今刪正集韵䟫或迹字資昔切

又按麒麟作麒麐而麟爲别一字求之古文往往不合麐爲牝麒何以經傳不評麒但評麟且又何不言牡曰麒也烏部以鳳居首此亦當鹿篆之下出麒篆解云麒麟仁獸也麇身牛尾一角从鹿其聲又出麟篆解云麒麟也从鹿粦聲一曰麟大牡鹿也又出麐篆解云或从吝聲以下乃次麔篆乃合今本恐非古本耳　改𪋻篆爲𪋻篆次於麗篆之下解云鹿迹也从鹿速速籒文迹乃合

麤行超遠也鹿善驚躍故从三鹿引伸之爲鹵莽之偁篇韵云不精也大也疏也皆今義也俗作麄今人槩用粗粗行而麤廢矣粗音徂古切从三鹿三鹿齊跳行超遠之意字統云警防也鹿之性相背而食慮人獸之害也故从三鹿揚氏與許乖異如此倉胡切五部凡麤之屬皆从麤

𪋻鹿行揚土也羣行則揚土甚引伸爲凡揚土之偁土部曰埃塵也壓塵也坋塵也釋詁塵久也卽桑柔傳之塡久也東山傳烝窴也箋云古者聲窴塡塵同也又甫田傳曰尊者食新農夫食陳按窴塡塵陳四字同音皆訓久當是塡爲正字塡者寘也寘則安定窴鎭與塡同塵陳皆叚借字也从麤土不入土部者重麤也直珍切十二部𪋻籒文揚土上散故从二土在上

文二　重一

㲋㲋獸也㲋字今補三字句佀兔青色而大中山經綸山其獸多閭麈麢㚟郭注

㲋似兔而鹿腳青色音綽按㲋乃㲋之俗體耳集韵別爲兩字非也象形頭與兔同足與鹿同合二形爲一形也丑略切按言部曰訬讀若㲋則古音在二部凡㲋之屬皆从㲋㲋籀文毚狡兔也小雅巧言傳曰毚兔狡兔也按狡者少壯之意兔之駿者駿者良才者也从㲋兔兔之大者則爲㲋之類士咸切八部⿱㲋吾獸名从㲋吾聲讀若寫司夜切古音在五部⿱㲋夬⿱㲋夬獸也三字句佀狌狌曲禮曰狌狌能言不離禽獸諸家說狌狌如狗聲如小兒嗁其字亦作猩猩玉篇廣韵皆曰㲋似貍疑似狌狌三字當作似貍二字从㲋夬聲古穴切十五部

文四　重一

兔兔獸也各本作獸名今正三字句象兔踞兔字今補踞俗字也當作居後其尾

形其字象兔之蹲後露其尾之形也湯故切五部俗作菟兔頭與㲋頭同凡兔之屬皆从兔

[篆文]失也此以疊韵爲訓亡逸者本義也引伸之爲逸遊爲暇逸从辵兔會意夷質切十二部兔謾訑善逃也說从辵兔之意謾訑皆欺也謾音蠻訑言部作詑音大和切兔善逃故从兔辵猶隹善飛故奪从手持隹而失之皆亡逸之意

[篆文]屈也屈不伸也古亦叚宛爲冤从冂兔會意一音莫狄切覆也於袁切十四部兔在冂下不得走益屈折也枉曲之意取此

[篆文]兔子也釋獸曰兔子娩本或作嬎按女部曰嬎生子齊均也此云娩兔子也則二字義別矣郭云俗評曰䨲娩疾也此上當有一曰二字从女兔芳萬切十四部按爾雅音義匹萬反又匹附反恐當前一音爲是後一音非

[篆文]疾也玉篇廣韵皆曰急疾也今作趕少儀曰毋拔來毋報往注云報讀爲赴疾之赴拔赴皆疾也按赴趕皆即䨲字今字䨲趕皆廢矣从三兔與三馬三鹿三犬三羊三魚取

意同兔善走三之則更疾矣芳遇切古音葢在三部

闕此闕謂闕其讀若也然其音固傳矣

免兔逸也从兔不見足會意許書失此字而形聲多用爲偏旁不可闕也今補免兔免之異異於其足能鹿兔从比鳥兔从匕兔象其蹲居之形有足有尾其字當橫視之兔之走最迅速其足不可諟見故兔省一畫免不見獲於人則謂之免孫子云始如處女敵人開戶後如脫兔敵不及拒是也此二字之別也引伸之凡逃逸者皆謂之免假借爲袒免爲免蘺依毛詩與酒韵古音在十三部轉入十四部也今音忙辨切錢氏大昕云兔免當是一字漢人作緜誤分之似未然俛从免自是會意

文五今補免篆則爲文六

莧山羊細角者从兔足从苜聲苜部下曰从𦫳从目莧从苜胡官切十四部苜在十五部合音取近俗作羱凡莧之屬皆从莧讀若丸寬字从此寬用爲聲

文一

犬　狗之有縣蹏者也有縣蹏謂之犬叩氣吠謂之狗皆於音得義此與後蹄廢謂之彘三毛聚居謂之豬竭尾謂之豕同明一物異名之所由也莊子曰狗非犬司馬彪曰同實異名夫異名必由實異君子必貴遊藝也象形苦泫切十四部孔子曰視犬之字如畫狗也又曰牛羊之字以形聲今牛羊犬小篆卽孔子時古文也觀孔子言犬卽狗矣渾言之也凡犬之屬皆从犬

狗　孔子曰狗叩也叩气吠㠯守吠以當作以吠許書有扣無叩扣訓牽馬也疑古本有叩字而許逸之叩䦎也从卩口聲叩气者出其气也一說叩卽敂之俗敂者擊也凡以此擊彼皆曰敂犬敂气吠亦是以內禦外鴻範五行傳注曰犬畜之以口吠守者也屬言按釋獸云未成豪狗與馬二歲曰駒熊虎之子曰豞同義皆謂穉也从犬句聲古厚切四部

獿　南越名犬獿獀也獿獀疊韵

[illegible]以吠之也

狗叩气吠以守　案狗卧能聞气有人足觸地即醒而吠守故云叩气吠以守此當於犬驗之段注未晰

字南越人名犬如是今江淅尚有此語　从犬㚇聲所鳩切三部　尨　犬之多毛者釋嘼毛傳皆曰尨狗也此渾言之許就字分別言之也引伸爲襍亂之偁小戎箋曰蒙尨是也牛白黑襍毛曰牻襍語曰哤皆取以會意　从犬彡會意彡以言其多毛也莫江切九部　詩曰無使尨也吠召南野有死麇文

狡　少犬也犬各本作狗今依急就篇注事類賦注作犬淮南俶眞訓狡狗之死也割之有濡高注狡少也引伸爲狂也猾也疾也健也　从犬交聲古巧切二部　匈奴地有狡犬巨口而黑身周書王會解匈奴以狡犬狡犬者巨身四尺果顏注急就篇曰狡犬匈奴中大犬也鉅口而赤身

獿　犬惡毛也爾雅旄毛郭云獿長也　从犬農聲奴刀切古音在九部乃容反

猲　猲獢各本奪此二字今依全書通例補雙聲字也　短喙犬也見釋嘼毛詩傳　从犬曷聲許謁切十五部毛詩作歇爾雅又作獥今爾雅釋文作獥乃轉寫譌字也詩釋文曰說文音火

過反詩曰載獫猲獢秦風四驖文爾雅曰短喙犬謂之猲獢釋嘼文此引詩又引爾雅可以證不糝不來也駷牝驪牝也二條皆有譌奪

獢　猲獢也从犬喬聲許驕切二部毛詩又作驕

獫　長喙犬也見釋嘼毛詩傳一曰黑犬黃頭別一義从犬僉聲虛檢切七部詩釋文引說文力劒反

㹥　黃犬黑頭廣雅說犬屬有㹥从犬主聲讀若注之戍切古音在四部

猈　短脛犬犬舊作狗今正說解中例云犬也猈之言卑也言犤㹫也从犬卑聲薄蟹切十六部

猗　犗犬也犬曰猗如馬曰騬牛曰犗羊曰羠言之不妨通互耳有用爲歎詈者齊風傳曰猗嗟歎辭商頌傳曰猗歎辭是也衛風傳曰猗猗美盛皃檜風傳曰猗儺柔順也節南山傳曰猗長也皆以音叚借也有叚爲兮字者魏風清且漣猗清且直猗清且淪猗是也有叚爲加字者小雅猗于畝上是也有叚爲倚字者小雅有實其猗是也从犬奇聲於離切古音在十七部

狊　犬視皃。从犬目。古闃切。古十六部。按爾雅須屬鳥曰狊。此謂鳥振其毛羽如犬張目也。釁撟須狊皆謂須眉髦鬣之而毛鬣之鼓動也。故槩之曰須屬。

㹞　竇中犬聲。犬鳴竇中聲㹞㹞然也。从犬音，音亦聲。乙咸切。七部。

默　犬暫逐人也。叚借爲人靜穆之偁。亦作嘿。从犬黑聲。讀若墨。莫北切。一部。

猝　犬从艸暴出逐人也。叚借爲凡猝作之偁。古多叚卒字爲之。从犬卒聲。麤沒切。十五部。

猩　猩猩犬吠聲。遠聞犬吠聲猩猩然也。从犬星聲。桑經切。十一部。按禮記爾雅皆有猩猩。記曰猩猩能言。猩猩亦作狌狌。許不錄狌字。猩字下亦不言獸名。豈以形作如犬因之得名故與。

㺌　犬吠不止也。从犬兼聲。讀若檻。胡黯切。七部。一曰兩犬爭也。於兼犬取意。

𤢺　小犬吠。从犬㪋聲。荒檻切。八部。南陽新野有𤢺鄉。野各本作亭。今正。南陽郡新野縣見地理志。郡國志今河南南陽府新野縣南有漢新野故城猥犬吠聲此本義也廣韵曰鄙也今義也从犬畏聲烏賄切十五部獿獿逗此複舉字之未刪者⿰犭翏也夊部夒今作優作猱獿則別一字別一義从犬夒聲女交切古音在三部⿰犭翏犬獿獿咳吠也廣雅曰擾也从犬翏聲火包切古音在三部⿰犭參犬容頭進也也當作皃漢書曰容頭過身从犬參聲山檻切七部按此字集韵類篇皆云疏簪切犬容頭進皃不言出說文小徐無此篆一曰賊疾也賊疾疑有誤獎嗾犬厲之也口部曰嗾使犬聲也厲之猶勉之也引伸爲凡勸勉之偁方言曰自關而西秦晉之間相勸曰聳或曰獎中心不欲而由旁人之勸語亦曰聳凡相被飾亦曰獎从犬將省聲即兩切十部俗作奬⿰犭戔犬齧也犬字今補从犬戔聲初版切十四部狦惡健犬也廣雅曰狠也从犬删省聲所晏切十四部廣韵又平聲狠犬鬥

聲犬各本作吠今依宋本及集韵正鬥各本作鬭今正今俗用狠爲很許書很狠義別从犬艮聲五還切古音在十三部獖犬鬥聲鬥字今正从犬番聲附袁切十四部狋犬怒皃漢書東方朔傳曰狋吽牙者兩犬爭也从犬示聲漢書五伊反玉篇魚饑切十五部大徐語其切非也一曰犬難附附各本譌得今依集韵類篇正附猶近也代郡有狋氏縣地理志郡國志同孟康曰狋音權氏音精讀又若銀上文云示聲則在脂微而又讀入文蒐部或曰當作讀若銀在下文从犬斤聲之下犾犬吠聲九辨猛犬狺狺而迎吠王注讒佞讙呼而在側也狺即犷字从犬斤聲語斤切十三部猲犬猲猲不附人也良犬宋猲以此得名亦作猎作猥从犬曷聲南楚謂相驚曰猲方言曰猲驚也宋衛南楚凡相驚曰猲或曰透透式六反讀若憩式略切五部古憩讀如朔獷犬獷獷不可附也呂氏春秋荆文王得茹黃

代郡有狋氏縣　業疑狋古讀如祁氏讀如月氏之氏故孟康之音權精[illegible]之轉也

之狗說苑作如黃廣雅犬屬有楚黃廣韵作楚獚經典釋文作楚獚實一字也引伸爲凡麤惡皃之偁漢書曰獷獷亡秦从犬廣聲古猛切古音在十部漁陽有獷平縣地理志郡國志同服虔曰音鞏

狀犬形也引伸爲形狀如類之引伸爲同類也从犬爿聲鉏亮切十部

奘妄彊犬也从犬壯壯亦聲徂朗切十部

獒犬知人心可使者知一作如公羊傳曰靈公有周狗謂之獒何注周狗可以比周之狗所指如意者按周狗爾雅注及博物志或譌作害狗不可爲據也釋嘼曰犬高四尺曰獒从犬敖聲五牢切二部春秋傳曰公嗾夫獒宣六年左傳文

獳怒犬皃从犬需聲讀若槈奴豆切又乃侯切四部或作獳者譌字也

狧犬食也爾雅牛曰齝羊曰齥麋鹿曰齸鳥曰嗉寓鼠曰嗛當補之曰犬曰狧犬食主舌他物主嗾也漢吳王濞傳曰狧糠及米史記作䑛䑛見舌部以舌取食也食爾反狧讀如答異字異音而同義顏注云狧

獒犬如人心可使者　素獒自當如爾雅犬高四尺曰獒爲正以羊傳靈公有周狗謂之獒周狗猶韓盧宋鵲何注乃謂可以比周之狗所指如意者許本之以解獒字誤矣　如字蓋二徐皆同段作知蓋據爾雅釋文　左傳

古𤜣字乃大誤。从犬舌。小徐衍聲字。讀如比目魚鰈之鰈。魚部不收鰈字，而此有之。爾雅鰈本或作鰨，蓋許書鰨卽鰈也。他合切。八部。亦作狧。

狎　犬可習也。引伸爲凡相習之偁。古段甲爲之。衞風傳曰：甲，狎也。此言段借也。从犬甲聲。胡甲切。八部。

狃　犬性忕也。忕，大徐作驕，非。忕，習也。余制切。心部作愧，習也。愧卽忕之譌也。狃本謂犬性之忕，引伸段借爲凡忕習之偁。鄭風傳曰：狃，習也。國語韋注、左傳杜注皆曰：狃，忕也。从犬丑聲。女久切。三部。

獪　狡獪也。从犬會聲。方言：剿蹶，獪也。秦晉之閒曰獪，楚謂之剿，或曰蹶，鄭曰蔿，或曰婚，又曰央亡，嚜屎，婚，獪也。又曰㞋㤼，獪也。郭云：獪，古狡狯字。从犬會聲。古外切。十五部。按此篆蓋本謂犬，段借之言人。大徐本在狡獿二篆閒，非是。今依小徐及玉篇次於此。

犯　侵也。本謂犬，段借之謂人。从犬巳聲。防險切。七部。

猜　恨賊也。本謂犬，段借之謂人。从犬青聲。倉才切。古在十一部。

猛　健犬也。

叚借爲凡健之偁。从犬孟聲。莫杏切古音在十部。

犺　健犬也。本謂犬引伸謂人廣韵曰猰犺不順。从犬亢聲。苦浪切十部。

㹤　多畏也。本謂犬段借謂人。从犬去聲。去劫切古音葢在五部。

㤸　杜林說㹤从心。今字皆用伯山說也。

獜　健也。廣韵引犬健也今本奪犬字。从犬粦聲。力珍切十二部。詩曰盧獜獜。齊風文毛詩作令令纓環聲許葢取三家詩也。

獧　疾跳也。跳者躍也。一曰急也。獧狷古今字今論語作狷孟子作獧是也論語曰狂者進取狷者有所不爲也大徐別增狷篆非。从犬瞏聲。古縣切十四部。

倏　犬走疾也。依韵會本訂引伸爲凡忽然之詞或叚儵字爲之。从犬攸聲。讀若叔。式竹切三部。

狟　犬行也。廣韵作大犬也。从犬亘聲。胡官切十四部。周書曰尚狟狟。牧誓文今作桓桓許用孔壁中古文也釋訓曰桓桓威也魯頌傳曰桓桓威武皃然則狟狟者桓桓之叚借字此亦

狟　集韵狟武貌也威也今作桓廣韵大犬也亦即有威武義皆与釋訓魯頌傳義合此訓犬行恐有誤

以敃爲好以賁爲籀以堲爲疾以圉爲繹之例

㹃 過弗取也此有誤字玉篇但云犬過廣韵但云拂取疑當合之曰犬過拂取 从犬朮聲讀若孛蒲沒切十五部篇韵皆步內切

⿰犭昜 犬張耳皃从犬易聲陟革切十六部

猌 犬張齗怒也齗齒本也 从犬來聲此从犬來會意聲字衍當删 讀又若銀又字衍魚僅切古音在十二部

犮 犬走皃依篇韵訂 从犬而丿之曳其足則剌犮也丿余制切抴也抴引也剌犮行皃剌音辣犮與𣥺音義同𣥺下曰足剌𣥺也蒲撥切十五部

戾 曲也了戾乖戾很戾皆其義也引伸之訓爲罪見釋詁詩毛傳又訓爲至訓爲來訓爲止訓爲待訓爲定皆見釋詁毛傳皆於曲引伸之曲必有所至故其引伸如是釋言曰疑休戾也 从犬出戶下會意郎計切十五部 犬出戶下爲戾者身曲戾也各本少犬出戶下爲五字今補正戶下猶戶閬戶之下必有闑閾高則犬出必曲身又或戶闔犬擠出亦

必偏曲其身此說戾字會意本義叚借用廣而本義廢矣

獨　犬相得而鬥也　鬥各本作鬬今正凡爭鬥字許作鬥鬬者遇也其義各殊今人乃謂鬬正鬥俗非也　从犬蜀聲　徒谷切三部　羊爲羣犬爲獨　犬好鬥好鬥則獨而不羣引伸叚借之爲專壹之偁小雅正月傳曰獨單也孟子曰老而無子曰獨周禮大司寇注曰無子孫曰獨中庸大學皆曰愼其獨戾獨等字皆叚借義行而本義廢矣　一曰北嚻山有獨狢獸如虎白身豕鬣尾如馬　山海經北山經曰北嚻之山有獸焉其狀如虎而白身犬首馬尾彘鬣名曰獨狢郭圖贊亦云虎狀馬尾號曰獨狢

狢　獨狢獸也从犬谷聲　此蒙上文言獨狢而終之依全書之例則當次於狻玃以下　余蜀切三部郭音谷

獮　秋田也　釋天曰秋獵爲獮鄭君韋昭薛綜杜預皆曰獮殺也釋獮爲殺者以疊韵爲訓古音獮與璽同也若明堂位叚省爲獮　从犬　取載獫猲獢之意　璽聲　各本篆作璽云璽聲非是依左傳釋文正此从取其雙聲耳

小篆文非从𤔔文也息淺切古音在十五部

獮或从示宗廟之田也故从豕示此篆文及解疑皆有譌不能遽定姑仍其舊

放獵逐禽也放小徐作畋畋平田也非許義韵會作效效疑校之譌校獵見吳都賦蓋郎孟子之獵較也校獵二字逗以逐禽釋之蔡邕月令章句曰獵捷也白虎通曰四時之田總名爲獵毛詩不狩不獵箋云冬獵曰狩宵田曰獵此因經文重言而分別之也引伸爲凌獵爲捷獵从犬巤聲良涉切八部

獵也許渾言之釋天析言之曰宵田爲獠管子四稱篇獠獵畢弋从犬尞聲力照切二部

火田也火各本作犬不可通今依韵會正釋天曰冬獵爲狩周禮左傳公羊穀梁夏小正傳毛詩傳皆同又釋天曰火田爲狩許不偁冬獵而偁火田者火田必於冬王制曰昆蟲未蟄不以火田故言火以該冬也孟子曰天子適諸侯曰巡狩巡狩者巡所守也此謂六書叚借以守爲狩有叚守爲狩者如明夷于南狩天王狩于河陽皆或作守是也从犬守聲書究切三部

易曰明夷于南狩明夷九三爻辭

禽走臭而知其迹者犬也走臭猶言逐氣犬能行路蹤迹前犬之所至於其气知之也故其字从犬自自者鼻也引伸叚借爲凡气息芳臭之偁从犬自尺救切三部

獵所獲也故从犬引伸爲凡得之偁从犬蒦聲胡伯切古音在五部

頓仆也人部曰仆者頓也謂前覆也人前仆若頓首然故曰頓仆从犬敝聲毗祭切十五部春秋傳曰與犬犬獘僖四年左傳文引此證从犬之意也獘本因犬仆製字叚借爲凡仆之偁俗又引伸爲利弊字遂改其字作弊訓困也惡也此與改獘爲弊正同

斃或从死經書頓仆皆作此字如左傳斃於車中與一人俱斃是也今左傳犬獘亦作犬斃葢許時經書斃多作獘

宗廟犬名羹獻犬肥者以獻此說从犬之意也曲禮曰凡祭宗廟之禮犬曰羹獻按羹之言良也獻本祭祀奉犬牲之偁引伸之爲凡薦進之偁按論語鄭注曰獻猶賢也獻得訓賢者周

禽走臭而知其迹者犬也　當以禽走爲句五篇云犬逐臭獸走而知其迹曰語犬逐獸禽禽竄走犬則臭其气而知其所遷之處段以禽走臭斷句注云云失許意

此曾紀澤說

禮注獻讀爲儀是以伏生尚書民儀有十夫古文尚書作民獻咎繇謨古文萬邦黎獻漢孔宙碑費鳳碑斥彰長田君碑皆用黎儀字皆用伏生尚書也班固北征頌亦用民儀字 从犬鬳聲 許建切十四部

猏 獟犬也 从犬开聲 五甸切十四部 一曰逐虎犬也 廣韵曰逐獸犬葢唐人避諱改

獟 猏犬也 二篆爲轉注 从犬堯聲 五弔切二部

狾 狾犬也 左傳哀十二年國狗之瘈無不噬也杜云瘈狂也按今左傳作瘈非古也許所見作狾 从犬折聲 狾各本作折篆體亦誤今正 征例切十五部 春秋傳曰狾犬入華臣氏之門 襄十七年左傳曰國人逐瘈狗瘈狗入于華臣氏無之門二字漢五行志作狾

狂 狾犬也 二篆爲轉注段借之爲人病之偁 从犬㞷聲 巨王切十部

䢗 古文从心 按此字當从古文作小篆變爲从犬非也

類 種類相佀唯犬爲甚 說从犬之意也類本謂犬相佀引伸段借爲凡相佀之偁釋詁

毛傳皆曰類善也釋類爲善猶釋不肖爲不善也左傳刑之頗類段類爲類 从犬頪聲 廣韵引無聲字按此當云頪亦聲頪難曉也力遂切十五部

北狄也 北各本作赤誤今正赤狄乃錯居中國狄之一種耳許書蟲部曰南蠻曰東南閩越大部曰東方夷羊部曰西方羌豸部曰北方貉則此必言北狄狄與貉皆在北而貉在東北狄在正北釋地曰九夷八狄七戎六蠻謂之四海八蠻在南方六戎在西方五狄在北方李巡云五狄者一曰月支二曰穢貊三曰匈奴四曰單于五曰白屋王制明堂位皆言東夷南蠻西戎北狄 本犬種 此與蠻閩本虫種貉本豸種羌本羊種一例 狄之爲言淫辟也 此與孔子曰貉之言貉貉惡也一例惡與貉辟與狄皆疊韵爲訓風俗通云狄父子嫂叔同穴無別狄者辟也其行邪辟其類有五按辟者今之僻字 从犬亦省聲 徒歷切十六部按亦當作朿李陽冰云蔡中郎以豊同豐李丞相持朿作亦所謂持朿作亦者指迹狄二字言迹籀文作速狄之古文籀文亦必作⿰犭朿是以詩瞻卬狄與刺韵屈原九章愁與積擊策蹟

適蹟益韵古音在十六部也若从亦聲則古音在五部而非其韵然自李斯變古籒爲篆文其形已誤而其聲至今不誤聖人諭書名之澤長矣

狻 狻麑逗如虦苗食虎豹苗各本作貓今依虎部正虦苗謂淺毛也釋獸曰虎竊毛謂之虦苗狻麑如虦苗食虎豹許所本也於此詳之故鹿部麑下祇云狻麑也全書之例如此凡合二字成文者其義詳於上字同部異部皆然从犬非犬而从犬者猶或行或飛或毛或嬴或介或鱗皆从虫也以下同夋聲素官切十四部見爾雅

玃 大母猴也各本無大今依爾雅釋文元應書廣韵補釋獸曰玃父善顧郭云貑玃也似獮猴而大色蒼黑能攫持人善顧盼按張揖注上林賦曰玃似獮猴而大善攫持人好顧盼七字依元應補攫俗作玃誤从犬矍聲俱縛切五部爾雅曰玃父善顧各本此下有攫持人也四字正由上奪而衍於此今刪

猶 玃屬釋獸曰猶如麂善登木許所說謂此也曲禮曰使民決嫌疑定猶豫正義云說文猶玃屬豫象屬此二獸

皆進退多疑人多疑惑者似之故謂之猶豫按古有以聲見不以義者如猶豫雙聲亦作猶與亦作冘豫皆遲疑之皃老子豫兮如冬涉川猶兮若畏四鄰離騷心猶豫而狐疑以猶豫二字皃其狐疑耳李善注洛神賦乃以猶獸多豫狐獸多疑對說王逸注離騷絕不如此禮記正義則又以猶與豫二獸對說皆郢書燕說也如九歌君不行兮夷猶王逸即以猶豫解之要亦是雙聲字春秋經猶三望猶朝于廟猶繹今謂可已而不已者曰猶即猶豫夷猶之意也釋詁曰猷謀也釋言曰猷圖也召南傳曰猶若也說文圖者畫也計難也謀者慮難也圖謀必酷肖其事而後有濟故圖也謀也若也爲一義周禮以猶鬼神示之居猶者圖畫也是則皆從遲疑鄭重之意引伸之魏風毛傳猷可也可之義與庶幾相近庶幾與今語猶者相近也釋詁又曰猷道也以與由音同秩秩大猷漢書作大繇可證釋詁又云猷已也謂已然之詞亦即猶三望之類也

从犬酋聲以周切三部今字分猷謀字犬在右語助字犬在左經典涵無此例

一曰隴西謂犬子爲猶此別一義益證从犬之意

狙玃屬

㺤 犬屬小徐屬作類南都賦注初學記御覽注引作類犬是也鍇本誤倒鉉又誤作犬屬

莊子狙公賦芧司馬彪云狙一名獦牂似猨而狗頭喜與雌猨交崔譔向秀謂之猵狙釋文狙七餘反 从犬且聲 親去切五部按親去切非也本七餘切自叚借爲覷字而後讀去聲周禮蜡氏注狙司卽覷何也倉頡篇曰狙伺候也史漢狙擊秦皇帝伏虔應劭徐廣皆曰狙伺也方言自關而西曰素或曰狙郭注云狙伺也此皆千恕切 一曰犬暫齧人者 犬下各本有也字今依李善劇秦美新注刪李云且餘反 一曰犬不齧人者 此亦當且餘反

猴 夒也 夒上當有母猴二字夒下曰獸也一名母猴爲下曰母猴也玃下曰大母猴也禺下曰母猴屬也㺃下曰食母猴母猴乃此獸名非謂牝者沐猴獼猴皆語之轉字之譌也陸佃據柳子厚之言曰蝯靜而猴躁其性迥殊按許書亦猴與蝯別析言之也若蝯下曰禺屬禺下曰母猴屬毛傳曰猱猿屬猱卽說文之夒字是二者可相爲屬而非一物也爾雅曰猱蝯善援謂二者一類 从犬矦聲 乎溝切四部

㺤 犬屬 疑犬屬之上當有㺤玃二字淺人妄刪之詳於此故豸部但曰㺤玃也 胥巳

上黃䰧巳下黑食母猴上林賦郭樸注同此前腰以前黃腰以後黑奪去四字當校補南都賦注李善引說文按史漢文選之上林賦文選之南都廣韵一屋說此物皆作㲉从豕廣韵十八藥又引說文㲉玃作㲉玃尋許書㲉爲小豚非一物一字也將由寫者亂之从犬㱿聲讀若構火屋切三部

狼 㑒犬鋭頭白頰高前廣後詳其狀可識別也毛傳曰狼獸名釋獸曰狼牡貛許謂貛即貒从犬良聲魯當切十部

狛 如狼善驅羊从犬白聲讀若檗當言柏今人黃檗字作黃柏正雙聲之轉也甯嚴讀之若淺泊甯嚴蓋博訪通人之一也泊淺水皃見水部俗作泊非也古音傍各切狛大徐匹各切玉篇白駕切廣韵作⿰目夬亦白駕切古音在五部

獌 狼屬从犬曼聲舞販切十四部爾雅曰貙獌侶貍釋獸曰貙侶貍郭云今貙虎也大如狗文似貍釋獸又曰貙獌似貍郭云今山民呼貙虎之大者爲貙豻按郭語則二條一物也故許貙

下㹶下皆偁貙㹶似貍郭注子虛賦云蟃蜒大獸似貍長百尋則以西京賦巨獸百尋者掍而一之恐附會矣

狐 䄏獸也鬼所乘之爾雅音義無之字有三德其色中和小前大後廣韵作豐後死則丘首音義廣韵皆作首丘謂之三德御覽有此四字从犬瓜聲戶吳切五部

獺 水狗也小徐作小狗大徐作如小狗今依廣韵訂食魚大徐上有水居二字乃上文作如小狗因妄增从犬賴聲他達切十五部

猵 獺屬楊雄蜀都賦作猵羽獵賦江賦作獱郭樸三蒼解詁云獱似狐青色居水中食魚从犬扁聲布玄切十二部按易翩與鄰韵服虔獱音賓李善獱音頻古扁聲賓聲同在十二部也今韵乃猵入先獱入眞矣

獱 或从賓

猋 犬走皃引伸爲凡走之偁九歌猋遠舉兮雲中王注猋去疾皃爾雅扶搖謂之猋作此字从三犬此與驫麤蟲同意甫遙切二部

文八十三　重五

㹜　网犬相齧也网各本作兩今正从二犬義見於形也語斤切十三部凡㹜之屬皆从㹜

獄　司空也此空字衍司者今之伺字以司釋獄以疊韵爲訓也許書無伺字以司爲之玉篇獄注云察也今作伺視按希馮直以獄爲伺視之古字葢用許說也其字从㹜葢謂兩犬吠守伺察之意从㹜𦣞聲息茲切一部司事者必𦣞動有言形聲中有會意后司字亦从口也復說獄司空此句上有奪字某復者姓名也某復說獄司空曰獄別一義也周禮司救役諸司空注如漢法城旦舂鬼薪白粲之類儒林列傳大后怒曰安得司空城旦書乎徐廣曰司空掌刑徒之官也如淳說都司空主罪人應劭漢官儀曰綏和元年罷御史大夫官法周制初置司空議者又以縣道官有獄司空故覆加大爲大司空是則漢時有都司空有獄司空皆主罪人皆有治獄之責以其辨獄也故从㹜㹜者獄之省

獄　确也召南傳曰獄埆

也埆同确堅剛相持之意**从㹜从言**魚欲切三部**二犬所㠯守也**說从㹜之意韓詩曰宜犴宜獄鄉亭之繫曰犴朝廷曰獄獄字从㹜者取相爭之意許云所以守者謂陛牢拘罪之處也

文三

鼠　穴蟲之總名也其類不同而皆謂之鼠引伸之爲病也見釋詁毛詩正月作癙兩無正作鼠實一字也**象形**上象首下象足尾書呂切五部**凡鼠之屬皆从鼠**

䶉　䶉鼠也三字爲何各本皆刪一字淺人所爲也以下皆同廣雅謂之白䶉王氏念孫曰䶉之言皤也**从鼠番聲讀若樊**附袁切十四部**或曰鼠婦**此別一義釋蟲曰蟠鼠負即䶉字負即婦字今之瓮底蟲也虫部又云蛜威委黍委黍鼠婦也

䶅　䶅鼠出胡地皮可作裘从鼠各聲下各切五部

鼢　地中行鼠伯勞所化也中字依爾雅釋文補化各本作作今

依廣韵所引字林正釋獸有鼢鼠郭云地中行者陶隱居云鼷鼠一名隱鼠一名鼢鼠常穿耕地中討掘即得蘇頌圖經曰即化爲鴽者也按依許氏說百勞化田鼠而田鼠化鴽物類遞嬗有如斯矣方言謂之鼢鼠鼢即犁字自其場起若耕言之則曰犁鼠**一曰偃鼠**此一曰猶一名也偃之言隱也俗作鼴莊子云鼴鼠飲河止於滿腹**从鼠分聲**房吻切十三部莊子釋文引說文舊音扶問反

（篆）**或从虫分**周禮艸人墳壤用麋故書墳作蚡鄭司農云多蚡鼠也

（篆）**䶄令鼠也**四字句令平聲䶄令疊韵字**从鼠平聲**薄經切十一部

（篆）**鼶鼠也**三字句見小正九月**从鼠虒聲**息移切十六部

（篆）**䶉竹鼠也如犬**後世所謂竹䶉也莊子作畱又作𤢺**从鼠丣聲**各本作畱省聲今正力求切三部

（篆）**鼫五技鼠也能飛不能過屋能緣不能窮木能游不能渡谷**三句一韵**能穴不能掩身能走不能先人**二句一韵**此**

鼮　段以鼮鼠豹文鼮鼠爲一物　某按鼮鼠亦鼠一物也鼮鼮　字相近

之謂五技五字依詩碩鼠正義補釋獸鼠屬有鼫鼠孫炎云五技鼠也舍人樊光同易晉九四晉如鼫鼠九家易以五技鼠釋之荀卿云梧鼠五技而窮詩魏風碩鼠碩鼠無食我黍鄭箋云碩大也不言五技是詩碩鼠非鼫鼠崔豹古今注乃云螻蛄一名鼫鼠有五能而不成技術此語殊誤螻蛄不妨名鼫鼠要不得云有五技也倘許謂螻蛄則此篆必次於部末如黽部之蠅鼁馬部之驘驢駒駼等字矣　从鼠石聲常隻切古音在五部

鼨　豹文鼠也釋獸曰鼨鼠豹文鼮鼠郭讀以豹文下屬云鼠文采如豹者漢武帝時得此鼠孝廉郎終軍知之賜絹百匹按文選注藝文類聚皆引竇氏家傳載此事系之光武時竇攸以豹文爲鼮鼠則同惟唐書盧若虛傳云時有獲異鼠者豹首虎臆大如拳職方辛怡諫謂之鼮鼠而賦之若虛曰非也此許愼所謂鼨鼠豹文而形小一坐盡驚玉裁謂他人讀爾雅皆豹文鼮鼠爲句終軍竇攸辛怡諫從之許讀爾雅鼨鼠豹文爲句盧若虛從之其是非訖難定也許有鼨無鼮疑爾雅六字爲一物　从鼠冬聲職戎切九部

籒文

省𠔾古文終

⿰鼠益　鼠屬。从鼠益聲。於革切十六部

⿰豸益　或从豸作

鼷　小鼠也。何休公羊傳注云鼷鼠鼠中之微者玉篇云有螫毒食人及鳥獸皆不痛今之甘口鼠也从鼠奚聲。胡雞切十六部

鼩　精鼩鼠也。四字一句爾雅謂之鼩鼠郭注小鼱鼩也亦名䶅鼩漢書東方朔傳如淳注曰鼱鼩小鼠也音精鼩據爾雅釋文字林有鼱字从鼠句聲。其俱切古音在四部

鼸　鼸也。爾雅鼸鼠郭云以頰裏藏食者从鼠兼聲。丘檢切七部

⿰鼠今　鼠屬。廣韵謂之⿰鼠今鼠从鼠今聲。讀若含。胡男切七部

鼬　如鼠。如鼠小徐作如鼦鼦乃俗貂字貂鼠屬也赤黃色尾大食鼠者。見小正爾雅今之黃鼠狼也从鼠由聲。余救切三部

⿰鼠勺　胡地風鼠。郭注爾雅鼢鼠云形大如鼠頭似兔尾有毛青黃色好在田中食粟豆關西呼爲⿰鼠勺鼠見廣雅音雀按廣雅云⿰鼠勺鼠鼢鼠與景純皆合⿰鼠勺鼢爲一物以說文正之鼢與⿰鼠勺迥非一物也葢俗語有移

易其名者耳

从鼠勺聲 之若切古音在二部

鼠屬从鼠穴聲 而隴切九部按此字或讀余救切要與鼬非一物

鼩鼠侶雞鼠尾从鼠此聲 卽移切十五十六部

鼲鼠出丁零胡皮可作裘 魏志注引魏略云丁零國出名鼠皮青昆子白昆子皮王氏引之云昆子卽鼲子也後漢書鮮卑傳云鮮卑有貂豽鼲子皮毛柔軟天下以爲名裘按今俗語通曰灰鼠聲之轉也如揮翬皆本軍聲

从鼠軍聲 乎昆切十三部

斬𪕰鼠黑身白腰若帶手有長白毛侶握版之狀類蝯蜼之屬 見上林西京賦諸家說其狀乖異不同其字或作螹胡或作獑胡或作獑猢或作𪖐𪕰

从鼠胡聲 戶吳切五部

文二十　重三

熊屬 左傳國語皆云晉侯夢黃能入於寢門韋注曰能似熊凡左傳國語能作熊者皆淺人所改也

[illegible]

足佀鹿故皆从比也㲋足㲋足亦同从肉猶龍之从肉也㠯聲奴登切古音在一部由之而入於咍則爲奴來切由一部而入於六部則爲奴登切其義則一也能獸堅中故偁賢能賢古文作臤臤堅也而彊壯偁能傑也此四句發明叚借之恉賢能能傑之義行而本義幾廢矣子下曰十一月陽氣動萬物滋人以爲偁亦此例也韋朋來西烏五篆下說解皆此例凡能之屬皆从能

文一

熊　熊獸佀豕山凥俗作居冬蟄見夏小正从能炎省聲按炎省聲則當在古音八部今音羽弓切雒誥火始燄燄漢書作庸庸淮南書東北曰炎風一作融風皆古音之證左傳正義曰張叔反論云賓爵下革田鼠上騰牛哀虎變鯀化爲熊久血爲燐積灰生蠅或疑熊當爲能王劭曰古人讀雄與熊皆

能

篆从肉無義凡能龍䏍羆等字之从[illegible]乃象其首

如豸字之例後人不知誤爲从肉許書當作从[illegible]

于陵反張叔用舊音傳[元]潛通賦與終韵用新音也玉裁謂熊不妨古反于陵要之反論必是能字春秋左氏敬嬴公穀作頃熊蓋炎熊嬴三字雙聲

凡熊之屬皆从熊

羆 如熊黃白文見釋獸从熊罷省聲以一能當二能也彼爲切古音在十七部

羆 古文从皮

文二　重一

火 ⿰火尾也⿰火尾各本作燬今正下文曰⿰火尾火也爲轉注南方之行炎而上與木曰東方之行金曰西方之行水曰北方之行相儷成文象形大其下銳其上呼果切古音在十五部凡火之屬皆从火

炟 上諱漢章帝名也伏侯古今注曰炟之字曰著按許書本不書其篆但曰上諱後人補書之犮於此者尊上也玉篇曰爆也廣韵曰火起也其字从火旦聲當割切十四十五部

⿰火尾 火也从火尾聲許偉切十五部詩曰王室如⿰火尾周南汝墳文今詩作燬毛傳燬火也按爾

雅亦作燬釋言曰燬火也詩釋文曰燬音毁齊人謂火曰燬郭樸又音貨字書作焜說文同一音火尾反夫曰燬說文作焜則說文之有焜無燬可知矣曰焜一音火尾反則焜本音燬可知矣方言曰煤火也楚轉語也猶齊言焜也燬焜實一字方言齊曰焜郎爾雅郭注之齊曰燬也俗乃強分爲二字二音且肊造齊人曰燬吳人曰焜之語又於說文別增燬篆陸德明所據不如此

燬 火也从火毁聲春秋傳曰衞侯燬許偉切按此篆許所本無當刪

燹 火也韵會引字林曰逆燒也 从火豩聲穌典切十三部

焌 然火也以火燒物曰然 从火夋聲子寸切又倉喬切十三部 周禮曰遂籥其焌周禮垂氏曰凡卜以明火爇燋遂歙其焌契以授卜師注云焌讀如戈鐏之鐏謂之契柱燋火而吹之也士喪禮楚焞置於燋在龜東楚焞即契所用灼龜也燋謂炬其存火三字當依士喪禮注作所以然火者也 焌火在前㠯焞焯龜此許引周禮而釋其焌之義似有舛誤依鄭注則契即楚焞楚焞柱於炬然之

用以灼龜焌者

㷗祡祭天也示部祡下曰燒柴尞祭天也是祡尞二篆爲轉注也燒柴而祭謂之祡亦謂之尞亦謂之禷木部曰禷祡祭天神周禮槱燎字當作禷尞凡祡尞作柴燎者皆譌字从火昚會意力照切二部昚古文愼字見心部祭天所㠯愼也說从昚之意

然燒也通叚爲語詞訓爲如此爾之轉語也从火肰聲如延切十四部俗作燃非是

𤑔或从艸難徐鉉等曰艸部有此字此重出與火部無涉也按篆當作𤑔或古本作𤑔轉寫奪火耳漢五行志巢爇墮地廣韵引陸佐公石闕銘荆酷爇炭

爇燒也从火蓺聲徐鉉等曰說文無蓺字當从火从艸熱省聲按埶卽聲不必云熱省如劣切十五部春秋傳曰爇僖負羈僖廿八年左傳曰爇僖負羈氏

燔爇也按許鐇與燔字別鐇者宗廟火炙肉也此因一从火一从炙而別之毛於瓠葉傳曰加火曰燔於生民傳曰傳火曰燔古文多作燔不分別也从火番聲附袁切十四部

燒爇也 二篆爲轉注 从火堯聲 式昭切　二部

烈火猛也 大雅曰載燔載烈 傳曰傅火曰燔 貫之加于火曰烈 商頌曰如火烈烈 引伸爲光也 業也 又方言曰餘也 按烈訓餘者 盛則必盡 盡則必有所餘也 又鄭風火烈具舉 傳曰烈列也 此謂烈卽列之叚借字 列者古迾字也 从火列聲 良薛切　十五部

炪火光也 類篇作火不光 集韵六術曰炪爩煙皃 類篇同 又九迄曰炪爩煙出也 煙盛則光微 此蓋與上火猛作反對語 从火出聲 職悅切　十五部 商書曰予亦炪謀 般庚上文 此與叚敢爲好叚 狟狟爲桓桓 叚莫爲竹蔑同 壁中古文叚炪爲拙也 今尚書作拙者 蓋孔安國以今字讀之也 讀若巧拙之拙 其同音也 故相叚借

熚熚𤏆火皃 熚𤏆疊韵字 如水部之畢沸 从火畢聲 卑吉切　十二部

𤏆熚𤏆也 玉篇云火盛皃 廣韵云鬼火 从火𩰲聲 敷勿切　十五部 𩰲籀文悖字 見言部

烝火气上行也 此烝之本義 引申之則烝

進也如詩信南山甫田傳泮水箋是也又引申之則久也衆也久之義如釋詁曰烝塵也東山傳曰烝寘也常棣傳曰烝塡也皆是鄭云古聲寘塡塵同是也衆之義如東山烝在栗薪傳烝民傳是也又引申之則君也釋詁及文王有聲傳是也又厚也泮水傳曰烝烝厚也是也左傳凡下婬上謂之烝　从火丞聲　煑仍切六部經典多叚蒸爲之者

烰　烝也　詩生民烝之浮浮釋訓曰烰烰烝也毛傳曰浮浮氣也按爾雅不偁詩全句故曰烝也而已毛釋詩全句故曰浮浮氣也許於此當合二古訓爲解曰烰烰烝皃謂火氣上行之皃也或轉寫者刪之耳　从火孚聲　縛牟切三部　詩曰烝之烰烰　今詩作浮浮

煦　烝也　方言煦煆熱也乾也吳越曰煦煆按熱廣雅作爇誤樂記注曰以氣曰煦　一曰赤皃　日部曰昫日光出溫也按昫煦古通用煦蓋日出之赤色　一曰溫潤也　首一義足兼之文選注引韓詩章句煦暖也　从火昫聲　香句切古音在四部廣韵又況羽切方言注讀如州吁之吁

熯　乾皃　乾讀如干此與日部

暵同音同義从火猶从日也易說卦傳王肅王弼本作熯萬物者莫熯乎火說文日部及徐鉉本作莫暵字有分見而實同者从火漢省聲人善切十四部依楚茨此類是也音義人善呼旦二反詩曰我孔熯矣小雅楚茨文此偁詩說叚借也楚茨毛傳曰熯敬也熯本不訓敬而傳云爾者謂熯卽戁之叚借字也心部曰戁敬也長發傳曰戁恐也是其義也

㶂火皃按此篆當是㸋之或體从火弗聲普活切十五部廣韵符弗切

熮火皃从火翏聲洛蕭切古音在三部逸周書曰味辛而不熮逸字衍當刪九經字樣引無逸字可證周書蓋七十一篇之周書今本未見有此句呂覽本味篇曰辛而不烈周書作不熮字異義同方言注曰癆瘌皆辛螫也按此等字皆雙聲同義而癆爲尤近

焛火皃从火㒺省聲㒺見門部作㒺者誤讀若粦良刃切十二部

⿰火雁火色也韓子齊伐魯索讒鼎以其鴈往齊人曰鴈也魯人曰眞也鴈葢卽贗之叚借字如今之作僞古物曰燒瘢貨是也俗

作眞贗　**从火雁聲。讀若鴈。**五晏切。十四部。

熲　火光也。小雅。不出於熲。傳曰。熲，光也。箋云。不得出於光明之道。按火光者字之本義。傳不言火但言光者。其引申之義也。**从火頃聲。**古迥切。十一部。

爚　火光也。光各本作飛。今依文選琴賦、景福殿賦注、元應書卷九正。西都賦。震震爚爚。雷奔電激。震震謂雷。爚爚謂電也。李善引字指曰。儵爚，電光也。按此字或借爲爠字。或借爲鑠字。或作爍者。俗體也。**从火龠聲。**以灼切。二部。**一曰藝也。**又一義。

熛　火飛也。元應引三蒼云。熛，迸火也。呂氏春秋云。突泄一熛而焚宮燒積。班固答賓戲借焱爲之。**从火𤍽聲。讀若摽。**甫遙切。二部。當必遙切。按同部票、熛二字同音同義。熛卽票聲。似票正熛俗。故集韵、類篇、韵會皆合二爲一。然李善、元應所引皆有熛字。玉篇亦分載。未容改併。

熇　火爇也。大雅板傳曰。熇熇然熾盛也。易家人。嗃嗃。鄭云。苦爇之意。是嗃卽熇字也。釋文曰。劉作熇熇。**从火高聲。**火屋切。古音在二部。**詩曰。多將熇熇。**

烄　案玉篇云交木然之以燎柴天也疑此有脫文

烄交木然也交烄疊韵玉篇曰交木然之以尞柴天也从火交聲古巧切二部

𤇾小爇也爇或作熱誤節南山釋文正義引作訅亦誤節南山曰憂心如惔古本毛詩作如𤇾故毛傳曰𤇾燔也瓠葉傳曰加火曰燔許曰燔爇也爇加火也是毛訓作爇許則別之云小爇耳方言廣雅曰𤇾明也此引伸之別一義从火𢆉聲𢆉各本誤作干篆體亦誤今正干部曰入一為干入二為𢆉𢆉讀若飪𤇾从𢆉聲故古音在七部郭璞曹憲音淫入鹽韵則直廉切今各書皆譌作𤇾矣詩曰憂心如𤇾如𤇾各本作𤇾𤇾今正節南山釋文正義皆引憂心如𤇾

燋所㠯然持火也持火者人所持之火也少儀執燭抱燋凡執之曰燭未爇曰燋燋即燭也士喪禮注曰燎大燋大燋即大燭也大燭樹於地燭則執於手人所持之火以燋然之燋者苣為之卜之用燋其一耑也士喪禮楚焞置於燋在龜東注云楚荊也荊焞所以鑽灼龜者燋炬也所以然火者也周禮垂氏凡卜以明火爇燋遂炊其焌契以授卜師杜子春云明火以陽燧取火於日也按

以苣然契契卽楚焞以楚焞灼龜而作其兆是卜之次弟也从火焦聲卽消切二部字林子約反周禮曰以明火爇燋也

燒木未灰也未灰大徐作餘也从火屵聲各本作岸省聲今依小徐本屵从厂聲厂呼旱切也他旱切十四部

束炭也从火差省聲讀若齹齹齒部作䶢恐誤楚宜切古音在十七部

交灼木也从火教省聲讀若狡按玉篇廣韵皆曰𤊨同烄必本諸說文不知今本說文何以析爲二交灼之語亦不可通上文炭下曰燒木未灰則灰篆必上聯炭𤇾二篆間以烄炦浂非古本

火气也从火犮聲蒲撥切十五部

死火餘㶳也漢書曰死灰獨不復然乎从火从又會意呼恢切古音在一部又手也火既滅可以執持說从又之意

灰炱煤也通俗文曰積煙曰炱煤玉篇曰炱煤煙塺也廣韵曰炱煤灰入屋也从火台聲徒哀切一部按本部無煤土部有塺

字玉篇㚇煤二文相接煨盆中火玉篇作盆中火爊廣韵曰爊者埋物灰中令熟也通俗文曰熱
灰謂之煻煨許無煻字今俗謂以火溫出冬閒花曰唐花卽煻字也从火畏聲烏灰切十五部熄
畜火也畜當作蓄積也熄取滋息之意从火息聲相卽切一部亦曰滅火小徐無此
四字滅與蓄義似相反而實相成止息卽滋息也孟子曰王者之迹熄而詩亡詩亡然後春秋作烓行
竈也从火圭聲古支清合韵讀若冋冋汲古閣作回誤口迥切十六部煁烓
也小雅白華曰樵彼桑薪卬烘于煁釋言曰煁烓也毛傳曰煁烓竈也郭璞云今之三隅竈按鄭箋云桑薪薪之
善者不以炊爨養人反以燎於烓竈用炤事物而已然則行竈非爲飮食之竈若今火鑪僅可炤物自古名之曰烓
亦名之曰煁或叚諶爲之春秋傳裨諶字竈知諶卽煁字也漢書人表又作卑湛从火甚聲氏任切七
部詩釋文市林反燀炊也从火單聲充善切十四部春秋傳曰燀之㠯

也當作曰

薪左傳昭公二十年文炊爨也爨下曰炊也齊謂炊也爨从火吹省聲昌垂切古音在十七部烘尞也云尞者燔柴之義之引伸也小雅白華卬烘于煁毛傳及釋言皆曰烘燎也从火共聲呼東切詩釋文引說文巨凶甘凶二反詩曰卬烘于煁齌炊餔疾也餔日加申時食也晚飯恐遲炊之疾速故字从火引伸爲凡疾之用離騷曰反信讒而齌怒王注云疾怒从火齊聲在詣切十五部熹炙也炙者抗火炙肉也此烹之本義引申爲熱也左傳或叫于宋大廟曰譆譆出出杜曰譆譆熱也此同音叚借也又與熙相叚借从火喜聲許其切一部煎熬也方言熬聚煎儰鞏火乾也凡有汁而乾謂之煎東齊謂之鞏从火前聲子仙切十四部熬乾煎也方言熬火乾也凡以火而乾五穀之類自山而東齊楚以往謂之熬从火敖聲五牢切二部䵅熬或从麥作炮毛炙肉也炙肉者貫之加於火毛炙肉謂肉不去毛

炙之也瓠葉傳曰毛曰炮加火曰燔閟宮傳曰毛炰豚也周禮封人毛炰之豚鄭注毛炮豚者爓去其毛而炮之內則注曰炮者以塗燒之爲名也禮運注曰炮裹燒之也按裹燒之即內則之塗燒鄭意詩禮言毛炮者毛謂燎毛炮謂裹燒毛公則謂連毛燒之曰炮爲許所本六月韓奕皆曰炰鼈箋云炰以火孰之也鼈無毛而亦曰炰則毛與炮二事鄭說爲長矣炰與缹皆炮之或體也韓奕之炰徐仙民音甫九反大射篇注炮鼈或作缹或作焅是知炰缹爲古今字通俗文曰燥煮曰缹燥煮謂不過濡也裹燒曰炮燥煑亦曰炮漢人燥煑多用缹字缶聲包聲古音同在三部

从火包聲 薄交切古音在三部

㶶 炮炙也 炮炙異義皆得曰炙也 **㠯微火溫肉** 依廣韵所引本玉篇同既云炮炙又云以微火溫肉者嫌炮炙爲毛燒故又足之言不必毛燒也微火溫肉所謂缹也今俗語或曰烏或曰煨或曰爛皆此字之雙聲疊韵耳 **从火衣聲** 烏痕切十三部此於合韵得之

熷 置魚筩中炙也 筩斷竹也置魚筩中而乾炙之事與烝相類 **从火曾聲**

作滕切六部

㷭以火乾肉也周禮籩人注曰鮑者於楅室中糗幹之出於江淮也此當作㷭室中㷭乾之漢書貨殖傳注引作於煏室乾之可證煏郎㷭字小顏不解糗字故刪之耳糗者熬米麥也引申爲凡熬之偁語亦可通㷭室漢時有此制賈公彥云楅土爲室非也陸德明云皮逼反與周禮毛詩楅音福音逼不同與師古煏音蒲北反合然則陸本當亦作煏今釋文乃轉寫作楅非是㷭方言作𤌍凡以火而乾五穀之類自山而東齊楚以往謂之熬關西隴冀以往謂之𤌍秦晉之閒或謂之焣省作煏又或作焙而異其音玉篇作煏無㷭或从火畐聲臣鉉等曰稫聲當是[illegible]省聲之誤符逼切一部按符逼當爲蒲逼

㷭籀文不省

按小徐無

爆灼也謂火飛所灸也从火暴聲蒲木切三部廣韵北教切火裂也

煬灸燥也从火昜聲余亮切十部謚法好內遠禮煬去禮遠衆煬

㸌灼也从火隺聲胡沃切古音在二部

爇火爇也此火字依節南山生民二正義補方言自河以北趙魏之

閅火孰曰爛孰者食飪也飪者大孰也孰則火候到矣引伸之凡淹久不堅皆曰爛孰則可燦然陳列故又引伸爲粲爛**从火蘭聲**郎旰切十四部隸作爛不从艸**燗或从閒**此如詩蕑即蘭**爢爤也**古多叚糜爲之糜訓糝爢訓爛義各有當矣孟子糜爛其民而戰之文選答客難至則糜耳皆用叚借字也**从火靡聲**靡爲切古音在十七部**尉从上按下也**按者抑也百官公卿表應劭注曰自上安下曰尉武官悉以爲偁張釋之傳曰廷尉天下之平也韋千秋傳尉安黎庶師古曰慰安之字本無心後俗所加**从𡰥又持火**會意𡰥古文仁𡰥又猶親手也於胃切十五部**所目申繒也**合二徐本訂說手持火之意也字之本義如此引申之爲凡自上按下之偁通俗文曰火斗曰尉**𤐫灼龜不兆也从龜火**从韵會此會意也**春秋傳曰卜戰龜𤐫不兆**左傳哀二年卜戰龜焦無不兆二字按許所據蓋有不兆與下文以故兆詢相貫而焦作𤐫則淺人所改也焦者火所傷也龜

焦曰爂許引傳說龜火會意如引豐其屋艸木麗于地同**讀若焦**音義皆同卽消切古音在三部讀如揫故爂以爲聲

灸　灼也今以艾灼體曰灸是其一耑也引伸凡柱塞曰灸考工記廬人灸諸牆注云灸猶塞也以柱兩牆之閒輓而內之本末勝負可知也古文作久許引周禮久諸牆士喪禮皆木桁久之注云久當爲灸灸謂以蓋案塞其口按久灸皆取附箸相拒之意凡附箸相拒曰久用火則曰灸鄭用方言許說造字本意**从火久聲**舉形聲包會意也舉友切三部

灼　炙也炙各本作灸誤今正此與上灸篆爲轉注炙謂炮肉灼謂凡物以火附箸之如以楚焞柱龜曰灼龜其一耑也七諫注曰黥污也灼灸也猶身有病人黥灸之醫書以艾灸體謂之壯壯者灼之語轉也淮南注曰然也廣雅曰爇也素問注曰燒也其義皆相近凡訓灼爲明者皆由經傳叚灼爲焯桃夭傳曰灼灼華之盛也謂灼爲焯之叚借字也周書焯見三有俊心今本作灼見**从火勺聲**之若切二部

爍　鑠治金也鑠治毛本作冶誤今依宋本鑠治者鑠而治之愈消則愈精高注戰國

爥　庭燎大燭也　案御覽八百七十一引作火燭又庭燎部引亦云燭字段注毛改　要毛傳以釋庭燎宜云大燭許釋燭字不得復云大燭是說解火字不誤而衍燭字

策曰練翟治絲也正與此文法同金部曰鍊治金也此加鑠者正爲字从火**从火柬聲**郎電切十四部

爥　庭燎大燭也燎當作尞大各本譌作火今正若韵會庭燎燭也尤善小雅毛傳曰庭燎大燭也燕禮宵則庶子執燭於阼階上司宮執燭於西階上甸人執大燭於庭閽人爲大燭於門外周禮司烜氏凡邦之大事共墳燭庭燎鄭云墳大也郊特牲曰庭燎之百由齊桓公始也鄭云庭燎之差公蓋五十侯伯子男皆三十文出大戴禮按未爇曰燋執之曰燭在地曰燎廣設之則曰大燭曰庭燎大燭與庭燎非有二也周禮禜言墳燭庭燎故鄭注以門外門內別之周禮故書作蕡燭先鄭云蕡燭麻燭也賈公彥曰古者未有麻燭故鄭從墳訓大古庭燎依慕容所爲以葦爲中心以布纏之飴蜜灌之若今蠟燭玉裁謂古燭蓋以薪蒸爲之麻蒸亦其一端麻蒸其易然者必云古無麻燭蓋非許以熜次燭灺之閒蓋得之矣**从火蜀聲**之欲切三部

熜　然麻蒸也麻蒸析麻中榦也亦曰菆菆一作廄古者燭多用葦鄭注周禮曰燋炬也許曰苣束葦燒之也亦用麻故

先鄭注周禮曰蕡燭麻燭也先鄭意蕡卽黂字鄭注士喪禮曰燭用蒸蒸卽謂麻榦弟子職曰蒸閒容蒸从火悤聲作孔切九部灺燭㶳也曲禮所謂燭跋弟子職所謂燭𦦨跋者謂近手所餘𦦨者謂燒過之燼从火也聲徐野切古音在十七部㶳火之餘木也各本作火餘也今依唐𥘉元應本火之餘木曰㶳死火之㶳曰灰引伸爲凡餘之偁左傳收合餘燼大雅箋災餘曰燼方言藎餘也周鄭之閒曰藎或曰孑藎者叚借字也从火聿聲臣鉉等曰聿非聲疑从𦘒省徐吝切十二部俗作燼一曰薪也方言自關而東秦晉之閒燒薪不盡曰藎焠堅刀刃也王襃傳淸水焠其鋒郭樸三倉解詁曰焠作刀鋻也焠子妹切鋻工練切師古云焠謂燒而內水中以堅之也按火而堅之曰焠與水部淬義別文選譌作淬非也天官書曰火與水合曰焠从火卒聲七內切十五部煣屈申木也謂曲直之也今毄辭傳考工記皆作揉蓋非古也手部無揉字漢書食貨志煣木爲耒从火柔柔亦

十篇上

聲人久切三部

焚燒田也从火林各本篆作燓解作从火楙楙亦聲今正按玉篇廣韵有焚無燓焚符分切至集韵類篇乃合焚燓爲一字而集韵廿二元固單出燓字符袁切竊謂楙聲在十四部焚聲在十三部份古文作彬解云焚省聲是許書當有焚字況經傳焚字不可枚舉而未見有燓知火部燓卽焚之譌元應書引説文焚燒田也字从火燒林意也凡四見然則唐初本有焚無燓不獨篇韵可證也

熑火煣車网絕也此爲考工記注也輪人曰凡揉牙外不廉而內不挫旁不腫謂之用火之善注曰廉絕也挫折也腫瘣也按廉者熑之叚借絕謂火絕記文之外許火內謂正當火處旁謂不當火處煣之不善則當火處橈減而不當火處暴起畏此二病或絕火而更煣假令火未嘗少絕而無此二病是眞善用火也車网卽牙也牙木部作枒玉篇曰熑熪火不絕此義與火絕相輔从火兼聲力鹽切七部周禮曰煣牙外不

燎放火也此與尞義別盤庚曰若火之燎于原大雅曰瑟彼柞棫民所燎矣箋云人熂燎除其

旁草小雅燎之方揚箋云火田曰燎元應引說文有火田爲燎王制曰昆蟲未蟄不以火田 **从火尞聲** 力小切二部按詩釋文引說文字林尞力召反燎力小反 **爂火飛也** 此與熛音義皆同玉篇廣韵亦然引申爲凡輕銳之偁周禮草人輕爂用犬注謂地之輕脆者也漢有票姚校尉票騎將軍票姚荀悅漢紀作票鷂服虔音飄搖小顏二字皆去聲非古也平聲者古音去聲者今音耳今俗閒信券曰票亦尚存古義凡从票爲聲者多取會意 **从火𡿺與䙴同意** 按當作从火䙴省蓋省廾爲一也䙴即䙴之或體䙴訓升高火飛亦升高故爲同意方昭切二部 **⿰火曹焦也** 今俗語謂燒壞曰⿰火曹凡物壞亦曰⿰火曹 **从火曹聲** 作曹切古音在三部 **⿱雥火火所傷也从火雥聲** 即消切二部按廣韵雥徂合切玉篇才币走合二切今以許書焦字从雥聲訂之則知雥之古音讀如揫如椒爑者會意字非用雥聲後人昧其本音乃以穛字之反語爲雥之反語非也戴氏侗乃疑作燹乃得聲矣 **焦或省** 按廣韵爑爲籒文此必有所據

㶣誤焜

烖天火曰烖春秋宣十六年夏成周宣謝火左傳曰人火之也凡火人火曰火天火曰災按經多言災惟此言火耳引申爲凡害之偁十五年傳曰天反時爲災地反物爲妖民反德爲亂亂則妖災生从火𢦏聲祖才切一部今惟周禮作烖經傳多借菑爲之菑或譌爲葘灾或从宀火火起於下焚其上也災籒文从𢦏亦會意亦形聲𤆎古文从才形聲

煙火气也陸璣連珠曰火壯則煙微从火垔聲烏前切十二部烟或从因因聲𡨴籒文从宀𡨴古文汲古閣少首筆从冂誤今從廣韵集韵類篇正

焆焆煙皃从火肙聲因悅切古音在十四部

熅鬱煙也鬱當作𩰪𩰪與熅聲義皆同煙熅猶壹壹也从火𥁕聲於云切十三部

焜望見火皃依篇韵補見字焜然猶旳然也从火𣅀聲𣅀見日部望遠合也从日匕各本篆體作㶣皀聲按皀聲讀若逼又讀若香於馰不爲䶂聲𣅀聲與勺聲

則古音同在二部葉抄宋本及五音韵譜作炟旦聲獨爲不誤玉篇廣韵集韵類篇作炟皆誤**讀若駒顙之駒**駒顙見說卦傳詳馬部都歷切二部

燂火熱也廣雅燂爇也攷工記弓人撟角欲孰於火而無燂注云燂炙爛也故書燂或作朕**从火覃聲**大甘切又徐鹽切七部

焞明也鄭語史伯曰黎爲高辛氏火正以淳燿敦大天明地德光照四海故命之曰祝融崔瑗河閒相張平子碑云遷大史令實掌重黎麻紀之度亦能焞燿敦大天明地德光照有漢今本國語作淳漢碑作焞與許所據合韋云淳大也燿明也下文云敦大則焞燿自皆當訓明士喪禮楚焞所以鑽灼龜者楚荊也焞葢亦取明火之意引申之又訓盛采芑傳曰焞焞盛也漢時有敦煌郡應劭地理風俗記曰敦大也煌盛也唐時乃作燉煌見元和郡縣志燉乃唐人俗字非焞之異體也**从火臺聲**他昆切十三部毛詩吐雷切音之轉也**春秋傳曰**傳當作國語**焞燿天地**檃括鄭語

炳明也易曰大人虎變其文炳也**从火丙聲**兵永切古音在

十篇上

十部

焯　明也。从火卓聲。之若切二部周書曰焯見三有俊心。立政文。今尚書作灼。古義焯灼不同。

照　明也。與昭音義同从火昭聲。之少切二部

煒　盛明皃也。各本作盛赤也。今依玄應書正。詩靜女彤管有煒。傳曰煒赤皃。此毛就彤訓之。盛明之一耑也。王莽傳青煒登平。赤煒頌平。白煒象平。玄煒和平。服虔曰煒音暉。如淳曰青煒青氣之光輝也。从火韋聲。于鬼切十五部詩曰彤管有煒。邶風

㸂　盛火也。凡言盛之字从多从火多聲。昌氏切古音在十七部

熠　盛光也。詩熠燿宵行。傳曰熠燿燐也。燐熒火也。又倉庚于飛熠燿其羽。箋云羽鮮明也。从火習聲。羊入切七部詩曰熠熠宵行。豳風東山文。宋本葉抄本作熠熠。王伯厚詩攷異字異義條舉說文熠熠宵行。而文選張華勵志詩涼風振落熠熠宵流。注引毛傳熠熠燐也。疑皆熠燿之誤。當依詩音義爲正。小徐本熠燿下無宵行二字。

煜　燿也。此以雙聲爲訓从火昱

聲余六切古音在七部昱从立聲煜从昱聲本音皆在七部廣韵廿六緝煜爲立切古音也

燿照也从火翟聲弋笑切二部

煇光也小雅庭燎傳曰煇光也日部曰暉光也二字音義皆同煇與光互訓如易象傳君子之光其暉吉也是也析言之則煇光有別如管輅荅劉邠云不同之名朝旦爲輝日中爲光玉藻揖私朝煇如也登車則有光是也史記斷戚夫人手足去眼煇耳此叚煇爲熏也从火暉者日之光煇者火之光軍聲況韋切古音在十三部庭燎與晨旂韵是也俗作輝

炯光也从火冋聲古迴切十一部

爗盛也十月之交曰爗爗震電傳曰爗爗震電皃按凡光之盛曰爗从火曅聲筠輒切七部詩曰爗爗震電小雅

爓火爓也各本作火門也門乃爓之壞字耳今正文選蜀都賦高爓飛煽於天垂善引說文爓火焰也音豔焰即爓之省六書故引唐本說文火爓爓也較李善所據多一爓字今人云光燄者作此字爲正古多叚炎爲之如左傳其氣炎以取之司馬相如傳末光絕炎楊雄

傳景炎炘炘皆是又郊祀歌長離前掞光耀明晉灼曰掞即光炎字亦叚借也爛與燄篆義别从火閻聲余廉切八部按當以贍切

炫爛燿也爛燿謂光爛燿明也封禪文叚玄爲之从火玄聲胡畎切十四部廣韵去聲

煌煌煌煇也此依韵會本今大小徐本各奪一字非也皇皇者華傳曰皇皇猶煌煌也朱芾斯皇傳曰皇猶煌煌也从火皇聲胡光切十部

焜煌也甘泉賦樵蒸焜上李善引字書焜燿火皃从火昆聲胡本切十三部

光明也左傳周內史釋易觀國之光曰光逗遠而自他有燿者也从火在儿上光明意也說會意目在儿上則爲見气在儿上則爲欠口在儿上則爲兄皆同意古皇切十部

炗古文𤐫古文庶字从此會意

熱𥁋也𥁋各本作溫今正許意溫爲水名凡𥁋煗字皆當作𥁋𥁋仁也从皿飼囚引申之則爲𥁋煖毛詩傳曰蘊蘊而暑爞爞而熱从火埶聲如列切十五部

熾盛也从火戠聲昌志切一部

烖古文。

燠　爇在中也。洪範庶徵曰燠曰寒。古多叚奧爲之。小雅日月方奧。傳曰：奧，煖也。从火奧聲。烏到切。古音在三部。亦於六切。奧者宛也。熱在中故以奧會意。此舉聲以見意也。

煖　𥁕也。𥁕各本作溫。今正。說卦傳曰：日以晅之。晅亦作烜。蓋卽煖字也。从火爰聲。況袁切。十四部。今人讀乃管切。同煗。

煗　𥁕也。𥁕各本作溫。今正。从火耎聲。乃管切。十四部。今通用煖。

炅　見也。从火日。古迥切。按此篆義不可知。廣韵作光也。似近之。从日火亦不可曉。蓋後人羼入。如西部有𡆧之比。廣韵十二霽曰：後漢太尉陳球碑有城陽炅橫。漢末被誅。有四子。一姓炅。一姓香。一姓桂。一姓炔。四字皆九畫。集韵桂氏譜曰：桂貞爲秦博士。始皇阬儒。改姓香。其孫改爲炅。弟四子改爲炔。是則有肊製炅爲姓者。恥其不古。羼入許書。非無證也。廣韵云四字皆九畫。按桂字十畫。其三字皆八畫。蓋六朝木旁多作才。圭作五畫。然則當云四字皆八畫也。

炕　乾也。謂以火乾之也。五行志曰：君炕陽而暴虐。師古曰：凡言炕陽者，枯涸

十篇上　亖

之意謂無惠澤於下也釋木曰守宮槐葉晝聶宵炕郭云晝日聶合而夜炕布从火亢聲苦浪切十部

燥乾也易曰水流溼火就燥从火喿聲蘇到切二部

烕滅也小雅正月曰赫赫宗周褒姒烕之傳曰烕滅也从火戌會意詩釋文引有聲字許劣切十五部火死於戌火生於寅盛於午死於戌陽氣至戌而盡陽氣當作昜气此二句說會意之恉詩曰赫赫宗周褒姒烕之女部無姒字

焅旱气也與酷音義略同从火告聲苦沃切三部

燾溥覆照也中庸曰辟如天地之無不持載無不覆幬注云幬或作燾按左傳亦云如天之無不幬杜注幬覆也葢幬是叚借字幬訓襌帳帳主覆也燾从火故訓爲溥覆照周禮司几筵注敦讀曰燾燾覆也从火壽聲徒到切古音在三部

爟取火於日官名日當作木周禮夏官司爟掌行火之政令四時變國火以救時疾季春出火季秋內火鄭司農說以鄹子曰春取榆柳之火夏取棗杏之火季夏取

桑柘之火秋取柞楢之火冬取槐檀之火是取火於木之事也若秋官司烜氏以夫遂取明火於日以鑒取明水於月與司爟所職不同淮南子氾論訓注爟火取火於日之官也引周禮司爟云云是高注亦當爲爟字 從火雚聲 古玩切十四部 周禮曰司爟掌行火之政令舉火曰爟 小徐本此四字在周禮之上今依韵會所據小徐本訂呂覽本味篇湯得伊尹爝以爟火高注云周禮司爟掌行火之政令爟火者所以祓除其不祥置火於桔槔燭以照之爟讀曰權衡之權又贊能篇桓公迎管仲祓以爟火高注略同亦曰爟讀如權字攷史記封禪書漢書郊祀志皆曰通權火又曰權火舉而祠張晏云權火𤎥火也狀若井挈皐其法類稱故謂之權火欲令光明遠照通於祀所也漢祀五時於雍五里𤎥火如淳曰權舉也按如云權舉也許云舉火曰爟高云爟讀曰權然則爟權一也

烜 或从亘 周禮秋官司烜氏注云讀如衞侯燬之燬故書烜爲垣鄭司農云當爲烜按依許則烜卽爟字亘聲雚聲同在十四部也許本與先鄭說同

𤎥 各本

無㷭字今依文選注補隧各本作燧今正**候表也**謂伺候之表**邊有警則舉火**孟康曰㷭如覆米䈇縣著挈皋頭有寇則舉之燧積薪有寇則燔然之也裴駰顏師古取其說張揖曰晝舉㷭夜燔燧李善取其說廣韵夜曰㷭晝曰燧葢有誤按孟張說㷭隧爲二許𨸐部曰隧塞上亭守㷭火者也則爲一葢許以𨺶从𨸐故釋曰塞上亭**从火逢聲**敷容切九部

爝苣火祓也苣束葦燒之也祓除惡之祭也**呂不韋曰湯得伊尹爝以爟火釁以犧豭**高誘曰以牲血塗之曰釁呂覽本味篇湯得伊尹祓之於廟爝以爟火贊能篇桓公迎管仲祓以爟火**从火爵聲**子肖切二部

熭㬥乾也也上大徐衍火字乾音干賈誼傳曰日中必熭顏之推云此語出大公六韜言日中時必須㬥曬不爾者失其時也㬥與暴疾字異**从火**从火猶从日也火即日也**彗聲**于歲切十五部

燥也文選劉琨贈盧諶詩注引此下有謂㬥燥也四字葢庾儼默注語釋詁又曰熙興也周語叔向釋昊天有

成命之詩曰緝明熙廣也毛傳本之箋據釋詁熙光也云廣當爲光按文王傳曰緝熙光明也敬之傳曰光廣也是古光廣義通燥者熙之本義又訓興訓光者引申之義也**从火巸聲**巸見匠部許其切一部

文一百一十二　重十五

炎火光上也洪範曰火曰炎上其本義也雲漢傳曰炎炎熱氣也大田傳曰炎火盛陽也皆引申之義也**从重火**會意于廉切八部**凡炎之屬皆从炎**

燄火行微燄燄也微當作散雒誥曰無若火始燄燄廣韵曰燄火初著也左傳注引書作燄燄漢書梅福傳引書作庸庸此篆與光爓字別焰者俗爓字也**从炎臽聲**以冄切八部

⿰炎丙炎光也大徐作火光誤**从炎丙聲**各本篆體作⿰火舌解云舌聲鉉疑當是甜省聲非也此與木部之栝皆从丙之誤今正谷部曰丙舌皃讀若三年導服之導一曰讀若沾古音在七八部導服即禫服也鉉曰以冄切集韵他點他店切

⿱炎㐭侵

火也。疊韵爲訓也。近火者有畏意。从炎亩聲。讀若桑葚之葚。力荏切。七部。

炶　火行也。廣韵也作皃。从炎占聲。舒贍切。七部。

燅　於湯中爚肉也。爚當作鬻。玉篇、韵會作瀹，則俗用字也。鬻者，內肉及菜湯中薄出之。瀹，瀆也。禮有司徹乃燅尸俎，鄭注燅溫也。古文燅皆作尋。記或作尋。春秋傳若可尋也，亦可寒也。按燅者正字，尋者同音叚借字。云記或作尋者，郊特牲血腥爓祭注云爓或爲尋是也。爓亦叚借字也。所引春秋傳，哀公十二年左傳文。賈逵注云尋溫也。服注云尋之言重也，溫也。寒歇也。鄭特牲之注云爓或爲尋，見有司徹疏。今本禮記作爓或爲膶誤也。有司徹注中尋字，唐人譌作燖，亦非也。論語注溫尋也。又中庸溫故而知新注曰溫讀如尋溫之溫。尋本皆無火旁。从炎从熱省。小徐下有聲字，誤也。此會意。徐鹽切。七部。

錴　或从炙作。廣韵曰錴說文同上。此古本說文之異也。炎郎美

燮　大孰也。此與又部燮篆義別。从又持炎辛。會意。蘇俠切。八部。辛者物孰

味也辛下曰秋時萬物成而孰金剛味辛辛此說从辛之意也廣韻曰燮孰也文字指歸从辛又炎按文字指歸蓋用許說耳

𤇾兵死及牛馬之血爲粦列子天瑞曰馬血之爲轉鄰也人血之爲野火也張注此皆一形之內自變化也淮南氾論訓曰老槐生火久血爲燐許注兵死之士血爲鬼火見詩正義高注血精在地暴露百日則爲燐遙望炯炯若然火也又說林訓曰抽簪招燐有何爲驚高注燐血似野火招之應聲而至血灑汙人以簪招則不至博物志戰鬥死亡之處有人馬血積年化爲粦粦著地入草木皆如霜露不可見有觸者著人體便有光拂拭便散無數又有吒聲如煼豆

粦鬼火也詩東山熠燿宵行傳曰熠燿燐也燐熒火也熒火謂其火熒熒閃賜猶言鬼火也詩正義引陳思王螢火論曰熠燿宵行章句以爲鬼火或謂之燐章句者謂薛君韓詩章句是則毛韓古無異說毛詩字本作熒或乃以釋蟲之熒火卽炤當之且或改熒爲螢改粦爲䗲大非詩義古者鬼火與卽炤皆謂之熒火絕無螢字也粦者鬼火故从炎舛

从炎舛鍇曰舛者人足也按詩言

脊行謂其能相背而行良刃切十二部

文八　重一

黑　北方色也　四字各本無依青赤白三部下云東方色南方色西方色黃下亦云地之色則當有此四字明矣今補　火所熏之色也　熏者火煙上出也此語爲从炎起本　从炎上出㓁　會意㓁古文囪字在屋曰囪大徐本此下增㓁古窻字許本無之呼北切一部隷作黑　凡黑之屬皆从黑

黸　齊謂黑爲黸　經傳或借盧爲之或借旅爲之皆同音叚借也旅弓旅矢見尚書左傳俗字改爲玈　从黑盧聲　洛乎切五部

䵳　沃黑色也　沃引申之義爲肥美沃黑者光潤之黑也女部曰嬒女黑色也按沃黑玉篇廣韵皆作淺黑疑沃字誤淺字長　从黑會聲　惡外切十五部

黯　深黑也　別賦黯然銷魂其引申之義　从黑音聲　乙減切七部

黶　中黑

也謂黑在中也大學注厭讀爲黶黶者閉藏皃也其引申之義也从黑厭聲於琰切八部

黳小黑子師古漢書注曰黑子今中國通呼爲黶子吳楚謂之誌誌記也按黶黳雙聲从黑殹聲烏雞切十五部

䵣白而有黑也从黑旦聲當割切十四十五部五原有莫䵣縣

黬雖皙而黑也皙者人色白也則黬專謂人面从黑箴聲古咸切七部古人名黬字皙仲尼弟子列傳曾蒧字皙奚容箴字子皙又狄黑字皙蒧箴皆黬之省論語曾皙名點則同音叚借字也

䵘赤黑也从黑昜聲讀若煬餘亮切十部

黲淺青黑色也淺青之黑也通俗文曰暗色曰黲玉篇曰今謂物將敗時顏色黲也从黑參聲七感切七部

黤青黑色也謂青色之黑也从黑奄聲於檻切八部

黝微青黑色也謂微青之黑也微輕於淺矣黝古多叚幽爲之小雅隰桑有阿其葉有幽傳曰幽黑色也周禮牧人

陰祀用幽牲先鄭云幽讀爲黝黑也守祧其祧則守祧幽堊之先鄭亦云幽讀爲黝黝黑也今本皆轉寫幽黝誤譌矣玉藻一命緼韍幽衡再命赤韍幽衡鄭云幽讀爲黝黑謂之黝**从黑幼聲**於糾切三部**爾雅曰地謂之黝**釋宮文又釋器曰黑謂之黝孫炎注云黝青黑

黕　黃濁黑也謂黃濁之黑也廣雅云黗黑也䵊黃也蓋二字音義同偏旁異耳檀弓有䵋字廣韵曰魯公子名亦黃色也然則䵋字亦同**从黑屯聲**他衮切十三部

點　小黑也今俗所謂點涴是也或作玷**从黑占聲**多忝切七部

黚　淺黃黑也淺黃之黑與黃濁之黑相對成文地理志犍爲郡黚水作此字許水部作黔水音同故也**从黑甘聲**巨淹切七部**讀若染繒中束緅黚**此句有譌字未聞

黅　黃黑也謂黃色之黑玉篇曰記林切黃色如金也廣韵居吟切淺黃色也**从黑金聲**古咸切七部

黦　黑有文也从黑冤聲讀若飴登字豆部曰登豆飴

⿰黑算　名曰芥荃也　葉疑荃當爲脃　蓋⿰黑算从算聲　讀若如算
音轉爲脃

也食部曰飴米櫱煎也於月切十四十五部亦作黦挍周禮染人夏纁元注云故書纁作⿱穴黑⿱穴黑卽黦也唐宋人詩詞多用黦字如韋莊淚沾紅袖黦之類王氏念孫曰淮南時則訓天子衣苑黃高注云苑讀登飴之登春秋緐露民病心腹宛黃皆字異而義同

⿰黑算　黃黑而白也　謂黃黑而發白色也　**从黑算聲　一曰短黑**　別一義　**讀若以芥爲齏名曰芥荃也**　艸部曰荃芥脃也是其物也脃荃纂三字音同初刮切十四十五部

䵟　黑皴也　皮部無皴字見於此戰國策墨子百舍重繭往見公輸般淮南書申包胥累繭重胝七日七夜至於秦庭皆借繭爲䵟也　**从黑幵聲**　古典切十二部

黠　堅黑也　黑之堅者也石部曰硈石堅也亦吉聲也引申爲奸巧之偁貨殖列傳云桀黠奴謂其性堅而善藏也方言曰慧自關而東趙魏之閒謂之黠或謂之鬼　**从黑吉聲**　胡八切十二部

黔　黎也　黎履黏也與驪黧字同音故借爲黑義耇下曰老人面凍黎若垢謂凍黑也俗作黧小徐本作黧乃用俗字改許也　**从黑**

[illegible]

今聲巨淹切七部秦謂民爲黔首謂黑色秦始皇本紀二十六年更名民曰黔首應劭曰黔亦黎黑也祭義明命鬼神以爲黔首則正義云此孔子言非當秦世錄記之人在後變改之耳按本紀泰山刻石親巡遠黎刻碣石門黎庶無繇尙治周語也琅邪臺刻石三言黔首之衆刻石會稽刻石各言黔首者一皆用秦制也周謂之黎民大雅雲漢禮記大學黎民皆訓衆民釋詁曰黎衆也詩桑柔傳曰黎齊也宋人或以黑色訓黎民殊誤許言此者證秦以前無黔首之偁耳非謂黎黔同義易曰爲黔喙說卦傳文謂艮也按黔鄭作黚喙晁以道呂東萊所據釋文作彖蓋喙之轉寫異體或古叚彙爲喙喙之故與

黕滓垢也滓者澱也垢者濁也荀卿曰人心譬如槃水正錯而勿動則湛濁在下而清明在上楊倞曰湛濁謂沈泥滓也按湛即黕之叚借字文選注引魏文帝愁霖賦曰元雲黕其四塞借黕爲黑皃引申之義也从黑冘聲都感切八部

黨不鮮也新鮮字當作鱻屈賦遠遊篇時曖曖其曭莽王注曰日月晻黮而無

黔

案許以黎民黔首同義非云皆禹貢厥土青黎荀子顔色黎黑而不失其所通俗文斑黑謂之黧楚辭顔黴黧黑以沮敗兮說文無黧蓋黎黧皆黎黑之假借字黔爲黎民首與蒼生同義段按爾雅釋黎爲衆說謂說文黎字之黑一訓義非也又謂宋人或以黑色訓黎衆盡家漢初注黎黔皆黑也則亦不始於宋人

光也然則黨曭古今字方言曰黨知也楚謂之黨郭注黨朗解寤皃此義之相反而成者也釋名曰五百家爲黨黨長也一聚所尊長也此謂黨同尙 从黑尙聲 多朗切十部

黷 握持垢也 垢非可握持之物而入於握持是辱也古凡言辱者皆即黷故鄭注昏禮曰以白造緇曰辱字書辱亦作黷 从黑賣聲 徒谷切三部 易曰再三黷 蒙卦辭古字多叚借通用許所據易作黷今易作瀆崔憬曰瀆古黷字也玉裁按鄭注云瀆褻也瀆褻許女部作嬻媟若依鄭義則黷爲叚借字嬻爲正字也黷訓握垢故从黑吳都賦林木爲之潤黷劉注曰黷黑茂皃其引申之義也

黲 大污也从黑詹聲 當敢切八部

黴 中久雨青黑也 楚辭九歌顏黴黎以沮敗淮南說山訓曰晉文公棄荏席後黴黑 从黑微省聲 武悲切十五部集韵或作黴蓋古體

黜 貶下也 玉篇云貶也下也按當作貶也下色也五字貶也者黜陟之義也下色也者爲从黑張本也古或叚詘絀爲之 从黑出聲 丑律切十五部

黳 黳𪑾逗下色也 也當依玉篇作皃黳𪑾疊韵字 从黑般聲 薄官切十四部

黱 畫眉墨也 依小徐有墨字玉篇作黑黱者婦人畫眉之黑物也釋名曰黛代也滅眉毛去之以此畫代其處也通俗文曰點青石謂之點黛服虔劉熙字皆作黛不與許同漢人用字不同之徵也黛者黱之俗楚辭國策遂無作黱者 从黑朕聲 徒耐切按朕聲本在七部六部合音轉入一部又變其體爲黛如螟蟘字古亦作螟黱

儵 青黑繒發白色也 古亦段爲倏忽字又釋訓儵儵嘒嘒罹禍毒也釋小弁踧踧周道鳴蜩嘒嘒也 从黑攸聲 式竹切三部

黬 羔裘之縫也 召南羔羊之革素絲五緎傳曰革猶皮也緎縫也許所據詩作黬 从黑或聲 于逼切一部

⿰黑㞟 ⿰黑㞟謂之垽 土部曰垽澱也水部曰滓澱也澱滓垽也是澱⿰黑㞟二篆異部而實一字也故爾雅釋器作澱謂之垽 垽逗滓也 黕滓垢也異字而同義 从黑殿省聲 當作㞟聲堂練切十三部

黮 桑葚之

黑也桑葚見艸部葚黑曰黮故泮水卽以其色名之毛傳曰黮桑實也謂黮卽葚之叚借字也許與毛小別矣廣雅黑也則引申爲凡黑之偁方言云私也亦引申之義也从黑甚聲他感切七部

黭 果實黭黯黑也荀卿子黭然而雷擊之注黭然卒至之皃此叚借字也从黑弇聲烏感切七部

黥 墨刑在面也此刑亦謂之墨周禮司刑注曰墨黥也先刻其面以墨窒之从黑京聲渠京切古音在十部

剠 或从刀作刀之而墨之也會也

黬 黬者忘而息也方言廣雅皆曰黬忘也忘而息宋人所謂黑甜也故从黑今人所用憨字卽此字之變也从黑敢聲於檻切八部

黟 黑木也周書王會篇夷用闟木古今注烏文木出波斯國南方艸木狀文木樹高七八丈色正黑如水牛角从黑多聲烏雞切古音在十七部丹楊有黟縣地理志本作黟師古所據作黝乃誤本耳今安徽徽州府黟縣是其地

文三十七　重一

說文解字第十篇上　受業黟縣胡積城校字

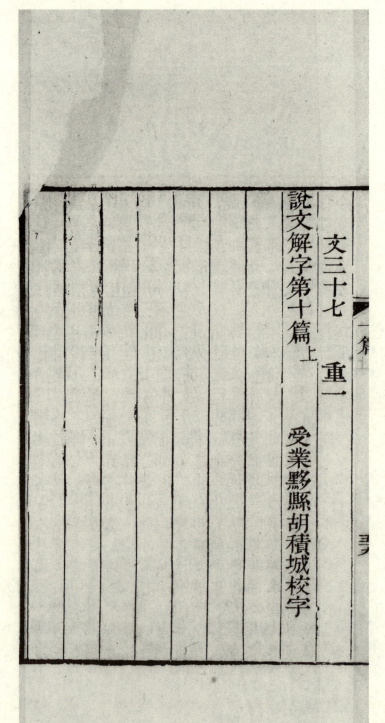

補炰注詩言炮者四瓠葉閟宮是也言炰者二六月韓奕是也多以爲偏旁小異而不知本有二字瓠葉有兔斯首炮之燔之傳曰毛曰炮說文曰炮毛炙肉也鄭注禮記曰裹燒曰炮禮運以炮以燔以亨以炙內則炮者取豚若牂刲之刳之實棗於其腹中編萑以苴之涂之以墐涂炮之涂皆乾擘之葢炮必連毛故閟宮曰毛炮傳曰毛炮豚也今詩閟宮作炰乃誤字也炰乃蒸煑之名其異體作缹服虔通俗文曰燥煑曰缹六月韓奕皆言炰鼈無毛非可炮者於蒸煑宜鄭注禮經大射儀言缹鼈膾鯉宋嚴州本不誤宋本單行儀禮疏不誤內則言濡鼈濡同胹胹爛也鼈斷不可言炮毛詩作炰與炮異體葢古本相傳如此乃缹之古字也缹之語如今言熝俗語如烏炮字火在旁故炰火在下以別之說文有炮無炰葢本兼有二字如裒袌蝥蛾棗棘東杲杳之例而刪其一炰或變爲缹又變爲缹包聲缶聲古音同在尤幽部集韵四十四有缹炰二形同俯九切葢於韓奕正義得之廣韵集韵五爻炮炰二形同蒲交切誤也經典釋文炰字不作音亦誤說文炙下云炮炙也以微火溫肉此炮必炰之誤炰炙者以炰法

十篇上　補注

爲炙非炮也炮下云毛炙者連毛燒之以爲炙非燒肉之炙也炙下云炮肉者炮肉非炮毛也自說文失去炰篆譌認炮炰一字而其義晦久矣肉加於火上曰燔貫肉加於火曰炙生民作烈煑之鑊曰烹凡炮燔炙鐇鐐不用鑊炰煑烹烝用鑊○陳煥曰大射儀羞庶羞注有炮鼈膾鯉雉兔鶉鴽釋文炮薄交反或作炰缹同音缶此陸本作炮而附炰缹字也賈正義曰知有炰鼈膾鯉者按六月詩云吉甫燕喜旣多受祉又云飲御諸友炰鼈膾鯉故知有此也此賈本作炰而釋以六月之炰也賈疏單行宋本今現存黄氏丕烈所今注疏則炰譌炮句亦譌炮矣六月字作炰正義不言炰同炰而韓奕炰鼈鮮魚正義曰按字書炰毛燒肉也炰非炮也此句譌炰烝也服虔通俗文曰燥煑曰炰然則炰與缹別此句譌而此及六月云炰鼈者音皆作缶鑄讎然則炰與缹以火孰之謂烝煑之也據此疏則炰別於炮而音缶與炰同字賈云音皆作缶者必據漢魏六朝相傳舊音而言陸氏於二詩不云炰音缶於禮別炰缹爲二字疏矣孔正義引字書炮毛燒肉也炰烝也所謂字書卽說文蓋說文本有炰字而今佚之

說文解字第十篇下

金壇段玉裁注

囪在牆曰牖片部曰牖穿壁以木爲交窗也在屋曰囪屋在上者也象形此皆以交木爲之故象其交木之形外域之也楚江切古音在九部今竈突倘讀倉紅切凡囪之屬皆从囪

囪古文黑字會字从此黑从炎上出囮故受之以囪部

悤多遽悤悤也从囪从心各本作从心囪今正从囪从心者謂孔隙旣多而心亂也故其字入囪部會意不入心部形聲叚令入心部則當爲心了悟之解矣囪亦聲倉紅切九部

文二　重一各本囮篆上有窗篆解云或从穴按廣韵四江曰窻說文作窗通孔也今於穴部正窻作窗於此刪窗故舊云重二今云重一

焱火䔢也古書焱與猋二字多互譌如曹植七啟風厲猋擧當作焱擧班固東都賦焱焱炎炎當作猋猋炎炎王逸曰猋去疾皃也李善注幾不別二字从三火凡物盛則三之以冉切八部廣韵以贍切凡焱之屬皆从焱

熒屋下鐙燭之光也鐙者錠也鐙以膏助然之燭以麻蒸然之其光熒熒然在屋之下故其字从冖冖者覆也熒者光不定之皃今江東人俗語如役高注淮南每云熒惑是也泲水出沇不常故尚書洪爲熒作此字周禮其川熒雒左傳閔二年宣十二年杜預後序熒澤鄘風箋熒澤左傳杜注熒陽玉篇熒字下曰亦熒陽縣漢韓勑後碑劉寬碑陰鄭烈碑皆云熒陽唐盧藏用紀信碑亦作熒陽隨書王劭傳上表言符命曰龍鬬於熒陽者熒字三火明火德之盛也然則熒澤熒陽古無作滎者尚書禹貢釋文經宋開寶中妄改熒爲滎而經典史記漢書水經注皆爲淺人任意竄易以爲水名當作滎不知泲水名熒自有本義於絕小水之義無涉也从焱冂以火華照屋會意戶扃切

𤇾盛皃木部櫐字下曰眾盛也此與同

意从焱在木上會意讀若詩曰莘莘征夫讀如此莘字也今毛詩皇皇者華駪駪征夫馬部駪下不引詩而此引作莘莘招䰟引作侁侁亦作莘莘音相近也所臻切十二十三部古文伷一曰疑此六字譌誤不可通一曰役也役上當有讀若二字

文三

炙炙肉也炙肉各本作炮肉今依楚茨傳正小雅楚茨傳曰炙炙肉也瓠葉傳曰炕火曰炙正義云炕舉也謂以物貫之而舉於火上以炙之按炕者俗字古當作抗手部曰抗扞也方言曰抗縣也是也瓠葉言炮言燔言炙傳云毛曰炮加火曰燔抗火曰炙燔炙不必毛也抗火不同加火之逼近也此毛意也箋云凡治兔之首宜鮮者毛炮之柔者炙之乾者燔之此申毛意也然則鳧鷖楚茨行葦燔炙並言皆必異義生民傳曰傅火曰燔貫之加於火曰烈貫之加於火即抗火也生民之烈即炙也禮運注曰炮裹燒之也燔加於火上也炙貫之火上也三者

籒文　右作朿正象如从肉弗貫之形

正與瓠葉傳相合然則炙與炮之別異又可知矣許宗毛
義故炙下云炙肉也用楚茨傳爲文卽瓠葉傳之抗火曰
炙也不用瓠葉而用楚茨者其字从肉故取炙肉之文也
火部曰𤎅炙也炮毛炙肉也𤍿炮炙也貫置魚筩中炙也
皆是其引申之義爲逼近熏
炙如桑柔傳曰赫炙也是
从肉在火上
有弗貫之加火
上也此可以得
抗火之意之石切古音在五部。炙讀去聲則之夜切一
義一字耳或乃別其義倂異其形長孫訥言曰差之一畫
詎惟千里見炙从肉莫問厥由輒意形聲固當从夕及其
晤矣彼乃乖斯若靡馮焉他皆倣此據此知小徐本火部
有炙字云炙也从火夕聲
蓋唐以前或用羼入許書
凡炙之屬皆从炙𤊶籒文
徐
鍇
曰今東京文有此字豈謂東京
賦與今文選東京賦作燔炙
𤓯宗廟火孰肉
今世經
傳多作
燔作膰惟許書作𤓯火部燔下云爇也是詩作燔爲叚借
字他經作膰乃俗耳許稱左傳作𤓯左傳釋文云膰周禮
又作𤓯皆古文之存焉者也異義左氏說脤社祭之肉盛
之以蜃宗廟之肉名曰膰說文作祳𤓯用左氏說祳下曰

社肉盛以蜃故曰祳天子所以親遺同姓鐇下云宗廟火孰肉也天子所以饋同姓古本當如此今本爲寫者舛誤耳必云炙孰者爲其字从火**天子所㠯饋同姓**各本作以饋同姓四字在有事鐇焉之下非也今正大宗伯鄭注云脤膰社稷宗廟之肉以賜同姓之國同福祿也兄弟有共先王者鄭與許同用左氏說也若傳所云賜齊侯胙又云宋先代之後天子有事膰焉有喪拜焉是亦有歸鐇異姓者**从炙**毛公曰傳火曰燔又曰加火曰燔其事與炙相類也**番聲**附袁切十四部**春秋傳曰天子有事鐇焉**僖廿四年左傳文偁此者證古經作鐇不作燔又以見有歸鐇異姓之禮

⿰炙尞炙也其義同炙其音同燎**从炙尞聲讀若䙴燎**漢時蓋有此語力照切二部

文三　重一

赤南方色也爾雅一染謂之縓再染謂之竀三染謂之纁鄭注士冠禮云朱則四入與按是四者

皆赤類也鄭注易曰朱深於赤按赤色至明引申之凡洞然昭著皆曰赤如赤體謂不衣也赤地謂不毛也从大火火者南方之行故赤爲南方之色从大者言大明也昌石切古音在五部俗借爲尺凡赤之屬皆从赤

𤆍 古文从炎土火生土

赨 赤色也管子地員篇其種大苗細苗赨莖黑秀箭長尹注赨即赤也从赤蟲省聲金部鉵疒部痋鬲部融與此皆蟲省聲知以虫爲蟲自古有之也徒冬切九部

⿰赤㱿 日出之赤也从赤㱿聲按古本篆文當是上體从㱿下體从赤火沃切三部篇韵皆呼木切

赧 面慙而赤也而字依韵會趙注孟子曰赧赧面赤心不正皃也司馬貞引小爾雅曰面慙曰赧从赤𠬝聲𠬝或作𡰪非也女版切十四部隨王劭曰古音人扇反今音奴板反周失天下於赧王尚書中候赧爲然鄭注云然讀曰赧

䞓 赤色也周南傳曰赬赤也爾雅釋器一染謂之縓再染謂之赬三染謂之纁郭曰縓今之紅也赬染赤也纁絳也按糸部云

縓帛赤黃色也絳大赤也糸部引爾雅正作䞓周禮注引爾雅又哀十七年左傳作竀叚借字也士喪禮經作䞓

从赤巠聲勅貞切十一部詩曰魴魚䞓尾周南汝墳文今詩作赬

赬䞓或从貞貞聲

𧹈或从丁丁聲

浾棠棗之汁也从赤水各本轉寫舛誤今正浾與䞓音雖同而義異別爲一字非卽䞓字也棠棗汁皆赤故从赤水會意勅貞切十一部

泟浾或从正正聲

赭赤土也邶風赫如渥赭卽秦風之顏如渥丹故箋訓赭爲丹古秦風毛亦作渥赭是以韓詩作沰沰與赭音義皆同也管子地數篇云上有赭者下有鐵是赭之本義爲赤土也引申爲凡赤

从赤者聲之也切古音在五部

𧹞赤色也从赤倝聲讀若浣胡玩切十四部

赫大赤皃大各本作火今正此謂赤非謂火也赤之盛故从二赤邶風赫如渥赭傳曰赫赤皃此赫之本義也若生民傳曰赫顯也出車傳赫赫盛皃常武傳网云赫赫然盛也節南山傳赫赫顯盛也淇奧傳赫

有明德赫赫然以及雲漢傳赫赫旱氣也桑柔傳赫炙也皆引申之義也又按皕部曰奭盛也是詩中凡訓盛者皆叚奭爲赫而采芑瞻彼洛矣二傳曰奭赤皃卽簡兮傳之赫赤皃正謂奭卽赫之叚借也爾雅釋訓奭奭本作赫赫二字古音同矣或作赩如白虎通引䩓韐有赩李注文選亦引毛傳赩赤皃**从二赤**呼格切古音在五部音郝奭古音亦如郝

文九　重四　舊作文八重五

大　天大地大人亦大焉依韵會訂**象人形**老子曰道大天大地大人亦大人法地地法天天法道按天之文从一大則先造大字也人儿之文但象臂脛大文則首手足皆具而可以參天地是爲大徒蓋切十五部

古文亣也大下云古文亣亣下云籀文大此以古文籀文互釋明祇一字而體稍異後來小篆偏旁或从古或从籀故不得不殊爲二部亦猶从丌从儿必分系二部也然則小篆作何字曰小篆作古

夾註誤作夾

文也

凡大之屬皆从大

奎　兩髀之閒　奎與胯雙聲奎宿十六星以像似得名　**从大**　兩體之閒人身寬闊處故从大首此篆者蒙上人形言也　**圭聲**　苦圭切十六部

夾　持也　持者握也握者搤也搤者捉也捉物必以兩手故凡持曰夾左傳曰夾輔成王古多叚俠爲夾公羊注曰滕薛俠轂　**从大夾二人**　夾各本作俠俠者傳也非其義今正夾者盜竊褱物也从亦有所持夾褱物故从二入夾持人故从二人大者人也一人而二人居其亦猶一人二亦閒褱物也故曰从大夾二人古狎切八部

奄　覆也大有餘也　釋言曰荒奄也弇同也弇蓋也古奄弇同用覆蓋同義詩皇矣傳曰奄大也執競傳曰奄同也鄭箋詩奄皆訓覆許云覆也大有餘也二義實相因也覆乎上者往往大乎下故字从大周官經謂宦者爲奄以精氣閉藏名之覆蓋義之引申也　**又欠也**　三字未詳方言曰奄息也李密陳情表曰氣息奄奄　**从大申**　會意依檢切八部　**申展也**　說从申之意申下曰神也古屈伸多作詘信不作伸申今則作申俗

又作伸申本義不訓展也故必特釋之

夸奢也奢者張也疊韵同義从大亏聲苦瓜切古音在五部

⿱大亘奢查也當是本作查奢也查字爲逗轉寫倒之今經傳都無查字有桓字商頌長發傳曰桓大也撥治也箋云廣大其政治此可以證桓即查之叚借字檀弓桓楹注亦云大楹周禮桓圭同解周書謚法辟土服遠曰桓辟土兼國曰桓皆是大義釋訓曰桓桓威也泮水傳曰桓桓威武皃詩序曰桓講武類禡也葢此等桓字亦查之叚借字大之義可以兼武也桓之本義爲亭郵表自經傳皆借爲查字乃致桓行查廢矣非許書尙存孰能識其本始非長發傳尙存何以觀其會通淺人乃易長發傳云桓武撥治是謂桓必無訓大之理而不知周公之六書有叚借也又按淇奧傳曰咺威儀容止宣著也亦謂咺即查之叚借宣著者光大之意也許書口部咺有本義漢人作傳注不外轉注叚借二者必得其本字而後可說其叚借欲得其本字非許書莫由也从大亘聲胡官切十四部

⿱大瓜⿱大瓜大也此謂窊下之大也从大瓜聲烏瓜切古音在五部

奯　空大也　此謂空中之大。與豁義略同。篇韵云大目也。从大歲聲。讀若詩施罟濊濊。濊濊各本或作濊濊。或作泧泧。皆誤。說詳水部。呼括切。十五部。

⿺𢦏大　大也　此謂秩秩然之大也。地理志四驖作四戴。从大𢦏聲。讀若詩戴戴大猷。小雅巧言文。戴戴當作秩秩。今毛詩正作秩秩。傳曰秩秩進知也。呈在十一部。秩在十二部。古合音爲最近。是以戴讀如秩。直質切。

奅　大也　此謂虛張之大。廣韵曰起釀也。从大丣聲。各本作卯聲。今正。按漢書與窌通用。其字當力救切。古音在三部。譌从卯。乃匹皃切矣。

⿱大云　大也　此謂梱物之大。从大云聲。讀若齳。齳鍇本作齶。齶無此字。葢由齳作齶而誤耳。魚吻切。十三部。

⿱大氐　大也　此謂根柢之大。从大氐聲。讀若氐。都兮切。十五部。

⿱大介　大也　此謂分畫之大。方言曰⿱大介大也。東齊海岱之閒曰⿱大介。或曰幠。按經傳多叚介爲之。釋詁曰介大也。詩生民小明傳皆曰介大也。士冠禮注、易晉虞注、左傳貴介弟介槀注、吳語介福注、孟子不以三公易其介離騷堯舜耿介注同从大介聲讀若蓋古拜切十五部⿱大此瞋大聲也各本無聲字今依玉篇廣韵補瞋大聲者謂張目而大聲若言喑噫叱咤千人皆廢也疑瞋下奪目字又按瞋張目也瞋大史所謂目眥盡裂也聲誤衍从大此聲火戒切十五部⿱大弗大也此謂矯拂之大周頌佛時仔肩傳曰佛大也此謂佛卽⿱大弗之段借也小雅廢爲殘賊毛傳一本廢大也釋詁云廢大也此謂廢卽⿱大弗之段借字也从大弗聲讀若予違汝弼皋陶謨文謂讀若此弼也房密切古音在十五部玉篇作⿱弗大作献⿱大屯大也此謂敦厚之大从大屯聲讀若鶉鶉當作⿰享隹常倫切音在十三部契大約也約取纏束之義周禮有司約大約劑書於宗彝小宰聽取予以書契大鄭云書契符書也後鄭云書契謂出予受入之凡要凡簿書之最目獄訟之要辭皆曰契引春秋傳王叔氏不能舉其契按今人但於買賣曰文契經傳或叚契爲栔如爰契我龜傳曰契開也是也又叚爲挈字如死生契闊傳曰契闊

勤苦也又契契寤嘆傳曰契契憂苦也皆取提挈勤苦之意也从大㓞聲苦計切十五部易曰後世聖人易之㠯書契世各本作代避唐諱也今正易毄辭傳文

夷東方之人也各本作平也从大从弓東方之人也淺人所改耳今正韻會正如是羊部曰南方蠻閩从虫北方狄从犬東方貉从豸西方羌从羊西南僰人焦僥从人蓋在坤地頗有順理之性惟東夷从大大人也夷俗仁仁者壽有君子不死之國按天大地大人亦大大象人形而夷篆从大則與夏不殊夏者中國之人也从弓者肅慎氏貢楛矢石砮之類也以脂切十五部出車節南山桑柔召旻傳皆曰夷平也此與君子如夷有夷之行降福孔夷傳夷易也同意夷卽易之叚借也易亦訓平故叚夷爲易也節南山一詩中平易分釋者各依其義所近也風雨傳曰夷悅也者平之意也皇矣傳曰夷常也者謂夷卽彝之叚借也凡注家云夷傷也者謂夷卽痍之假借也周禮注夷之言尸也者謂夷卽尸之叚借也尸陳也其他訓釋皆可以類求之

文十八

亦　人之臂亦也　玉篇今作掖按手部掖者以手持人臂投地也一曰臂下也一曰臂下之語蓋淺人據俗字增之耳徐鉉等曰亦今別作腋按廣韵肘腋作此字俗用亦爲語䛐乃別造此肉部曰胳亦下也胑亦下也今禮記深衣袼之高下注云袼衣袂當腋之縫袼腋乃皆俗字人臂兩垂臂與身之閒則謂之臂亦臂與身有重疊之意故引申爲重累之䛐公羊傳大火爲大辰伐爲大辰北辰亦爲大辰何注云亦者兩相須之意按經傳之亦有上有所蒙者有上無所蒙者論語不亦說乎亦可宗也亦可以弗畔亦可以爲成人矣皆上無所蒙皇侃曰亦猶重也此等皆申重贊美之䛐亦之言猶大也甚也若周頌亦有高廩亦服爾耕鄭箋云亦大也是謂亦即奕奕之叚借也亣部曰奕大也又或叚爲射或叚爲易　从大象兩亦之形　謂左右兩直所以象無形之形　羊益切古音在五部　凡亦之屬皆从亦

夾　盜竊褱物也从亦有所

持网亦下有物盜竊而褱之意失冉切七部俗謂蔽人俾夾是也蔽人俾夾蓋漢時有此語蔽人者人所不見人部俾下曰門持人也手部挾下曰俾持也曹大家用陜輸趙壹傳作陜揄疑陜卽夾字宏農陜字从此漢宏農陜縣在今河南陜州从夾之字絕少故著之陜隘字从夾

文二

夨傾頭也人部曰傾者夨也夨象頭不直頭傾因以爲凡傾之偁从大象形象頭不直也阻力切十一部凡夨之屬皆从夨

𡗕頭傾也玉篇引蒼頡云仡仡也从夨吉聲讀若孑古屑切十二部

奊頭衺骫奊態也頭衺者頭不正骫奊者頭不正之皃也左傳齊有慶奊卽慶繩蓋以頭邪爲名以繩直爲字名字相應也賈誼傳奊詬無節段奊爲誒从夨圭聲胡結切古音在十六部

吳大言也大言之上各本有姓也亦郡也一曰吳八

字乃妄人所增今刪正檢韵會本正如是周頌絲衣魯頌泮水皆曰不吳傳箋皆云吳譁也言部曰譁者讙也然則大言卽謂譁也孔沖遠詩正義作不娛史記孝武本紀作不虞皆叚借字大言者吳字之本義也引伸之爲凡大之偁方言曰吳大也九章齊吳榜以擊汏王注齊舉大櫂**从矢口**大言非正理也故从矢口五乎切五部何承天改吳作吳音胡化反其繆甚矣

𡗜　古文如此从口大

文四小徐本有昃字作文五非是仄已見日部昃者隸體也然廣韵亦昃仄並見**重一**

夭　屈也从大象形象首夭屈之形也隰有萇楚傳曰夭少也桃夭傳曰夭夭桃之少壯也凱風傳曰夭夭盛皃也月令注曰少長曰夭此皆謂物初長可觀也物初長者尚屈而未申叚令不成遂則終於夭而已矣故左傳國語注曰短折曰夭國語注又曰不終曰夭又曰夭折也孟康注五行志曰用人不以次弟爲夭皆其引申之義也論語子之燕居申申如也夭夭如也上句謂其申下句謂其屈不屈不申之閒其斯爲聖人之容乎於

兆切二部按亦於喬切古平上無異義後人乃別之**凡夭之屬皆从夭**

喬　高而曲也爾雅釋詁詩伐木時邁傳皆曰喬高也釋木曰上句曰喬句如羽喬漢廣傳曰喬上竦也按喬不專謂木淺人以說木則作橋如鄭風山有橋松是也以說山則作嶠山銳而高嶠是也皆俗字耳許云高而曲卽爾雅之上句如羽木有如是者他物亦有如是者**从夭从高省**會意以其曲故从夭巨嬌切二部依小徐本無詩曰南有喬木六字

幸　吉而免凶也吉者善也凶者惡也得免於惡是爲幸**从屰从夭**屰者不順也不順從夭死之事會意胡耿切十一部**夭**逗**死之事**左傳所謂夭札不終其天年者也**死謂之不幸**依韵會本死爲不幸則免死爲幸

奔　走也走者趨也釋宮曰室中謂之時堂上謂之行堂下謂之步門外謂之趨中庭謂之走大路謂之奔此析言之耳渾言之則奔走趨不別也引申之凡赴急曰奔凡出亡曰奔其字古或叚賁或叚本毛詩寻曰有本走陸德明本如是**从夭卉聲**大徐作賁

省聲非此十三部十五部合音博昆切十三部**與𡗜同意俱从夭**此說从夭之意𡗜者屈其足故从夭止奔之从夭意同也凡行疾則屈腳疾

文四

交脛也交脛謂之交引申之爲凡交之偁故爻下曰交也烄下曰交木然也敎下曰交灼木也稍下曰木參交以枝炊籅者也衿下曰交衽也凡兩者相合曰交皆此義之引申叚借耳楚茨傳東西曰交邪行曰逪䢒逪字之叚借也小雅交交桑扈箋云交交猶佼佼飛往來皃而黃鳥小宛傳皆曰交交小皃則與本義不同葢方語有謂小交交者**从大象交形**謂从大而象其交脛之形也古爻切二部**凡交之屬皆从交**

𡗝衺也衣部衺下曰𡗝也二篆爲轉注經典叚回字爲之小旻謀猶回遹傳曰回邪也大明厥德不回傳曰回違也回皆𡗝之叚借字小旻言其轉注大明言其叚借故傳語不同大明傳違卽𡗝字𡗝久不行

俗乃作違經典多作回口部曰回轉也乃回之本義必有許書而後知回衺之本字作㚅桓大之本字作查優咆之本字作弍倘不能觀其會通則許書徒存而已矣　从交韋聲　羽非切十五部

絞　縊也　縊下曰縊絞也二篆爲轉注古曰絞曰縊者謂兩繩相交非獨謂經死禮喪服絞帶者繩帶也兩繩相交而緊謂之絞論語直而無禮則絞好直不好學其蔽也絞馬融曰絞刺也鄭云急也刺盧達切乖剌也與鄭義無異急則無不乖剌者也皇侃陸德明乃讀爲譏刺七賜反其繆甚矣　从交糸　會意交糸者兩絲相切也此篆不入糸部者重交也交亦聲古巧切二部

文三

尢　𡯁也　各本少也字遂不可讀今補𡯁者蹇也尢本曲脛之偁引申之爲曲脊之偁故人部僂下曰尪也　曲脛人也　人字依九經字樣補𡯁者多由曲脛故言此爲下象偏曲張本　从大象偏曲

之形謂从大而象一脛偏曲之形也烏光切十部凡尢之屬皆从尢篆文从㞷篆文各本作古文今正尢者古文象形字尪者小篆形聲字此亦古文二篆文丄之例必取古文爲部首者以其屬皆从古文也尪見左傳檀弓鄭注釋爲面鄉天或云短小曰尪本从㞷聲省作尪

厀病也从尢骨骨亦聲戶骨切十五部按此篆當是本在部末與尲爲類而尢尳也尳蹇也乃正相屬

蹇也足部曰蹇者𡯌也二篆爲轉注𡯌俗作跛或以沾入足部致正俗複出非也今之經傳有跛無𡯌王制公羊穀梁傳皆作跛从尢皮聲布火切十七部

𡯅𡯅各本作𡯌𡯅今依宋本說文宋刻集韵三十八箇正行不正也从尢左聲則箇切十七部類篇遭哥子我切

行不正也从尢㠯聲讀若燿弋笑切二部

尲尬行不正也各本奪尲尬二字今依全書通例補又補行字集韵二十五沾廣韵二十六咸皆云尲尬行不正也可證今蘇州俗

語謂事乖剌者曰尲尬　从尢兼聲　古咸切七部　尲尬也　雙聲字　从尢介聲　公八切又古拜切十五部按今俗語去聲　行脛相交也　行而脛相交則行不便利高注淮南郭注方言王注素問皆曰了戾謂纏繞不適集韵五交曰尥牛行足外出也是其意也今俗語有此　从尢勺聲　力弔切二部此下舊有牛行腳相交為尥小徐本無乃讀者箋記語耳　尳不能行為人所引曰尳𡯑　疊韵字也與提攜義相近　从尢从爪　覆手曰爪　是聲　都兮切十六部玉篇作尳　尳𡯑也　从尢从爪巂聲　戶圭切十六部　股尪也　尪之言紆也紆者詘也　从尢亏聲　乙于切五部　厀中病也　从尢从羸聲　郎果切十七部廣韵去聲

文十二　重一

壹

壹壹也从凶从壺壺不得泄也案篆文中从囚即凶字而解云从凶於形聲皆未敢定因壹从吉而附會之耶壹从吉自是諧聲而凶壹聲爭凶部此解云从凶凶敢通氣也壹从凶亦取通氣之意謂天地之氣相通云从壺壺不得泄也者言氣不滲而自相通也凶与聲與壹同部

壺 昆吾圜器也缶部曰古者昆吾作匋壺者昆吾始爲之聘禮注曰壺酒尊也公羊傳注曰壺禮器腹方口圓曰壺反之曰方壺有爵飾又喪大記狄人出壺大小戴記投壺皆壺之屬也 象形 从大象其蓋也奄下曰蓋也大有餘也戶姑切五部 凡壺之屬皆从壺

壹 壹壹也从凶从壺壺不得渫也虞翻以否之閉塞釋絪縕趙岐亦以閉塞釋志壹氣壹於云切十三部 易曰天地壹壹毄辭傳文今周易作絪縕他書作烟煴氤氳蔡邕注典引曰烟烟煴煴陰陽和一相扶皃也張載注魯靈光殿賦曰烟煴天地之蒸氣也思元賦舊注曰烟煴和皃許據易孟氏作壹乃其本字他皆俗字也許釋之曰不得渫也者謂元氣渾然吉凶未分故其字从吉凶在壺中會意合二字爲雙聲疊韵實合二字爲一字文言傳曰與鬼神合其吉凶然則吉凶郎鬼神也毄辭曰三人行則損一人一人行則得其友言致一也壹壹構精皆釋致一之義其轉語爲抑鬱

文二

壹　**嫥壹也**　嫥各本作專今正嫥下云壹也與此爲轉注　**从壺吉吉亦聲**　於悉切十二部俗作壹　**凡壹之屬皆从壹**

懿　**嫥久而美也**　嫥者壹也釋詁詩烝民傳皆曰懿美也周書謚法曰柔克爲懿溫柔聖善曰懿許益之以專久者爲其字从壹也專壹而後可久可久而後美小爾雅及楚辭注懿深也詩七月傳曰懿深筐也深即專壹之意也　**从壹从恣省聲**　从恣省聲四字蓋或淺人所改竄當作从心从欠壹亦聲从心从欠所謂持其志無暴其氣美在其中而暢於四支也壹亦聲者國語衞武公作懿戒以自儆韋注懿讀曰抑大雅之抑詩也大雅懿厥哲婦箋云有所痛傷之聲也金縢對曰信懿馬云猶噫也小雅抑此皇父箋云抑之言噫古懿抑同用懿抑壹三字同音可證古音讀如一十二部今乙冀切

文二

㚔所㠯驚人也从大从𢆉各本作从羊五經文字曰說文从大从𢆉𢆉音干今依漢石經作幸又曰㚔者說文執者經典相承凡報之類同是則張氏所據說文與今本迥異如是今隸用石經體且改說文此部皆作幸非也今皆正𢆉者犯也其人有大干犯而觸罪故其義曰所以驚人其形从大𢆉會意一曰大聲也此別一義凡㚔之屬皆从㚔一曰讀若瓠五字未詳疑當作一曰讀若執在讀若籋之下一曰俗語㠯盜不止爲㚔又一義按玉篇此義不系說文廣韵引說文亦無此語十字恐後人所沾大徐本疊㚔字讀若籋尼輒切七部

睪司視也司者今之伺字廣韵作伺从目各本作从橫目今依廣韵昔韵眔蜀𦃃篆下皆但言从目从㚔會意字㚔者罪也羊益切古音在五部今隸作睪凡从睪之字同今吏將目捕辠人也今各本譌令今正此以漢制明之故曰今漢之吏人攜帶眼目捕罪人如虞詡令能縫者傭作賊衣以采線縫賊裾有出市里者吏輒禽之是

也辠各本作罪今依廣韵

執　捕辠人也　辠各本作罪今依廣韵手部曰捕者取也引申之爲凡持守之偁　从丮㚔　會意　㚔亦聲　之入切七部今隸作執

圉　囹圄　逗　所㠯拘辠人　㚔爲辠人口爲拘之故其字作圉他書作囹圄者同音相叚也圄者守之也其義別說文宋本作囹圄者非是月令仲春命有司省囹圄孟秋命有司繕囹圄注曰囹圄所以禁守繫者若今別獄矣蔡邕云囹牢也圄止也所以止出入皆罪人所舍也崇精問曰獄周曰圜土殷曰羑里夏曰均臺囹圄何代之獄焦氏荅曰月令秦書則秦獄名也漢曰若盧魏曰司空是也按蔡說囹圄皆罪人所舍云皆則不必一地是以口部曰囹獄也不連圄言此言囹圄錯見以明之　从口㚔　會意魚舉切五部今隸作圉　一曰圉垂也　義見左傳爾雅毛傳　一曰圉人掌馬者　義見左傳周禮注禮記注按小徐本無此十二字當是古本如此邊垂者可守之地養馬者守視之事疑皆圄字引申之義各書叚圉爲之耳

盩　引擊也　引而擊之也　从㚔

攴見血也會意張流切三部今隸作盩扶風有盩厔縣說者曰山曲曰盩水曲曰厔按卽周旋折旋字之叚借也在今陝西西安府盩厔縣東三十里地名終南鎭元和郡縣志終南縣城卽漢盩厔故城也厔俗作庢非

報當辠人也當所應司馬彪百官志曰廷尉掌平獄奏當所應凡郡國讞疑罪皆處當以報史記張釋之列傳曰廷尉奏當一人犯蹕當罰金又曰廷尉當是也又路溫舒上書曰奏當之成司馬貞引崔浩云當謂處其罪也按當者漢人語報亦漢人語漢書張湯傳曰訊鞫論報蘇林注蘇建傳曰報論也斷獄爲報是則處分其罪以上聞曰奏當亦曰報也引申爲報白爲報復又叚爲赴疾之赴見少儀喪服小記今俗云急報是也

从幸从𠬝會意博号切古音在三部今隸作報𠬝逗服辠也𠬝見又部音服治也小徐作𠬝音𠬝誤甚此說从𠬝之意以今字今言通之也

𥷚窮治辠人也治各本作理唐人所改也今依篇韵正辠各本作罪今依廣韵正文王世子注曰讀書論法曰鞫正義云讀書讀囚人之所犯罪狀之書用法謂以

法律平斷其罪周禮小司寇讀書用法先鄭云如今讀鞫已乃論之漢書功臣侯表坐鞫獄不實如淳云鞫者以其辭決罪也張湯傳訊鞫論報張晏云鞫一吏爲讀狀論其報行也刑法志遣廷史與郡鞫獄如淳云以囚辭決獄爲鞫謂疑獄也按鞫者俗𥷛字譌作鞫古言鞫今言供語之轉也今法具犯人口供於前具勘語擬罪於後卽周之讀書用法漢之以辭決罪也鞫與窮一語之轉故以窮治罪人釋鞫引申爲凡窮之偁谷風南山小弁傳曰窮也公劉傳曰究也節南山傳曰盈也究盈亦窮之意蓼莪傳曰養也養與窮相反而成如亂可訓治徂可訓存苦可訓快若采芑傳曰鞫告也此則謂鞫卽告之叚借字文王世子告於甸人亦是叚告爲鞫也 **从夲人言** 會意夲人言者犯罪人之言也 **竹聲** 居六切三部按此字隸作鞫經典從之俗多改爲鞠大誤

[illegible] 或省言

文七　重一 此部八篆俗寫皆改夲爲幸

奢 張也 張者施弓弦也引申爲凡充㡿之偁侈下曰一曰奢也 **从大者聲** 式車切古音在

五部凡奢之屬皆从奢奓籒文按籒會意篆形聲西京賦有馮虛公子者心奓體泰薛注言公子生於貴戚心志奓溢體安驕泰也未嘗云奓即侈字李善引聲類云奓侈字也疑李登始爲此說初非許意平子文章用籒文奢也廣韵讀陟加切

奲富奲奲皃當作奲奲富皃按此字單聲而入十七部丁可切正如嚲驒亦單聲也篇韵昌者一切殆非是與朶同音故小徐云謂重而垂也毛詩桑扈傳皆曰那多也釋詁同國語富都那豎韋注那美也那不知其本字以許書折衷之則奲爲本字那爲叚借字耳俗用嚲字訓垂下皃亦疑奲之變也从奢單聲丁可切十四十七部合音也

文二　重一

亢人頸也史漢張耳列傳乃仰絕亢而死韋昭曰亢咽也蘇林云肮頸大脈也俗所謂胡脈婁敬傳搤其亢張晏曰亢喉嚨也按釋鳥曰亢鳥嚨此以人頸之偁爲鳥頸之偁也亢之引申爲高也舉也當也从大

頏　段正毛傳之誤是要語　頡与頁同　頁爲古文䭫　飛而下如䭫首然　則頏亦从頁　飛而上亦如䭫首乎　凡字義通求之則鑿鑿如此

省上人象頸脈形下冂蘇林說與此合古郎切十部按亦胡郎切亦下浪切俗作肮作吭凡亢之屬皆从亢頏亢或从頁此字見於經者邶風曰燕燕于飛頡之頏之毛傳曰飛而上曰頡飛而下曰頏解者不得其說玉裁謂當作飛而下曰頡飛而上曰頏轉寫互譌久矣頡與頁同音頁古文䭫飛而下如䭫首然故曰頡頡之古本當作頁之頏即亢字亢之引申爲高也故曰頏頏之古本當作亢之於音尋義斷無飛而下曰頏者若楊雄甘泉賦柴虒參差魚頡而鳥胻李善曰頡胻猶頡頏也師古曰頡胻上下也皆以毛詩頡頏爲訓魚潛淵鳥戾天亦可證頡下頏上矣俗本漢書胻譌从目作盺集韵入諸唐韵謂卽燕燕之頏字俗字之不可問有如此者楊雄解嘲鄒衍以頡亢而取世資漢書作亢文選作頏正亢頏同字之證頁部曰頡者直項也亢者人頸然則頡亢正謂直項淮南修務訓王公大人有嚴志頡頏之行者無不憚悇癢心而悅其色矣此正用直項之訓解嘲之頡亢亦正謂鄒衍强項傲物而世猶師資之也亢用字之本義東方朔畫贊云苟出不可以直道也故頡頏

以傲世亦取直項之義

⿰夋亢　直項莽⿰夋亢皃當作莽⿰夋亢直項皃或曰淮南書有嚴志頡頏之行頏即⿰夋亢字也頁部曰頡直項　从亢从夋會意　夋倨也說从夋之意語見文部　亢亦聲剛朗切又胡朗切十部按大徐篆左亢右夋今依小徐玉篇廣韵左夋右亢

文二　重一

夲　進趣也趣者疾也　从大十會意　大十者者字依廣韵補　猶兼十人也說从大十之意言其進之疾如兼十人之能也　凡夲之屬皆从夲讀若滔土刀切二部

㚏　疾也上林賦劉莅卉歙又卉然興道而遷義郭璞曰卉猶勃也西京賦奮隼歸鳧沸卉軿訇薛綜曰奮迅聲也卉皆㚏之叚借　从夲卉聲呼骨切十五部　拜从此

⿱𠂤㚏　疾有所趣也趣當作趨引申爲凡疾之稱　从日出夲廾之會意廾者竦手也薄報切二部按此與暴二篆形義

皆殊而今隸不別此篆主謂疾故爲夲之屬㚔主謂日晞故爲日之屬夲進也於部䢔下曰導車所載全羽以爲允允進也許意謂卽兟之省也从夲从中中者進之意也允聲余準切十三部易曰兟升大吉升初六爻辭鄭曰升上也荀爽云謂一體相隨允然俱升九家易曰謂初失正乃與二陽允然合志俱升允然者升升之皃不訓信𥁕古本作兟升也奏奏此複舉字之未刪者進也六月傳曰奏爲也其引申之義也从夲从廾廾竦手也進之意从中則候切四部中上進之義說兟奏皆从中之意當作奏古文奏亦古文皋气皋白之進也皋气白之進也皋者複舉字之未刪者也皋謂气白之進故其字从白夲气白之進者謂進之見於白气滃然者也皋與臭同音臭訓大白日部暤訓皓旰皓旰者白皃也暤皓字俗寫多从白頁部顥訓白皃皋有訓澤者小雅鶴鳴傳曰皋澤也澤與皋析言則二統言則一如左傳鳩藪澤牧隰皋並舉析言也鶴鳴傳則皋卽澤澤藪之地極望數

百流瀇皛溔皆白气也故曰皋又引申爲凡進之偁則如禮祝曰皋是也或叚皋爲櫜如伏注左傳皋比卽樂記之建櫜或叚爲高如明堂位皋門注云皋之言高也**从白夲**會意古勞切古音在三部**禮**句謂禮經也**祝曰皋**士喪禮復者一人升自前東榮中屋北面招以衣曰皋某復三注曰皋長聲也禮運亦云皋某復按聲長必緩故左傳魯人之皋注云緩也召旻皋皋釋訓曰刺素食也毛曰頑不知道也皆緩之意也**登謌曰奏**謌或歌字也登歌堂上歌也禮經或言歌或言樂或言奏實皆奏也**故皋奏皆从夲**祝也登歌也皆有進意說皋奏二篆从夲之意**周禮曰詔來鼓皋舞**樂師職文今周禮作來謍先鄭云鼓或作謍皋當爲告後鄭云皋之言號大祝職云來謍令皋舞後鄭曰皋讀爲卒嘷呼之嘷來嘷者皆謂呼之入漢書高祖告歸之田服虔曰告音如嘷東觀漢記田邑傳作號歸葢古告皋嘷號四字音義皆同

文六　重二

夰 放也从大而八分 段改从大八八分也 案八分与放義似迂遠疑从川乃象其外放猶蜀字从冂之意

夰 放也放者逐也 从大八句八逗分也 各本从大而八分也今正夰者大分之意也古老切二部 凡夰之屬皆从夰

界 舉目驚界然也 廣韵引舉蒼目驚界 界然襍記下曰免喪之外行於道路見似目瞿聞名心瞿二瞿當作界詩齊風狂夫瞿瞿傳曰無守之皃唐風良士瞿瞿傳曰瞿瞿然顧禮義也亦當作界界 从夰从䀠 會意䀠左右視也 䀠亦聲 九遇切五部

奡 嫚也 嫚者侮傷也傲者倨也奡與傲音義皆同引伸爲排奡多力皃 从百从夰 傲者昂頭故从夰 夰亦聲 古到切二部 虞書曰若丹朱奡 皋陶謨文朱當作絑 讀若傲 論語奡湯舟 憲問篇文依宋本及集韵類篇作湯今作盪非湯即盪陣字盪陣音湯

昦 春爲昦天元气昦昦也 春爲昦天釋天文元气昦昦者釋昦字之義黍離毛傳曰蒼天以體言之元氣廣大則偁昊天仁覆閔下則偁旻天自上降鑒則偁上天據遠視之蒼蒼然則偁蒼天李巡孫炎郭璞本爾雅

十篇下 三

及劉熙釋名皆作春蒼夏昊許君五經異義鄭君駁異義所據爾雅及歐陽尚書皆作春昊夏蒼鄭君云春氣博施故以廣大言之許君尚書堯典羲和以昊天總勅四時故知昊天不獨春也許君作異義時是毛傳非爾雅歐陽尚書鄭君駁之而許造說文於昊下旻下皆用爾雅參合毛傳略同鄭說說文解字爲定說也从日夰會意夰亦聲胡老切古音蓋在三部

臩驚走也一曰往來皃皃大徐作也非从夰臦聲各本無聲字今補俱往切十部周書曰伯臩孔壁多得十六篇古文尚書有囧命書序曰穆王命伯囧爲太僕正作囧命周本紀曰穆王閔文武之道缺乃命伯臩申誡大僕之政作臩命蓋臩囧古通用也許此引周書或系書序或系逸書十六篇文皆未可知古文臦古文囧字七字當作古文以爲囧字六字轉寫譌舛也

文五

亣籀文大改古文謂古文作大籀文乃改作亣也本是一字而凡字偏旁或从古或从籀不

一許爲字書乃不得不析爲二部猶人儿本一字必析爲二部也顧野王玉篇乃用隸法合二部爲一部遂使古籀之分不可攷矣亦象人形亦者亦古文也大象人形此亦象人形其字同則其音同也而大徐云大徒蓋切亣他達切分別殊誤古去入不分凡今去聲之字古皆入聲大讀入聲者今惟有會稽大末縣獨存古語耳實則凡大皆可入非古文去籀文入之謂凡亣之屬皆从亣

奕大也大雅奕奕梁山傳曰奕奕大也詩周頌箋云亦大也叚亦爲奕从大亦聲羊益切古音在五部詩曰奕奕梁山

奘駔大也馬部駔下曰壯馬也士部壯下曰大也奘與壯音同與駔義同釋言曰奘駔也此許所本也孫樊本作將且也从亣壯壯亦聲徂朗切十部

臭大白也各本白下有澤字其誤不知始於何時獸名白澤故非經典卽有此物孰別其大小乎全書之例於形得義之字不可勝計臭以白大會意則訓之曰大白也猶下文大在一上則爲立耳淺人妄增玉篇廣韵仍之說石鼓文者又引爲證古來郢書燕說

類多如此从大白不入白部者重大也古老切二部凡皢皎皦皛皋縞皓杲訓白之字皆同音部但臭字廣韵又昌石切集韵又昌石施隻二切皆訓白澤未詳其由古文㠯爲澤字此說古文叚借也叚借多取諸同音亦有不必同音者如用臭爲澤用丂爲亏用屮爲艸之類又按澤當作皐古澤睪皐三字相亂皋者气臭白之進也皋臭義相近音同

奚大腹也豕部豯下曰豚生三月腹豯豯皃古奚豯通用周禮職方氏豯養杜子春讀豯爲奚許艸部作奚養从大𥿋省聲胡雞切十六部𥿋籀文系見十二篇系下

耎稍前大也稍者出物有漸也稍前大者前較大於後也从大而聲讀若畏偄謂若偄也而流切十四部古凡耎聲字皆在十四部需聲字皆在四部後人多亂之

⿱䀠大大皃从大䀠聲䀠讀若書卷之卷見四篇或曰拳勇字拳當作捲手部捲气勢也引國語有捲勇或說⿱䀠大卽捲勇字許偁之也隼下云一曰鶻字是其例讀若傿鉉本上有一曰二字衍乙獻切十四部

夫　丈夫也从一大以象簪也周制以八寸爲尺八尺爲丈人長八尺故曰丈夫　案御覽三百八十三引作以象簪形也下多冠而既簪人二十而冠成人也十二字故下有成人二字義較周帀

奰　壯大也从三大三目會意二目爲⿱䀠大⿱䀠大各本作圖誤今正三目爲奰益大也說會意之恉張衡左思賦皆用奰屓字而譌作㬎屓㬎屓俗書之不正如此屓見尸部臥息也許器反一曰迫也別一義讀若易虙羲氏今易繫辭作包犧氏孟氏京氏作伏戲許作虙羲鄭大卜注應氏風俗通同虙古音讀如密奰古音同今音平祕切詩曰不醉而怒謂之奰大雅蕩曰內奰于中國毛傳曰不醉而怒謂之奰於壯義迫義皆近不言詩傳曰者猶書曰仁覆閔下則偁旻天不言書傳易曰地可觀者莫可觀於木易曰井者法也不言易說也

文八

夫　丈夫也从大一从一大則爲天从大一則爲夫於此見人與天同也天之一冒大上爲會意夫之一冊大首爲象形亦爲會意一以象兂兂首笄也俗作簪依御覽宜補冠而後簪人二十而冠成

人也十二字此說以一象簪之意甫無切五部周制八寸爲尺尺部曰中婦人手長八寸謂之咫周尺也十尺爲丈十部曰丈十尺也从又持十人長八尺見考工記故曰丈夫此說人偁丈夫之信凡夫之屬皆从夫

規規巨有灋度也各本無規巨二字今補於此說規矩二字之義故工部巨下但云規巨也此許全書之通例也囟部䚡下曰䚡𪗉人𪗉也故肉部𪗉下曰䚡𪗉也正同此圜出於方方出於矩古規矩二字不分用猶威儀二字不分用也凡規巨威儀有分用者皆互文見意非圜不必矩方不必規也灋者荆也度者灋制也規矩者有灋度之謂也萑部曰規蒦商也一曰蒦度也凡有所圖度匡正皆曰規左傳規求無度陶淵明文欣然規往左傳曰大夫規誨詩序曰沔水規宣王也从夫見會意丈夫所見也公父文伯之母曰女智莫如婦男智莫如夫字統曰丈夫識用必合規矩故規从夫居隨切十六部

㚘竝行也从二夫會意輦字从此讀若伴侶之伴伴侶許無

此義佀字許無當作旅薄旱切十四部

文三

立　侸也　侸各本作住今正人部曰侸者立也與此為互訓淺人易為住字亦許書之所無　从大在一之上　在各本作立今正鉉曰大人也一地也會意力入切七部　凡立之屬皆从立

埭　臨也　臨者監也經典莅字或作涖注家皆曰臨也道德經釋文云古無莅字說文作埭按莅行而埭廢矣凡有正字而為叚借字所敓者類此　从立隶聲　力至切十五部

䇹　磊䇹　疊韵字今俗語猶有之　重聚也从立𦎫聲　丁罪切十五部

端　直也　用為發耑耑緒字者叚借也　从立耑聲　多官切十四部

竱　等也　等者齊簡也故凡齊皆曰等齊語竱本肈末韋注竱等也肈正也謂先等其本以正其末按孟子曰不揣其本而齊其末揣蓋竱之叚借字耑聲專聲同部趙注云揣量似失

䇹　案史記集解引皇覽蚩尤肩髀冢在山陽郡鉅野重聚大小与闞冢等　重聚猶言土堆

之木部褍下曰一曰度也孟子正當从木作褍韵書謂偁量曰敁敠丁兼丁括切卽竱語之轉也从立專聲言沆切十四部按字苑音剸李舟切韵音端春秋傳曰宋本如是今本傳作國語竱本肇

竦敬也敬者肅也商頌傳曰竦懼也此謂段竦爲愯也愯者懼也心下曰竦手謂手容之恭上其手也周南毛傳曰喬上竦也从立从束會意息拱切九部束自申束也古書多言申束韓非引周書曰申之束之申俗作伸申之使舒束之使促常相因互用也

竫亭安也亭者民所安定也故安定曰亭安其字俗作停作渟亭與竫疊韵凡安靜字宜作竫靜其段借字也靜者審也从立爭聲疾郢切十一部

靖立竫也謂立容安竫也安而後能慮故釋詁毛傳皆曰靖謀也从立青聲疾郢切十一部一曰細皃古文尚書截截善諞言伏生今文作諓諓善竫言見公羊傳王逸注楚辭引作諓諓靖言葢竫靖戔諓古通用靖言謂小人巧言戈部引周書戔戔巧言亦謂秦誓也山海經大荒東經曰東

海之外大荒之中有小人國名靖

竢　待也彳部曰待竢也是爲轉注經傳多叚俟爲之俟行而竢廢矣俟大也从立矣聲牀史切一部

⿰立巳　或从巳巳聲矣聲同在一部

竘　健也一曰匠也方言曰竘治也吳越飾皃爲竘或謂之巧廣雅竘治也又曰竘巧也此與匠之訓合淮南人閒訓室始成竘然善也高注竘高壯皃此與健之訓合从立句聲讀若齲巨羽切按高誘音口郭璞同許意讀若糗廣韵麌厚韵兼收古音在四部周書有竘匠葢謂周書七十一篇也竘匠之文佚攷

竵　不正也从立𢍏聲火鼃切古音在十六部俗字作歪

竭　負舉也凡手不能舉者負而舉之禮運五行之動迭相竭也注竭猶負戴也豕部曰竭其尾李尤翰林論云木氏海賦壯則壯矣然首尾負竭狀若文章亦將由未成而然也从立曷聲渠列切十五部

䇓　立而待也依韵會補立而二字今字多作需作須而䇓廢矣雨部曰需䇓也遇雨不進止䇓也引易雲上於天需需與䇓音義

皆同樊遲名須須者盨之叚借盨字僅見漢書翟方進傳**从立須聲**相俞切古音在四部**或从芻**須聲芻聲同在四部**痿也**痿者痺也**从立羸聲**力臥切十七部**居也**各本作偓竣也說者謂即偓佺今正尸部曰居蹲也足部曰居蹲也郭注山海經徐廣史記音義皆曰跧古蹲字許書之竣蓋與蹲音義皆同也居譌倨倨譌偓竣乃復舉字倒於下遂爲偓竣矣古書之譌舛可正者類如此固在好學深思心知其意也廣韵曰倨也此居譌倨之證**从立夋聲**七倫切十三部**國語曰有司已事而竣**今齊語作已於事竣韋注竣退伏也按毛詩云不皇啓居故已於事而後即安

見鬼鬽皃从立从彔會意**彔籒文鬽**見鬼部**讀若虙羲氏之虙**鬽聲在十五部必聲在十二部音相近也當讀如密今音房六切非也

驚皃與猲音義同猲見方言**从立昔聲**七雀切五部

短人立䇢䇢皃䇢䇢短皃䇢之字或作罷周禮

暜 集廣亦罝也竝立則可相替一偏下者謂廢一置一也从竝白 白者言也或从曰曰亦言也獻可替否之義於字恐衍

典同注陂讀爲人短罷之罷司弓矢庳矢注鄭司農讀爲人罷短之罷或作羅方言曰𡶬羅短也桂林之中謂短羅郭注言羅雉也按羅皮買反雉苦買反今本方言雉譌作矮典同釋文雉譌作矮依集韵類篇宋余仁仲周禮所載釋文明葉林宗所寫釋文正之雉从矢隹聲非雉字也 从立卑聲 傍下切按當傅蠻切十六部

竲 北地高樓無屋者 北地郡也高樓上不爲覆曰增禮運曰夏則居曾巢鄭曰暑則聚薪柴居其上也此增之始也禮運本又作增 从立曾聲 作士耕切按當依廣韵作滕疾陵二切六部

文十九　重二

竝 併也 人部併下曰竝也二篆爲轉注鄭注禮經古文竝今文多作併是二字音義皆同之故也古書亦多用爲傍字者傍附也 从二立 蒲迥切十一部 凡竝之屬皆从竝

暜 廢也 各本奪也字不可讀今補廢者卻屋也卻屋言空屋人所不居故暜廢同義 一偏下也 此又爲一義相

竝而一邊庳下則其勢必至同下所謂陵夷也凡陵夷必有漸而然故曰履霜堅仌至从竝白聲他計切古音鐵十二部暜或从曰𣌭或从兟从曰从兟猶从竝也兟見八篇

文二　重二

囟頭會匘蓋也首之會合處頭髗之覆蓋玄應引蓋下有頟空二字頟空謂頟腔也內則注曰夾囟曰角象形內則正義引此云囟其字象小兒腦不合也按人部兒下亦云从儿上象小兒頭腦未合也九經字樣曰說文作囟隸變作囟鬛腦等字从之細思等字亦从之攷夢英書偏傍石刻作囟宋刻書本皆作囟今人楷字譌囟又改篆體作囟所謂象小兒腦不合者不可見矣息進切十二部凡囟之屬皆从囟

膟或从肉宰蓋俗字𠀔古文囟字內則正義所引說文疑在此字之下

巤毛巤也象髮在囟上謂匘也首下曰巛象髮髮謂之鬊鬊即巛也及毛髮

思　段本改作睿也是也伏生尚書思心曰容容亦睿之訛諸家曲爲之解耳人思附側其腦故从囟息下段注亦云心思上凝於囟也今西人言記憶在腦

巤巤之形也　謂囟象毛髮巤巤之形也良涉切八部玉裁按巤與鬣蓋正俗字巛即髮不當復从髟矣髟部鬣之爲增竄無疑　此與籀文子字同意　意字舊奪今補子部曰孚古文子从巛象髮也𠫓者倒古文子然則此籀字當作古

毗臍　逗各本奪此二字今訂補元應引許毗臍人臍也按肉部臍下曰毗臍也正以毗臍之解已見囟部全書之大例如此　人臍也　急就篇作膍毗字段借之用如詩節南山采菽毛傳皆曰膍厚也箋云毗輔也方言毗懣也毗廢也毗明也皆是　从囟囟取通气也　人臍可以通气如囟門之通气然　从比聲　房脂切十五部

文三　重二

睿也　睿也各本作容也或以伏生尚書思心曰容說之今正皃曰恭言曰從視曰明聽曰聰思心曰容謂五者之德非可以恭釋皃以從釋言以明聰釋視聽也谷部曰睿者深通川也引睿畎澮距川引申之凡深通

皆曰睿思與睿雙聲此亦門捫也戶護也髮拔也之例謂之思者以其能深通也至若尚書大傳次五事曰思心思心之不容是謂不聖劉向董仲舒班固皆以寬釋容與古文尚書作五曰思思曰睿爲異本許子所述尚書撰異

从心从囟各本作囟聲今依韵會訂韵會曰自囟至心如絲相貫不絕也然則會意非形聲細以囟爲聲固非之咍一部字也息茲切一部

凡思之屬皆从思

慮謀思也心部曰念常思也惟凡思也懷念思也想覬思也勰同思之和也同一思而分別如此言部曰慮難曰謀與此爲轉注口部曰圖者畫也計難也然則謀慮圖三篆義同左傳曰慮無他書也曰無慮皆謂計畫之纖悉必周有不周者非慮也从思虍聲良據切五部

文二

心人心土臧也也字補在身之中象形息林切七部博士說以

爲火臧土臧者古文尚書說火臧者今文家說詳肉部肺下凡心之屬皆从心

息喘也口部曰喘疾息也喘爲息之疾者析言之此云息者喘也渾言之人之氣急曰喘舒曰息引伸爲休息之偁又引伸爲生長之偁引伸之義行而鼻息之義廢矣詩曰使我不能息兮傳曰憂不能息也黍離傳曰噎憂不能息也此息之本義也其他詩息字皆引伸之義也許書齂臥息也呬息也眉臥息也歒咽中息不利也旡飲食屰气不得息也覞部䙴見雨而比息也皆本義也从心自自者鼻也心气必從鼻出故从心自如心思上凝於囟故从心囟皆會意也相卽切一部各本此下有自亦聲三字自聲在十五部非其聲類此與思下云囟聲皆不知韵理者所爲也

情人之侌气有欲者董仲舒曰情者人之欲也人欲之謂情情非制度不節禮記曰何謂人情喜怒哀懼愛惡欲七者不學而能左傳曰民有好惡喜怒哀樂生於六氣孝經援神契曰性生於陽以理執情生於陰以繫念从心青聲疾盈切十一部

性人之昜气性句善

志　意也从心之聲　鍇本同　汪刻祁刻皆有　段云小徐本無未知所據

者也論語曰性相近也孟子曰人性之善也猶水之就下也董仲舒曰性者生之質也質樸之謂性从心生聲息正切十一部

志　意也从心㞢㞢亦聲按此篆小徐本無大徐以意下曰志也補此爲十九文之一原作从心之聲今又增二字依大徐次於此志所以不録者周禮保章氏注云志古文識葢古文有志無識小篆乃有識字保章注曰志古文識識記也哀公問注曰志讀爲識識知也今之識字志韵與職韵分二解而古不分二音則二解義亦相通古文作志則志者記也知也惠定宇曰論語賢者識其大者蔡邕石經作志多見而識之白虎通作志左傳曰以志吾過又曰且曰志之又曰歲聘以志業又曰吾志其目也尚書曰若射之有志士喪禮志矢注云志猶擬也今人分志向一字識記一字知識一字古祗有一字一音又旗幟亦卽用識字則亦可用志字詩序曰詩者志之所之也在心爲志發言爲詩志之所之不能無言故識从言哀公問注云志讀爲識者漢時志識已殊字也許心部無志者葢以其卽古文識而識下失載也職吏切一部

意　志也志卽

識心所識也意之訓爲測度爲記訓測者如論語毋意毋必不逆詐不億不信億則屢中其字俗作億訓記者如今人云記憶是也其字俗作憶大學曰欲正其心者先誠其意誠謂實其心之所識也如惡惡臭如好好色此之謂自謙鄭云謙讀爲慊慊之言厭也按厭當爲猒猒者足也**从心音**會意於記切一部古音入聲於力切**察言而知意也**說从音之意

恉意也今字或作旨或作指皆非本字也許序曰曉學者達神恉**从心旨聲**職雉切十五部

悳外得於人內得於己也此當依小徐通論作內得於己外得於人內得於己謂身心所自得也外得於人謂惠澤使人得之也俗字叚德爲之德者升也古字或叚得爲之**从直心**洪範三德一曰正直直亦聲多則切一部

𢛳古文

應當也當田相值也引伸爲凡相對之偁凡言語應對之字卽用此大徐言部增譍字非也諸下雠下唉下對下譍字皆當改正**从心雁聲**於陵切六部

愼謹也言部曰謹者愼也二篆爲轉注未有不誠而能謹者

故其字从眞小雅愼爾優游予愼無罪傳皆曰誠也詳八篇眞下从心眞聲時刃切十二部昚古文[illegible]字从此釋文序錄偁昚徵五典是陸氏所據堯典作昚自衛包改作愼開寶中乃於尚書音義中刪之

忠敬也敬者肅也未有盡心而不敬者此與愼訓謹同義盡心曰忠各本無此四字今依孝經疏補孝經疏唐元行沖所爲唐本有此从心中聲陟弓切九部

慤謹也廣韵曰謹也善也愿也誠也據韵會大司寇注愿殻愼也用叚借字殻者㱿之俗字也从心㱿聲苦角切三部

𢡟美也从心䫉聲莫角切二部

快喜也引申之義爲疾速俗字作駃从心夬聲苦夬切十五部

愷樂也蓼蕭傳曰豈樂也豈同愷从心豈聲苦亥切古音在十五部按豈部有此篆解曰康也疑此重出乃後人增竄

㥦快也漢文帝紀曰未有㥦志从心匧聲苦叶切八部今作愜

念常思也方言曰念思也又曰念常思也許云懷念思也左傳引夏

憲　案玉篇憲重文憲案疑从割省割正也故經典每訓爲法割名利義引申爲速故爲敏

念書曰念茲在茲釋茲在茲名言茲在茲允出茲在茲惟帝念功从心今聲奴店切七部怤思也从心付聲甫無切五部憲敏也敏者疾也謚法博聞多能爲憲引申之義爲法也又中庸引詩憲憲令德以憲憲爲顯顯又大雅天之方難無然憲憲傳曰憲憲猶欣欣也皆叚借也从心目心目竝用敏之意也害省聲許建切十五部此合音也憕平也从心登聲直陵切六部戁敬也敬者肅也商頌不戁不竦傳曰戁恐也竦懼也敬則必恐懼故傳說其引申之義若小雅我恐熯矣傳曰熯敬也此謂詩叚熯爲戁从心難聲女版切十四部忻闓也闓者開也言闓不言開者闓與忻音近如昕讀若希之類也忻謂心之開發與欠部欣謂笑喜也異義廣韵合爲一字今義非古義也从心斤聲許斤切十三部司馬灋曰善者忻民之善閉民之惡今司馬法佚此語謂開其善心閉其惡心是爲最善也[illegible]遲也遲重之字當作此今

皆叚重字爲之今字也从心重聲直隴切九部重厚也厚當作㫗惲厚字當如此今皆作渾厚非是渾者混流聲也今俗云水渾从心軍聲於粉切十三部厚也厚當作㫗凡㦬厚字當作此今多作敦厚叚借非本字敦者怒也詆也一曰誰何也雜誥㦬大成裕从心𦎧聲都昆切十三部忼慨也各本奪忼字今補忼慨壯士不得志於心也各本移入慨篆下又奪於心二字今依玉篇及文選注補正从心亢聲苦浪切又口朗切十部俗作慷戰國策羽聲慷慨一本作忼慷葢因忼有異體而一複一奪也一曰易忼龍有悔按一曰易三字乃易曰二字之誤淺人所改也忼之本義爲忼慨而周易乾上九忼龍則叚忼爲亢亢之引申之義爲高子夏傳曰亢極也廣雅曰亢高也是今易作亢爲正字許所據孟氏易作忼叚借字也凡許引經說叚借如無有作𡚁堲讒說曰圛皆是淺人以忼龍與忼慨義殊乃妄改爲一曰矣忼慨也依全書通例正忼慨雙聲也他書亦

段㥲爲之作忼㥲从心旣聲苦漑切十五部

𢝊悃愊逗至誠也依玉篇廣韵後書章帝紀訂悃愊亦雙聲字也从心困聲困一本作困篆作𢝊非也古困聲在眞文韵音變遂入𤫊韵非困聲在眞文困聲在𤫊各有畛域也苦本切十三部

愊悃愊也各本作誠志也今依全書通例訂从心畐聲芳逼切一部玉篇普力切

愿謹也咎繇謨曰愿而恭从心原聲魚怨切十四部

慧儇也人部曰儇慧也二篆爲轉注慧古多叚惠爲之从心彗聲胡桂切十五部

憭慧也方言愈或謂之慧或謂之憭郭云慧憭皆意精明按廣韵曰了者慧也葢今字叚了爲憭故郭注方言巳云慧了他書皆云了了若論字之本義則了爲尦也尦者行脛相交也从心尞聲力小切二部

恔憭也疊韵互訓按方言恔快也東齊海岱之閒曰恔孟子於人心獨無恔乎趙注恔快也快即憭義之引申凡明憭者必快於心也从心交聲吉了切又下交切二部按此字廣韵去聲云恔出孟子集

韵類篇則平聲引說文作㥦上聲引作悏疑古本分二字**瘱靜也**靜當作竫亭安也此篆或作嫕見後漢書傳寫誤爲嫕洞簫賦曰淸靜厭瘱神女賦曰澹淸靜其愔瘱李善引韓詩曰瘱悅也引蒼頡篇曰瘱密也引曹大家列女傳注曰瘱深邃也**从心疢聲**丬部疢夾聲苦叶切而瘱於計切者合音也或曰古音讀如邑

悊敬也口部哲下曰知也悊與哲義殊口部云哲或从心作悊蓋淺人妄增之因古書聖哲字或从心而合之也**从心折聲**陟列切十五部

悰樂也此哀樂字也選詩戚戚苦無悰**从心宗聲**藏宗切九部

恓安也莊子曰以恬養知以知養恬**从心西聲**各本篆作恬解作甛省聲今正谷部西下曰舌皃从谷省象形他念切按許書木部栖及此恓字本从西聲轉寫从舌乃改爲甛省聲矣徒兼切七部

恢大也从心灰聲苦回切十五部

恭肅也肅者持事振敬也尚書曰恭作肅此以肅釋恭者析言則分別渾言則互明也論語每恭敬析言如居處恭執事敬貌思恭事思敬皆是

悊

悊本哲重文見口部此誤王氏引之據篇韵改悊是也段反以哲下重文爲淺人妄増非

从心共聲俱容切九部憼敬也敬之在心者也从心敬敬亦聲居影切十一部恕仁也孔子曰能近取譬可謂仁之方也矣孟子曰彊恕而行求仁莫近焉是則爲仁不外於恕析言之則有別渾言之則不別也仁者親也从心如聲商署切五部㣽古文省从女聲怡龢也各本作和今正龢者調也玉篇曰怡者悅也樂也古多叚台字禹貢祇台德先鄭注云敬和从心台聲與之切一部慈㤅也㤅各本作愛今正下文曰㤅惠也叀部曰惠仁也人部曰仁親也从心兹聲兹从艸疾之切一部忯㤅也㤅各本作愛今正釋訓曰忯忯愛也按忯忯字不見於詩書从心氏聲巨支切十六部⿰忄虒忯⿰忄虒逗疊韵字不𢝊事也𢝊各本作憂今正从心虒聲讀若移移爾切十六部玉篇余氏余支二切廣韵亦兼此二切恮謹也廣韵也作皃从心全聲此緣切十四部恩惠也从心因因

闕蓋　江
旦
芳閒
引

亦聲依韵會訂烏痕切十三部𢝊高也集韵曰岹嵽山形音義同一曰極也別一義

一曰困劣也又一義樂記則無怗懘之音注云怗懘弊敗不和之皃懘卽𢝊之譌俗用殢字廣韵曰極困也亦卽𢝊之俗从心帶聲特計切十五部憖肎也各本作問也玉篇作閒也左傳音義引字林閒也閒者肎之誤問者閒之誤十月正義引憖肯從心也當是引憖肎也从心猌聲誤以也字倒於從心之下不成文理耳今依肎字小爾雅曰憖願也晉語伯宗妻曰憖庛州犁焉韋注曰憖願也願與肯義略同用部曰甯所願也丂部曰寧願詞也皆與憖雙聲謹敬也李善注思元賦引字林此訓玉篇引說文無此韵會謹作愼从心猌聲魚覲切十二部一曰說也說悅古今字一曰且也且各本作甘今依玉篇訂十月之交鄭箋云憖者心不欲自强之詞左傳不憖遺一老杜注云憖且也五行志應劭注曰憖且辭也小爾雅曰憖强也且也春秋傳曰昊天不憖左氏傳哀十六年文魯哀誄孔子曰昊天不弔

憖

案閒肎形因相涉致疑閒字非誤也許書肎骨閒肉肎肎著也是肎閒義可引申也司命期不信吾告余以不閒蓋從此義杜注詁也亦與閒義近　一曰甘甘也元應引廣雅甘樂也詩甘心首疾与願義亦相近不必改且

不憖遺一老許槩栝其辭亦東方昌矣之類 又曰兩軍之士皆未憖 文十二年傳杜注憖缺也釋文憖魚覲反又魚轄反是則憖與齾雙聲叚借即方言所謂傷也而郭注方言云詩曰不憖遺一老亦恨傷之言也似於文理不協

懬 闊也廣大也 各本作廣也大也今依詩泮水釋文訂魯頌泮水曰憬彼淮夷釋文云憬說文作懬按許闊也一曰廣大也此懬之本義毛云遠行也即其引伸之義也由其廣大故必遠行然則毛詩自作懬今作憬者或以三家詩改之也元帝紀眾僚久懬未得其人假懬爲曠字 从心廣廣亦聲 苦謗切十部 一曰寬也 依鍇本四字在此 詩曰懬彼淮夷 各本無此六字今依詩釋文補葢許所據毛詩如此憬下所偁葢三家詩

悈 飭也 飭各本作飾古書飾飭多互譌不可勝正力部曰飭致堅也悈與戒義同警也釋言曰悈褊急也許言部諽字下曰飭也讀若悈葢悈音紀力反與苟戒棘亟音義皆同而方言曰悈革老也此又因擊斂之義而引伸之也 从心戒聲 居薤切古音在一部

衍一以字

司馬灋曰有虞氏㦤於中國中國國中也今司馬法天子之義篇作有虞氏戒於國中

慬謹也从心堇聲於靳切十三部

慶行賀人也賀下曰以禮相奉慶也是二篆爲轉注也賀从貝故云以以禮相奉慶从夊故云行賀人从心夊謂心所喜而行也从鹿省此三字今補巨竟切古音在十部讀如羌音轉讀如卿吉禮以鹿皮爲摯士冠禮聘禮儷皮鄭注兩鹿皮也鹿部曰禮麗皮納聘蓋鹿皮也故从鹿省此說从鹿省之意

愃寬閒心腹皃閒各本作嫺今正嫺者習也非其義郭注方言曰今江東呼快爲愃相緣反从心宣聲況晚切十四部詩曰赫兮愃兮衛風淇奧文毛詩作咺傳云威儀容止宣著也韓詩作宣顯也許作愃而義亦異

愻順也訓順之字作愻古書用字如此凡愻順字从心凡遜遁字从辵今人遜專行而愻廢矣學記不陵節而施之謂遜劉向書作愻此未經改竄之字也論語孫以出之惡不孫以爲勇者皆愻之叚借从

心孫聲。穌困切。十三部。唐書曰。謂堯典也。說詳示部。五品不愻。許所據古文如此。愻者，順也。故尚書大傳作五品不訓。五帝本紀作五品不馴。訓與馴皆順也。

𢡟　實也。邶風其心塞淵。毛傳塞，瘞也。崔集注本作實也。今以許書繩之。作實爲是矣。詩秉心塞淵、王猷允塞皆同。鄭箋云塞，充實也。今文尚書文塞晏晏。鄭注考靈耀云道德純備謂之塞。道德純備，充實之意也。咎繇謨剛而塞。夏本紀作剛而實。按玨部曰𡫳，窒也。穴部曰窒，𡫳也。窴，𡫳也。𡫳廢而俗多用塞。塞，隔也。非其義也。至若燕燕、定之方中、堯典、咎繇謨諸塞字，又皆當作𢡟。卽曰叚借，亦當叚𡫳，而不當叚塞也。从心，𡫳聲。各本作塞省聲。今正。𡫳，窒也。鍇聲中有會意。先則切。一部。虞書曰剛而𢡟。

恂　信心也。毛詩叚洵字爲之。如洵美且都，洵訏且樂。鄭箋皆云洵，信也。釋詁曰詢，信也。注引方言宋衞曰詢。皆叚詢爲恂也。至若論語恂恂如也，王肅注溫恭皃。漢書李將軍恂恂如鄙人。史記作悛悛如鄙人。此皆逡巡字之叚借，而非正字也。从心，旬聲。相論切。十二部。

忱　誠也。

誠者信也詩大雅曰天難忱斯毛曰忱信也言部諶下曰誠諦也引詩天難諶斯古忱與諶義近通用**从心冘聲**氏任切七部**詩曰天命匪忱**大雅蕩曰天生烝民其命匪諶毛曰諶誠也許作忱是亦可徵二字互用也

惟凡思也方言曰惟思也又曰惟凡思也慮謀思也願欲思也念常思也許本之曰惟凡思也念常思也懷念思也想冀思也思部慮謀思也凡許書分部遠隔而文理參五可以合觀者視此凡思謂浮泛之思生民載謀載惟箋云諏謀其日思念其禮按經傳多用爲發語之詞毛詩皆作維論語皆作唯古文尚書皆作惟今文尚書皆作維古文尚書作惟者唐石經之類可證也今文尚書作維者漢石經殘字可證也俗本匡謬正俗乃互易之大誤又魯詩作惟與毛詩作維不同亦見漢石經殘字**从心隹聲**以追切十五部

懷念思也念思者不忘之思也釋詁方言皆曰懷思也詩卷耳野有死麕常棣傳同若終風傳曰懷傷也釋詁曰至也匪風皇矣傳曰歸也皇皇者華板傳皆曰和也皆引申之義可以意會者也古文又多叚懷爲褱

想　段改冀爲覬　案文亦冀之義与覬同

者從心褱聲戶乖切古音在十五部惀欲知之皃廣韵混韵注曰心思求曉事从心侖聲盧昆切十三部想覬思也覬各本作冀今正欠部曰𣢟㱇也見部曰覬𣢟㱇也覬思者覬望之思也周禮眂祲十曰想从心相聲息兩切十部㥞深也深當作突許書深爲水名突爲突淺字穴部突下曰深也言突深古今字以今字釋古字也㥞與邃音義皆同从穴者爲室之深从心者爲意之深从心㒸聲徐醉切十五部慉起也興也起與興義同邶風谷風傳曰慉今本傳作養者非也小雅蓼莪箋云畜起也此謂拊我畜我之畜乃慉之叚借从心畜聲許六切三部詩曰能不我慉許所據如此與能不我知能不我甲句法同也能讀爲而𢡄滿也方言曰臆滿也廣雅曰臆滿也漢蔣君碑餘悲馮億皆𢡄之叚借字也从心啻聲於力切一部一曰十萬曰𢡄詩楚茨傳萬萬曰億豐年傳數萬至萬曰億鄭箋云十萬曰億注王制云億今十萬韋昭注鄭

語楚語曰賈唐說皆以萬萬爲億今數也後鄭十萬爲億古數也其詳在說文解字讀經傳皆作億無作意者叚借字也 意 籒文省 上从言省 悹 悹也 悹各本作憂今正廣韵廿四緩引詩傳悹悹無所依今大雅板傳作管管又篇韵皆云悹悹憂無告也今詩板釋訓皆作灌灌按憂無告之訓正字作懽見下文不當作悹 从心官聲 古玩切十四部 憀 憀然也 三字句憀然猶了然也類篇曰力求切賴也且也按聊者憀之叚借字方言俚聊也漢書其畫無俚之至耳戰國策民無所聊凡聊賴可作憀賴 从心翏聲 洛蕭切古音在三部力求切 㤩 敬也 釋詁商頌毛傳皆曰恪敬也 从心客聲 當作从心客客亦聲苦各切五部今字作恪 春秋傳曰㠯陳備三愙 左傳襄廿五年文按不引商頌而引此者以證从心客會意也五經異義公羊說存二王之後所以通夫三統之義禮戴說天子存二代之後猶尊賢也古春秋左氏說周家封夏殷二王之後以爲上公封黃帝堯舜之後謂之三恪許慎謹案云治魯詩丞相

韋元戒治易施犨等說引外傳曰三王之樂可得觀乎知王者所封三代而已不與左氏說同鄭駁之云所存二王之後者命使郊天以天子之禮祭其始祖受命之王自行其正朔服色恪者敬也敬其先聖而封其後與諸侯無別殊異何得比夏殷之後按許不偁公羊說戴說而偁古左氏亦不與異義同蓋異義先成說文晚定用左氏說與鄭同也

愯 懼也與竦音義略相近 从心雙省聲息拱切九部 春秋傳曰駟氏愯昭公十九年左傳文今本作聳後人所易也又昭六年左傳聳之以行漢書刑法志引作愯晉灼曰古悚字按漢書雙不省又魏都賦吳蜀二客愯焉相顧張載注愯懼也引左傳駟氏愯張用說文也俗本譌爲矆

懼 恐也恐下曰懼也是爲轉注 从心瞿聲其遇切五部 愳 古文䀠者左右視也形聲兼會意

怙 恃也韓詩云怙賴也 从心古聲侯古切五部

恃 賴也韓詩云恃負也 从心寺聲時止切一部

慒 慮也見釋言 从心曹聲藏宗切今

音也廣韵又似由切古音也宜三部爾雅音義曰字書作悰然說文悰懵並出

覺也見部覺下曰悟也是爲轉注按古書多用寤爲之从心吾聲五故切五部

古文悟

㤅也㤅各本作愛今正韓鄭曰憮方言亟憐憮㤿愛也宋衛邠陶之閒曰憮或曰㤿又曰韓鄭曰憮釋詁曰憮撫也一曰不動別一義論語夫子憮然孟子夷子憮然三蒼曰憮然失意皃也趙岐曰憮然猶悵然也皆於此義近从心無聲文甫切五部郭璞茫甫反

惠也叀部曰惠仁也仁者親也从心旡聲八篇飲食屰气不得息曰旡古文作旡此用古文爲聲也許君惠㤅字作此愛爲行皃乃自愛行而㤅廢轉寫許書者遂盡改㤅爲愛全非許憮㤅二篆相聯之意烏代切十五部

古文旣者旡聲卽先聲也𢟪者古文㤅唐人乃用爲伊余來塈民之攸塈之塈其貤繆有如此者詩之塈乃咽之叚借息也

知也此與言部諝音義皆同从心胥聲私呂切五部

安也方言慰尻

也江淮青徐之閒曰慰从心𢑴聲於胃切十五部一曰恚怒也別一義恚恨也小雅以慰我心毛曰慰怨也韓詩作以愠我心愠恚也

謹也从心𢿅聲讀若毳此苪切十五部

⿱篤心箸也按箸必是譌字不可解疑當作足部之躇⿱篤心躇猶今人所用躊躇也皆褢回不使之見故从心从心篤聲按篤當依竹部作籌云省聲直由切三部

朖也未聞疑是恨也之誤檜傳云悼動也鼓鍾傳云妯動也菀柳傳云蹈動也三字音義略同从心由聲直又切三部詩曰憂心且怞小雅鼓鍾文今毛詩作妯毛云動也鄭云悼也

⿰忄某憮也⿰忄某乃複字未刪者憮各本作撫今正方言⿰忄某憐也上文憮㤅也㤅與憐同義从心某聲讀若侮亡甫切古音在一部

忞自勉彊也各本少自勉二字韵會有之與篇韵合大雅亹亹文王毛傳曰亹亹勉也亹即釁之俗釁从分聲亹亹即忞忞之叚借也从心文聲武巾切十三部周書曰在受德忞立政

文今尚書作敃釋詁敃強也許所據古文不同**讀若旻**

慔　勉也勉者彊也釋訓曰懋懋慔慔勉也**从心莫聲**莫故切五部按爾雅音義云亦作慕今說文慔慕分列或恐出後人改竄

愐　勉也釋詁曰蠠沒勔勉也方言曰釗薄勉也南楚之外曰薄努自關而東周鄭之閒曰勔釗按毛詩黽勉亦作僶俛韓詩作密勿爾雅作蠠沒蠠本或作蠠蠠郎蜜然則韓詩正作蜜勿轉寫誤作密耳爾雅釋文云勔本作僶又作黽作僶皆其別字也今則不知有愐字而作勔作蠠作蠠作蜜作密作是則說文之愐爲正字而愐字廢矣**从心面聲**彌殄切古音在十四部

忕　習也从心大聲此篆各本作愧解云曳聲今正詩四月正義蕩釋文皆引說文忕習也是唐初本有忕篆而元應書卷十三云忕又作愧引字林愧習也倉頡篇愧明也然則說文作忕字林變作愧實一字淺人用字林改說文耳犬部狃下曰犬性忕也可證許書故有忕篆狃忕之見於經傳不可枚舉陸德明時世反又市制反又時設反字林作愧則曳世反十五部○又按愧葢本作怈唐人

避諱於偏旁世字多改爲㥏集韵類篇皆㥏怈爲重文

懋勉也古多叚茂字爲之从心楙聲莫候切三部虞書曰虞當作唐見禾部時惟懋哉堯典文今作惟時未知孰是

𢘓或省

慔習也習其事者必中心好之从心莫聲莫故切五部

悛止也方言悛改也自山而東或曰悛或曰懌从心夋聲此緣切十三部

𢘑肆也廣雅曰緩也忩也从心隶聲他骨切十五部廣韵又他內切

懙趣步懙懙也趣疾走也趣步懙懙謂疾而舒也馬部𩦸下曰馬行徐而疾義正相類漢書長倩懙懙蘇林曰懙懙行步安舒也論語與與如也馬注曰與與威儀中適之皃與與即懙懙之叚借欠部曰歟安气也从心與聲余呂切五部廣韵又平聲

慆說也說今之悅字尚書大傳師乃慆注曰慆喜也可證許說悉蟀傳曰慆過也東山傳曰慆慆言久也皆引申之義也古與滔互叚借从心舀聲土刀切古音在三部

懕安也小戎傳曰

血誤皿

懕懕安靜也湛露傳曰懕懕安也釋文及魏都賦注引韓詩愔愔和悅之皃按愔見左傳祈招之詩蓋愔卽懕之或體懕乃懕之叚借載芟有厭其傑厭厭其苗亦懕之叚借廣韵稖稖苗美也用載芟傳也**从心厭聲**於鹽切按古音讀如音在七部**詩曰懕懕夜歓**湛露文按此則許所據从心

憺　安也子虛賦曰憺乎自持按人部曰倓安也音義皆同**从心詹聲**徒敢切八部

怕　無僞也僞各本作爲今按許以爲訓母猴僞訓作也是許書作爲字皆當作作作僞也今本人部僞下曰詐也淺人所改耳子虛賦曰怕乎無爲憺怕俗用澹泊爲之叚借也澹作淡尤俗**从心白聲**李善蒲各切五部徐鉉曰匹白切又葩亞切按匹白者今音之轉葩亞者用雅字爲俗字之俗音也今人所云怕懼者乃迫之語轉

恤　𢝊也𢝊各本作憂今正釋詁及小雅杕杜祈父傳皆曰恤憂也按卩部曰卹𢝊也比部引周書無毖于卹今尚書作恤恤與卹音義皆同又疑古祇有卹恤其或體**收也**當依玉篇作救也**从心皿聲**辛聿切十二部

忓　極也。極者，屋之高處。干者，犯也。忓者，以下犯上之意。从心干聲。古寒切，十四部。

懽　喜歎也。懽歎疊韵。歎者，意有所欲也。欠部曰：歎者喜樂也。懽與歡音義皆略同。从心雚聲。古玩切，十四部。廣韵曰：懽同歡，呼官切。爾雅曰：懽懽愮愮，憂無告也。釋訓文。懽即大雅之老夫灌灌。傳曰：灌灌猶款款也。懽本訓喜款，而憂者款款然之誠，亦與喜樂之款款同其誠切。許說其本義，爾雅說其引申之義也。

[illegible]　懽也。懽讀如歡。篆上懽篆而云也。从心禺聲。噳俱切，古音在四部。此與愚各字，猶慕與慔各字也。琅邪朱虛見地理志。故城在今山東青州府臨朐縣東六十里。有[illegible]亭。按漢時縣道國邑千五百八十七，鄉六千六百二十二，亭二萬九千六百三十五。其名皆著於籍，故許氏得偁鄉亭之名。班氏但舉縣道國邑之名也。

惄　飢餓也。餓當作意。釋言曰：惄，飢也。李巡云：惄宿不食之飢也。周南傳曰：惄，飢意也。爲許所本。从心叔聲。奴歷切，古音在三部。一曰憂也。憂各本作𢝊，今

十篇下

正釋詁及小弁傳曰惄思也舍人云惄志而不得之思也方言曰惄溼憂也自關而西秦晉之閒凡志而不得欲而不獲高而有墬得而中亡謂之溼或謂之惄按思與惪義略同也

詩曰惄如輖飢輖各本作朝誤今依李仁甫本訂毛傳曰輖朝也謂輖即朝之叚借字也周南汝墳文

勞也此與人部御音義皆同本一字耳詳彼注**从心卻聲**其虐切古音在五部

憸詖也憸蘦險之字誤詖同頗古文以詖爲頗也**憸利於上佞人也**立政曰國則罔有立政用憸人馬融曰憸利佞人也**从心僉聲**息廉切七部

息也此休息之息上文息篆訓喘息其本義凡訓休息者引申之義也釋詁及甘棠傳皆曰憩息也憩者愒之俗體民勞傳又曰愒息也非有二字也又釋言曰愒貪也此愒字乃濊之叚借如左傳玩歲而愒日許引作忨歲而濊日公羊傳不及時而葬曰愒愒急也亦即濊字也**从心曷聲**去例切十五部

精戇也未聞玉篇廣韵云寢熟也**从心毳聲**千短切篇韵呼骨切十五部

㤶 疾利口也 疾惡也謂疾惡利口之人也般庚相時㤶民猶胥顧于箴言謂惟憸惡利口之人尚能相與稍顧淸議女部嫐訓誹也漢書嫐笑與㤶義略同 从心从冊 小徐作冊聲誤按當讀如刪大徐息廉切非也篇韵皆同其誤久矣 詩曰相時㤶民 詩無此語尚書般庚上曰相時憸民集韵引說文作啇書相時㤶民豈丁度等所見不誤與玉篇廣韵集韵類篇皆不言憸㤶爲一字立政网言憸人釋文曰憸本又作㤶是則當爲一字矣而㤶从冊蓋从刪省聲如珊姍字之比漢石經尚書殘碑此字作散散卽散疑古文般庚作㤶今文般庚作散異字同音㤶訓疾利口與憸訓詖邪異字異音異義不知者乃提而一之般庚或作憸民立政或作㤶人皆淺者所爲耳無容同字而許異訓也凡釋文云本又作之下往往出古字序內所云兼采說文字詁以示同異者此云本又作㤶正用說文仍襲舊說未寀定般庚有㤶而立政無㤶也

急 褊也 褊者衣小也故凡窄陿謂之褊釋言曰褊急也 从心及聲 居立切七部

辡 惪也 惪各本作憂今正 从

心弁聲方沔切十二部一曰急也此義少見左傳曰邾莊公弁急而好絜弁葢辯之叚借字杜云弁躁疾也玉藻弁行剡剡起屨釋文正義皆曰弁急也

㥛急性也各本作疾也今依韵會正釋言曰悈褊急也釋文悈本或作極又作亟同紀力反按極正㥛之誤㥛與急雙聲同義㥛字不見於經有叚亟爲之者如詩經始勿亟箋云亟急也是也有叚戒爲之者如鹽鐵論引六月我是用戒謝靈運撰征賦作用棘是也有叚悈爲之者如釋言悈急也是也有叚棘爲之者如素冠傳六月出車文王有聲箋皆曰棘急也是也有叚革爲之者如禮器非革其猶檀弓夫子之病革矣注皆曰急也是也傳箋注以叚借法釋經从心亟聲舉形聲關會意也己力切一部一曰謹重皃此義之相反而相成者也急則易遲列子讓㥛夌誶注㥛吃也

懁急也獧下曰一曰急也此與義音同論語狷孟子作獧其實當作懁齊風子之還兮傳曰還便捷之皃走部曰趯疾也其義皆近从心瞏聲讀若絹古縣切十四部

㤵恨也㤵即孟子悻字也孟

子則怒悻悻然見於其面趙以恚怒釋之又引論語悻悻然小人哉今論語作硜硜**从心至聲**胡頂切十一部

急也按人性急也**从心弦**性緩者佩弦以自急**弦亦聲**胡田切十二部**河南密縣**見地理志故城在今河南開封府密縣東七十里**有慈亭**

疾也廣雅急也弓人曰於挺臂中有柎焉故剽注云剽疾也此謂剽卽標之叚借也**从心票聲**敷沼切二部亦平聲

駑弱也也上本有者今刪駑當作奴許書無駑字葢祇云奴馬也**从心耎聲**乃亂切十四部此篆各本作懦从心需聲人朱切乃淺人所改今正愞與人部偄音義皆同弱也本乃亂切音轉爲乃過切廣韻獮韻愞而兗切換韻愞奴亂切過韻愞乃臥切玉篇心部愞乃亂乃過二切皆訓弱也此自古相傳不誤之字也因形近或譌爲懦再譌爲儒其始尚分愞儒爲二字二音故玉藻注云舒愞者所畏在前也釋文云愞乃亂反又奴臥反怯愞也又作懦人于反弱也皇云學士是其分別井然而轉寫愞譌爲懦故五經文字曰懦人于反又乃亂反

見禮記注於是有懦無偄而以偄之反語入於懦下廣韵虞韵懦字下人朱切又乃亂切其誤正同又考僖二年左傳偄字穀梁傳偄字釋文轉寫皆譌作懦凡經傳偄字皆譌作懦不可勝正偄通作耎亦或借蝡漢書西南夷傳選耎後書章帝八王傳西羌傳選偄史記律書選蝡方言注偄䙝今無不作懦者蓋需耎二聲古分別畫然需聲在古音四部人于切耎聲在古音十四部乃亂切而自張參以來改耎爲需不能諟正說文心部之偄手部之揳皆經淺人任意竄改以合里俗世有好學深思心知其意者必以愚言爲然也

恁　下齎也　未聞按後漢書班固典引曰亦宜勤恁旅力李賢注引說文恁念也當用以訂正廣雅廣雅曰恁思也廣韵玉篇亦曰念也恁念爲疊韵廣雅又云恁弱也則與詩荏染同音通用耳　**从心任聲**　如甚切七部李善如深切

忒　失常也　从心代聲　他得切一部此字不古說見下

怚　驕也　此與女部嫭驕也音義同嫭下今本作嬌乃驕之俗字耳　**从心且聲**　子去切五部

悒　不安也　大戴禮曰君子終身守此悒悒

盧注憂念也蒼頡篇曰悒悒不暢之皃也其字古通作邑俗作唈爾雅云僾唈也謂憂而不得息也从心邑聲邑者人所聚也故凡鬱積之義从之於汲切七部悇忘也此義未聞恐有譌字嘾也嘾者含深也含深者欲之甚也淮南修務訓高注云憛悇貪欲也賈誼新書勸學篇孰能無悇憛養心而顚一視之匈奴篇一國聞之者見之者垂羡而相告人悇憛其所自按嘾憛悆悇皆古今字悇憛猶憛悇也若廣雅云悇憛懷憂也此則其引申之義凡求得未有不患失者从心余聲羊茹切五部周書曰有疾不悆金縢文今本作弗豫許所據者壁中古文今本則孔安國以今文字易之也悆喜也喜者樂也此引書而釋之必釋之者以書義與字本義別也凡引曰圛而釋之曰圛升雲半有半無引布重莫席而釋之曰織蒻席引如虎如貔而釋之曰貔猛獸引朕堲讒說殄行而釋之曰堲疾惡也皆此例忒叓也从心弋聲他得切一部按人部代叓也弋聲忒與音義同尸鳩傳曰忒疑也瞻卬傳曰忒差也皆一義之區別也左部曰差者

十篇下　三

忒也參差不相值也不相值卽更改之意凡人有過失改常謂之忒本無忒字各本有忒篆注云失常也从心代聲代亦弋聲則音義皆同此葢淺人妄增如貝部貣外沽貸虫部蟘改爲蟘皆其類忒篆宜刪廣韵無忒爲是也忒之引申爲已甚俗語用之或曰大他佐切或曰太或曰忒俗語曰忒殺忒之叚借或作貣

憪愉也廣韵曰憪心靜然則今人所用閒靜字當作此字許云愉者卽下文愉愉如也之愉謂憺怕之樂也从心閒聲戶閒切十四部

愉薄也薄本訓林薄蠶薄而叚爲淺泊字泊水部作洦凡言厚薄皆㫗泊之叚借也此薄也當作薄樂也轉寫奪樂字謂淺薄之樂也引申之凡薄皆云愉唐風他人是愉傳曰愉樂也禮記曰有和氣者必有愉色此愉之本義也毛不言薄者重樂不重薄也鹿鳴視民不恌傳曰恌愉也許書人部作佻愉也周禮以俗教安則民不愉鄭注愉謂朝不謀夕此引申之義也淺人分別之別製偷字从人訓爲偷薄訓爲苟且訓爲偷盜絕非古字許書所無然自山有樞鄭箋云愉讀曰偷偷取也則不可謂其字不古矣从心俞聲羊朱切古

音在四部論語曰私覿愉愉如也鄉黨篇文覿者儥之俗字愉愉聘禮作俞俞論語鄭注云愉愉容色和也正薄樂之義懱輕易也易當作傷人部曰傷輕也懱者輕易人蔑視之也刲之初六曰蔑貞凶馬云蔑無也鄭云輕慢鄭謂蔑卽懱之叚借字也从心蔑聲莫結切十五部商書曰以相陵懱今商書無此文陵讀如在上位不陵下之陵愚戇也愚者智之反也从心禺會意愚亦聲虞俱切古音在四部禺母猴屬母字舊奪今補許書嬰下爲下獿下皆曰母猴卽沐猴獼猴一語之轉而由部禺下曰母猴屬此卽用彼語淺人刪母非也獸之愚者巳上八字說从禺之意戇愚也與上篆互訓从心贛聲陟絳切古音在八部按師古張陳王周傳注曰舊音下紺反今音讀竹巷反此音有古今之證也㥒姦也篇韵皆云恨也从心采聲倉宰切一部憃愚也見哀公問表記从心舂聲丑江切古音在九部徐仙民昌容反懝騃

也騃本訓馬行仡仡引申爲疑立之狀又引申之則方言曰癡騃也儗騃卽方言之癡騃疒部曰癡不慧也从心疑會意疑亦聲五溉切一部一曰惶也惶者恐也忮很也很者不聽从也雄雉瞻卬傳皆曰忮害也害卽很義之引申也或叚忮爲之伎之本義爲與許人部伎下引詩籒人伎忒言叚借也从心支聲之義切十六部悍勇也从心旱聲侯旰切十四部態意態也各本作意也少一字今補意態者有是意因有是狀故曰意態猶詞者意內而言外有是意因有是言也意者識也从心能會意心所能必見於外也能亦聲一部㑷或从人怪異也从心圣聲古壞切一部𢖍放也从心象聲徒朗切十部慢惰也从心曼聲謀晏切十四部一曰慢不畏也怠慢也从心台聲徒亥切一部懈怠也古多叚解爲之从心解聲古隘切十六部憜不敬也今書皆作

憜韋元成傳供事靡憜師古曰憜古惰字从心憜省聲憜者篆文隓字見𨸏部按肉部有隋字則此當云隋聲也徒果切十七部春秋傳曰執玉憜僖公十一年左傳曰天王使召武公內史過賜晉侯命受玉惰許受作執按國語作晉侯執玉卑惰或二書相涉之故惰憜或省𠂤今俗皆如此作媠古文漢書韋元成傳無媠爾儀張敞傳被輕媠之名若方言媠美也南楚之外曰媠則方俗殊語耳

愯驚也从心從聲讀若悚悚當作竦許書有雙無悚息拱切九部

怫鬱也鬱各本作欝誤鬱者芳艸築以煑之引申爲凡抑鬱之偁瓠子歌曰魚弗鬱兮柏冬日弗者怫之借字从心弗聲符弗切十五部

忦忽也从心介聲呼介切十五部孟子曰孝子之心不若是忦萬章篇文今本夫公明高以孝子之心爲不若是恝注云恝無愁之皃張古黠切丁音䀢按忦恝古今字

忽忘也古多叚曶爲之曶俗作㫚从心勿聲呼骨切十五部

忘

不識也識者意也今所謂知識所謂記憶也从心亡聲依許會本武方切十部慲忘也慲兜也疑當作慲兜忘也慲兜蓋古語忘之皃也猶今人曰糊塗不省事从心㒼聲母官切十四部恣縱也縱者緩也一曰捨也从心次聲資四切古音在十二部愓放也與像音義同方言婬愓遊也江沅之閒謂戲爲婬或謂之愓按廣韵作婸从心昜聲徒朗切十部方言音羊一曰平也玉藻行容愓愓注直而疾皃也憧意不定也咸九四曰憧憧往來劉表章句曰憧憧意未定也說與許同从心童聲尺容切九部悝啁也口部曰啁嘐也啁卽今之嘲字悝卽今之詼字謂詼諧啁調也今則詼嘲行而悝啁廢矣東京賦曰悝繆公於公室李注悝猶嘲也从心里聲苦回切古音在一部春秋傳有孔悝衞孔圉之子也見左傳哀公十五年許偁此者葢悝字漢人少用也一曰病也釋詁曰悝憂也又曰瘇病也葢憂與病相因悝瘇同字耳詩悠悠我

憧　意不定也元應引意上有憧疑許書本作憧憧

恑變也元應引作變詐也疑今本脫詐也

里傳曰里病也是則叚借里爲悝

憰權詐也此與言部譎音義皆同葢彼以言此以心从心矞聲古穴切十五部

𢙦誤也廣韵曰狂惑也又曰誤人也从心狂聲居況切十部

怳狂之皃廣韵曰憿怳从心兄聲各本作況省聲乃不知古音者所改今正許往切十部

恑變也今此義多用詭非也詭訓責从心危聲過委切十六部

㦍有二心也古多叚借攜爲之从心巂聲戶圭切十六部

悸心動也衞風垂帶悸兮傳曰垂其紳帶悸悸然有節度也此未知以悸爲何字之叚借凡若此類思而未得者可姑置之但心知其必是叚借斯可矣从心季聲其季切十五部

憿幸也幸者吉而免凶也引申之曰㰻幸亦曰憿幸俗作僥倖儌倖徼倖皆非也凡傳言徼福者皆當作憿福爲正从心敫聲古堯切二部

懖歫善自用之意也歫字各本無依尚書音義所引補許書無拒歫即今拒字从心銛聲古活切十

五部

商書曰今女懖懖般庚上篇文馬云拒善自用之意許同之鄭云難告之意其義略同其字皆作懖未嘗作聒也衞包因鄭云懖讀如聒耳之聒竟改經文作聒聒開成石經從之學者取以改孔氏正義陸氏釋文至宋人乃有訓聒聒爲譊譊多言者

[illegible]古文从耳蓋壁中文如是孔安國易从耳爲从心蓋由伏生尚書如是

忨貪也貪者欲物也忨與玩翫義皆略同从心元聲五換切十四部春秋傳曰忨歲而漱日按左傳昭元年曰翫歲而愒日習部引之國語作忨日而漱歲韋曰忨偷也漱遲也此所偁疑用外傳文然杜注翫愒皆貪也釋文曰翫字又作忨則許所據左傳如是

惏河內之北謂貪曰惏內字衍小徐作河之北郎河內也惏與女部婪音義同賈注左傳曰惏嗜也方言曰惏殘也陳楚曰惏从心林聲盧含切古音在七部

懜不明也从心夢聲夕部夢不明也此舉形聲包會意武亙切六部

愆過也過者度也凡人有所失則如或梗之有不可徑

過慮故謂之過。从心衍聲。去虔切。十四部。愆或从寒省。寒聲。𠎝籒文。从言侃聲。過在多言，故从言。

㦗疑也。疑者惑也。故下文受之以惑。今字多作嫌。按女部嫌者，不平於心也。一曰疑也。不平於心爲嫌之正義，則嫌疑字作㦗爲正。今則嫌行而㦗廢，且用慊爲歉，非是。又或用慊爲懕尤，非是。大學此之謂自謙，注曰謙讀爲慊，慊之言猒也。凡云之言者，皆就字之本音本義而轉之。猒足非慊之本義也。至若鄭本周易爲其慊於陽，故偁龍焉。鄭注云慊讀爲羣公溓之溓，古書篆作立心與水相近，讀者失之，故作慊。溓，襍也。陰謂此上六也，陽謂今消息用事乾也。上六爲蛇，得乾氣襍似龍。此鄭注則易慊爲溓，皆不用字之本義也。从心兼聲。戶兼切。七部。

惑亂也。亂者治也。疑則當治之。古多叚或爲惑。从心或聲。胡國切。一部。

惛怓也。从心民聲。呼昆切。按古音當在十二部。讀若民，如今音則與惛無別矣。

怓亂也。大雅民勞毛傳曰：惛怓，大亂也。惛當作怋。从心奴聲。女交切。古音在五部。詩曰㠯謹怋怓怋各本作惛今正民勞釋文曰惛說文作怋舊本如是今本作說文作昬誤也怋怓爲連緜字說文古本當是怋篆下云怋怓亂也怓篆下云怋怓也而引詩在怋篆下

惷亂也从心舂聲尺允切十三部春秋傳曰王室日惷惷焉昭二十四年左傳文今本作王室實蠢蠢焉杜注蠢蠢動擾皃一曰厚也別一義

惛不憭也憭慧也从心昏聲呼昆切十三部

忥癡皃癡不慧也故忥與惛爲伍从心气聲許既切十五部

⿴衛心夢言不慧也哀二十四年左傳曰是⿴衛心言也釋文曰字林作⿴衛心云夢言意不慧也按左傳作躗是叚借字从心衛聲于歲切十五部

憒亂也大雅召旻潰潰回遹傳曰潰潰亂也按潰潰者憒憒之叚借也後人皆用憒憒从心貴聲胡對切十五部

忌憎惡也从心己聲渠記切一部

忿悁也忿與憤義不同憤以气盈爲義忿以悁急爲義从心分聲敷粉切十三部

悁

忿也悁之言獧也獧急也澤陂曰中心悁悁傳曰悁悁猶悒悒也从心肙聲於緣切十四部一曰𢝊也𢝊各本作憂今正𢝊愁也籒文前聲悒也从心黎聲郎尸切十五部一曰急也怒也怒各本作怨今依大雅緜正義正下文曰怒者恚也二篆互訓从心圭聲於避切十六部恚也从心夗聲於願切十四部古文按此篆體蓋有誤集韵類篇云古作𢘄又班馬字類韵會皆引史記封禪書百姓惌其法字作惌今史記無有如此者蓋古字日卽於亡矣恚也从心奴聲乃故切五部按古無努字衹用怒怨也从心敦聲徒對切古音在十三部周書曰凡民罔不憝康誥文今作凡民自得罪寇攘姦宄殺越人于貨敃不畏死罔弗憝孟子引作凡民罔不譈怨也怨各本作怒大雅緜傳曰慍恚也正義云說文慍怨也恚怒也有怨者必怒之故以慍爲恚然則唐初本作怨甚明車舝以慰我心

韓詩作以愠我心愠恚也與毛餘傳合毛閒關傳曰慰怨也葢毛詩亦作愠後人譌爲慰耳从心盈聲於問切十三部

惡過也人有過曰惡有過而人憎之亦曰惡本無去入之別後人強分之从心亞聲烏各切五部

憎惡也从心曾聲作滕切六部

怖恨怒也小雅白華念子懆懆視我邁邁毛傳曰邁邁不悅也釋文云韓詩及說文皆作怖怖韓詩云意不悅好也許云很怒也今說文作恨似宜依很邁者怖之叚借非有韓許則毛詩不可通矣許宗毛而不廢三家詩从心市聲蒲昧切十五部詩曰視我怖怖

忉怒也从心刀各本作刀聲今刪正从心刀謂心中含怒如懷刃也李陽冰云當从刈省聲非是本部固有忩篆矣讀若顡魚既切十五部

㦙怨恨也廣雅㦙恨也本此从心彖聲讀若膎戶佳切十六部按彖各本誤作彖篆體誤作㦙今改正彖聲在十四部彖讀若弛在十六部蠡㦙皆彖聲故同在十六部也今俗作蠡㦙此豕部下所謂今世字誤以彖

爲彖也口部喙篆疑亦本從彖聲

怨也从心艮聲胡艮切十三部

怨也今與懟音義皆同謂爲一字許不介者敦聲古在十三部**从心對聲**大淚切十五部

悔恨也按悔乃復舉字之未刪者韵會無當从之悔者自恨之意**从心每聲**荒內切古音在一部

小怒也从心壴聲充世切按廣韵憘在十三祭引說文小怒也尺制切憘在四十四有四十九宥小怒也芳否敷救二切集韵則祭韵有憘有韵憘㤓二同匹九切類篇從之而無憘字蓋憘憘㤓三字同以說文音或作歖及說文憘字廣韵作僖求之定爲一字異體古音壴尌樹豎皆讀近受憘斷不讀充世切也咅者相與語唾而不受也天口切與小怒義亦相近

不服懟也按當作不服也懟也奪一也字遂不可解矣集韵作不服對也尢非快蓋偪強之意方言曰鞅侼懟也集韵於陽韵曰快然自大之意攷王逸少蘭亭序曰快然自足自來石刻如是本非快字而學者尟知之或叚鞅爲之方言是也周亞夫傳曰此鞅鞅非少主臣**从心央**

聲於亮切十部

懣煩也煩者熱頭痛也引申之凡心悶皆爲煩悶喪曰悲哀志懣氣盛古亦段滿爲之从心滿滿亦聲廣韵莫旱切十四部大徐莫困切

憤懣也从心賁聲房吻切十三部

悶懣也从心門聲莫困切十三部

惆失意也荀卿子惆然不嗛陸機歎逝賦心惆焉而自傷廣雅曰惆痛也从心周聲敕鳩切三部

悵望恨也望其還而不至爲恨也从心長聲丑亮切十部

愾大息皃大各本作太皃各本作也皆誤今正古無太息連文者淺人爲之也口部嘆下曰大息也大息者呼吸之大者也呼外息也吸內息也曹風下泉愾我寤嘆嘆或作歎者誤箋云愾嘆息之意許云大息者謂嘆云皃者謂愾也祭義曰入戶而聽愾然必有聞乎其嘆息之聲是也若哀公問則愾乎天下矣注云愾至也此段愾爲訖从心氣聲許既切陸引說文火既反十五部詩曰愾我寤嘆

懆愁不安也當依韵會本作懆懆愁也懆訓愁慘訓毒音義皆殊

而寫者多亂之白華作懆見於許書月出正月抑皆作懆人韵且毛傳曰懆懆憂不樂也懆懆猶慼慼也正爲許說所本而陸氏三者皆云七感反其憒亂有如此者從心喿聲七早切二部詩曰念子懆懆小雅白華文

愴傷也愴訓傷猶創訓傷也祭義曰必有悽愴之心從心倉聲初亮切十部

怛憯也匪風中心怛兮傳曰怛傷也甫田勞心怛怛傳曰怛怛猶忉忉也按上章傳曰忉忉憂勞也此因其義相同故曰猶從心旦聲得案切又當割切在十四十五部

𢘈怛或從心在旦下詩曰信誓𢘈𢘈衛風氓傳文按詩曰信誓旦旦傳曰信誓𢘈𢘈然謂旦即𢘈之段借字箋云言其懇惻款誠是也許偁詩傳而云詩曰者此詩曰不醉而怒謂之奰虞書曰仁覆閔下則偁旻天之例也𢘈𢘈下當有然字

憯痛也從心朁聲七感切古音在七部

慘毒也毒害也從心參聲七感切古音在七部

悽痛也從心妻聲七稽切十五部

恫

痛也大雅思齊傳曰恫痛也康誥恫瘝乃身从心同聲他紅切九部一曰呻吟也呻吟見口部匡謬正俗曰太原俗呼痛而呻吟爲通喚周書痌瘝是其義江南謂呻喚關中謂呻恫按前說可包後說此等恐皆後人入也

悲痛也按憯者痛之深者也恫者痛之專者也悲者痛之上騰者也各從其聲而得之从心非聲府眉切十五部

惻痛也从心則聲初力切一部

惜痛也从心昔聲思積切古音在五部

愍痛也與閔義殊从心敃聲眉殞切十三部

慇痛也柏舟耿耿不寐如有隱憂傳曰隱痛也此謂隱即慇之叚借痛憂猶重憂也桑柔憂心慇慇釋訓慇慇憂也謂憂之切者也凡經傳隱訓痛者皆柏舟詩之例从心殷聲於巾切古音在十三部樊光於謹反

㥯痛聲也閒傳斬衰之哭若往而不反齊衰之哭若往而反大功之哭三曲而偯注曰一舉聲而三折也偯聲餘從容孝經哭不偯鄭注云氣竭而息聲不委曲按音義皆云說文作㥯然則許云痛聲者委

曲自見其痛於聲非痛之至者也从心依聲於豈切十五部孝經曰哭不偯此許所學孔氏古文也作偯者俗字⿱⺮⿵門心⿱⺮⿵門心在也各本作⿱⺮⿵門心存也三字今正釋訓曰存存⿱艹⿵門心⿱艹⿵門心在也許本之今爾雅作存存萌萌在也郭云未見所出音武庚反可謂疏於考覈矣釋文曰施亡朋反字或作⿱艹⿵門心廣韵引爾雅存存⿱艹⿵門心⿱艹⿵門心在也音武登切玉篇艸部引爾雅存存⿱艹⿵門心⿱艹⿵門心在也音莫耕切又曰⿱艹⿰明心同⿱艹⿵門心或作萌玉裁按⿱艹⿵門心與⿱⺮⿵門心相似而竹艸不同又後人音切與讀簡大異葢⿱艹⿵門心者⿱⺮⿵門心之譌竹誤而爲艸也⿱艹⿰明心者⿱艹⿵門心之譌門誤而爲明也又誤而去心作萌而郭反以武庚玉篇從之又誤而以萌爲萠而陳博士施乾反以莫登廣韵本之此展轉貤繆之故叚令景純解讀許書何難正其形說其音義也論語簡在帝心卽⿱⺮⿵門心字之叚借从心簡省聲讀若簡古限切十四部

慅動也月出勞心慅兮常武徐方繹騷傳曰騷動也此謂騷卽慅之叚借字也二字義相近騷行而慅廢矣从心蚤聲穌遭切古音在三部一曰起也別一義

感動人心也

許書有感無憾左傳漢書憾多作感葢憾淺於怨怒才有動於心而已 从心咸聲 古禫切古音在七部

忧 心動也 各本作不動也今正玉篇曰心動也廣韵曰動也與頁部之頄義近 从心尤聲 讀若祐 于救切古音在一部

⿱咎心 怨⿱咎心也 各本作怨仇也今正廣韵亦作怨⿱咎心⿱咎心謂怨惡之也⿱咎心與咎音同義別古書多叚咎字爲之咎行而⿱咎心廢矣 从心咎聲 此與人部倃皆謂歸咎於彼舉形聲包會意也其久切三部

愪 㥑皃 以下㥑字廿二見併上文四見各本皆作憂淺人用俗行字改之也許造此書依形立解斷非此形彼義牛頭馬脯以自爲矛盾者㥑者愁也憂者和行也如今本則此卄餘篆將訓爲和行乎他書可用叚借許自爲書不可用叚借 从心員聲 王分切十三部

怮 㥑皃 从心幼聲 於蚪切三部

忦 㥑也 从心介聲 此與上介下心之字義別五介切十五部

恙 㥑也 古相問曰不恙曰無恙皆謂無憂也 从心羊聲 余亮切十部

惴 㥑懼也 釋訓

毛傳皆曰惴惴懼也許意懼不足以盡之故增惪字**从心耑聲**之端切古音在十四部**詩曰惴惴其慄**詩者秦風黃鳥文慄當作栗轉寫之誤也古戰栗堅栗皆作栗戰栗及禮經栗階皆取栗駭之意

(篆)**惪也从心鈞聲**常倫切十二部廣韵作恂

(篆)**惪也**釋訓曰怲怲憂也毛傳曰怲怲憂盛滿也怲怲與彭彭音義同故云憂盛滿**从心丙聲**兵永切古音在十部讀如旁**詩曰憂心怲怲**

(篆)**惪也从心炎聲**此以形聲賅會意徒甘切八部**詩曰憂心如炎**節南山憂心如惔許所據作憂心如炎引之以朙會意也此豐麗引易之例今更正炎者火光上也憂心如之故其字作惔雲漢如惔如焚亦如炎之誤毛傳曰惔燎之也

(篆)**惪也**釋詁毛傳同**从心叕聲**陟劣切十五部**詩曰憂心惙惙**召南草蟲文**一曰意不定也**

(篆)**惪也**周南卷耳傳曰傷思也此傷卽慯之叚借思與憂義相近也方言慯廣雅作傷**从心傷省聲**

各本作殤省聲今正式亮切十部按舊音式羊切見廣韵

愁憂也或借爲揫字鄉飲酒義曰秋之爲言揫也从心秋聲士尤切三部

愵憂皃毛詩惄如輖飢韓詩作愵如方言愵憂也自關而西秦晉之間或曰惄蓋古惄愵通用从心弱聲讀與惄同奴歷切古音在二部

惂憂困也从心臽聲苦感切八部

悠憂也釋訓曰悠悠洋洋思也小雅悠悠我里傳曰悠悠憂也按此傳乃悠之本義渭陽悠悠我思無傳蓋同釋訓若黍離悠悠蒼天傳曰悠悠遠意此謂悠同攸攸同修古多叚攸爲脩脩長也遠也从心攸聲以周切三部

悴憂也方言悴傷也傷即慯字从心卒聲讀與易萃卦同秦醉切十五部

慁憂也昭六年左傳曰主不慁賓杜云慁患也从心圂聲胡困切十三部一曰擾也禮記儒行不慁君王陸賈傳無久慁公爲也

𢤦楚潁之間謂憂曰𢤦从心埶聲力至切按古音在一部玉篇廣韵皆

力之切至韵本無此字至集韵乃並見之至二韵大徐力至二字乃力之之誤也忓𢝊也卷耳云何
吁矣傳曰吁𢝊也此謂吁卽忓之叚借也亏部曰吁驚詞也本義不訓憂何人斯曰云何其盱都人士曰云何盱矣
盱亦忓之叚借毛無傳疑卷耳本亦作盱也盱張目也釋詁盱憂也盱本或作忓从心亏聲讀若
吁況于切五部忡𢝊也按也當作皃釋訓曰忡忡憂也毛傳曰忡忡猶衝衝也从心中
聲敕中切九部詩曰憂心忡忡召南草蟲文悄𢝊也按也當作皃釋訓曰悄悄
憂也毛傳曰悄悄憂皃从心肖聲親小切二部詩曰憂心悄悄邶柏舟文慽
𢝊也小明曰政事愈慽傳曰慽迫也又曰自詒伊慽傳曰慽憂也按下傳謂慽卽憾之叚借字也慽者戚也
从心戚聲倉歷切古音在三部或書作慼𢝊愁也上文云愁𢝊也此云𢝊愁也二篆互訓不
知何時淺人盡易許書𢝊字許於夊部曰憂和行也从夊𢝊聲非和行則不得从夊矣又引詩布政憂憂於此知許

所據詩惟此作憂其他訓愁者皆作𢝊自叚憂代𢝊則不得不叚優代憂而商頌乃作布政優優優優者饒也一曰倡也

从心頁 鍇本下衍聲字非

𢝊心形於顏面故从頁 此九字鉉本無之鍇本有韵會引同今汪啓淑所刻鍇本𢝊篆奪去憚篆已下又奪一葉少憚至惢三十三篆惟姑蘇顧氏黃氏所藏舊抄不少此會意如息从心自由心達於鼻思从心囟由心徹於囟也於求切三部

患 𢝊也从心上貫吅吅亦聲 此八字乃淺人所改竄古本當作从心毌聲四字毌貫古今字古形橫直無一定如目字偏旁皆作罒患字上从毌或横之作串而又析爲二中之形葢恐類於申也春秋繁露曰心止於一中者謂之忠持二中者謂之患患人之中不一者也董氏所說固非字之本形矣古毌多作串廣韵曰串穿也親串即親毌貫習也大雅串夷載路傳曰串習也葢其字本作毌爲慣摜字之叚借也廣韵又謂炙肉之器爲弗初限切亦毌字之變體也患胡丱切十四部舊多讀平聲

⿵門串 古文从關省 以關省爲聲也關从𢇇聲𢇇从丱聲丱者

𢝊　𢝊心形於顔面故从頁據此解則頁非䭫首之䭫可知

从說文卯字

𢚧亦古文患

恇怯也犬部曰怯多畏也杜林作怯素問尺虛者行步恇然王注恇然不足樂記眾不匡懼此叚匡爲恇也从心匡匡亦聲去王切十部按匡亦二字衍

㥦思皃从心夾聲苦叶切八部

懾失气也失气言則曰讋从心聶聲之涉切八部一曰心服也心字依元應書補

憚忌難也憸惡而難之也詩亦叚爲癉字大東哀我憚人是也从心單聲徒案切十四部一曰難也當作難之也難讀去聲今本奪之字凡畏難曰憚以難相恐嚇亦曰憚昭十三年左傳曰憚之以威周禮暴內陵外則壇之壇書或爲憚大鄭讀從憚之以威之憚西京賦曰驚蝄蜽憚蛟蛇

悼懼也陳楚謂懼曰悼方言悽憮矜悼憐哀也齊魯之閒曰矜陳楚之閒曰悼趙魏燕代之閒曰悽自楚之北郊曰憮秦晉之閒或曰矜或曰悼按方言甚明了許易哀爲懼未詳方言又曰悼傷也秦謂之悼皆不訓懼檜風中心是悼傳曰悼動也於懼義相合小雅上帝

甚蹈傳曰蹈動也謂蹈卽悼之叚借也故鄭申之云蹈讀曰悼从心卓聲徒到切二部

恐懼也从心巩聲丘隴切九部

𢖶古文

慴懼也从心習聲讀若曡之涉切七部

怵恐也孟子云怵惕从心术聲丑律切十五部

惕敬也从心易聲他歷切十六部

𢙨或从狄狄聲也漢書王商傳如此作

供戰栗也栗舊作慄今正大學曰恂栗也戰國策曰戰戰栗栗日愼一日方言蛩烘戰慄也荆吳曰蛩烘蛩烘又恐也注蛩恭兩音从心共聲此與上共下心之恭字義別戶工切又工恐切九部

核苦也通俗文思愁曰核廣雅核痛也从心亥聲胡槩切一部

惶恐也从心皇聲胡光切十部

悑惶也从心甫聲普故切五部

怖悑或从布聲

慹悑也莊子齊物論哀樂慮歎變慹司馬彪云慹不動皃桂馥曰不當作心从心執聲之入切七部

[篆文]

惕　敬也文選射雉賦注一切經音義引說作驚也案惕字不与恭憼諸字類列而次悼恐慴怵之後猶訓驚是也敬乃爛文

𢞺也此與𢞺篆轉注从心毄聲苦計切十六部

𢞺憊也通俗文疲極曰憊从心葡聲蒲拜切十五部今周易公羊傳皆作憊

憊𢞺或从疒

惎毒也左傳用此字有用其本義者如定四年惎閒王室哀元年惎澆能戒之注云惎毒也此用其本義也宣十二年晉人惎之脫扃注云惎教也此叚惎爲誋也誋誡也从心其聲渠記切一部周書曰來就惎惎今尚書無此文蓋卽秦誓未就予忌也惎忌音同義相近其餘乖異不敢肊說蓋必有誤奪

恥辱也辰部曰辱恥也二篆爲轉注从心耳聲敕里切一部

㥏青徐謂慙曰㥏方言㥏恧慙也荊揚青徐之閒曰㥏若梁益秦晉之閒言心內慙矣山之東西自愧曰恧从心典聲他典切十二部

忝辱也小雅小宛曰無忝爾所生傳云忝辱也从心天聲他典切按从天爲聲則古音必在十二部蓋或㥏之或體耳自字林讀他念切而失其本音矣

慙媿也女部曰媿慙也二篆爲轉注也

从心斬聲昨甘切八部

恧慙也从心而聲女六切古音在一部音轉入三部屋韵

怍慙也从心乍聲依小徐本在各切五部

憐哀也从心粦聲落賢切十二部

慩泣下也無聲出涕曰泣从心連聲从心者哀出於心也从連者不可止也連亦聲力延切十四部易曰泣涕慩如屯上六爻辭泣涕易作泣血雨無正傳曰無聲曰泣血檀弓注曰泣無聲如血出而九家虞翻注易乃云血流出目未知孰是慩如易作漣如漣者瀾之或字蓋許所據爲長

忍能也能者熊屬能獸堅中故賢者偁能而彊壯偁能傑凡敢於行曰能今俗所謂能幹也敢於止亦曰能今俗所謂能耐也能耐本一字俗殊其音忍之義亦兼行止敢於殺人謂之忍俗所謂忍害也敢於不殺人亦謂之忍俗所謂忍耐也其爲能一也仁義本無二事先王不忍人之心不忍人之政中皆必兼斯二者从心刃聲而軫切十三部

𢜩厲也蓋淬厲之意一曰止也左傳弭兵之弭周禮彌災兵之

彌郊特牲有由辟焉之辟皆當作此字　从心弭聲讀若沔彌兖切按弭在弓部亦作⿰弭見古音在十六部⿰忄弭亦當在十六部讀若沔者音之轉耳

⿱乂心　懲也古多用乂艾爲之而⿱乂心廢矣　从心乂聲魚肺切十五部

懲　⿱乂心也二篆爲轉注古亦叚徵爲懲　从心徵聲直陵切六部

憬　覺悟也从心景聲俱永切　詩曰憬彼淮夷魯頌文按上文云悟覺也憬當與悟爲鄰且毛詩作懬故訓遠行皃憬蓋出三家詩淺人取以改毛許書蓋本無此篆或益之於此

文二百六十三　重二十三

惢　心疑也魏都賦曰神惢形茹　从三心今俗謂疑爲多心會意今花蘂字當作此蘂蘂皆俗字也　凡惢之屬皆从惢讀若易旅瑣瑣旅初六爻辭惢讀如此瑣也按古音在十六部今才規才累二切是也

繠　𠂹也𠂹各本作垂誤今正左傳曰佩玉繠兮余無所繫之旨酒一盛

兮余與禍之父睨之注云繠然服飾備也按繠然垂意左氏繠繫睨爲韵古音十六部也

从惢系各本下有聲字今删此會意字系者所以系而垂之也不入系部者重惢也惢亦聲如壘切古音在十六部

文二

四十部 文八百一十 重八十八宋本作八十七

凡萬四字此第十篇分部及篆體及說解各都數

說文解字第十篇下

儀徵阮 元校字

說文解字第十一篇　上一

金壇段玉裁注

水 準也 準古音追上聲此以疊韵爲訓如戸護尾微之例釋名曰水準也準平也天下莫平於水故匠人建國必水地 北方之行 月令曰大史謁之天子曰某日立冬盛德在水 象衆水並流中有微陽之氣也 火外陽內陰水外陰內陽中畫象其陽云微陽者陽在內也微猶隱也水之文與☵卦略同式軌切十五部 凡水之屬皆从水

汃 西極之水也从水八聲 府巾切十二部 爾雅曰西至於汃國謂之四極 釋地曰東至於大遠西至於邠國南至於濮鉛北至於祝栗謂之四極釋文邠本或作豳說文作汃同彼貧反案汃之作豳聲之誤也作邠則更俗矣而可證唐以前早有以邠代豳者許意西極汃國必以汃水得名言水必先汃與邑部言地先鄯善皆自西而東

如禹貢之先弱水黑水也許不以溺水先於河者水莫尊於河與江也南都賦砏汎輣軋李善汎音八引埤蒼汎大聲也此假借別爲一義其音亦可讀如邠砏汎疊韵也

𣲖河水各本水上無河字由盡刪篆下復舉隸字因并不可刪者而刪之也許君原本當作河水也三字河者篆文也河水也者其義也此以義釋形之例毛傳云洽水也渭水也此釋經之例出敦煌塞外昆侖山句發原注海敦鍇作燉鉉作焞皆誤今正唐朝乃作燉煌見元和郡縣志前此皆作敦鄽氏書引應劭地理風俗記曰敦大也煌盛也地理志郡國志皆有敦煌郡縣六首敦煌許但云敦煌謂郡也明之沙州衞今甘肅之安西州敦煌縣玉門縣皆漢郡地也史記大宛傳曰于窴之西水皆西流注西海其東水東流注鹽澤鹽澤潛行地下其南則河源出焉多玉石河此四字當作爲積石河注中國鹽澤去長安可五千里又曰張騫死後漢使窮河源河源出于窴其山多玉石采來天子案古圖書名河所出山曰崑崙云漢書西域傳曰西域以孝武時始通本三十六國東則接漢阸以玉門陽關西則限

以蔥嶺其南山東出金城與漢南山屬焉其河有兩源一出蔥嶺一出于闐于闐在南山下其河北流與蔥嶺河合東注蒲昌海蒲昌海一名鹽澤者也去玉門陽關千三百餘里千字依水經注廣袤三四此字依小司馬增百里其水亭居冬夏不增減皆以爲潛行地下南出於積石爲中國河云地理志曰金城郡河關縣積石山在西南羌中河水行塞外東北入塞內至勃海郡章武入海過郡十六行九千四百里按于闐今之和闐也班云積石山者卽禹貢之道河積石今甘肅西寧府西南境之大積石也許云出敦煌塞外者卽班志云河水行塞外也云昆侖山者卽馬班所云出蔥嶺于窴天子案古圖書名其山曰崑崙也云發原注海者釋水文卽志所云東北入塞內至章武入海也史漢所云古圖書者謂禹本紀山海經皆云河出昆侖也馬班皆不信禹本紀山海經之言而許云出昆侖山者許從漢武帝所詺也塞外之山至高大者皆可謂之昆侖故武帝取以詺蔥嶺于闐山而不取荒誕之說爾雅釋水曰江河淮濟爲四瀆四瀆者發源注海者也河出崑崙虛色白所渠幷千七百一川色黃爾雅但言出崑崙虛而絕

無禹本紀山海經荒誕之言故許取爲說从水可聲乎哥切十七部

泑　泑澤澤上補一字在昆侖虛下宋本河泑下皆作昆侖趙鈔本侖作崙非虛字各本無今依太平御覽所引補昆侖虛見爾雅山海經水經丠部曰虛大丘也昆侖丘謂之昆侖虛山海經西山經曰不周之山東望泑澤河水所潛也其源渾渾泡泡西山經之泑澤郭景純酈善長皆云卽史漢之鹽澤一名蒲昌海者也云河水所潛卽史漢書所謂潛行地下南出於積石也泑澤岠于闐山漢武詺之昆侖者不甚遠故曰在昆侖虛下从水幼聲讀與𣢑同𣢑同呦於糾切三部

涷　涷水水上補涷字以下皆同出發鳩山入河北山經曰又北二百里曰發鳩之山漳水出焉東流注于河水經注濁漳篇曰漳水又東涷水注之涷水西出發鳩山東逕余吾縣故城南又東逕屯留縣故城北又東流注于漳故許愼曰水出發鳩山入關从水東聲也案酈注作入關不可通說文云入於河亦與水道不合又但云出發鳩山不言發鳩所在郡縣葢許所據山海經作涷水出焉東流

注于河故許仍舊立文如下文洽出北䣙山入邙澤亦全用北山經語涷作漳正如今北山經作涔許作洽及木部引櫨出發鳩山今作柘之比沕涷字皆出山海經故類舉之耳若依水經注則涷入濁漳濁漳徑入海不入河發鳩山淮南子注水經山海經注皆云在上黨長子縣西今山西潞安府長子縣縣西五十里有發鳩山 从水東聲德紅切九部按方言瀧涿謂之霑漬瀧涿亦曰瀧涷又爾雅楚辭有涷雨王云暴雨也

涪 涪水句以下同出廣漢剛邑道徼外南入漢地理志曰廣漢郡剛氏道郡國志曰廣漢屬國都尉領陰平道甸氏道剛氏道剛氏此作剛邑誤百官公卿表曰列侯所食縣曰國皇大后皇后公主所食曰邑有蠻夷曰道然則志偁甸氏道剛氏道湔氏道皆以其有氏而道之志於剛氏道下曰涪水出徼外南至墊江入漢過郡二行千六十九里過郡二者廣漢巴郡也墊江屬巴郡按剛氏道徼外蓋在今四川龍安府松潘廳境內地舊松潘衞也衞東有小分水嶺涪水出焉東南流經龍安府之平武縣江油縣彰明縣又經綿州又經潼川府之三臺

縣射洪縣遂寧縣至重慶府之合州城南嘉陵江合渠江自東北來會合流至重慶府府城北入大江合州漢之墊江縣也嘉陵江卽西漢水也許云南入漢謂入嘉陵江也水經云涪水出廣魏涪縣西北南至小廣魏與梓潼水合梓潼水出其縣北畍西南入於涪又西南至小廣魏南入於墊江云出涪縣與志異者水經舉稍近言也墊江縣名而云入於墊江者以地名名水也言州之水見於史者涪水謂之內水今之涪江也雒水合緜水謂之中水今在瀘州州城北入大江水道提綱謂之沱江者是也外水今之大江也**从水咅聲**縛牟切　三部

潼

潼水出廣漢梓潼北畍南入墊江墊各本作墊今正廣漢郡梓潼前後二志同前漢志曰梓潼五婦山馳水所出南入涪行五百五十里應劭注云潼水所出南入墊江水經曰梓潼水出其縣北畍西南入於涪又西南至小廣魏南入於墊江按馳水潼水梓潼水異名同實五婦山卽今四川保寧府劒州州西北五十里之五子山今劒州及緜州之梓潼縣菍漢梓潼地潼水出五子山之西大山東南流經今梓潼縣又經潼川府

之鹽亭縣又至射洪縣東南之獨坐山入涪江今謂之潼江射江瀰江許云南入褺江郎謂今射洪東南入涪江涪江下流至重慶府之合州合嘉陵江也漢志墊江應劭音徒浹反孟康音重疊之疊許書衣部云褺重衣也巴郡有褺江縣此縣爲嘉陵江渠江涪江會合之地水如衣之重複故曰褺江其字音疊淺人乃譌作昏墊之墊觀應孟之音則知漢書字固從衣也云入褺江者其縣其水通名也今四川忠州之墊江縣則漢巴郡臨江縣地與漢褺江相距甚遠○又按涪下曰南入漢者言至褺江而入西漢水也潼下曰南入褺江者言入西漢水在褺江境也錯見互相足○又按地理志水經之羌水下合白水又合西漢水郎今四川保寧府昭化縣城北合嘉陵江之白水也羌水亦謂之墊江者葢昔人以其委名其源魏書吐谷渾阿豺登其國西彊山觀墊江源今洮州衞西南三百四十里西嵹山羌水所出**从水童聲**徒紅切九部

江　**江水出蜀湔氐徼外崏山入海**蜀郡湔氐道二志同前志曰湔氐道禹貢崏山在西徼外江水所出東南至江都入海過郡九行七千七

百六十里今本九作七行七千作行二千今依徐鍇所引正過郡九者蜀郡犍爲巴郡南郡長沙江夏廬江丹陽廣陵國也湔氏徼外崏山卽禹貢岷山封禪書謂之瀆山李膺益州記謂之羊膞嶺今四川龍安府松潘廳卽松潘衞衞北二百三十里大分水嶺是也流經茂州成都府眉州嘉定府敘州府瀘州重慶府忠州夔州府湖廣之宜昌府荆州府岳州府武昌府漢陽府黃州府江西之九江府江南之安慶府池州府太平府江寧府鎭江府常州府諸境至北岸通州南岸蘇州府昭文縣境入海此禹貢漢志所謂北江入海也**从水工聲**古雙切九部

沱　江別流也召南曰江有沱釋水曰水自江出爲沱毛傳曰沱江之別者按今說文衍流字宜删沱爲江之別如勃澥爲海之別立文正同禹貢某氏注云沱江別名江別名謂江之別出者之名也別皆彼列切**出崏山東**句**別爲沱**禹貢曰岷山道江東別爲沱按荆州梁州皆有沱地理志蜀郡郫下曰禹貢江沱在西東入江汶江下曰江沱在西南東入江皆謂梁州沱也於南郡枝江曰江沱在西東入江謂荆州沱也

道江之東別爲沱自當謂梁州者鄭注尚書不信地理志所說以今水道言之水道提綱曰江至灌縣曰都江分爲二派其南流者正派也其東流經郫縣新繁成都新都金堂南經簡州資陽資縣富順至瀘州復入江者沱江也沱江會北來綿雒諸水而南入江曰中水是首受江尾入江與漢志合然此郫之沱耳汶江之沱尚當在其上流未審今何水

从水它聲徒何切十七部

浙　江水東至會稽山陰爲浙江

會稽郡山陰二志同今浙江省紹興府山陰縣是其地今俗皆謂錢唐江爲浙江不知錢唐江地理志水經皆謂之漸江江至會稽山陰古曰浙江說文浙漸二篆分舉劃然後人乃以浙名冒漸蓋由二水相合如吳越春秋越王至浙江之上史記楚威王盡取故吳地至浙江始皇至錢唐臨浙江皆謂是也今則江故道不可攷矣歙金氏榜禮箋曰班志南江在會稽吳縣南東入海揚州川北江在毗陵北東入海揚州川中江出丹陽蕪湖西南東至陽羨入海揚州川毗陵之北江即今大江其蕪湖之中江吳縣之南江運流湮廢據班志丹陽石城下云分江水首受江東至

餘姚入海過郡二行千二百里說文江水至會稽山陰爲浙江闞駰十三州志曰江水至會稽與浙江合晉灼亦云水經江水又東至石城縣分爲二其一東北流過毗陵縣北爲北江其一又東至會稽餘姚縣東入於海酈注沔水篇曰江水自石城東出爲南江又東逕宣城之臨城縣南又東逕安吳縣又東逕寧國縣南又東逕故鄣縣南安吉縣北又東北爲長瀆歷湖口又歷烏程縣南通餘杭縣則與浙江合又東逕餘姚縣故城南又東注於海所謂地理志江水自石城東出逕吳國南爲南江者也榜謂分江水合三江言之爲南江猶岷江合言之爲北江班氏備列南江中江北江以應職方揚州其川三江其於石城著南江源委猶於湔氐道著北江源委故志於中江言出蕪湖西南東至陽羨入海至南江北江但云東入海以入海之地已互見於石城湔氐道也是分江水爲南江卽志文考之謚明酈注能說南江而不能說中江耳

从水折聲旨熱切十五部

渽渽水出蜀汶江徼外東南入江蜀郡汶江見前志後志云蜀郡汶江道前志蜀郡青衣下云大渡水東南至南

安入渽汶江下云渽水出徼外南至南安東入江過郡三行三千四十里水經曰大江又東南過犍爲武陽縣青衣水沬水從西南來合而注之又曰青衣水出青衣縣西蒙山東與沬水合至犍爲南安縣入江沬水出廣柔徼外東南過旄牛縣北又東至越嶲靈道縣出蒙山南東北與青衣水合東入於江注曰江水又東南徑南安縣西縣治青衣水會衿帶二水矣縣南有峨眉山有蒙水卽大渡水也水發蒙谿東南與渽水合渽水出徼外徑汶江道南至南安入大渡水大渡水又東入江按經曰武陽注曰南安二縣壤接犍爲南安者今四川嘉定府治附郭縣曰樂山是也蜀郡汶江縣者今四川茂州治是其地凡言徼外者皆謂去其郡縣境不甚遠如廣漢剛氐道徼外蜀湔氐徼外皆是徼者張揖曰塞也以木柵水爲蠻夷畍也漢志青衣縣下有大渡水而無青衣水葢今之青衣水班所謂大渡水也今之大渡河班所謂渽水也凡水以互受而名亂舉如是矣且地理志不言沬水但言大渡水入渽渽水至南安入江水經華陽國志張揖注漢書皆曰沬水與青衣水合入江然則諸家云沬水與青衣水合者卽班志之大渡

水與渽水合也以今水道言今之青衣江出雅州府蘆山縣東伏牛山西麓東南流經滎經縣東雅州府城北名山縣南洪雅縣南夾江縣西至嘉定府西境與陽江合者諸家之青衣水班志之大渡水也今之大渡河出小金川司大金川司至上下魚通合打箭鑪瀘河經曬經關合越嶲河經峩眉縣西南大峩山前又經三峩山麓至嘉定府西南境青衣江自西北來會者諸家所云沫水班固所云渽水也大渡河自北而西而西南而東而東北曲行千五百里班云過郡三者蜀郡越嶲犍爲也云行三千四十里三千或是二千之誤凡唐宋史云大渡河者皆謂地理志之渽水卽司馬相如傳之沫水　**从水𢦏聲**　各本篆作涐解作我聲音五何切字之誤也今更正按作涐則與漢志不合遂有欲改志作涐者攷漢志師古注曰渽音哉蓋沿音義舊文玉篇涪潼渽江沱湔浙沫溫灊滇淹沮涂沅共十五字聯屬皆崏江之類與說文正合而涐字則廁於部末孫強陳彭年襍收字中此與木部梔字可正梔字之誤正同水經注云呂忱曰渽水出蜀許愼以爲渽水也从水𢦏聲分別許呂古今異體俗改渽爲涐非是廣韵

十六咍曰溅水名出蜀此用字林集韵十六咍類篇水部皆云溅或作浅此許字之佚見於古籍者祖才切一部

湔水出蜀郡緜虒玉壘山東南入江郡字衍前志曰蜀郡緜虒後志曰蜀郡緜虒道有蠻夷曰道前志省文耳前志曰緜虒玉壘山湔水所出東南至江陽入江過郡三行千八百九十里又曰廣漢郡緜竹縣紫巖山緜水所出東至新都北入雒廣漢郡雒縣章山雒水所出南至新都谷字誤入湔過郡三者蜀郡廣漢犍爲也湔水緜水雒水三水互受通偁水經云又東過江陽縣南雒水從三危山東過廣魏雒縣南東南注之是卽漢志之湔水兼緜雒至江陽入江者也三危山蓋卽漢志之玉壘山水經以雒爲湔也江陽今四川瀘州緜虒玉壘山當在松潘衞境內蜀都賦曰廓靈關以爲門包玉壘而爲宇劉逵注玉壘山名湔水出焉在成都西北岷山岎在後故曰宇靈關在前故曰門也今水道緜水由緜竹縣至漢州合雒水雒水由什邡縣至漢州合緜水其下流經簡州資陽縣資縣內江縣富順縣至瀘州城與大江會於漢志水經皆無不合特其名或異耳此史

所謂中水也其上游據酈氏云湔水入江有湔堋湔堰湔涣諸偁故今謂中水爲沱江但秦李冰所造非禹故道漢志亦不謂湔爲沱

从水前聲子仙切十二部

一曰湔半澣也各本作手濺之今依水經注引字林手作半依集韵玉篇之作也此別一義半澣者澣衣不全濯之僅濯其垢處曰湔今俗語猶如此此相沿古語如云湔裙是也廣韵湔洗也一曰水名此用說文而互易其先後耳字林蓋全襲說文語而酈書於湔水出緜虒玉壘山下引呂忱云一曰半浣水也下注江此妄增水字謂半浣爲湔水別名亦其涉獵者博不無抵梧濯者澣也湔者半澣也說文屬辭之法

沫水出蜀西南徼外東南入江蜀謂蜀郡也不言何縣者未審也沫水即淺水兩列之蓋許有未審

从水末聲莫割切十五部按瀑下云一曰沫也沫謂水泡江賦說水鳥云拊拂瀑沫

溫水出犍爲符付**南入黔水**犍依王氏宋本從木纂釋曰漢碑犍爲皆作犍爲是也符各本作涪誤今正地理志犍爲郡符下云溫水南至鄨入黚水黚水

亦南至鼈入江按黚黔音同黔水卽黚水水經於江水曰又東過枳縣西延江水從牂柯郡北流西屈注之枳縣今重慶府涪州治也枳與涪陵縣壤接今涪州城東北有黔江南自貴州合諸水入焉亦曰烏江亦曰涪江亦曰涪陵江此水自西而東而北源流二千三百里詳見水道提綱會貴州大定貴陽遵義平越石阡思南六府及湖廣施南半府四川酉陽黔江彭水南川涪州諸水實巨川也水經注延江篇曰溫水一曰煗水出犍爲符縣而南入黚水黚水亦出符縣南與溫水會俱南入鼈水江水篇曰華陽記曰枳縣在江州巴郡東四百里治涪陵水會皆烏江之源委也漢志今本疑有奪字以水經注正之疑當云溫水至鼈入黚水黚水亦出符至鼈北入江鼈非入江之地今云至鼈入江非例也水經之延江水於江水一條曰枳縣西注江於延江條曰至沅陵縣入於沅酈氏有一水枝分之說但許不言黔水所入班但言黚水入江不言何處入江古人略之葢其慎也水道提綱綜緒最詳而覈之古籍猝難互證犍爲符縣今四川瀘州合江縣其地也

从水𥁕聲　烏魂切十三部今以爲溫煗字許意當用𥁕爲

溫煥

灊 灊水出巴郡宕渠西南入江 巴郡宕渠二志同今順慶府渠縣縣東北七十里有宕渠城是也前志宕渠下曰灊水西南入江不曹水出東北南入灊水經於江水曰又東北至巴郡江州縣東彊水涪水漢水白水宕渠水五水合南流注之酈云宕渠水卽潛水渝水矣水經又曰潛水出巴郡宕渠縣又南入於江按許云西南入江則此水必合嘉陵江至合州入江未詳今之何水鄭注禹貢梁州曰漢別爲潛其穴本小水積成澤流與漢合蜀都賦演以潛沫劉逵云禹貢梁州沲潛既道有水從漢中沔陽縣南流至梓潼漢壽縣入穴中通岡山下西南潛出今名伏水舊說云禹貢潛水也劉澄之酈道元說與逵略同或以今保寧府廣元縣之由七盤關經神宣驛又經龍洞口至朝天驛北穿穴而出入嘉陵之水證之此水甚小殆非是況所由非宕渠也班許皆不釋禹貢以灊水系諸宕渠縣云西南入江許云出宕渠班則不云出宕渠然則灊是入西漢以入江之水今不能定爲何水耳 从水灊聲 昨鹽切七部

沮 沮水出漢中房陵東入江

漢中郡房陵二志同左傳之麇國成大心敗麇師於防渚闞駰曰防卽房陵也今湖北鄖陽府房縣是其地左傳定四年吳人敗楚及郢楚子出涉睢哀六年昭王曰江漢睢漳楚之望也前志房陵下曰東山沮水所出東至郢入江應劭南郡臨沮注曰沮水出漢中房陵東入江水經曰沮水出漢中房陵縣東山東南過臨沮縣界又東南過枝江縣東南入於江今此水出房縣西南二百里之景山經當陽縣合南漳水至荆州府城西南周寅店入江顧景范曰其字正作沮左傳作睢皆七餘反後譌爲租讀曰租字與音俱變矣今襄陽沮水左右地皆曰沮中亦謂之柤中襄陽記柤中在上黃界吳志赤烏四年諸葛瑾取柤中魏志正始四年諸葛瑾攻沮中正是一事**从水且聲**子余切五部按經典釋文漢書注皆曰七餘反

滇　益州池也滇池二志皆云益州郡滇池縣前志滇池縣下滇池澤在西北南中志曰有澤水周迴二百里所出深廣下流淺狹如倒流故曰滇池今雲南雲南府附郭昆明縣府城南之滇池是也城西南八十里爲海口大河卽滇池導流之處也下流至武定府注於金沙江金沙江在

四川敘州府入江从水眞聲都年切十二部涂涂水出益州牧靡南山西北入繩繩各本譌作澠今正牧前志作收後志作牧華陽國志竟作升李奇曰靡音麻收靡卽升麻常璩曰升麻縣山出好升麻收升牧三字皆同紐繇釋益州太守碑牧靡字三見晉書亦作牧矣益州郡牧靡二志同前志曰南山臘涂水所出西北至越巂入繩過郡二行千二十里水經注若水篇曰若水又東涂水注之水出建寧郡之收靡縣南山縣山竝卽草以立名山在縣東烏句山南五百里山生收靡可以解毒涂水導源臘谷西北流至越巂入若水按涂水出臘谷故漢志謂之臘涂水漢志說文皆云入繩而水經注云入若水者善長云若水又逕越巂大莋縣入繩繩水出徼外南逕旄牛道至大莋與若水合自下亦通謂之繩水矣諸書錄記羣水或言入若又言注繩正是異水沿注通爲一津隨納通稱也水道提綱曰金沙江卽古繩水鴉龍江一名打冲河卽古若水金沙江出番地至雲南姚安府大姚縣境合鴉龍江至四川敘州府治宜賓縣西南境入於江金沙自犛石山發源至雲南

麗江府境已四千二百餘里自麗江至四川敘州府又二千五百餘里源遠流長所受大水數十小水無數其爲大江上源無疑也玉裁謂多以金沙爲大江正源然非禹貢崏山道江之言禹貢於河源江源皆舉其近者聖人不尙遠略之意牧靡今何縣涂水今何水未審

从水余聲　同都切五部按古道塗塗塈字皆作涂

沅水出牂柯故且蘭東北入江　牂柯郡故且蘭二志同且音苴子閭反前志故且蘭下曰沅水東南至益陽入江過郡二行二千五百三十里按益陽屬長沙國漢志東南以地望準之當從說文作東北過郡二當作三謂牂柯武陵長沙國也水經曰沅水出牂柯故且蘭縣爲旁溝水又東至鐔成縣爲沅水東過無陽縣又東北過臨沅縣南又東至長沙下雋縣西北入于江水道提綱曰沅水數源一曰鎮陽江出貴州平越府東北之黃平州南金鳳山一曰清水江其源有二北曰平越府西北之豬梁江南曰都勻府西南之馬尾河古稱沅水出故且蘭必指豬梁江及豬梁所納之卡龍河也清水江與鎮陽江合於黔陽縣西經常德府治武陵縣西南而入江

洞庭湖源流實二千三百餘里古稱辰酉敘无漸五溪皆入焉从水元聲愚袁切十四部

淹水出越嶲徼外東入若水越嶲郡屬益州二志同嶲音先蘂反今四川語言讀如西上聲佩觿謂字作嶲與巂不同者謬說也同字異音耳不言何縣徼外者未審也水經曰淹水出越嶲遂久縣徼外東南至青蛉縣又東過姑復縣南東入於若水然則淹水亦合金沙江以入江者也越嶲郡今四川寧遠府是其地从水奄聲英廉切八部廣韵淹下曰漬也滯也久畱也敗也

溺水自張掖刪丹西至酒泉合黎餘波入于流沙禹貢曰弱水既西又曰道弱水至于合黎餘波入于流沙張掖郡刪丹二志同前志刪丹下曰桑欽以爲道弱水自此西至酒泉合黎又張掖郡居延下曰居延澤在東北古文以爲流沙水經曰合離山在酒泉會水縣東北流沙地在張掖居延縣東北今甘肅舊山丹衞即刪丹廢縣舊甘州衞西北千二百里有故居延城故居延城東北有居延海衞西北四十里有合黎山衞西有弱水胡氏渭禹

貢錐指曰溺水正流入居延海其餘波則入流沙流沙非居延也 **从水弱聲** 而灼切二部按今人用爲休沒字溺行而休廢矣又用爲人小便之尿字而水名則皆作弱 **桑欽所説** 漢書儒林傳孔氏古文尚書安國授都尉朝朝授膠東庸生庸生授清河胡常少子常授虢徐敖敖授王璜及平陵塗惲子眞子眞授河南桑欽君長地理志偁桑欽説五水部引桑欽説三桑經典釋文作乘

洮　洮水出隴西臨洮東北入河 隴西郡臨洮二志同前志臨洮下曰洮水出西羌中北至枹罕東入西枹罕屬金城郡東入西西字誤當依水經注作東入河水經曰河水又東入塞過敦煌酒泉張掖郡南又東過隴西河關縣北洮水從東南來流注之酈注引段國沙州記曰洮水與墊江水俱出嵹臺山山南卽墊江源山東卽洮水源按嵹臺山卽西頃山也墊江卽入西漢水之白水也今甘肅蘭州府狄道州州西南二百二十里有臨洮城漢縣也今洮河出洮州衞西南邊外之西傾山東麓東北流經狄道州南至蘭州府西境入河曰洮口行八百餘里 **从水兆聲** 土刀

切二部按洮爲地名水名極多又爲洮額又爲洮汏洮米皆用此字

涇水出安定涇陽开頭山東南入渭禹貢雍州曰涇屬渭汭周禮職方氏曰雍州其川涇前志曰安定郡涇陽开頭山在西禹貢涇水所出東南至陽陵入渭過郡三行千六十里雍州川陽陵屬左馮翊過郡三者安定扶風馮翊也今甘肅平涼府附郭平涼縣府西南有故涇陽城漢縣也开頭山亦作幵頭山始皇紀作雞頭山在今平涼府西南四十里今涇水出山之涇谷經涇州又經陝西邠州長武縣至西安府高陵縣西南二十里入渭曰涇口大致東南流也涇濁渭清故詩曰涇以渭濁涇水溉田之利自秦漢鄭國白公而後迄於唐宋元明皆修復白渠雝州之川也周禮職方氏文班氏述地理志曰采獲舊聞考迹詩書推表山川以綴禹貢周官春秋故每言禹貢某山禹貢某水某州川某州浸許意略同从水巠聲古靈切十一部按爾雅直波爲俓釋名作直波曰涇云涇徑也言如道徑也莊子涇流之大司馬彪云涇通也大雅鳧鷖在涇鄭箋曰涇水中也與下章沙訓水旁爲反

對謂水中流徑直孤往之波也今蘇州嘉興溝瀆曰某涇某涇亦謂其可徑通

渭水出隴西首陽渭首亭南谷東南入河隴西郡首陽二志同首陽縣今甘肅蘭州府渭源縣當是其地禹貢曰道渭自鳥鼠同穴入于河前志首陽下曰禹貢鳥鼠同穴山在西南渭水所出東至船司空入河過郡四行千八百七十里雍州𣿰過郡四者天水扶風京兆馮翊也水經曰渭水出隴西首陽縣渭谷亭南鳥鼠山注曰渭水出隴西首陽縣首陽山渭首亭南谷山在鳥鼠山西北縣有高城嶺嶺上有城號渭源城渭水出焉東北流逕首陽縣西與別源合別源出鳥鼠山渭水谷禹貢所謂渭出鳥鼠者也按酈注葢本說文較說文多首陽山三字疑今說文奪去酈依說文故以首陽山南谷與鳥鼠山爲二以今地志言之皆在渭源縣西相距甚近今渭水出此經鞏昌府及寧遠縣伏羌縣秦安縣秦州淸水縣寶雞縣岐山縣扶風縣武功縣盩厔縣鄠縣咸陽縣西安府臨潼縣高陵縣渭南縣朝邑縣至華陰縣北入於河古所謂渭汭左傳閔二年虢公敗犬戎於渭隊服虔曰隊謂汭也杜預

本作渭汭从水胃聲云貴切十五部洞簫賦注引埤蒼沸渭不安皃杜林說夏書五字何㠯爲出鳥鼠山後漢書杜林傳曰林於西州得漆書古文尚書一卷雖遭艱困握持不離出以示衛宏徐巡等宏巡益重之於是古文遂行此云杜林說夏書謂林說古文尚書禹貢也云㠯爲出鳥鼠山者冢上省文謂杜云渭水出隴西首陽縣之鳥鼠山鳥鼠山與首陽山南谷同縣而異地故別爲異說也雝州濅職方氏文鄭曰浸可以爲陂灌漑者

漾水出隴西獂道東至武都爲漢獂各本作柏字之誤也今依水經注所引說文正前志獂道屬天水後志屬漢陽漢陽卽天水也獂道不屬隴西當作氏道乃與漢志合水經注漾水篇曰許愼呂忱闞駰竝言漾水出隴西獂道東至武都爲漢水不言氐道然獂道在冀之西北又隔諸川無水南入疑出獂道之爲謬矣按禹貢曰嶓冢道漾東流爲漢又東爲滄浪之水前志隴西郡氏道下曰禹貢養水所出至武都爲漢武都郡武都下曰東漢水受氏道水一名沔過江夏謂之夏水二條相屬爲辭

隴西郡西下又曰禹貢嶓冢山西漢所出南入廣漢白水東南至江州入江鄭注尚書道漾引地理志漾水出隴西氐道至武都爲漢至江夏謂之夏水注梁州沱潛云潛蓋西漢出嶓冢東南至巴郡江州入江行二千七百六十里又云漢別爲潛其穴本小水積成澤流與漢合大禹自導漢疏通卽爲西漢水也班鄭皆謂東漢西漢同出嶓冢西漢者別於漢而曰西漢東流者本無東偁班志武都下云東漢者淺人增字鄭注云潛蓋西漢今尚書正義倒爲漢西皆非也班鄭所云今水道不合故異說紛然金氏榜禮箋曰後儒言漢水源者咸求之于嶓冢榜以漢志攷之嶓冢導瀁惟據禹貢漢水言耳周職方荊州漢水則不導源於嶓冢故志於武都沮下曰沮水出武都沮縣東狼谷南至沙羨南入江過郡五行四千里荊州川說文水經後漢郡國志皆云然蓋瀁水輟流不與漢相屬由來久矣志言禹貢瀁水出隴西氐道縣至武都爲東漢水一名沔過江夏謂之夏水入江此明禹貢漢水故道若魏郡鄴東故大河館陶屯氏河之類班氏自謂采獲舊聞考跡詩書推表山川以綴禹貢周官春秋下及戰國秦漢者如是非謂漢

代逕流之道東漢水仍上受氐道水也水經說西漢水曰瀁水出隴西氐道縣嶓冢山東至武都沮縣爲漢水東南至江州縣東南入于江瀁水既輟東流勢必西入徒以氐道無可考見後世莫能定其孰爲瀁水而與東漢水不相屬得水經校之諟明後儒考漢志不詳于漢源求嶓冢不得因旁漢水之山强名之爲嶓冢亦迮誣矣漢志禹貢嶓冢山在隴西西縣西漢水所出南入廣漢白水東南至江州入江不見于氐道然於氐道言禹貢瀁水所出東至武都爲漢正繹經嶓冢導瀁東流爲漢明氐道亦得有嶓冢山是山峯岫延長西氐道皆其盤迴之地準之地望氐道當在西縣東志已于西縣著嶓冢山氐道例不重出水經言瀁水出隴西氐道嶓冢山郭景純山海經注亦言嶓冢在武都氐道縣南可與漢志互明西漢水鄭書注以爲禹貢梁州之潛以上受漢別故得西漢水之稱後乃併其上流出嶓冢者名之爲西漢水矣玉裁謂金氏之言可爲異說折衷許云出隴西氐道至武都爲漢水許非用班志而與志同皆繹尚書禹時漢源也不言嶓冢山者言氐道而嶓冢在其中與志同也武都者漢武都郡之武都縣今甘

肅鞏昌府成縣西北百里有仇池城城東南有漢武都故城**从水羕聲**余亮切十部按韓詩江之漾矣以爲羕之假借

瀁古文从養尚書漾者小篆瀁者壁中古文如是今尚書作漾者漢人以篆文改古文也漢書作養者今文尚書用假借字也史記作瀁蓋亦本作養而或加之水旁因合乎古文淮南書作洋高誘曰洋或作養

漢漾也尚書某氏傳曰泉始出山爲漾按漾言其微漢言其盛也蕭何曰語曰天漢其名甚美

東爲滄浪水禹貢文水經曰沔水又東過鄖縣南又東北流又屈東南過武當縣東北注曰縣西北四十里水中有洲名滄浪洲庾仲雍漢水記謂之千齡洲非也是世俗語譌音與字變矣地記曰水出荊山東南流爲滄浪之水余按禹貢言又東爲滄浪之水不言過而言爲者明非他水決入也蓋漢沔水自下有滄浪通稱爾纏絡鄢郢地連紀鄀咸楚都矣漁父歌之不違水地玉裁按鄭注尚書滄浪之水言今謂夏水來同故世變名焉本未嘗謂他水決入若地記云出荊山是他水決入矣

从水難省聲按鷄難暵字從𦰩聲則灘下亦云𦰩

聲是矣難省聲蓋淺人所改不知文殷元寒合韵之理也呼旰切十四部古文漢如此按古文從或從大或者今之國字也

浪 滄浪水也 按據此解可證前後某篆下皆當云某水也淺人刪之存一水字非是 南入江 禹貢曰又東爲滄浪之水過三澨至于大別南入于江許以漾浪沔三篆全偁道漾經文記禹時漢水故道也其下流爲滄浪水入江與今水道同其源出隴西氐道嶓冢山至武都者今不可攷 从水良聲 來宕切十部按當平聲今但爲波浪字

沔 沔水出武都沮縣東狼谷東南入江 武都沮縣二志同今陜西漢中府略陽縣是其地有沮水出焉前志沮縣下曰沮水出東狼谷後志沮縣下曰沔水出東狼谷水經曰沔水出武都沮縣東狼谷中酈注曰沔水一名沮水引闞駰云以其初出沮洳然故曰沮水是則前志之沮水水經說文之沔水皆云出沮縣東狼谷實一水也前志曰南至沙羡南入江過郡五行四千里過郡五者武都漢中南陽南郡江夏也水經亦歷敘沔水所過之縣而曰又南至江夏沙羡

縣南入於江許說沔與漢志水經同此漢時漢水之道與禹貢時其源不同其委則一常璩云始源曰沔玉裁謂漢言其盛沮與沔皆言其微沔者發源緬然之謂尙書周官春秋傳曰漢漢時曰沮水曰沔水是爲古今異名水經且謂西漢水曰漢水謂禹貢漢水曰沔水許亦云涪水入漢不云入西漢云沔水入江云涪水入沔則許漢沔分偁同水經班云沮水荆州川職方荆州之川江漢然則班謂沮卽東漢亦明矣且志雖有西漢東漢之目而曰東漢水一名沔凡漢中下云旬水入沔淮水入沔筑水入沔宏農下云淯水入沔洱水入沔甲水入沔右扶風下云褒水入沔廣漢下云白水入漢涪水入漢分別畫然亦謂東漢爲沔西漢爲漢今漢水出陝西寧羌州經沔縣褒城縣漢中府城固縣洋縣西鄉縣石泉縣漢陰縣紫陽縣興安州洵陽縣白河縣湖廣舊上津縣竹山縣鄖西縣鄖陽府均州光化縣穀城縣襄陽府宜城縣安陸府荆門州潛江縣天門縣沔陽州漢川縣至漢陽府城東北合於大江今曰漢口古曰夏口曰沔口左傳謂之夏汭寧羌州距今略陽縣二百二十里析言之沮沔各爲一水渾言之則或統呼沮或

統呼沔也。**从水丙聲。**彌兗切。十二部。小雅沔彼流水。毛傳沔水流滿也。按許云瀰水滿也。詩之沔爲瀰之假借。**或曰入夏水。**水經注夏水篇云江津豫章口東有中夏口。是夏水之首。江之汜也。屈原賦所謂夏首。按今湖北荊州府附郭江陵縣府東南二十五里有夏水口是也。水經夏水東至江夏雲杜縣入于沔。注云當其決入之所謂之堵口。按堵口當在今湖北漢陽府沔陽州境內。沔水與夏水合。至漢陽府入江。或曰沔口。或曰夏口。然則入夏水卽入江也。劉澄之永初山川記云夏水是江流沔。非沔入夏。今按二水相合。互受通偁。謂沔入夏。亦無不可。

湟　湟水出金城臨羌塞外。東入河。金城郡臨羌。二志同。舊西寧衛西二百八十里有故臨羌城。前志臨羌下曰西北至塞外有西王母石室僊海鹽池。北則湟水所出。東至允吾入河。允吾下曰逆水出參街谷。東至枝陽入湟。浩亹下曰浩亹水出西塞外。東至允吾入湟。按水經河水又東過金城允吾縣北。注言湟水浩亹水逆水源流皆甚詳。水道提綱曰青海在今西寧府邊西五百餘里。古名西海。卽鮮水也。今爲厄魯特等二十三旗地青海東卽湟水古所謂湟中地北卽大通河古所謂浩亹水東南會湟水入黃河也湟水卽洛都水源出今西寧府西北邊外至今蘭州西境入黃河按允吾音鈆牙今甘肅蘭州府府西北三百里有故鈆吾城是也浩亹音閤門僊海卽西海古音西讀如仙**从水皇聲**乎光切十部

汧　汧水出右扶風汧縣西北句**入渭**右扶風汧二志同前志汧下曰吳山在西古文㠯爲汧山雍州山又曰汧水出西北入渭後志汧下曰有吳嶽山本名汧汧水出按前志不云汧水出汧山後志乃云爾汧故城當卽今陝西鳳翔府隴州州治東南汧源廢縣括地志曰故汧城在隴州南三里汧山在今隴州西北禹貢之岍周禮之嶽山也汧陽河卽古汧水出焉東南流經汧陽縣至寶雞縣縣東三十里合於渭班許皆於西北句絕此水自西北而東南也**从水幵聲**苦堅切十二部

澇　澇水出右扶風鄠北入渭右扶風鄠見邑部上林賦曰終始灞滻出入涇渭酆鎬潦潏紆餘委蛇經營乎其內蕩蕩乎八川分流相背而異態潘岳

關中記曰涇渭灞滻酆鎬潦潏所謂八川李善曰潦卽澇水也水經曰渭水又東過槐里縣南又東澇水從南來注之今陝西西安府鄠縣縣西三里澇水出南山澇谷北流經故萯陽宮西入長安縣畍入渭故曰北入渭水道提綱曰渭水東經鄠縣北境咸陽縣城東南又東北有豐水自西來合諸水北流注之諸水者澇水滈水潏水　**从水勞聲**　魯刀切二部史漢文選皆作潦惟封禪書正作澇按今用爲旱澇字

漆水出右扶風杜陵岐山東入渭　二志皆杜陵屬京兆尹杜陽屬右扶風此杜陵當作杜陽杜陽今陝西鳳翔府麟遊縣是其地周公劉居豳今陝西邠州是其地漢之漆栒邑二縣也太王遷郊今鳳翔府岐山扶風二縣是其地漢之杜陽南美陽北也大雅曰民之初生自土漆沮傳曰漆漆水沮沮水也又曰周原漆沮之閒也周頌潛傳又曰漆沮岐州之二水也據毛說則漆沮二水實在岐周之地小雅吉日傳但云漆沮之水麀鹿所生其解必同大雅周頌許云漆水出杜陽正岐周地也此漆沮在涇西禹貢道渭又東過漆沮則在涇東與岐周無涉玉裁謂水經

璞誤樸

曰漆水出扶風杜陽縣俞山東北入於渭正與說文合惟岐作俞耳酈氏引開山圖曰岐山在杜陽北長安西有渠謂之漆渠酈又云漆水出杜陽縣之漆溪謂之漆渠漆渠合岐水與橫水合東注雍水又合杜水南注於渭郭樸山海經注云今漆水出岐山皆與水經合而前志右扶風漆縣下云漆水在縣西以地望準之葢此漆水出豳地漢漆縣以水爲名西南流至周郊地南漢杜陽美陽境而入渭實出今之邠州西南流至麟遊扶風閒入渭也大雅云率西水滸箋云循漆沮水側傳又云周原漆沮之閒也是此水源委自豳至郊漢人皆審知形勢今則茫昧難詳矣闕駟十三州志云漆水出漆縣西北至岐山東北入渭正與毛詩傳箋合許及水經云出杜陽岐山者容舉其近源言之邑部云郊在右扶風美陽中水鄉此以岐山系杜陽者岐山在杜陽之南美陽之北周原在岐山之陽故詩譜曰周原者岐山陽地屬杜陽郡國志注所引如是**从水桼聲**四字依水經注所引在此小徐本从某某聲往往閒在兩義之中不同大徐皆小徐爲古本也親吉切十二部**一曰漆城池也**小徐本如是與水經

注所引合大徐本作一曰入洛葢淺人讀酈注沮水篇者改之洛水雍州之浸下文出歸德北夷畍中者卽涇東之漆沮水也涇西之漆不得入洛中隔涇水矣一曰者別一義城隍有水曰池城池謂之漆葢古有是名酈兼引此句猶其兼引一曰湔半澣之謬

滻　滻水出京兆藍田谷入霸　霸宋本汲古閣初印皆同霸灞古今正俗字許書無灞史漢皆作霸水京兆尹藍田二志同故城在今陝西西安府藍田縣治西十一里前志京兆尹南陵下曰文帝七年置沂水出藍田谷北至霸陵入霸水霸水亦出藍田谷北入渭師古曰沂音先歷反按此乃大謬沂者滻字之誤水經注引志可證張揖注上林賦亦曰霸出藍田西北而入渭滻亦出藍田谷北至霸陵入霸水經曰渭水又東過長安縣北又東過霸陵縣北霸水從縣西北流注之注云霸者水上地名也古曰滋水秦穆公霸世更名滋水爲霸水以顯霸功水出藍田縣藍田谷逕藍田縣東又左合滻水又北長水注之又北會兩川又北左納漕渠又東逕新豐縣右會故渠故渠卽經所謂東過霸陵縣霸水從縣西北流注之者也今無水

又北逕秦虎圈東又北入於渭水張守節曰雍州藍田縣滻水卽荊谿狗枷之下流也按酈注說長水出杜縣白鹿原西北流謂之荊谿又西北左合狗枷川注於霸俗謂之滻水非也史記霸滻長水盡得比大川之禮此可證張氏之誤矣水道提綱曰灞水上源卽藍水也出藍田縣藍關之西南山秦嶺經西安府境東而北有滻水西南自太乙山東南之西王谷嶺及秦嶺三源合而北流又東北流來會旣合滻水東北至高陵縣南境入渭曰灞口 从水產聲 所簡切十四部

洛 洛水出左馮翊歸德北夷畍中東南入渭 左馮翊三字當作北地二字前志北地郡歸德下洛水出北蠻夷中入河入河者入渭以入河也此揔舉其源委也左馮翊褱德下曰洛水東南入渭此言其入渭之處也許之例舉源地不舉委地然則當云出北地歸德無疑矣今甘肅慶陽府安化合水二縣漢歸德地也今陝西同州府朝邑縣有懷德城漢縣也括地志云洛水源出慶州洛源縣白於山方輿紀要曰洛水出慶陽府合水縣北二十里白於山東北流經廢洛源縣又經保

安縣安塞縣甘泉縣鄜州又南經洛川縣南中部縣東而沮水入焉沮水自中部縣子午嶺東南流而入於洛水卽說文瀘水出北地直路西東入洛也自是洛水亦兼沮水之稱又南流經宜君縣過耀州合漆水歷三原縣富平縣白水縣又東南流經澄城縣同州府至朝邑縣南入渭水水道提綱又云舊合渭入河自明時改流徑入河不南入渭今洛口南去渭口三十里按水經注本有雍州洛水篇今亡之矣禹貢道渭節謂之漆沮職方雍州其浸渭洛小雅瞻彼洛矣傳曰洛宗周之浸也左傳國語皆云三川震韋杜以涇渭洛爲三川

从水各聲

盧各切五部按雍州洛水豫州雒水其字分別自古不紊周禮職方豫州其川熒雒雍州其浸渭洛正義本不誤逸周書職方解地理志引職方正同雒不見於詩瞻彼洛矣傳曰洛宗周浸水也此引職方氏文也洛不見於左傳傳凡雒字皆作雒如僖七年伊雒之戎宣三年楚子伐陸渾之戎遂至於雒是也淮南墬形訓曰洛出獵山據高注謂雍州水也雒出熊耳據高注謂豫州水也漢地理志𢎞農上雒下云禹貢雒水出冢領山東北至鞏入河豫州川盧氏下云伊水出熊

耳山東北入雒黽池下云穀水出穀陽谷東北至穀城入雒新安下云禹貢澗水在東南入雒河南穀成下云禹貢瀍水出朁亭北東南入雒此謂豫州水也左馮翊褱德下云洛水東南入渭北地歸德下云洛水出北蠻夷中入河直路下云沮水出東西入洛此謂雝州水也已上皆經數千年尚未誤者而許書水部下不舉豫州水尤爲二字分別之證後人書豫水作洛其誤起於魏裴松之引魏略曰黃初元年詔以漢火行也火忌水故洛去水而加隹魏於行次爲土土水之牡也水得土而乃流土得水而柔故除隹加水變雒爲洛此丕改雒爲洛而又妄言漢變洛爲雒以揜己紛更之咎且自詭於復古自魏至今皆受其欺周禮春秋在漢以前誰改之乎尚書有豫水無雝水而蔡邕石經殘碑多士作雒鄭注周禮引召誥作雒是今文古文尚書皆不作洛鄭蔡斷不擅改經文也自魏人書雒爲洛而人輒改魏以前書籍故或致數行之內雒洛錯出即如地理志引禹貢既改爲洛矣則上雒下曰禹貢雒水不且前無所承乎若郊祀志幷洛從水後文宣帝以四時祀江海雒水成王郊於雒邑字皆從隹又當時二字確然分別

之證也

淯水出宏農盧氏山東南入沔　宏農郡盧氏二志同今河南河南府盧氏縣是其地前志盧氏下曰有育水南至順陽入沔順陽者南陽之博山也中山經曰攻離之山淯水出焉南流注于漢依文選注水經曰淯水出宏農盧氏縣攻離山東南過南陽西鄂縣西北又東過宛縣南又屈南過淯陽縣東又南過新野縣西又南過鄧縣東南入於沔今河南南陽府府城東三里俗名白河者是由南陽達於新野府境諸水悉會焉又南至湖廣光化縣又東經故鄧城東南而入漢水水道提綱云漢水經襄陽府城北樊城南有白河唐河東北自河南新野合南陽府諸縣及鄧州水南流又合西來之淯河東來棗陽之滾河來會齊氏所謂白河即淯水也南陽之水淯冣大水經注云合魯陽關水洱水梅谿水朝水棘水濁水湍水比水白水入漢南都賦曰淯水盪其胷推淮引湍三方是通知淯冣大齊氏召南以趙河當之非也許謂西漢爲漢謂東漢爲沔故涪下曰入漢淯下曰入沔漢志水經之例亦同

从水育聲　余六切三部按漢志作育

或曰出酈山西

前志南陽酈下曰育水出西北南入漢漢當作沔葢出酈山者與出盧氏山者異源而同流故班許皆兼述之也酈故城在今河南南陽府內鄉縣縣東北

汝 汝水出宏農盧氏還歸山東入淮

宏農盧氏見上前志汝南郡定陵下曰高陵山汝水出東南至新蔡入淮過郡四行千三百四十里水經曰汝水出河南梁縣勉鄉天息山酈云地理志曰出高陵山卽猛山也亦言出南陽魯陽縣之大孟山又言出宏農盧氏縣還歸山博物志曰汝出燕泉山竝異名也余以永平中除魯陽太守既在遘見不容不述今汝水出魯陽縣之大孟山蒙柏谷西卽盧氏畍也其水東北流逕太和城西城北又東屈堯山西嶺下水流兩分一東逕堯山南爲滍水一東北出爲汝水東流至原鹿縣入於淮所謂汝口據酈說得諸親見大孟山之西卽盧氏畍此許云出盧氏還歸山所由也凡言水源者或數源竝合而偏舉其一或遠源罕見而劣舉其近是以每多乖異前志云出定陵入淮於新蔡皆在汝南郡而云過郡四班固知不始於高陵山矣過郡四者蓋南陽河南潁川汝南也方輿紀要曰今汝水

出汝州魯山縣西南七十里大盂山東北流出縣北經伊陽縣汝州南又東南經寶豐縣郟縣南入南陽府裕州盻經葉縣北又東入許州之襄城郾城縣南而入汝寧府西平縣境東南流經上蔡縣西汝陽縣北又東經新蔡縣西息縣北至江南潁州南而注於淮葢非復漢以前故道矣水道提綱曰汝水舊從舞陽縣北而南入西平盻自元末於濄河堨斷其流使東歸潁於是西平雲莊諸石二山之水明時亦塞今水道與古全異卽名稱亦隨時不同所謂瀷瀙澺汝溱潩亦難確鑿指證但據時俗所見敘其源流耳　从水女聲人渚切五部

潩　水出河南密縣大隗山南入潁　河南郡密二志同今河南開封府密縣縣東南三十里有故密城大騩山卽具茨山在今河南開封府新鄭縣縣西南四十里嵩山與密接盻前志密下曰有大騩山潩水所出南至臨潁入潁水經曰潩水出河南密縣大騩山東南入於潁今潩水自新鄭大騩山南流經許州長葛縣流入許州北二十里又南經許州臨潁縣而合於潁一名魯固河又名清流河是也　从水異聲與職切一

部鄺曰時人謂之敕水非也敕湨音相類故字從聲變
爾按師古曰湨又音昌力反李吉甫曰湨水俗名勑水

汾水出大原晉陽山西南入河 太原郡晉陽二志同今山西太原府太原
縣縣治東北有太原舊城城中舊有三城一曰大明城古
晉陽城也左傳有六名曰大夏曰大原曰大鹵曰夏墟曰
晉陽曰鄂其實一也周禮河內曰冀州其浸汾潞左傳曰
新田有汾澮以流其惡又曰宣汾洮前志曰大原郡晉陽
晉水所出東入汾汾陽汾水所出西南至汾陰入河水經
曰汾水出大原汾陽縣北管涔山至汾陰縣北西注於河
按許云出晉陽山與志水經不合者志水經舉其遠源許
舉其近源也汾出管涔山東南過晉陽縣東晉水從縣南
東流注之許意謂晉水卽汾水之源所謂晉陽山者葢卽
縣甕山在今太原縣西南十里晉水所出也杜注左傳曰
汾水出太原與許合今汾水出靜樂縣管涔山經陽曲縣
至太原縣城東晉水入焉又經清源縣東南徐溝縣北又
經交城縣文水縣平遙縣汾陽縣孝義縣介休縣靈石縣
霍州趙城縣洪洞縣臨汾縣襄陵縣太平縣曲沃縣至絳

州城南澮水入焉又經稷山縣河津縣至滎河縣北境入河在龍門之南五十里曰汾口於古水道無大異从水分聲符分切十三部按大雅汾王之甥毛曰汾大也此謂汾卽墳之假借也或曰出汾陽北山漢志水經說見上鄭注周禮亦曰汾出汾陽冀州浸周禮職方氏文

澮水出河東彘霍山西南入汾河東彘三字鉉奪鍇本誤作河西二字今正前志河東郡彘後志曰永安故彘前志彘下曰霍大山在東冀州山今山西霍州州東南霍山禹貢之大岳也水經曰澮水出河東絳縣東澮交東高山西至王澤注於汾水不言出霍山者水經舉其近源許舉其遠源也水道提綱曰澮河源出翼城縣東南山西流經中衞鎭又西稍北至城南又西經曲沃縣南又西至絳州城南入汾方輿紀要翼城縣有澮高山有澮水入曲沃縣畍至絳州南入汾从水會聲古外切十五部按今文尚書以畎澮爲巜巜見谷部巜下又曰水流澮澮也澮澮卽活活

沁水出上黨穀遠羊頭山東南入河上黨

郡穀遠二志同今山西沁州沁源縣縣城南故穀遠城漢縣也前志穀遠下曰羊頭山世靡谷沁水所出東南至滎陽入河過郡三行九百七十里三郡上黨河內河南也水經曰沁水出上黨湼縣謁戾山南過穀遠縣東至滎陽縣北東入於河按水經及注皆云至滎陽入河師古據唐時在懷州武陟入河疑轉寫錯誤非也古水道與唐時不同耳山海經水經舉湼謁戾山班許舉穀遠羊頭山者羊頭卽謁戾也戴先生曰山在今武鄉縣西百二十里西北接祁縣平遙縣西南接沁源縣一名麓臺山迤邐而西爲綿山其北爲介休縣西爲靈石縣皆謁戾山也今沁水出沁州沁源縣西北百里之綿山東谷西南流經平陽府岳陽縣東又折而東南經澤州府沁水縣東又南經陽城縣東而入河南懷慶府盼歷濟源縣東北又南經府城北又東南經武陟縣東修武縣西而入於河與唐時入河處同

从水心聲　七鴆切七部經典釋文引郭樸三蒼解詁曰音狗吣之吣吣今譌作沁

沾水出上黨壺關東入淇　上黨壺關二志同今山西潞安府附郭長治縣府治卽漢壺關地前志壺

關下曰有羊腸坂沾水東至朝歌入淇水經注淇水篇曰淇水出沮洳山衡激横山又東北沾水注之水出壺關縣東沾臺下東流注淇水今山西潞安府壺關縣東南有沾水是

一曰沾逗益也沾添古今字俗製添爲沾益字而沾之本義廢矣添從忝聲忝從天聲古音當在眞先部也楚辭大招不沾薄只王曰沾多汁也薄無味也其味不濃不薄適甘美也漢曹全碑惠沾渥白石神君碑澍雨沾洽魏受禪表元澤雲行罔不沾渥皆卽今之添字竊疑小雅既霑既足古本當作沾既漚既渥言厚也既沾既足言多也

从水占聲他兼切二義同七部檀弓假爲覘字史記陳丞相世家滑稽列傳假爲霑字

冀州浸也周禮職方氏曰冀州其浸汾潞鄭云潞出歸德此謂潞卽洛耳按班許皆云洛出歸德北夷畍中漢歸德在今甘肅慶陽府境洛水在今陝西同州府境入河非冀州地也且雍州既曰其浸洛矣安得又爲冀浸鄭注於雍州云洛出懷德冀州云潞出歸德葢由株守地理志而未思志歸德下言其源懷德下言其委一水兩言不當改洛爲潞以屬冀州自雍入冀古無此水

以當之許但云冀州浸不言何出何入不欲強爲之說葢此浸自周初迄漢湮沒不彰古今變遷大類如斯如大河故瀆洓水枯絕河水不出嶓冢皆無可疑者班許皆不言潞之源流此可以正鄭注矣闞駰曰潞縣有潞水爲冀州浸卽漳水也善長亦謂無他大川可以爲浸惟漳水耳此非許意也周禮川漳浸潞竝言則非一物

上黨有潞縣 上黨郡潞縣二志同今山西潞安府潞城縣東北四十里有故潞城漢縣葢治此春秋宣十五年晉師滅赤狄潞氏以潞子嬰兒歸前志曰潞縣故潞子國也按潞國以水得名 **从水路聲** 洛故切五部

漳　水名从水章聲 韵會所據鍇本如此諸良切十部水名二字古本當作濁漳水也三字 **濁漳出上黨長子鹿谷山東入淸漳** 上黨郡長子二志同本晉邑見左傳國語今山西潞安府長子縣縣西南有故長子城是也前志長子下曰鹿谷山濁漳水所出東至鄴入淸漳水經曰濁漳水出上黨長子縣西發鳩山酈曰漳水出鹿谷山與發鳩連麓而在南淮南子謂之發苞山故異名互見也按今濁漳水

出山西長子縣西五十里之發鳩山經潞安府潞城縣襄垣縣黎城縣入河南林縣畍合於淸漳禹貢所謂衡漳也

淸漳出沾山大要谷北入河上黨郡沾二志同師古曰沾音他兼反今山西平定州樂平縣縣西南三十里有沾縣故城前志沾下曰大黽谷淸漳水所出東北至阜成入大河大衍過郡五行千六百八十里冀州川過郡五者上黨魏郡淸河信都勃海也水經曰淸漳水出上黨沾縣西北少山大要谷至武安縣黍窖邑入於濁漳按志言濁漳入淸漳淸漳入河經言淸漳入濁漳濁漳會虖沱入海乖異者當緣作水經時與作志時異也許云入河與志合王氏應麟曰漳水舊入河周定王五年河徙而南故漳水不入河而自達於海王氏特臆度之詞依班許則漢時未嘗不入河也今淸漳出樂平縣西南二十里之少山經和順縣遼州河南涉縣至林縣交漳口合濁漳既合之後入直隸畍移徙分合自昔不常今則一派至山東臨淸州入運河一派在直隸新河縣入北泊會滹沱至天津入海詳見水道提綱

南漳出南郡臨沮南郡臨沮二志同今湖北襄陽府南漳縣

縣西南六十里有臨沮故城是也左傳曰江漢睢漳楚之望也睢卽出漢中房陵之沮水見上文前志臨沮下曰禹貢南條荆山在東北漳水所出東至江陵入陽水陽水入沔行六百里按志不言沮者以漳該沮也其云陽水葢謂沮水也水經曰漳水出臨沮縣東荆山東南至枝江縣北烏扶邑入於江酈氏曰今漳水於當陽縣之東南百里餘而右會沮水也按今漳水源自鄖陽府房縣景山至保康縣境會沮水

淇水出河内共北山東入河韵會引作東至黎陽入河此用漢書增三字也說文之例舉所出之郡縣不舉入河入江之郡縣所出之地不變者多下流古今多變故略之也河内郡共二志同共音恭今河南衞輝府輝縣治古共城也前志共下曰北山淇水所出東至黎陽入河北山今輝縣西北蘇門山其別阜曰共山是也詩曰毖彼泉水亦流於淇又曰泉源在左淇水在右泉謂淇之源也今淇水自彰德府林縣流入衞輝府淇縣境入衞河而入海與古入河者迥異**或曰出隆慮西山**隆慮漢諱殤帝改曰林慮此不改者書成於和帝永元十二年已前

也前志河內郡隆慮後志作林慮慮音閭今河南彰德府林縣是其地西山者今林縣西北二十五里隆慮山是也水經曰淇水出河內隆慮縣西大號山東北入於海山海經注亦曰今淇水出汲郡隆慮縣大號山東過河內縣南為白溝**从水其聲**渠之切一部山海經作濝

蕩水出河內蕩陰東入黃澤河內郡蕩陰二志同蕩音湯古音也後人省艸古有羑里城西伯所拘也今河南彰德府湯陰縣西南有故蕩陰城前志蕩陰下曰蕩水東至內黃入黃澤今本奪入黃二字水經曰蕩水出河內蕩陰縣西山東東北至內黃縣入於黃澤注云蕩水合羑水長沙溝逕內黃城南東注白溝按內黃黃澤在今直隸內黃縣水道提綱曰衛河經湯陰縣東盻湯河出湯陰縣西山中東流經縣城北東入衛河則與古水道大異**从水𦵔聲**徒朗切十部按古音吐郎切假借為浩蕩字古音亦同

沇水出河東垣東王屋山謂垣縣東之王屋山水經云垣縣東王屋山是也**東為泲**各本作河東東垣誤倒一字今依水經正周禮職方

氏注山海經注皆云東垣衍字耳漢志眞定縣故東垣非此地若晉史宋志後魏志隋志之東垣則今河南府之新安縣也河東郡垣二志同今山西絳州垣曲縣河南懷慶府濟源縣是其地垣曲縣縣西北二十里有垣縣城是也前志垣下曰禹貢王屋山在東北沇水所出東南至武德入河軼出滎陽北地中又東至琅槐入海過郡九行千八百四十里過郡九者河東河内陳留梁國濟陰泰山濟南齊郡千乘也水經曰濟水出河東垣縣東王屋山爲沇水東至溫縣西北爲濟水南當鞏縣北南入於河王屋山今在濟源縣西八十里沇水所出北山經曰王屋之山𣸈水出焉郭云𣸈沇聲相近郘沇水也尚書某氏傳曰泉源爲沇流去爲濟按泉出沺洳曰沇引伸爲沇州口部曰九州之渥地也故以沇名焉　从水允聲　以轉切十四部

㕣　古文沇如此　各本篆作㕣誤今正臣鉉等曰口部已有此重出按口部小篆有㕣然則鉉時不從水旁也口部㕣下曰山閒陷泥地从口从水敗皃葢㕣字在古文則爲沇水沇州在小篆則訓山閒陷泥地如䜌字在籒文則訓順在小篆則訓慕皆同形而古今

異義也古文作㕣小篆作流𣸣變作兖此同義而古今異形也

泲　沇也東入于海

按沇泲二篆之解文體與漾漢浪三篆同皆用禹貢文也禹貢曰道沇水東流爲濟入于河泆爲滎東出於陶丘北又東至于菏又東北會于汶又北東入于海今泲水不特入河以後經文所謂不可致詳考郡國志曰河東垣有王屋山兖水出河內溫濟水所出王莽時大旱遂枯絕水經注曰濟水故瀆在溫當王莽之世川瀆枯竭其後水流徑通津渠勢改尋梁脈水不與昔同是在西漢已後所謂東流爲濟入于河者已非禹蹟之舊矣許云東入于海此謂禹時故道獨行達海故謂之瀆今之大清河小清河非無泲水在其間而混淆莫辨漢水之源今與經絕殊泲水之流軼出地中而爲巨川今又與經絕殊也

从水𠂔聲

子禮切十五部按四瀆之泲字爾雅史記風俗通釋名皆作濟毛詩邶風有泲字而尚書周禮春秋三傳地名則非水也惟地理志引禹貢職方作泲而泰山郡下云甾水入泲禹貢汶水入泲齊郡下云如水入泲河南郡下云狼湯渠首受泲東郡臨邑下云有泲廟然以濟南濟

陰名郡志及漢碑皆作濟則知漢人皆用濟班志許書僅存古字耳風俗通說四瀆曰濟出常山房子贊皇山東入泜酈氏譏其誤亦可證泲字之久不行矣

洈水出南郡高城洈山東入繇

城前志作成水經注作城南郡高成下曰洈山洈水所出東入繇繇水南至華容入江過郡二行五百里水經江水篇曰又東南當華容縣南澗水入焉又東南油水從西南來注之油水篇曰油水出武陵孱陵縣西畍東過其縣北又東北入於江油水卽說文下文之油水非漢志之繇水也漢志洈入繇繇入江此在江北而南入南郡高城華容在江北也油水入江在江南而北入孱陵在江南也然則繇油同音而絕不相涉酈注油水篇乃云孱陵縣白石山油水所出東逕其縣西與洈水合洈出高城縣洈山東逕其縣下東至孱陵縣入油水殊爲襲志語而謬誤葢江北之洈水繇水不可攷乃以江南之油水當之也山海經曰宜諸之山洈水出焉南流注於漳

从水危聲

過委切十五部師古音危

溠水在漢南

職方氏曰豫州其浸波溠注云春秋傳曰楚子除道

梁溠營軍臨隨則溠宜屬荆州在此非也按傳文見莊四年職方荆州浸潁湛豫州浸波溠許書於湛曰豫浸於溠曰荆浸葢正經文之誤與鄭說溠正同也杜預曰溠水在義陽厥縣西東南入鄖水釋例曰厥縣西有潦水源出縣北從縣西東南至隨縣入鄖水水經注曰溠水出隨縣西北黃山南逕㵐西縣西又東南㵐水入焉又東南逕隨縣故城西又南流注於溳溳入夏水方輿紀要曰今溠水出德安府隨州西北二百里之栲栳山東南流至州北百十里有魯城河流合焉至安貢鎭入溳水道提綱曰漢水至漢川縣溳口塘北有溠溳諸水北自隨州南流會德安府雲夢應城數縣水來注之源流長五百餘里玉裁謂職方謂爲一州之浸正指溳溠合流長五百餘里而言也

从水差聲 側駕切古音在五部

洭 荆州浸也春秋傳曰脩涂梁溠 見上

洭水出桂陽縣盧聚南出洭浦關爲桂水 縣字依韵會補此水出桂陽郡桂陽縣郡縣同名故曰桂陽縣如邑部鄏下云河南縣之例南出二字各本作山字今依水經正桂陽郡桂陽二志

同今廣東廣州府連州州治卽漢縣地也前志桂陽下曰洭水南至四會入鬱過郡二行九百里二郡桂陽南海也水經曰洭水出桂陽縣盧聚東南過含洭縣南出洭浦關爲桂水按前志南海中宿縣有洭浦關酈注亦云尒今志文闕作官桂陽下洭作匯皆譌字也今洭水出連山縣東南流經連州英德縣淸遠縣合湞水經三水縣至廣州府城西入西江以入海班所謂入鬱今廣東之北江也　其出洭浦關在今淸遠縣酈氏曰桂水者洭之別名也　从水匡聲　去王切十部按洭水亦曰湟水史記出桂陽下匯水滙者洭之誤漢書作下湟水是也酈氏引山海經湟水今山海經云潢水出桂陽西北山東南注肄水入敦浦西潢者湟之聲誤敦者郭之字誤水經注引作郭浦郭浦卽洭浦也音相近

𣸁　溱水出桂陽臨武入洭　洭各本作匯今正桂陽郡臨武二志同今湖南桂陽州臨武縣縣東五十里臨武故城是也前志臨武下曰秦水東南至湞陽入洭行七百里水經曰溱水出桂陽臨武縣南繞城西北屈東流東至曲江縣安聶邑東屈西南流過湞陽縣出洭浦關與桂水合東入

於海志之秦水卽溱水也經之出洭浦關與桂水合桂水卽洭水許云洭水出洭浦關爲桂水是也班許皆云溱入洭酈注則云洭入溱酈葢本山海經經曰肄水出臨武武作晉誤西南而東南注海入番禺西湟水出桂陽西北山東南注肄水入郭浦西酈曰肄水葢溱水之別名也今人謂湞水出南雄保昌縣西南經始興縣曲江縣英德縣而翁江洭水入之此正漢志水經說文之溱水乃誤謂之湞耳溱水從東北來洭水自西右注之湞水自東左注之湞水者今之翁江也班許皆洭爲綱溱入洭洭入鬱注海許云湞入溱班及水經不言湞者水差小也方輿紀要曰舊志云溱水出湖廣臨武縣西南經曲江縣西北流合武水經英德縣盻正古之溱水水經注及元和郡縣志又謂之始興大江从水秦聲側詵切十一部按經典鄭國溱洧字皆如此作鄭風溱與人韵則不當作潧也地理志鄭水作溱粵水作秦又方輿紀要載舊志云溱與尋同音故水經注觀峽亦名秦峽也據此可證溱水讀如秦國前志秦爲古字

湞水出南海龍川西入溱南海郡龍川二志同今廣東惠州府

龍川縣是其地應劭注漢書曰湞水出南海龍川西入秦水經溱水注曰溱水出峽左則湞水注之水出南海龍川縣西逕湞陽縣南右注溱水故應劭曰湞水西入秦按此正今之翁江也出韶州府翁源縣西南流至英德縣城東南合溱水今俗謂之合湞水齊氏召南曰此水源流三百餘里受巨溪甚多漢書所謂下湞水 从水貞聲 陟盈切十一部

深水出桂陽南平西入營道 桂陽郡南平零陵郡營道二志同今湖南桂陽州藍山縣縣東五里有南平城水經曰深水出桂陽盧聚西北過零陵營道縣營浦縣泉陵縣至燕室邪入於湘酈云桂陽縣本隸桂陽郡後割屬始興縣有盧溪盧聚山在南平縣之南九疑山之東玉裁謂盧聚山在南平之南經舉其遠源許舉其近源洭出盧聚南流入海深出盧聚西北流入湘以入江是分馳不同也湘水篇經注皆不言深水蓋呂忱言深水導源盧溪西入營水亂流營波同注湘津故湘水篇言營不言深耳今深營二水源委未聞漢營道營浦縣皆氏於水以字林訂說文則當作入營不必有道字泉陵縣即今湖南永州府零陵縣今

瀟水合諸水於此入湘深水營水在其中也**从水突聲**式針切七部按此無深淺一訓者許意深淺字當作突詳突下

汨　長沙汨羅淵也長沙下益奪羅字許例郡縣兼書前志長沙國羅後志長沙郡羅應劭曰楚文王從羅子自枝江居此今湖南長沙府湘陰縣縣東北六十里有羅縣城是也岳州府平江縣縣南三十里亦有羅城云古羅子國也水經注湘水篇曰湘水又北汨水注之汨水出豫章艾縣桓山西南逕吳昌縣北又西逕羅縣北謂之羅水又西逕玉笥山又西爲屈潭卽汨羅淵也屈原懷沙自沈於此又西逕汨羅戍南西南注於湘春秋之羅汭世謂之汨羅口按今湘陰縣北七十里汨羅江是也**从水冥省聲**莫狄切古音十一部與十六部合韵**屈平所沈水**小徐本如此

溳　溳水出豫章艾縣凡縣字皆後人所增古本必無也**西入湘**豫章郡艾二志同左傳吳公子慶忌所居今江西寧都州州西百里有艾城是也水經湘水篇曰又北過羅縣西溳水從東來流注之溳水又別爲篇曰溳水出豫章艾縣西過長

沙羅縣西又西至磊石山入於湘水按水經言溳不言汨諸書多言汨不言溳依廣韵廿三錫汨溳滇三形同春秋莒君密州左傳密作買亦是買聲近密之證考之於今則由江西寧都州逕湖南平江縣至湘陰縣入湘者但有汨水別無溳水則溳汨之爲古今字憭然酈氏云汨出艾縣逕羅縣皆與經言溳同惟云溳水入湘曰東町口汨水入湘曰汨羅口汨羅口在溳口之北磊石山又在羅口之北經言溳水至磊石山入湘非是溳尙在羅口南注湘耳此言甚辨依水道提綱汨水出平江縣西北至歸義驛又西分爲二支一支西流稍北於山麓西入湘一支北流數十里西北入湘曰屈潭亦曰汨羅口正酈之東町汨羅二口非有二水也酈蓋未瀏上游不辨異文同物許書蓋本同水經有溳無汨而後人妄增汨字故其文不類許書屈原所沈例所不載且許既有溳字云冥聲豈得冥省聲又爲一字乎

从水買聲莫蟹切今莫狄切作汨十六部

湘

湘水出零陵縣陽海山北入江縣字今補凡郡縣同名則言縣以該之也零陵郡零陵二志同前志零陵下曰陽海山湘水所

出北至鄗入江過郡二行二千五百三十里過郡二者零陵長沙也又有離水東南至廣信入鬱下衍林字非行九百八十里水經曰湘水出零陵始安縣陽海山東北流過下雋縣西又北至巴丘山入於江酈曰陽海山卽陽朔山山在始安縣北縣故零陵之南部也湘灕同源南爲灕水北則湘川今廣西桂林府興安縣南九十里俗謂之海陽山卽陽海山也湘水出焉北流經全州入湖南㽘經東安縣零陵縣祁陽縣常寧縣衡陽縣衡山縣湘潭縣善化縣至喬口資水來會又經湘陰縣至磊石山分爲二派又合入洞庭湖曰湘口漢志云至鄗入江未詳按離水字本不從水㫄後人益之耳許書所無

从水相聲息良切十部按詩召南于以湘之假借爲鬺字

油水出武陵孱陵西東南入江武陵郡孱陵二志同今湖北荆州府公安縣縣西二十五里有孱陵故城是也水經曰油水出武陵孱陵縣西㽘東過其縣北又東北入於江注云逕公安縣西北流注於大江然則許云東南入江南當作北明矣江水篇經云江水又東南當華容縣涌水入焉又東南油水從西南來注之

注云右合油口油水東有景口景口東有淪口淪水南與景水合又東通澧水及諸陂湖按今荆州府虎渡口北江之南岸有支津南通公安諸湖水古油水必在其閒江表傳曰劉備爲荆州牧立營油口五代梁開平四年馬殷遣將侵荆南軍於油口今公安縣北舊有油口巡司是其水今雖湮沒非無可考也 **从水由聲** 以周切三部按經史曰油然作雲曰雲之油油曰禾黍油油曰油油以退玉藻注曰油油悅敬皃俗用爲油膏字

潭 **潭水出武陵鐔成玉山東入鬱林** 林字賸當刪俗人不知鬱爲水名漢志洭水入鬱離水入鬱亦皆沾林矣王集韵引作玉韵會引作五漢志作玉未審當何從武陵郡鐔成二志同前志鐔成下曰玉山潭水所出東至阿林入鬱過郡二行七百二十里過郡二者武陵鬱林也今廣西潯州府阿林廢縣漢縣也鬱林郡廣鬱下曰鬱水首受夜郎豚水東至番禺郡四會入海過郡四行四千三十里過郡四者牂柯蒼梧鬱林南海也潭水即今福祿江源出苗地東南至今貴州黎平府西爲古州江東至永從縣南合彩江爲福祿江入廣西盺至

柳城縣爲柳江又東南經象州至潯州府城北曰潯江此爲廣西之右江亦曰北江合廣西左江亦曰南江卽所謂入鬱也唐始置潯州以北潯江爲名潯江卽古潭水古二字同音因改其字耳今人上流爲柳江下流爲潯江漢人統曰潭下流亦曰溜潭與溜實一水也按鬱水今嶺外之盤江由雲南貴州廣西至廣東爲西江入海者也淮南書曰始皇使尉屠睢發卒五十萬爲五軍一軍守鐔成之嶺一軍守九疑之塞一軍處番禺之都一軍守南埜之畍一軍結餘干之水皆謂今之嶺也漢鐔成縣故城在唐之朗溪縣今之湖南沅州府黔陽縣王山蓋在嶺故潭水流嶺外東入鬱也嶺北之水多入沅

从水覃聲 徒含切應劭音淫七部按今義訓爲深取從覃之意也或訓水側與潯同也

溜水出鬱林郡 不言縣者有未審也鬱林郡在今廣西前志有中畱縣師古曰畱力救反水名蓋中畱潭中皆以水得名也後志及宋書州郡志作中溜字從水疑前志亦當從水元和郡縣志曰貞觀八年改南昆州爲柳州因柳江爲名柳州卽今柳州府柳江出苗地至今貴州古州永從縣生苗畍中東

南入廣西至栁城縣曰栁江至象州會於盤江栁江卽古溜水後世譌其字耳**从水畱聲**力救切三部按今俗訓爲水急流

潓水出廬江入淮出疑當作在漢廬江郡今安徽廬州府南至安慶府之境是其地潓水未詳**从水惠聲**胡計切十五部

灌水出廬江雩婁北入淮廬江郡雩婁二志同前志雩婁下曰決水北至蓼入淮灌水亦北至蓼入決過郡二行五百一十里過郡二者廬江六安國也水經注決水自安豐縣故城西北逕蓼縣故城東又西北灌水注之水導源廬江金蘭縣西北東陵鄉大蘇山東北逕蓼縣故城西而注決水決水又北入於淮按前志廬江郡下云金蘭西北有東陵鄉淮水出依酈注則金蘭者縣名而志無此縣志云淮水出乃灌水出之誤蓋出金蘭東陵鄉逕雩婁至蓼入決也酈云灌水俗謂之澮水又云決水北入於淮俗謂之澮口蓋灌澮聲相倫習俗害眞尒酈時已與古名全違今則更難詳矣方輿紀要曰雩婁今安徽潁州府霍丘縣西南八十里有雩婁故城左傳襄廿六年楚人侵吳及雩婁昭五年薳

啓疆待命於雩婁是其地也蓼縣城在霍丘縣西北決水卽今史河灌水今自河南固始縣東流經霍丘縣西合史水入淮是也**从水雚聲**古玩切十四部按今字以爲灌注灌漑之字

漸水出丹陽黟南蠻中東入海丹陽郡黟二志同今安徽徽州府黟縣是其地云漸水出黟南之蠻夷中則今錢塘江之北源南源皆見矣前志黟下曰漸江水出南蠻夷中東入海水經曰漸江水出三天子都北過餘杭東入於海按班許水經皆曰漸江水酈氏注則曰浙江葢水經以後無稱漸江者其前則山海經吳越春秋史記皆曰浙江山海經有出於漢人者漢人之書地理志說文爲謹嚴據許立文曰江至會稽山陰爲浙江謂崏江也曰漸江水出丹陽黟南蠻中謂今錢唐江也分別畫然葢浙江者崏江之委漸江者錢唐江源流之總稱二水古於山陰相合故可統名之曰浙江後世水道絕不相通而錢唐江猶冒浙江之名失其本號耳水道提綱曰浙水有南北二源北曰徽港卽新安江出歙縣黟縣績溪休寧諸山南源有二一曰衢港卽信安江出開化江山二縣山一曰婺港

郎東陽江出東陽縣山南北二港在嚴州府治建德縣合流而北經桐廬縣富陽縣至蕭山縣西南合浦陽江經杭州府城東南至龕赭二山之閒入海班許云黟南蠻中今之北源南源皆包舉矣**从水斬聲**慈冉切八部按走部有趣字訓進也今則皆用漸字而趣廢矣

泠水出丹陽宛陵西北入江丹陽郡宛陵二志同今安徽寧國府附郭宣城縣漢故縣也前志宛陵下曰清水西北至蕪湖入江按許之泠水即班之清水應劭零陵泠道下注引說文此條則應氏未知清泠異名同實也泠水即今宣城縣西六十里之青弋江元和郡縣志青弋水在宣州西九十九里水道提綱曰江水又東北爲蕪湖縣西北之魯港口魯明江南匯旌德太平石埭涇縣諸水東北流經宣城西北境曰青弋江折而西北流經蕪湖城南而西北注之是爲魯港口此水三源東南源出旌德南南源出太平南西南源出石埭西北**从水令聲**郎丁切十一部按凡清泠用此字凡樂工泠人左傳用此字

潬水在丹陽未聞**从水箄聲**匹卦切十六部

溧　溧水出丹陽溧陽縣　縣字俗所沾丹陽郡溧陽二志同據舊志漢縣葢在今江蘇江寧府高淳縣南十五里之固城前志溧陽下應劭曰溧水所出南湖也方輿紀要曰今溧水在今溧陽縣北四十里即永陽江也祥符圖經溧水承丹陽湖東入長蕩湖丹陽湖即應劭之南湖也張鐵曰溧水即永陽江之上源大江之水南會於此江上有渚曰瀨渚又謂之陵水范雎說秦昭王子胥出昭關至陵水是也自瀨渚東流爲瀨溪鄉民誤曰爛溪入長蕩湖又分流東行爲吳王漕葢五代時楊行密漕運所經也自東壩築而丹陽湖之水不復入於溧水永陽江之源流亦滋晦矣水利攷永陽江一名穎陽江古名中江按中江者前志丹陽郡蕪湖下云中江出西南東至陽羨入海楊州川謂禹貢職方三江之一也今蕪湖河東接太平府南之黃池河又東接溧水縣之固城丹陽石臼諸湖未築東壩以前諸湖匯長蕩湖而入太湖而入於海此正古中江之道今則壩西諸水俱西流入江與古絕異又按禹貢三江既入惟北江徑入海中江則合太湖以入海南江則合漸江爲浙江以入海既合之後則謂太

湖爲江謂漸江爲江故班志直云入海不云入太湖可勿疑也从水臬聲力質切十二部

瀷水出河南密縣東入潁从水翼聲與職切一部按此瀷字之異體後人收入如瀷汨之實一字也淮南書曰澤受瀷而無源許愼云瀷湊漏之流也見文選注但造說文不收瀷字

潕水出南陽舞陰東入潁南陽郡舞陰二志同今河南南陽府泌陽縣縣北十里有舞陰故城水經曰潕水出潕陰縣西北扶予山東過其縣南又東過西平縣北又東過郾縣南又東過定潁縣北東入於汝酈云潕水過潕陰縣北不出其南又去郾縣遠不得過今水道提綱敘汝水不言潕水源流惟方輿紀要引舊志云潕水出泌陽縣北自平地湧出如飛舞然東北流達舞陽縣東南爲三里河又東入於汝未知今水道然否水經入汝許云入潁乖異俟攷从水霖聲文甫切五部按水名作潕縣以水得名而舞陰舞陽字作舞當依漢志

滶水出南陽魯陽入父城南陽郡魯陽二志同今河南汝州魯山縣有魯陽故

十一篇上　三

城是父城大徐作城父誤潁川郡父城二志同今河南汝州郟縣西四十里有父城故城是也城父縣前志屬沛郡後志屬汝南郡今安徽潁州府亳州東南七十里有城父故城是也左傳昭十九年楚大城城父大子建居之哀十六年大子建自城父奔宋服注及呂覽愼行篇高注闞駰十三州志史記楚世家正義皆說此事作城父杜注及酈氏汝水篇注裴駰注五子胥傳李吉甫元和郡縣志說此事皆作父城未審當何從而此條激入父城與水經注所引合則斷非城父也汝水篇注曰汝水又逕郟縣故城南激水注之水出魯陽縣之將孤山至父城與出魯陽北山之桓水會亂流東北至郟入汝按今汝水由嵩縣天息山東經伊陽縣汝州寶豐縣郟縣襄城縣而沙河來會尙與古水道不殊激水入汝亦必同古水道也**从水敫聲**五勞切二部

瀙　瀙水出南陽舞陰中陽山入潁舞陰二徐皆作舞陽今正前志舞陰下曰中陰山瀙水所出東至蔡入汝水經曰瀙水出潕陰縣東上畍山東過吳房縣南又東過灈陽縣南又東過上蔡縣南東入於汝酈云山海經謂之視水

郭注親當爲瀙出蔵山許愼云出中陽山皆山之殊目也按志云中陰許云中陽乖異雖酈注引作陽然中陰二字正蔵之反語與中山經云出蔵山者合疑作陰是也方輿紀要曰瀙水自唐縣東北流逹舞陽縣南又東南經泌陽縣東北又東經泌陽之象河關入汝寧府遂平縣境未知今水道然否也齊氏召南曰汝水舊從舞陽縣北而南入西平昕自元末於過河堨斷其流使東歸潁於是西平雲莊諸石二山之水明時亦塞今水道與古全異卽名稱亦隨時不同所謂瀷瀙澺汝溙潕亦難確鑿指證但據時俗所見敘次源流耳玉裁案顧氏祖禹所臚舉尚或據舊志爲說不如齊氏據現在者言也**从水親聲**七吝切十二部

淮　淮水出南陽平氏桐柏大復山東南入海南陽郡平氏二志同今河南南陽府桐柏縣縣西北四十里有故平氏城前志平氏下曰禹貢桐柏大復山在東南淮水所出東至淮陵入海過郡四行三千二百四十里水經曰淮水出南陽平氏縣胎簪山東北過桐柏山東過江夏廬江九江下邳諸郡至廣陵淮浦縣入於海按桐柏大復以四字爲

山名漢志說文風俗通酈注皆云桐柏大復山應劭注地理志云復陽縣在桐柏大復山之陽是也後世地志析爲二山乃非是禹貢祇云桐柏省言之也古經史所舉之山皆舉其全勢後人乃以一支一節當之若水經所謂胎簪亦卽桐柏耳作水經者別爲二亦非也今淮水出河南桐柏縣桐柏山東流經羅山縣眞陽縣息縣固始縣光州又入江南盱經潁州府霍邱縣潁上縣壽州懷遠縣鳳陽府臨淮縣五河縣盱眙縣泗州至清河縣合於河經山陽縣阜寧縣安東縣至雲梯關入於海古水道河於冀州入海不與淮同入海淮之古水道今未有異淮自平氏至入海大致東北行東多北少許云東南南字誤**从水隹聲**戶乖切十五部按禹貢濰水漢書作維水其作淮者誤

濦水出南陽魯陽堯山東北入汝南陽魯陽見上前志魯陽下曰魯山濦水所出東北至定陵入汝水經曰濦水出南陽魯陽縣西之堯山東北過潁川定陵縣西北東入於汝今沙河源出魯山縣西境之堯山東經寶豐縣葉縣舞陽縣汝水西北自襄城來會俗曰沙河卽古濦水也左傳僖三十

三年楚人與晉師夾泜水而軍杜云泜水出魯陽縣東經襄城定陵入汝杜謂泜卽滍也又襄十八年楚伐鄭涉於魚齒之下杜酈皆謂所涉卽滍水也**从水蚩聲**直几反按直几當作直里古音在一部

澧　水出南陽雉衡山東入汝南陽郡雉二志同雉音弋爾反今河南南陽府治南陽縣府北八十里有故雉城漢縣也前志雉下曰衡山澧水所出東至郾入汝郾顏本譌作鄾云音屋非也水經注曰汝水又東南逕郾縣故城北又東得醴水口醴水出南陽雉縣衡山卽古海經中山經之衡山馬融廣成頌曰面據衡陰在雉縣畍故世謂之雉衡山東南流逕葉縣故城北又東注葉陂又東逕郾縣故城南左入汝按馬融傳注引中山經又東三十里曰雉山澧水出焉又東五十里曰宣山又東四十五里曰衡山然則分之爲雉衡二山合之則單評衡山李賢曰衡山在今鄧州向城縣北杜佑曰北重山在向城縣北卽是三鴉之第一又北分嶺山嶺北卽三鴉之第二鴉也其第三鴉入臨汝郡魯山縣畍杜之三鴉蓋卽古衡山也今澧水未詳**从水豐聲**盧啟切十五部

此條衡山非南岳澧水非入洞庭之澧水入洞庭之水水經別爲篇其字本作醴禹貢江又東至於醴衛包始改爲澧鄭注醴爲陵云今長沙有醴陵縣馬融王肅醴爲水名夏本紀地理志皆作醴尚書正義史記索隱引楚詞濯余佩兮醴浦正作醴水經注出雉衡山者從酉出武陵者從水正是互譌也

溳水出南陽蔡陽東入夏水　南陽郡蔡陽二志同故城當在今湖北德安府隨州境內夏水見上文沔字下水經曰溳水出蔡陽縣東南過隨縣西又南過江夏安陸縣西又東南入於夏酈云溳水出縣東南大洪山山在隨郡之西南竟陵之東北槃基所跨廣員百餘里今溳水出大洪山之陰東南經隨州應山縣安陸縣雲夢縣應城縣至漢川縣溳口塘入漢源流長五百里入漢即古之入夏水也今漢夏不分　**从水員聲**　王分切十三部按水經德安府治即古鄖國也鄖蓋以水得名水經注曰隨水至安陸縣故城西入於溳故鄖城也左傳定四年吳敗楚於柏舉及於清發蓋溳水兼清水之目矣

淠水出汝南弋陽垂山東入淮　汝南

郡弋陽二志同今河南光州州東北有故弋陽城水經淮水篇曰淮水東過期思縣北又東北淠水注之水出弋陽南垂山西北流歷陰山關西北出山又東北流逕新城戍東又東北得詔虞水口又東北注淮俗曰白鷺水按今之白露河也出光州南三十里之南岳山北流又東入固始縣界合春河注於淮春河卽水經注之詔虞水也水經注曰泚水字或作淠但說文有淠無泚前志有泚無淠淠不得混爲一水

从水畀聲匹備切又匹制切十五部按大雅傳曰淠舟行貌箋云淠淠然涇水中之舟又小雅傳曰淠淠衆也

澺　澺水出汝南上蔡黑閭澗入汝汝南上蔡縣二志同今河南汝寧府上蔡縣縣西南十里故蔡城是水經注汝水篇曰汝水又東南逕新蔡縣故城南又東南左會澺水水上承汝水別流於奇雒城北爲黃陂東流於上蔡岡東爲蔡塘又東逕平輿縣故城南爲澺水又東南左迆爲葛陂又東出爲鮦水俗謂之三丈陂陂東注爲富水澺水正流自葛陂東南逕新蔡縣故城東而東南流注於汝方輿紀要曰澺水在汝寧府東四十里俗名洪河源出西平縣水道

提綱曰南汝水至新蔡縣之東南有洪河自西北來會洪河出舞陽縣東南之筆尖山經西平縣上蔡縣汝陽縣至新蔡縣南入汝大致東南流也按於古水道不改

从水㥯聲篆文各本作濦此云意聲集韵類篇皆云說文作澺隸作濦是宋時古本如此今據正於力切一部

洇水出汝南新郪入潁汝南郡新郪見前志後志曰汝南郡宋公國周名郪丘漢改爲新郪章帝建初四年徙宋公於此今安徽潁州府治阜陽縣東八里有新郪城水經注潁水篇曰細水上承陽都陂陂水枝分東南出爲細水東逕新陽縣故城北又東南逕宋縣故城北縣卽所謂郪丘者也又南逕細陽縣又東南逕細陽縣故城南引地理志細水出細陽縣東南入潁按今洇水不得其詳

从水囟聲穌計切古音當在十二部前志及鄦作細洇細古今字皆从囟聲也

灈水出汝南吳房入瀙汝南郡吳房二志同孟康曰本房子國楚靈王遷房於楚吳王闔閭弟夫槩奔楚封於此爲棠谿氏以封吳故曰吳房今吳房城棠谿亭是按昭十三年杜注房滅於楚後平

王遷之於荆山今河南汝寧府遂平縣治故吳房城也水經曰灈水出汝南吳房縣西北奧山東過其縣北入於汝酈云灈水東逕灈陽故城西東流入瀙水逕其縣南又東入於汝今遂平縣縣西七十里奧來山蓋水經之奧山也方輿紀要曰灈水在遂平縣南東北流入汝水道提綱曰灈水今難確鑿指證**从水瞿聲**其俱切五部

潁　潁水出潁川陽城乾山東入淮各本作乾山韵會引作耿山晉書音義引作陽城少室陽乾山則兼用水經漢志改說文也爾雅音義引字林作陽城乾山與今說文合潁川以水名郡字當從水而漢碑郡名多從禾蓋漢時相習如此寫如女陽女陰舞陽舞陰以水名縣而不作汝潕字也恐漢志說文古本郡名亦當從禾耳潁川郡陽城二志同今河南河南府登封縣縣東南四十里有陽城廢縣前志陽城下曰陽乾山潁水所出東至下蔡入淮過郡三行千五百里荆州浸過郡三者潁川淮陽沛郡也水經曰潁水出潁川陽城縣西北少室山東南至慎縣東南入於淮水道提綱曰今潁水源出登封縣北嵩山西南之少室山東南經密縣禹州

分爲二派一經新鄭縣至臨潁縣一經襄城縣至臨潁縣二支復合經商水縣合汝水又合滎陽水至陳州府南分爲二派一爲過河一爲沙河過河至江南太和縣與沙河合又經潁上縣與淮水合曰潁口皆東南流也水經曰至慎縣入淮慎縣故城在今潁上縣

从水頃聲余頃切十一部

豫州浸職方氏曰荆州其浸潁湛豫州其浸波溠許潁下湛下皆曰豫州浸而溠下曰荆州浸此非筆誤蓋案地形互易之也

洧水出潁川陽城山東南入潁前志陽城下曰陽城山洧水所出東南至長平入潁過郡三行五百里過郡三者潁川南陽汝南也按據志則陽城縣有陽城山許不復言陽城如河南縣宏農縣之例水經曰洧水出河南密縣西南馬領山東南至習城西折入於潁酈曰亦言出陽城山蓋馬領之統目焉習城西折入潁即地理志至長平縣入潁者也方輿紀要曰今洧水出登封縣陽城山經密縣至禹州新鄭縣合溱水爲雙洎河又經長葛縣洧川縣鄢陵縣扶溝縣至西華縣入潁大致東南流也一統志曰洧水本至西華入潁宋時導之自扶溝入蔡

左傳襄十一年濟隧九年陰坂廿六年涉於樂氏說者云皆謂洧津也　**从水有聲**榮美切古音在一部

濦水出潁川陽城少室山東入潁水經曰濦水出濦強縣南澤中東入潁酈云濦水出潁川陽城縣少室山東流注於潁而亂流東南逕臨潁縣西北又東逕濦陽城北又東逕濦強縣故城南汝水於奇雒城西別東派時人謂之大濦水左合小濦水東逕西華縣故城南至女陽縣故城北東注於潁按前志汝南郡濦強以濦水得名今大㶁水在郾城縣南至商水縣東二十里合潁水小㶁水在臨潁縣西南東流合於潁水　**从水㥯聲**於謹切十三部亦音殷其字一變爲濦再變爲㶁

渦水受淮陽扶溝浪湯渠東入淮湯韵會作蕩前志作狼湯師古上音浪下音徒浪反水經注作蒗蕩渠集韵作蒗蕩渠皆音同字異耳淮陽國扶溝見前志淮陽國孝明帝更名陳國而扶溝改屬陳留置扶樂縣屬陳國今河南開封府扶溝縣漢縣地也前志扶溝下曰渦水首受狼湯渠東至沛郡向入淮過郡三行千里水經曰淮

水又東過當塗縣北過水從西北來注之又曰陰溝水出河南陽武縣蒗蕩渠東南至沛爲過水又東南至下邳淮陵縣入於淮酈云淮水於荆山北過水東南注之注言下邳淮陵入淮誤矣按淮水篇酈注曰淮水逕當塗縣故城北又東北又北沙水注之經所謂蒗蕩渠也於荆山北過水東南注之據酈所云是渠水過水以次入淮也今過水在安徽鳳陽府懷遠縣入淮其上流詳見水道提綱等書非漢志說文水經舊迹矣**从水過聲**古禾切十七部

泄水受九江博安洵波北入氐前志九江郡博鄉此云博安與水經合洵波當作芍陂氐當作比水經曰泄水出博安縣北過芍陂西與泚水合西北入於淮注云博安縣地理志之博鄉縣也泄水自縣上承泚水於麻步川西北出歷濡谿謂之濡水自濡谿逕安豐縣北流注於淠亦謂之濡須口按淠卽泚字見泚水篇注洵波無考疑作芍陂水經云過芍陂則非受也疑當作水受九江博安洵爲句洵卽過水出者下四字當作過芍陂北入比六字然無左證又與酈云上承泚者不合亦所謂闕疑載疑而已**从水世**

聲余制切五部毛詩大雅傳曰泄泄猶沓沓也此謂假泄爲詍也

汳　汳水受陳留浚儀陰溝至蒙爲雝水東入於泗雝當作獲字之誤也陳留郡浚儀二志同晉地道記云衞之儀邑蘇林曰故大梁城梁惠王始都此今河南開封府祥符縣縣城西北浚儀廢縣是也蒙二志皆屬梁國春秋左傳宋有蒙門蒙澤今河南歸德府治商邱縣府東北四十里有蒙城是也前志河南郡滎陽下曰卞水在西南梁國蒙下曰獲水首受甾獲渠東北至彭城入泗水經曰汳水出陰溝於浚儀縣北又東至梁郡蒙縣爲獲水餘波南入雎陽城中獲水出汳水於梁郡蒙縣北又東過蕭縣南雎水北流注之又東至彭城縣北東入於泗按水經至蒙爲獲水許書當同不當云爲雝水也下文灉篆下云河灉水也用爾雅河出爲灉語然則自河出卽爲灉非自河出爲汳旣而爲灉也且許言汳受陰溝則非受河矣曰陰溝曰浪湯渠曰汳水獲水許能言其分合今當河流粲徙之後不可得而言方輿紀要曰汳水或謂卽禹貢之雝水春秋之邲水秦漢之鴻溝上與河泲通下與泗淮通隋以前

潧

从曾聲蓋取雙聲讀如溱故亦得借溱爲之又案爾雅釋親注曾重也亦通作層凡从曾之字如譄爲加重增爲益層爲重屋竲爲高樓皆有高厚之義水經注潧水又南懸流奔壑崩注丈餘其下積水成潭廣四十許步淵深難測又南注于洧盛因其水之盛而名潧取會意而非諧聲

自歸德府至蕭縣碭山縣閒入泗隋以後則自歸德至泗州兩城閒入淮宋時東南之漕大都由汴以達畿邑故汴河之經理爲詳自後則湮廢矣禹貢錐指曰元至元中河徙出陽武縣南奪過入淮而新鄉之流遂絕及泰定元年改從汴渠至徐州城東北合泗以入淮卽今河所行是也然則今之大河開封而下徐州而上皆故汴也 从水反聲 皮變切十四部漢志作卞後漢書作汴按卞者弁之𦀚變也變汳爲汴未知起於何代恐是魏晉都雒陽惡其從反而改之舊音切芳萬今則併其音改之也

潧 潧水出鄭國 鄭國謂周之鄭國卽漢之新鄭也鄭語曰前華後河右洛左濟主芣騩而食溱洧水經曰潧水出鄭縣西北平地鄶云出鄶城西北雞絡隖下水東南流左合湛水又南左會承雲山水又東南逕鄶城西謂之栁泉水又南注於洧世亦謂之爲鄶水也今溱水在河南開封府密縣東北流經新鄭縣西北南流合洧水爲雙泊河而洧盛溱涸矣 从水曾聲 側詵切十二部按曾聲則在六部而經傳皆作溱秦聲鄭風褰裳涉溱與豈無他人爲韵學者疑之玉裁謂說文水經皆云潧

水在鄭溱水出桂陽蓋二字古分別如是後來因鄭風異部合韵遂形聲俱變之耳詩曰溍與洧方沇沇兮沇音丸藥之丸各本作渙渙今正此鄭風文也今毛詩作渙渙春水盛也釋文曰韓詩作洹洹音丸說文作汎音父弓反按作汎父弓反音義俱非蓋沇沇之誤沇沇與洹洹同漢志又作灌灌亦當讀沇沇皆水盛沄旋之貌引此詩者爲溍字之證知今經傳皆非古本廣韵曰詩作溱洧誤

淩淩水在臨淮前志臨淮郡後志爲下邳國前志泗水國淩應劭曰淩水所出入淮南後志淩屬廣陵郡水經注淮水篇淮水左逕泗水國南淩水出淩縣東流逕其縣故城東而東南流注於淮是曰淩口今江蘇徐州府宿遷縣縣東南五十里有淩城淩水未詳从水夌聲力膺切六部廣韵曰淩歷也今字今義也

濮濮水出東郡濮陽南入鉅野東郡濮陽二志同前志濮陽下曰衛成公自楚丘徙此故帝丘顓頊虛杜預曰帝丘昆吾氏因之故曰昆吾之虛今直隸大名府開州西南濮陽故城是也鉅野二志屬山陽郡前志鉅壄下曰大壄澤在北

兗州藪卽西狩獲麟之所爾雅十藪之一今山東曹州府鉅野縣漢舊縣也自隨以後濟流枯竭大野漸微元末爲河所決河徙後遂涸爲平陸濮水者殷紂時師延作靡靡之樂已而自沈之水也前志陳畱郡封丘下曰濮渠水首受泲東北至都關入羊里水水經注濟水篇言濮渠故瀆自濟東北流爲高梁陂又東逕匡城北又東北逕酸棗縣故城南又東逕蒲城北又東逕韋城南又東逕長垣縣故城北又東分爲二瀆北濮出焉濮渠又東逕須城北又東逕濮陽故城南又東逕離狐縣故城南又東逕葭密縣故城北又東北逕鹿城南又東與句瀆合與濟同入鉅野按酈所云卽許所說故道也今濮河自河南封邱縣流徑長垣縣北東明縣南又東經開州東南合洪河入山東濮州界俗譌爲普河方輿紀要曰今濟絶河遷濮水源流不可復考矣

从水僕聲　博木切三部牧誓左傳之濮人百濮則在江漢之南

濼　齊魯閒水也　春秋桓十八年公會齊侯於濼三經三傳皆同杜曰濼水在濟南歷城縣西北入濟水經注濟水篇曰濟水又逕盧縣故城北又逕什城北又東北右會玉水又東北濼

水入焉水出歷城縣故城西南春秋桓公十八年公會齊侯於濼是也俗謂之娥英水合大明湖歷水北流注於濟齊乘曰小淸河之在歷城者卽古濼水按今山東濟南府歷城縣小淸河源出縣西東經章邱鄒平長山新城入靑州府高苑縣至博興縣合時水入海而章邱以下淤塞濼水東北入大淸河 从水樂聲 盧谷切古音在二部經典釋文引說文匹沃反此蓋音隱文也元應曰凡陂池山東名爲濼匹博切鄴東有鸕鷀濼是也幽州呼爲淀音殿按濼泊古今字如梁山泊是也 春秋傳曰公會齊侯于濼

漷水在魯 春秋經襄十九年取邾田自漷水公羊傳曰其言自漷水何以漷爲竟也何言乎以漷爲竟漷移也何云魯本與邾婁以漷爲竟漷移入邾婁昑魯隨而有之諸侯土地本有度數不得隨水隨水有之當坐取邑水經注泗水篇曰漷水出東海合鄉縣西南流入邾又逕魯國鄒山東南而西南流左傳所謂嶧山詩所謂保有鳧嶧者也又西南逕蕃縣故城南又西逕薛縣故城北夏車正奚仲之國也又西至湖陸縣入於泗按合鄉蕃薛故城皆在今山

東滕縣不云在魯郱婁之閒徑云水在魯者郱婁魯附庸非敵故立文如是一統志曰鄰水源出滕縣東北百里迹山西流會諸泉水逕縣南又西會南梁河入運河舊名南沙河西南流入泗不與南梁會自漕河東徙過其南流乃北出趙溝會南梁以入運河也从水鼀聲苦郭切五部

淨　魯北城門池也公羊傳閔二年桓公使高子將南陽之甲立僖公而城魯或曰自鹿門至于爭門者是也或曰自爭門至于吏門者是也魯人至今以爲美談曰猶望高子也鹿門者魯南城之東門爭門者魯北城之門天子十二門通十二子諸侯大國當是九門傒攷淨者北城門之池其門曰爭門則其池曰淨从爭旁水也廣韵曰埩七耕切魯城北門池也說文作淨蓋古書有作埩門者矣城北誤倒从水爭聲士耕切十一部又才性切按今俗用爲瀞字釋爲無垢薉切以才性今字非古字也

濕　濕水出東郡東武陽入海東郡東武陽二志同今山東曹州府朝城縣縣東南有東武陽城是也前志東武陽下曰禹治漯水東北至千乘入海過郡三行千二十里過

郡三者東郡平原千乘也水經曰河水又東北過高唐縣東注云河水於縣漯水注之漯水上承河水於東武陽縣東南而北逕武陽新城東又逕東武陽故城南又北逕陽平縣故城東又北絶莘道城之西北又東北逕樂平縣故城東又北逕聊城縣故城西又東北逕清河縣故城北又東北逕文鄉城東南又東北逕博平縣故城南又東北逕瑗縣故城西又東北逕高唐縣故城東又東北逕濕陰縣故城北又東北逕著縣故城南又東北逕崔氏城北又東逕鄒平縣故城北又東北逕建信縣故城北又東北逕千乘縣二城閒又東北爲馬常坑亂河枝流而入於海按此班許所說故道也河渠書禹以爲河所從來者高水湍悍難以行平地數爲敗乃厮二渠以引其河漢書音義曰二渠其一出貝丘西南南折者也其一則漯川出貝丘者王莽時遂空唯用漯耳玉裁謂濕水故瀆今不可詳

从水㬎聲　它合切七部按日部㬎讀若唫此濕所以在七部也漢隸以濕爲燥溼字乃以漯爲沛濕字累者俗絫字在十六部於音殊遠隔也

桑欽云出平原高唐　平原郡高唐二志同今山東濟南府禹城

縣西南有高唐故城左傳襄十九年廿五年昭十年哀十年之高唐也前志高唐下曰桑欽言漯水所出酈注河水篇云按竹書穆天子傳兩言濕水尋其沿歷逕趣不得近出高唐也桑氏所言葢津流所出犮於是閒也玉裁按桑舉其源之近者耳今禹城縣濕水已不可詳

泡水出山陽平樂東北入泗 山陽郡平樂見前志志云侯國泡水東北至沛入泗水經注泗水篇曰黃溝又東逕平樂縣又東右合泡水即豐水之上源也水上承大薺陂東逕貫城北又東逕已氏縣故城南又東逕邛城縣故城南又東逕單父縣故城南又東逕平樂縣右合泡水自下豐泡竝得通稱故地理志曰平樂泡水所出又東逕豐縣故城南又東逕沛縣故城南於城南東注泗地理志曰泡水自平樂東北至沛入泗者也按今泡河自今山東單縣流逕江蘇豐縣北又東逕沛縣眕循城東南至泗亭驛而合於泗 **从水包聲** 匹交切按今俗曰包河古音在三部又流貌也或曰浮漚也

菏水在山陽湖陵南 各本水上衍澤字陵下奪南字今依尚書音義正前志山

行末陸當作陵

陽湖陵下曰禹貢荷水在南濟陰郡下曰禹貢荷澤在定陶東水經曰荷水在山陽湖陸縣南荷澤在濟陰定陶縣東是豫州菏澤徐州菏水畫然二事依水經及注菏水雖源於菏澤而與菏澤迥別釋文於徐州引說文水出山陽湖陵南非菏澤也今本說文淺人增澤大誤矣山陽郡湖陵見前志王莽改曰湖陸光武仍曰湖陸至章帝復湖陸之號今山東兖州府魚臺縣縣東南六十里有湖陵故城與江南沛縣接畍前志湖陵下曰禹貢浮於淮泗通於荷荷水在南不但言荷水在南而必舉此禹貢文者明此荷水非豫州及道沇水之荷澤也水經曰濟水又東至乘氏縣西分爲二其一東南流者過乘氏縣南又東過昌邑縣北又東過金鄉縣南又東過東緡縣北又東過方與縣北爲荷水又東過湖陸縣南東入於泗水酈氏云尚書曰浮于淮泗達于荷是也按此經注所說故道今多湮塞不可詳

禹貢浮于淮泗達于菏不稱道菏澤沇水又東至於菏者彼爲菏澤此爲菏水與班意同也不言夏書言禹貢者正襲班語也尚書古文疏證曰自淮而泗自泗而菏然後由菏入泲以達於河徐之貢道

也上文流州浮于濟漯達于河夾青州便浮于汶達于濟不復言達于河夾徐州浮于淮泗達于菏不復言達于濟至揚州則浮于江海達于淮泗且不復言達于菏不復言者蒙上文也聖經之書法也从水苛聲古俄切十七部按當左形右聲篆體取結構乃似上艸下河耳五經文字云菏見夏書古本亦作荷玉裁謂古尙書史記漢書水經注皆作菏或是假借或是字譌不可定而應劭曰尙書菏水一名湖章注漢曰菏胡阿反是則湖陵以菏水得名菏與湖語之轉至若今史記漢書俗本尙書作浮于淮泗達于河皆譌字也郡國志注譌作苛

泗水受泲水東入淮地理志濟陰乘氏下曰泗水東南至雎陵入淮過郡六行千一百一十里又魯國卞縣下曰泗水出縣北三字依水經注補西南至方與入泲過郡三行五百里青州川出乘氏者其遠源出卞者其近源過郡三當作過郡二過郡二者魯山陽也水經曰泗水出魯卞縣北山西南過魯縣北又西過瑕丘縣東屈從縣東南流漷水從東來注之又南過平陽縣西又南過高平縣西洸水從西北來流注之又南過方與縣東菏水從

西來注之又屈東南過湖陸縣南涓涓水從東北來流注之又東過沛縣東又東南過彭城縣東北又東南過呂縣南又東南過下邳縣西又東南入於淮此舉卞縣以下所經二郡也卞縣今山東兗州府泗水縣縣東五十里卞故城是也許不言水所出但云受泲水則又舉其源之至近者也水經言濟水又東過湖陸縣南東入於泗水前志泗水至方與入泲一謂濟入泗一謂泗入泲酈氏泗水篇注云泗濟合流故地記或言濟入泗泗亦言入濟互受通稱故地理志有南梁水入濟之文玉裁謂許言泗受泲水則與班殊與水經合也今泗水出縣東陪尾山西流逕曲阜北八里又西南流逕滋陽縣東五里轉南流與曲阜縣之沂水合入金口閘又南流逕鄒縣西南五十里又南至濟寧州天井閘入運河禹貢錐指曰泗水自泗水縣歷曲阜滋陽濟寧鄒縣魚臺滕縣沛縣徐州邳州宿遷桃源至清河縣入淮此禹跡也今其故道自徐州以南悉爲黃河所占一統志引志云金口之堰修而泗水盡入於漕 从水四聲 息利切十五部按毛詩傳曰自目曰涕自鼻曰泗

洹 洹水在齊魯閒 齊當

依水經注所引說文字林作晉左傳成七年聲伯夢涉洹杜曰洹水出汲郡林慮縣東北至魏郡長樂縣入清水水經曰洹水出上黨泫氏縣東過隆慮縣北又東北出山過鄴縣南又東過內黃縣北東入於白溝林慮縣卽隆慮縣今河南彰德府林縣是其地也今洹水自山西長子縣流入經林縣東北流經安陽縣北又東流經內黃縣西北入衛河水道提綱曰衛河又東北經彰德府治安陽縣東南盻有洹河自西北來會其南岸卽內黃縣西境也水經之白溝今衛河在內黃者皆卽淇水許當云在晉衛之閒云在晉魯閒者魯衛相近以魯聲伯夢涉而云也从水亘聲羽元切十四部玉篇曰沇同

灉河灉水也也字依水經注補水經曰瓠子河出東郡濮陽縣北河酈云尚書雝沮會同爾雅曰水自河出爲灉許慎曰雝者河雝水也是酈意以瓠子河爲尚書之雝也按自河出爲灉濟爲濋汶爲瀾洛爲波漢爲潛淮爲滸江爲沱過爲洵潁爲沙汝爲濆見於釋水其見於說文者則沱也潛也灉也洵也河之別爲灉如江之別爲沱沱非一沱則灉亦非一灉凡首受河之水皆可名之矣在宋

說者以汳水當之从水雝聲於容切九部
澶淵水也也字今補在宋春秋經襄二十年盟于澶淵三十年會于澶淵宋災故杜曰澶
淵在頓丘縣南今名繁汙此衛地又近戚田按頓丘今直
隸大名府清豐縣縣西南二十五里頓丘故城是也澶淵
卽繁水在河南彰德府內黃縣縣東二十六里史記廉頗
拔魏繁陽漢置縣屬魏郡應劭曰在繁水之陽也張晏曰
其畍爲繁淵按繁與澶疊韵汙與淵雙聲繁陽故城在今
內黃縣東北二十七里實衛地而云在宋者葢以春秋書
宋災故而云然未爲宋也○又按澶淵高氏士奇春秋地
名攷爲詳从水亶聲市連切十四部吳都賦注曰澶恬安流貌
洙水出泰山葢
臨樂山北入泗泰山郡葢二志同今山東沂州府沂水縣縣西北七十里有葢城是也前志葢下曰
臨樂于山洙水所出西北至葢入池水水經曰洙水出泰
山葢縣臨樂山西南至卞縣入於泗按此條水經與志迥
殊志云臨樂于山者謂勃海郡臨樂縣之于山也泝其源
而言故下文云至葢非謂洙出葢也而經注皆刪于字謂

臨樂爲蓋縣山名其亦誤矣池注引作泗云或作池蓋字誤夫經注皆云泗水出卞縣不云出蓋縣又皆云洙水至卞入泗不云至蓋入泗然則卽改池爲泗亦於水道不合安知班時無池水抑或不知何字之誤而竟作泗字也杜預釋例云出魯國東北西南入沇水下合泗乃作沇字俟攷蓋洙水在班時已非古道故其書法不同他水至桑酈時更昧於臨樂之源乃誣班爲出蓋觀春秋莊九年浚洙知其易湮也許亦云出泰山蓋臨樂山入泗恐非許氏原文淺人用水經改竄之今洙水在曲阜縣北四里上不得其源下流不入泗而入沂又迴非酈氏之舊蓋以湮没而以是目之耳**从水朱聲**市朱切四部

沭水出青州浸出下有奪文集韵類篇徑刪浸字非是當補琅邪東莞南入泗七字周禮青州其浸沂沭注云沭出東莞前志琅邪郡東莞術水南至下邳入泗過郡三行七百一十里青州浸東莞今山東沂州府沂水縣治西北東莞故城是也水經曰沭水出琅邪東莞縣西北大弁山東南過其縣東又東南過莒縣東又南過陽都縣東入於沂酈曰舊瀆入泗非入沂也今沭水出

沂水縣北臨朐縣南之沂山東南流徑莒州東又西南流徑蘭山縣東又南徑郯城縣東又西南流入江南沭陽縣畍分爲二派下流入海迥非舊道矣

从水朮聲食聿切十五部前志作術云青州浸其所據職方當如是作

沂水出東海費東西入泗東海郡費見前志春秋魯季氏邑今山東沂州府費縣縣西北二十里費故城是也職方氏曰青州其山鎭曰沂山其浸沂沭鄭曰沂山沂水所出也在蓋前志泰山郡蓋下曰沂水出水經曰沂水出泰山蓋縣艾山許云出東海費東說乖異者蓋沂山卽東泰山是山盤回數縣今沂水出沂水縣之雕匡山卽沂山西峯也又西北接大弁山卽沭水所出也前志曰沂水南至下邳入泗水經曰沂水出泰山蓋縣艾山南過琅邪臨沂縣東又南過開陽縣東又東過襄賁縣東屈從縣南西流又屈南過郯縣西又南過良成縣西又南過下邳縣西南入於泗許云西入泗疑當作南入然酈善長所據已作西矣今沂水出雕匡山東南流逕沂水縣西又南流逕蘭山縣東又南流逕郯城縣西又南流入江南邳州畍

从水斤聲魚衣

切古音在十三部按漢人多以爲圻堮之圻**一曰沂水出泰山蓋**此卽班鄭水經之說也許分爲二說則不謂雕厓山卽沂山矣如渭下之謂渭首亭與鳥鼠山爲二說**青州浸**

洋　洋水出齊臨朐高山東北入鉅定齊郡臨朐後志作齊國臨朐今山東青州府臨朐縣其地也前志臨朐下曰石膏山洋水所出東北至廣饒入鉅定水經注巨洋水篇曰巨洋水又逕臨朐縣故城東又東北逕委粟山又東北洋水注之水西出石膏山西北石澗口東南逕逢山祠西又東南歷逢山下卽石膏山也巨洋水又東北逕劇縣故城西又東北逕益縣故城東又東北積而爲潭枝津出焉謂之百尺溝西北流注於巨淀又東北逕壽光縣故城西又東北注於海按班許曰洋水卽水經及注之巨洋水也班許以出臨朐石膏山者爲正源耳許云高山卽石膏山也前志齊郡有廣饒鉅定二縣馬車瀆水首受鉅定然則鉅定本水名因以爲縣名定淀古今字魏都賦張注曰淀者如淵而淺是也廣饒鉅定故城皆在今山東青州府樂安縣境今樂安縣東北四十里清水泊

卽古鉅定湖巨洋水今曰瀰河源出今臨朐縣南沂山西麓北流逕臨朐縣東又北歷益都縣又東北流逕壽光東又東北會黑冢泊入於海今南陽水亦名長沙水源出益都縣西南石膏山東北至城西折而東繞城北又東流入瀰河

从水羊聲似羊切十部按毛詩衞風傳曰洋洋盛大也魯頌傳曰洋洋衆多也讀與章切

濁水出齊郡上文不言郡此字葢淺人增之厲嬀山東北入鉅定厲當作廣嬀當作爲皆字之誤齊郡廣見前志後志作齊國廣今山東青州府益都縣西南四里有廣縣故城是也前志廣下曰爲山濁水所出東北至廣饒入鉅定水經注曰淄水又東北逕廣饒縣故城南又東北馬車瀆水注之水首受巨淀淀卽濁水所注也呂忱曰濁水一名溷水出廣縣爲山一名冶嶺山東北流逕廣固城西城在廣縣西北四里又東北流逕堯山東又東北流逕東陽城北合陽水卽長沙水也又北逕臧氏臺西又北逕益城西又北流注巨淀今北陽水源出益都縣西南九迴山卽古爲山東北流逕城北又東北逕壽光縣四十里又北入淸水泊卽古濁水也

从水蜀聲直角切三部按濁者清之反也詩曰涇以渭濁又曰載清載濁

𤁯溉水出東海桑瀆覆甑山東北入海東當作北瀆當作犢皆字之誤也北海郡桑犢見前志今山東萊州府濰縣有桑犢故城水經注之桑犢亭也前志桑犢下云覆甑山溉水所出東北至都昌入海今濰縣東南四十里溉源山卽覆甑山也水經注亦謂之塔山寰宇記曰天寶六載勅改爲溉源山今溉水自溉源山北流至昌邑縣境入海卽東虞河也亦曰東丹河从水旣聲古代切古音在十五部按多借爲濯摡字一曰灌注也此依韵會本注下曰灌也漢下曰溉灌也洞簫賦迴江流川而溉其山李注引說文溉猶灌也與今本異

𤅊濰水出琅邪箕屋山東入海琅邪郡箕見前志故城當在今山東沂州府莒州境前志箕下云禹貢維水北至都昌入海過郡三行五百二十里兖州寖也水經曰濰水出琅邪箕縣濰山東北過東武縣西又北過平昌縣東又北過高密縣西又北過淳于縣東又東北過都昌縣東又東北入於海按屋山在

今莒州西北九十里水經注曰濰山屋山及淮南子云出覆舟山實一山也今濰水出莒州西東北箕屋山東南流入青州府諸城縣畍逕萊州府高密縣畍又北逕安邱縣東又北流入萊州府昌邑縣畍又東北入海曰淮河口與古水道合漢都昌城在今昌邑縣西 **徐州浸** 徐當作兖職方氏河東曰兖州其浸盧維鄭云盧維當爲雷雍班志則云維兖州浸不改字也許云兖州浸亦同 **夏書曰濰淄其道** 許水部無淄字此淄葢俗加水旁耳周禮作蒥漢志作甾古字也濰甾其道禹貢青州文 **从水維聲** 以追切十五部按地理志述禹貢作維今版本作惟誤琅邪箕下云禹貢維水蒙上文言也其靈門下横下折泉下皆作淮則轉寫之誤葢班从今文尚書作維許从古文尚書作濰左傳襄十八年作維音義曰本又作濰今山東土語與淮同音故竟作淮字

浯　浯水出琅邪靈門壺山東北入濰 琅邪郡靈門見前志今山東沂州府莒州州北百二十里有靈門城前志靈門下曰壺山浯水所出東北入淮淮當作維字之誤也水經注曰濰水又北

逕平昌縣故城東又北浯水注之水出浯山世謂之巨平山許慎言水出靈門山世謂之浯汶矣其水東北逕姑幕縣故城東又東北逕平昌縣故城北又東北流注於濰水今浯水自莒州流入諸城縣𤰞東北流逕安丘縣東南入濰水

从水吾聲。五乎切五部

汶水出琅邪朱虛東泰山東入濰。琅邪郡朱虛見前志後志屬北海國今山東青州府臨朐縣東六十里有朱虛故城前志朱虛下云東泰山汶水所出東至安丘入維水經曰汶水出朱虛縣泰山北過其縣東又北過淳于縣西又東北入於濰謂之東汶水以別於禹貢汶水也按東泰山即封禪書黃帝封東泰山今沂山是也今東汶河源出臨朐縣南沂山東北谷東流近穆陵關折東北流數十里折東流百五十里至安邱縣西南境折東北流經縣城西北又東流數十里與濰水會

从水文聲。亡運切十三部按二汶水在齊漢人崏山崏江字作汶山汶江以古音同讀如文之故謂之假借可也考工記貉踰汶則死淮南子同鄭云汶水在魯北鄭注以入汶水篇考工記多齊語則謂入泲之汶無疑也

殷敬順剏爲異說殊非是

桑欽說汶水出泰山萊蕪西南入泲此謂禹貢汶水也上文潤水瀑水沂水皆舉別說皆謂一水而說源有不同也此則畫然二水源流皆異泰山郡萊蕪二志同前志萊蕪下曰原山禹貢汶水出西南入泲桑欽所言水經於濟水曰又東北過壽張縣西畍安民亭南汶水從東北來注之於汶水曰又西南過壽張縣北又西南至安民亭入於濟按舊泲水合汶於安民亭今東平州西南十里安山鎭卽古亭也今汶水出今山東泰安府萊蕪縣東北七十里之原山亦名馬耳山西南流經縣城西北又經泰安府南境又經寧陽縣北境至汶上縣北之戴村壩又經汶上西南境之南旺分流南北南流者四分以接徐沛北流者六分以接臨清自明永樂中宋禮開會通河以及　國朝運河皆全資汶水而入泲之故道湮矣前志朱虛下但云汶水萊蕪下則云禹貢汶水然則出朱虛入濰者非禹貢汶水也

治　治水出東萊曲城陽丘山南入海城當作成字之誤也東萊郡曲成二志同今山東萊州府掖縣東北六十里有曲成

故城前志曲成下曰陽丘山治水所出南至沂入海按沂字疑誤一本作至臨沂尤誤當作計斤二字今掖縣東南三十里有陽邱山亦名馬鞍山今治水名小沽河自掖縣馬鞍山南流至平度州東南與出登州府黃縣之大沽河合流逕卽墨至膠州之麻灣口入海一統志曰左傳昭二十年姑尤以西杜注姑水尤水皆在城陽郡東南入海齊乘姑卽大沽河尤卽小沽河玉裁謂尤古音讀如貽與治同在第一部齊乘之言可信也　从水台聲　直之切一部按今字訓理蓋由借治爲理

濅水出魏郡武安東北入呼沱水　魏郡武安二志同今河南彰德府武安縣縣西南五十里有武安城前志武安下曰濅水東北至信都國東昌入虖池河過郡五行六百一十里　从水㝲聲　子鴆切七部按沈浸浸淫之字多用此隸作浸　㝲籒文寑見宀部

渪水出趙國襄國之西山東北入濅　趙國襄國二志同今直隸順德府邢臺縣西南有襄國故城商祖乙遷於邢周時邢國皆在此前志襄國下曰西山渠水所出東北

至廣平國任縣入漳按渠水當是湡水之譌一統志曰澧河源出邢臺縣東南東流逕南和縣西南又東北逕任縣東至隆平縣入胡盧河卽百泉水也方輿紀要曰百泉水葢卽澧河之上源引志云百泉水一名湡水又名鴛鴦水隋志以爲㴲水也鴛鴦水在南和縣西見魏都賦注 **从水禺聲** 噳俱切古音在四部顏師古音藕又音牛吼反

㴲　㴲水出趙國襄國東入湡 前志襄國下云又有蓼水馮水皆東至廣平國朝平入湡按馮水當是㴲水之譌字之誤也廣平國南和下云列葭水東入㴲葢湡㴲二水今不可別矣㴲入湡湡入浸浸入虖沱虖沱移徙不常故道今不可攷水經注虖沱篇佚 **从水虒聲** 息移切十六部

渚　渚水在常山中丘逢山東入湡 常山郡中丘見前志中丘下云逢山長谷諸水所出東至張邑入濁按諸當作渚濁當作湡皆字之誤也張邑卽廣平國之張也中丘渚水俟攷 **从水者聲** 章與切五部 **爾雅曰小州曰渚** 釋水文州洲古今字召南傳曰渚小洲也水岐成渚

洨

洨水出常山石邑井陘東南入于泜　于衍字也常山郡石邑見前志井陘謂石邑之井陘山也今直隸正定府獲鹿縣縣西南有石邑城戰國時趙邑也前志石邑下曰井陘山在西洨水所出東南至廮陶入泜井陘縣下應劭注曰井陘山在南然則井陘縣在石邑之西井陘山在石邑西南井陘縣南也井陘山之東南則石邑地也今洨河出獲鹿縣南東流逕欒城縣西又南入趙州盼舊志云下流至寧晉縣注於胡盧河上源四泉交合故謂之洨也　从水交聲　下交切二部師古曰音效又音爻　沛國有洨縣　沛國洨見後志前志作沛郡洨凡言有者皆別於上文之義應劭云洨縣洨水所出南入淮是別一洨水也師古曰音肴

濟水出常山房子贊皇山東入泜　常山郡房子見前志後志云常山國房子今直隸正定府贊皇縣是其地前志房子下曰贊皇山石濟水所出東至廮陶入泜後志曰贊皇山在縣西南六十里濟水所出按此水名與四瀆之泲字各不同而經傳皆作濟風俗通遂誤以常山房子之水列入四瀆

而云廟在東郡臨邑縣豈知班志臨邑下云有泲廟字固作泲乎今本前志石濟水石字疑衍以說文風俗通後志正之皆不當有石字一統志曰舊志云槐水出黃沙嶺流經贊皇縣西北十里入元氏縣盼合泜水又東南歷高邑柏鄉達寧晉縣入胡盧河卽古大陸澤玉裁謂槐水卽古濟水也贊皇山在今贊皇縣西南**从水脊聲**子禮切十五部今字以爲濟渡字

泜水在常山前志常山郡元氏下曰沮水首受中丘西山窮泉谷至堂陽入黃河按沮當作泜北山經注云今泜水出中丘縣西窮泉谷東注於堂陽縣入於漳水以郭正班知沮爲字之誤風俗通云濟水出常山房子贊皇山東入沮此亦泜譌作沮也由書氐作互遂譌且耳班志入黃河亦當依郭作濁漳攷水經注濁漳過堂陽縣而河水不徑堂陽元和志曰泜水在贊皇縣西南二十五里卽韓信斬陳餘處今泜水在元氏縣源出封龍山東南流經縣西南六十里紙屯村入槐河泜與濟互受通稱**从水氐聲**直尼切十五部按蘇林音祗晉灼音邸師古音脂又丁計反兼用二音也司馬貞曰今俗呼此水音如邸

𣶒（篆）濡水出涿郡故安東入淶淶各本作漆涑二字今正戴先生曰易水篇注云許慎曰濡水入淶淶卽巨馬之異名與巨馬河注巨馬河卽淶水也正合今水經注淶譌深說文淶譌漆涑二字皆字之誤耳涿郡故安二志同今直隸易州州東南有故安故城是戰國時燕與趙易土燕以武陽與趙卽此也前志故安下曰閻鄉易水所出東至范陽入濡并州寖濡水亦至范陽入淶今本漢志脫濡字師古謬爲之注非也水經注易水篇曰易水逕范陽縣故城南又東與濡水合水出故安縣西北窮獨山南谷東流與源泉水合又東南流逕樊於期館西荊軻館北又東逕武陽城西北又東逕紫池堡又東得白楊水口又東合檀水又東南流於容城縣西北大利亭東南合易水而注巨馬水也故地理志曰易水至范陽入濡又曰濡水合渠許慎曰濡水合淶淶渠二號卽巨馬之異名按酈引濡水入渠卽濡水亦至范陽入淶之句也今本作淶酈本作渠今勝酈本酈有濡字則又酈本勝今凡書之當參伍以求其是者如此濡水今在易州北卽北易水也東南入保定府定興縣界爲沙河一曰東南

流入容城縣境**从水需聲**人朱切五部按左傳昭七年盟於濡上釋文云說文女于反是音隱舊說此水斷不作乃官反也師古注漢書於故安下云濡乃官反殊誤漁陽郡白檀下濡水出北蠻夷中遼西郡肥如下元水東入濡水濡水南入海陽此則酈注濡水篇所謂濡難聲相近今謂之灤河者音乃官反是矣其字葢本作渜譌而爲濡。今字以濡爲霑濡經典皆然

灅　灅水出右北平俊靡東南入庚俊各本作浚今依二志作俊右北平俊靡二志同今直隸順天府遵化州州西北有俊靡故城是前志右北平無終下曰浭水西至雍奴入海俊靡下曰灅水南至無終東入庚浭與庚一字也水經注鮑丘水篇曰鮑丘水北逕雍奴縣東又東庚水注之水出右北平徐無縣北塞中而南流得黑牛谷水又西南流灅水注之水出右北平俊靡縣東南流與溫泉水合又東南逕石門峽又東南流謂之北黃水又屈而南爲南黃水又西南逕無終山藍水注之又西南入於庚水庚水又南逕北平城西而南入鮑丘水鮑丘水又東巨梁水注之鮑丘水至雍奴縣北屈東入海欽程氏瑤

田通藝錄曰今灅水自遵化州西北四十五里鮎魚石關外入口東經溫泉酈所謂與溫泉水合也又東迆南十五里曰水門口酈所謂石門峽也又西南入棃河棃河即庚水也庚水既得灅水又稍西而淋河南入之淋河酈所謂藍水也鮑丘水今之潮河也潮河合洵水庚水東流有還鄉河西南入之酈所謂巨梁水也流俗多誤以古正之如此灅棃一聲之轉灅水俗呼棃河因使所入之庚水冒稱棃河而巨梁河冒稱庚水　**从水畾聲**　力軌切十五部

沽　沽水出漁陽塞外東入海　漁陽下當有縣字說見邑部漁陽郡漁陽二志同今直隸順天府密雲縣縣西南三十里漁陽故城是也前志漁陽下曰沽水出塞外東南至泉州入海行七百五十里水經曰沽河從塞外來南過漁陽狐奴縣北西南與濕餘水合爲潞河又東南至雍奴縣西爲笥溝又東南至泉州縣與清河合東入於海清河者派河尾也按凡曰出某縣塞外某縣徼外某縣某方蠻夷中者皆言其來之遠不可得其地名故系之某縣也此云漁陽塞外則非出漁陽矣今直隸之白河即沽河也白河遠出宣化府獨石口

之獨石水合赤城水龍門水東南流逕密雲縣西與潮河合潮河古鮑丘水也既得潮河西南逕懷柔縣東南南經順義縣東至通州城北東南三面俗稱古潞水又南逕舊鄚縣西又逕香河縣西南又東南逕武清縣東又東南入天津縣盼合諸大川由直沽入海與酈注所述不甚異程氏瑤田曰俗謂沽水及酈注之獨固門漁水贏山皆在今之薊州者繆甚玉裁謂方輿紀要謂漢漁陽在今薊州亦大繆**从水古聲**古胡切五部今字以爲沽買字伐木鄭箋曰酤買也字从西

沛水出遼東番汗塞外西南入海番音盤汗音寒遼東郡番汗二志同今奉天府遼陽州漢遼東郡治也番汗未聞前志番汗下曰沛水出塞外西南入海沛水亦未聞**从水巿聲**普葢切十五部今字爲顛沛跋之假借也大雅蕩傳曰沛拔也是也拔當作跋又本部滐下云沛之也卽孟子沛然莫之能禦意葢勃然之假借也

浿水出樂浪鏤方東入海樂浪音洛郎樂浪郡鏤方二志同鏤方未聞前志樂浪郡浿水縣下曰浿水西至增地入海水經曰

浿水出樂浪鏤方東南過臨浿縣東入於海酈按漢志是說文及水經非也酈云其水西流逕故樂浪朝鮮縣卽樂浪郡治而西北流故地理志曰浿水西至增地縣入海浿水今朝鮮國之大通江在平壤城北平壤城卽古王險城漢之朝鮮縣也隋書曰平壤城南臨浿水从水貝聲普拜切十五部一曰出浿水縣此卽前志說也浿水縣未聞

瀤北方水也北山經曰獄法之山瀤津之水出焉从水褱聲戶乖切十五部

灅灅水出鴈門陰館絫頭山東入海沈約宋書曰陰館前漢作觀後漢晉作館按今前書不作觀蓋淺人改也鴈門郡陰館二志同今山西代州州北四十里陰館城是在句注陘北絫頭山在今朔州代州之間前志陰館下曰絫頭山治水所出東至泉州入海過郡六行千一百里水經曰灅水出鴈門陰館縣東北過代郡桑乾縣南又東過涿鹿縣北又東過出山過廣陽薊縣北又東至漁陽雍奴縣西入笥溝按治水灅水異名同實武五子傳作台水台卽治也前志代郡且如下于延水出塞外東至廣寧入治今本無廣

平舒下祁夷水北至桑乾入治小顏本治皆譌沽姑故二音其繆甚矣酈云地理志于延水東至廣寧入治非是謂于延逕廣寧故城南又逕茹縣故城北又逕鳴雞山西又逕且居縣故城南乃後注於灅水不當云在廣寧入治也新按水經注改治作沽不免誤會今直隸永定河即桑乾河即古灅水也源出山西朔州馬邑縣洪濤山會灰河經馬邑縣山陰縣應州大同府渾源州陽高縣天鎭縣廣靈縣蔚州入直隸昕經西寧縣懷安縣保安州懷來縣昌平州宛平縣良鄉縣固安縣永清縣霸州天津府至大沽北入於海

从水纍聲　力追切十五部按此篆疑當是從水絫聲其山曰絫頭山故其水曰㶟水今字絫作累又與纍相亂水經注作濕水者㶟作漯乃又譌濕也㶟餘水亦譌作濕餘又或譌作溫餘

一曰治水也　各本作或曰今依集韵類篇作一曰謂灅水一名治水見漢志酈氏亦云一曰治水師古曰治弋之反

⿰氵虘　**⿰氵虘水出北地直路西東入洛**　北地郡直路見前志今未聞前志直路下曰沮水出東西入洛水經曰沮水出北地直路縣東過馮翊祋祤縣

北東入於洛按前志當云出西東入今本誤倒洛者上文出北地歸德北夷界中東南入渭之水也酈注謂沮水下流合銅官注鄭渠而東入洛自鄭渠湮廢沮水故道難考矣今沮水出陝西鄜州中部縣西北子午山東流經駱駝岡翟道山南俗曰沮水有子午河自西來會又東有慈烏河西南來會東南流經縣城南又東稍北三十餘里入洛河葢非班許水經所謂也禹貢道渭自鳥鼠同穴東會于灃又東會于涇又東過漆沮入于河尚書某氏傳云漆沮一水名亦曰洛水水經渭水又東過華陰縣北注云洛水入焉闞駰以爲漆沮之水也是則洛水之下流古稱漆沮炳焉可信尚書傳云漆沮一水名亦曰洛水正義申之曰孔以爲洛水一名漆沮文理甚明言一水名者正恐人疑爲二水也今版本皆作二水名然則亦曰洛水者謂漆乎謂沮乎不可通矣若周頌傳云漆沮岐周之二水也此言涇西之漆沮爲二水以別於涇東之漆沮爲一水雅頌皆舉涇西之二水禹貢舉涇東之一水各不同也酈曰濁水入沮至自渠俗謂之漆水又謂之爲漆沮水此洛水所以得名漆沮與

从水虘聲側加切古音在五部

子余切與出漢中房陵之沮各字漢書水經不別

泒水起鴈門葰人戍夫山東北入海葰人縣後志無前志屬太原郡此屬鴈門者二郡境相接容有改屬也葰如淳音瑣師古音山寡反史記周勃樊噲二傳作霍人左傳襄十年之霍人也今山西代州繁峙縣縣南有葰人故城戍夫山卽泰戲之山也北山經曰泰戲之山虖沱之水出焉而東流注於漊水郭云今虖沱水出鴈門鹵城縣南武夫山李吉甫曰泰戲山一名武夫山在繁峙縣東南虖沱水出焉通典虖沱水出繁峙縣東南泒阜山明統志謂之小泒山大泒山然則戍夫卽武夫卽泰戲也泒水卽虖沱之源也从水瓜聲古胡切五部

滱水起北地靈丘東入河北地當作代郡前志曰代郡靈丘今山西大同府靈邱縣東有靈丘故城靈丘下曰滱水東至文安入大河過郡五行九百四十里水經曰滱水出代郡靈丘縣高氏山東南過廣昌縣南又東南過中山上曲陽縣北恒水從西來注之又東過唐縣南又東過安憙縣南又東過安國縣北又東過博陵縣南又東北注

於易今直隸唐河卽古滱水也出大同府渾源州南今翠屏山卽古高氏山東南流入靈邱縣又東南流入直隸易州廣昌縣界由倒馬關流入逕完縣西北唐縣西南界又東南過定州入慶都縣南界又逕祁州南會沙滋二水又東北逕博野蠡二縣南又東北逕高陽縣東又北逕安州東入白洋淀一統志曰據水經注葢滱水故道本由今清苑縣東南與濡博諸水合流注易後徙而東不入縣境按前志云入大河有誤大河之名亦非志所有**从水寇聲**苦候切四部

滱水卽漚夷水漚當作嘔**并州川也**職方氏并州其川虖池嘔夷鄭曰嘔夷祁夷與出平舒按前志平舒下云祁夷水北至桑乾入治治卽漯今本作治誤今出大同府廣靈縣之壺流河也與靈丘之滱河劃然二事班云滱河并州川是亦謂滱卽嘔夷爲許所本古滱聲區聲同部

涞水起北地廣昌東入河北地當作代郡代郡廣昌見前志後志屬中山國今直隸易州廣昌縣縣北有廣昌故城職方氏曰并州其浸涞易鄭云涞出廣昌前志廣昌下曰涞水東南至容城入河過郡三行五百里

幷州浸水經曰巨馬河出代郡廣昌縣淶山巨馬河卽淶水也東過迺縣北又東南過容城縣北又東過勃海東平舒縣東入於海酈云巨馬水於東平舒北南入於滹沱而同歸於海也今淶水一名巨馬河源出廣昌縣南東流轉南逕易州淶水縣東又南入保定府定興縣𣅳至縣南爲白溝河又東南逕容城縣東北又東逕新城縣南又東南逕雄縣西又東入保定縣界非酈注舊迹也 **从水來聲** 洛哀切一部 **幷州浸**

泥 **泥水出北地郁郅北蠻中** 北地郡郁郅見前志今甘肅慶陽府安化縣治卽郁郅故城也前志郁郅下曰泥水出北蠻夷中泥陽下應注曰泥水出郁郅北蠻中一統志曰東河在安化縣東卽白馬水也元和志延慶縣西臨白馬州寰宇記白馬水出北塞夷中引水經注云洛川南逕尉李城東北合馬嶺水號白馬水明統志東河來自沙漠至安化城北合懷安及靈溝水南流至合水縣爲馬蓮河東河及下流馬蓮河皆卽古泥水也按馬蓮卽馬嶺之轉語 **从水尼聲** 奴低切十五部按今字皆用爲塗泥字

湳 **西河美稷**

保東北水稷宋本及集韵類篇皆同一本無北字西河郡美漢美稷故城在故勝州之西南也檀弓注曰保縣邑小城保堡古今字水經注河水篇曰河水又南樹頽水注之河水又左得湳水口水出西河郡美稷縣東南流又東南流入長城東鹹水入之又東南渾波水注之又東逕西河富昌縣故城南又東流入於河按漢富昌城在鄂爾多斯左翼前旗界湳水未審今鄂爾多斯何水也从水南聲乃感切古音在七部酈曰羌人因湳水爲姓

漹水出西河中陽北沙南入河北沙水經注引作之西西河郡中陽二志同戴先生曰水經河水南過西河圁陽縣東又南過離石縣西又南過中陽縣西又南過土軍縣西據地望考之中陽西濵河當在今汾州府寧鄉縣境趙世家秦取我西都及中陽是也道元乃云中陽故城在東東翼汾水不濵於河也元和志於孝義縣下云魏移西河郡中陽於今理此條可證明水經之中陽其所本之書道元偶失檢道元汾水篇注所言鄔澤北起大陵南接鄔正今平遥之西孝義之東

介休之北最爲洿下汾川轉徙不常之地說文之潙水乃入河非入汾漢中陽西濱黃河說文亦一證道元就潙字與鄔字牽合謂潙水卽鄔澤謬矣玉裁按潙水今未得其證　从水爲聲乙乾切十四部

洷河津也在西河西河津名洷猶洷津孟津也在西河西謂在西河郡之西今未詳其地　从水㞷聲土禾切十七部按口部以爲咥重文

⿰氵旟水也未詳　从水旟聲以諸切五部

洵過水出也各本譌作過水中也今正釋水曰水自過出爲洵大水溢出別爲小水之名也水經注引字林曰洵過水也經有假借洵爲均者如洵直且侯是也有假爲恂者如洵美且都洵訏且樂是也有假爲夐者如于嗟洵兮卽韓詩之于嗟夐兮是也有假爲泫者國語無洵涕是也　从水旬聲相倫切十二部

涻涻水水名出北嚻山入卬澤卬俗本作邛譌今依舊抄繫傳本北山經曰鉤吾之山又北三百里曰北嚻之山洿水出焉而東流注於卬澤許所據洿作涻如柘作摭飈作劦皆與今本不同也其地

末詳从水舍聲始夜切古音在五部

沕水也集韻類篇引說文有出上黨三字又沴沕與淟涊同沴沕溼相箸也亦垢濁也从水刃聲乃見切古音在十二部

淔水也集韻類篇曰出潁川从水直聲恥力切一部

淁水也从水妾聲七接切八部

涺水也从水居聲九魚切五部

⿰氵臮水也从水臮聲其冀切十五部

沋水也廣韻曰在高密按蓋郎左傳尤水上文之治水也从水尤聲羽求切古音在一部

洇水也从水因聲此字玉篇及小徐皆作涃困聲廣韻洇涃竝收集韻類篇引說文互異而今存宋本皆作洇因聲於眞切毛斧季改爲困聲苦頓切非是十一部

淉水也从水果聲古火切十七部

⿰氵貨水也从水貨聲讀若瑣穌果切在十七部

浝水也从水尨聲莫江切九部

⿰氵乳水也从水乳

聲乃后切四部或以為酒醴維醹之醹⿰氵宊⿰氵宊水也廣韻集韻皆曰在襄陽从水宊聲

宊古文終職戎切九部古文終見夂部洦淺水也顏氏家訓曰遊趙州見栢人城北有一小水土人亦不知名後讀城西門徐整碑云洦流東指案說文此字古泊字也泊淺水貌此水無名直以淺貌目之或當即以洦為名乎玉裁按顏書今本譌誤為正之可讀如此說文作洦隸作泊亦古今字也犬部狛字下云讀若淺泊淺水易停故泊又為停泊淺作薄故泊亦為厚薄字又以為憺怕字今韻以泊入鐸以洦入陌由不知古音耳但上下文皆水名此字次第不應在此蓋轉寫者以從百從千類之从水百聲匹白切按當作旁各切五部

汘汘水也从水千聲倉先切十二部

洍洍水也从水𦣞聲詳里切一部詩曰江有洍此蓋三家詩下文引江有汜則毛詩也云汜水別復入水也而證以江有汜此言轉注也云洍水名而證以江有洍此言假借也引書作⿰丑攵莫席皆此例

澥勃澥海之

別也宋本作郣今本及集韵類篇皆作勃別下宋本葉本趙本五音韵譜類篇集韵皆無名字毛斧季妄增之然文選注巳誤多矣毛詩傳曰沱江之別者也海之別猶江之別勃澥屬於海而非大海猶沱屬於江而非大江也說文或言屬或言別言屬而別在其中言別而屬在其中此與稗下云禾別正同周禮注州黨族閭比者鄉之屬別則屬別竝言也漢書子虛賦音義曰勃澥海別枝也齊都賦注曰海旁曰勃斷水曰澥潛丘劄記曰今海自山東登州成山折而西逕寧海州福山蓬萊招遠縣又西逕萊州掖縣昌邑濰縣又西逕青州壽光樂安諸城縣北界折而西北逕濟南利津霑化海豐縣又北逕直隸河間鹽山滄北靜海縣東界又北至天津衛折而東逕順天寶坻豐潤縣又東逕永平灤州樂亭盧龍昌黎縣又東出山海關逕遼東寧遠廣寧衛南界折而南逕海蓋復金四衛西界又折而東逕金州南界有旅順口南與登州海口相對皆謂之勃海太史公多言勃海河渠書謂永平府之勃海也封禪書謂登萊兩府之勃海也蘇秦列傳指天津衛之海言朝鮮列傳指海之在遼東者言勃海之水大矣非專謂近

勃海郡者也玉裁按此於大海爲別枝从水解聲胡買切十六部一說澥即澥谷也集韵類篇皆作一曰澥谷也五字此別一義也律歷志曰黃帝使泠綸自大夏之西昆侖之陰取竹之解谷孟康曰解脫也谷竹溝也取竹之脫無溝節者也一說昆侖之北谷名也按漢書解谷說文作澥廣韵作嶰

海天池也見莊子消搖游㠯納百川者爾雅九夷八狄七戎六蠻謂之四海此引伸之義也凡地大物博者皆得謂之海从水每聲呼改切一部按海篆當與澥相屬各本誤廁漢篆後今正

漠北方流沙也漢書亦假幕爲漠一曰清也毛詩傳曰莫莫言清靜从水莫聲慕各切五部

說文解字第十一篇上一　受業黟縣胡積城校字

補漆注漆水出右扶風杜陽作陵者誤岐山東入渭休寧汪氏龍曰山海經揄次之山漆水出焉地理志右扶風漆縣漆水在縣西水經漆水出右扶風杜陽俞山東北入於渭十三州地理志漆水出漆縣西北至岐山東入渭戴先生言漆水北流注於涇此涇西之漆水注涇以入渭者也此與緜詩之漆無涉十三州地理志有水出杜陽縣岐山北漆溪謂之漆渠西南流注岐水水經注杜水出杜陽山東南流合漆水水出杜陽之漆溪謂之漆渠南流合岐水至美陽縣注於雍水隋書地理志扶風普潤縣有漆水此涇西之漆合杜岐雍以入渭者也是郞緜詩之漆詩首章謂太王始居杜漆沮之地非謂公劉此漆非說文出右扶風杜陽岐山東人渭之漆也一曰入洛汪氏龍曰四字二徐皆有不當刪此涇東之漆與上文涇西二漆水截然爲三水經注鄭渠在太上皇陵東南濁水入焉儁灎犧俗謂之漆水又謂之漆沮其水東流注於洛水此說文所謂入洛也一曰漆城池

說文解字第十一篇上二

金壇段玉裁注

大也見釋詁从水尃聲滂古切五部水大至也水大廣韵作大水从水闇聲乙感切七部洚水也堯典咎繇謨皆言洪水釋詁曰洪大也引伸之義也孟子以洪釋洚許以洚釋洪是曰轉注大壑曰谼字亦作洪从水共聲戶工切九部水不遵道孟子滕文公篇書曰洚水警予洚水者洪水也告子篇水逆行謂之洚水洚水者洪水也水不遵道正謂逆行惟其逆行是以絕大洚洪二字義實相因一曰下也此別一義洚與夅降音義同从水夅聲戶工切又下江切九部水朝宗于海皃也鉉無皃字非海淖之來旁推曲暢兩厓渚涘之閒不辨牛馬故曰衍引伸爲凡有餘之義假羨字爲之从水行衍字水在旁衍字水

在中在中者盛也會意以淺切十四部

淖水朝宗于海也禹貢荊州江漢朝宗于海鄭以周禮春見曰朝夏見曰宗釋之古說則謂潮也論衡書虛篇辨子胥驅水爲濤事曰天地之性上古有之經江漢朝宗于海唐虞之前也又曰濤之起也隨月盛衰小大滿損不齊同虞翻注易習坎有孚曰水行往來朝宗于海不失其時如月行天注行險而不失其信曰水性有常消息與月相應皆與許說合朝宗于海者謂彼此相迎受洚水之時江漢不順軌不與海通海淖不上至禹治之江漢始與海通於楊州曰三江既入謂江漢之入海也於荊州曰江漢朝宗于海謂海淖上達直至荊州也江漢之水下赴海淖上迎呼吸相通恩禮相受二州之文相爲表裏古說如是朝宗于海謂海水來朝見尊禮也从水朝省會意隸不省直遙切二部按說文無濤篆蓋濤卽淖之異體濤古當音稠淖者翰聲卽舟聲文選注引倉頡篇濤大波也蓋淖者古文濤者秦字枚乘七發觀濤卽爲觀淖

濥水脈行地中濥濥也濥濥動貌寅下曰正月陽氣動泉欲上出髕寅於下也淮南天

文訓曰指寅則萬物螾蛈螾動生皃皆其義也江賦曰潛演之所汨淈蜀都賦曰演以潛沫劉注水潛行曰演此二水伏流故曰演按今文選作潰誤**从水寅聲**弋刃切十二部

滔　水漫漫大皃堯典浩浩滔天按漫漫當作曼曼許書無漫字**从水舀聲**土刀切古音在三部

涓　小流也凡言涓涓者皆謂細小之流**从水肙聲**古懸切十四部**爾雅曰汝爲涓**見釋水亦大水溢出別爲小水之名也郭本作濆蓋非濆水厓也

混　豐流也盛滿之流也孟子曰源泉混混古音讀如衮俗字作滾山海經曰其源渾渾泡泡郭云水濆涌也衮咆二音渾渾者假借渾爲混也今俗讀戶衮胡困二切訓爲水濁訓爲雜亂此用混爲溷也說文混溷義別**从水昆聲**胡本切十三部

潒　水潒瀁也瀁者古文爲漾水字隸爲潒瀁字是亦古今字也潒瀁疊韵字搖動之流也今字作蕩漾**从水象聲讀若蕩**徒朗切十部

漦　順流也順下之流也釋言曰漦盝也盝同漉漉酒之漉國語史記龍

漦韋昭曰漦龍所吐沫按龍沫必徐徐漉下故亦謂之漦一曰水名未詳从水𠩺聲俟甾切一部

汭水相入皃皃各本作也今依玉篇廣韵正上下文皆水皃則皃字是也水相入皃者汭之本義也周禮職方之汭卽漢志右扶風汧縣之芮水名也大雅之汭亦作芮毛云水厓也鄭云汭之言內也尚書嬀汭渭汭某氏釋爲水北雒汭某氏釋爲雒入河處左傳漢汭渭汭雒汭滑汭杜氏或云水內也或云水之隈曲曰汭大意與大雅鄭箋相近鄭箋之言云者謂汭卽內也凡云某之言某皆在轉注假借閒从水內與枘同意內亦聲而銳切十五部

潚深清也謂深而清也中山經曰澧沅之風交潚湘之浦水經注湘水篇曰二妃出入潚湘之浦潚者水清深也湘中記云湘川清照五六丈下見底石如摴蒲矢五色鮮明是納潚湘之名矣據善長說則潚湘者猶云淸湘其字讀如肅亦讀如蕭自景純注中山經云潚水今所在未詳始別潚湘爲二水俗又改潚爲瀟其謬日甚矣詩鄭風風雨潚潚毛云暴疾也羽獵賦風廉雲師吸嚊潚率二京賦飛罕潚箾思

元賦迅焱潚其媵我義皆與毛傳同水之清者多駛方言云清急也是則說文毛傳二義相因从水肅聲子叔切按子字疑誤廣韵息逐切二部

演長流也演之言引也故爲長遠之流周語注曰水土氣通爲演引伸之義也一曰水名未詳从水寅聲以淺切古音在十二部

渙散流也各本作流散今正分散之流也毛詩曰渙渙春水盛也周易曰風行水上渙又曰說而後散之故受之以渙渙者離也从水奐聲呼貫切十四部

泌俠流也俠者甹也三輔謂輕財者爲甹俠流者輕快之流如俠士然魏都賦李注引作駃流非善本陳風泌之洋洋毛曰泌泉水也上林賦曰偪側泌瀄司馬彪曰泌瀄相楔也邶風毖彼泉水毛曰泉水始出毖然流也毖卽泌之假借字从水必聲兵媚切古音必在十二部郭樸音箄

活流聲也衛風北流活活毛傳曰活活流也按傳當作流貌其音戶括切引伸爲凡不死之稱邶風不我活兮孟子民非水火不生活是也許書當亦本作流貌淺人妄改竄之耳从水𠯑聲

十一篇上二

渙散流也案水盛則分流四散故毛傳云渙渙春水盛也

泌俠流也案俠讀爲夾史記叔孫通傳殿下郎中俠陛俠夾也挾也漢書本傳及禮樂志注皆云俠與挾同云俠流者謂泉來山峽間細而疾也玉篇俠作浹上林賦偪側泌瀄司馬彪訓泌瀄爲相楔與偪側意亦近段解爲俠士非

古活切按古當作戶活當作括衛風音義曰如字是也十五部𣸈活或从聒此字當是既改貌爲聲讀古活切乃製此字非許書本有也

湝水流湝湝也小雅淮水湝湝毛曰湝湝猶上文湯湯也廣雅曰湝湝流也从水皆聲古諧切十五部一曰湝水寒也此依宋本詩曰風雨湝湝今鄭風祇有風雨淒淒邶風傳曰淒寒風也許引詩證寒義所據與今本異或是兼采三家

泫湝流也湝當作潸字之誤也檀弓曰孔子泫然流涕魯語無洵涕韋曰無聲涕出爲洵涕按洵者泫之假借字也文選詩曰花上露猶泫从水玄聲胡畎切古音在十二部上黨有泫氏縣上黨郡泫氏二志同音工縣反今山西澤州府高平縣治即漢泫氏故縣

滮水流貌小雅滮池北流毛曰滮流貌从水彪省聲隸不省皮彪切三部詩曰滮池北流池宋本作沱非是

淢疾流也急疾之流也江賦溯淢濜溳是其義也毛詩築城伊淢假借淢爲洫也从水

或聲于逼切一部　瀏流清貌鄭風曰溱與洧瀏其清矣毛曰瀏深貌謂深而清也釋名曰綠瀏也荆泉之水於上視之瀏然綠色此似之也从水劉聲力久切三部詩曰瀏其清矣

濊礙流也有礙之流也衛風施罛濊濊毛曰罛魚罟濊濊施之水中按施罟而水仍流故曰礙流礙流者言礙而不礙也韓詩云流貌與毛許一也濊又訓多水貌司馬相如傳滭浡汪濊从水歲聲各本篆作濊云薉聲今正呼括切十五部按釋文不云說文作濊證一玉篇瀏濊二字相連與說文同濊下云呼括切水聲又於衛於外二切多水貌不云有二字證二廣韵十三末濊水聲濊上同證三類篇濊又呼括切礙流也引詩施罟濊濊證四是知妄人改礙流之字爲濊而別補濊篆於部末云水多貌呼會切不知部末至瀕萍等篆已竟水多非其次也今刪正詩曰施罟濊濊罟當作罛濊濊今本作濊濊大繆

滂沛也小雅曰俾滂沱矣从水旁聲普郎切十部

汪深廣也謂深而又廣也後漢書叔度汪汪若

千頃陂江賦澄澹汪洸晉語日汪是土也韋云汪大貌**从水𡈼聲**俗作汪烏光切十部**一曰汪**逗**池也**左傳祭仲殺雍糾尸諸周氏之汪杜云汪池也通俗文曰停水曰汪按今俗語謂小水聚曰汪

漻　清深也謂清而深也南都賦曰漻淚淢汩按李善引韓詩內傳漻清貌也蓋鄭風毛作瀏韓作漻許謂二字義別今文選注內字譌外**从水翏聲**洛蕭切古音在三部

泚　清也此本義也今詩新臺有泚毛曰泚鮮明貌此假泚爲玼也**从水此聲**千禮切十五部

況　寒水也未得其證毛詩常棣桑柔召旻皆曰兄滋也矢部矤下曰兄詞也古矧兄比兄皆用兄字後乃用況字後又改作况作兊**从水兄聲**許訪切十部

沖　涌繇也繇搖古今字涌上涌也搖旁搖也小雅曰攸革沖沖毛云沖沖垂飾貌此涌搖之義豳風傳曰沖沖鑿冰之意義亦相近召南傳曰忡忡猶衝衝也忡與沖聲義皆略同也凡用沖虛字者皆盅之假借老子道盅而用之今本作沖是也尚書沖人亦空虛無所知之意**从水中聲**

傳誤轉

讀若動直弓切九部汎浮皃皃當作也邶風汎彼栢舟毛曰汎汎流皃廣雅曰汎汎氾氾浮也从水凡聲孚梵切按古音在七部如風字亦凡聲也上林賦汎淫爲疊韵音轉爲扶弓反沄轉流也回轉之流沄沄然也釋言曰沄流也郭云水流漭沆从水云聲讀若混按沖讀若動沄讀若混者古音動混不同今音也王分切十三部浩澆也按澆當作流字之誤也澆者洪也洪非浩義沄浩沆同義而又雙聲故三篆相聯从水告聲胡老切古音在三部虞書曰虞當作唐洪水浩浩堯典洪水與浩浩不相屬爲句檃栝舉之耳沆莽沆逗大水也西京賦滄池漭沆薛云漭沆猶洸瀁亦寛大也南都賦漭沆洋溢吳都賦海賦皆云沆瀁羽獵賦云沆茫義皆同从水亢聲胡朗切十部一曰大澤皃風俗通山澤篇曰傳曰沆者莽也言其平望莽莽無涯際也沆澤之無水斥鹵之類也今俗語亦曰沆水經注巨馬河篇曰巨馬水又東逕督亢澤荆軻轉之督亢地圖也引風俗

通沆莽也云云是則沆通作亢矣

泬　水從孔穴疾出也从水穴　釋水曰氿泉穴出按此會意字其韓詩之回泬楚辭之泬寥皆假借也　穴亦聲　呼穴切十二部

濞　水暴至聲　上林賦滂濞沆溉司馬彪曰滂濞水聲也洞簫賦澎濞慷慨一何壯士高唐賦濞洶洶其無聲按滂濞雙聲澎與滂同　从水鼻聲　匹備切十五部

灂　水之小聲也　古書多瀺灂連文瀺士湛反灂士卓反雙聲字高唐賦巨石溺溺之瀺灂注引埤蒼瀺灂水流聲皃上林賦瀺灂霄隊司馬貞引說文水之小聲也李善引字林瀺灂小水聲也疑說文本有二篆上云水之小聲也从水毚聲下云瀺灂也从水爵聲全書之例如此單用灂字者江賦淵涛潨灂謂大波相激之聲　从水爵聲　士角切二部

潝　水流疾聲　上林賦汩潝漂疾潝郭音許立反然則卽潝字也小雅潝潝訿訿釋訓云莫供職也　从水翕聲　許及切七部

滕　水超踊也　踊依韵會本从足超踊皆跳也跳躍也小雅百川沸騰毛曰沸出騰乘也騰者

滕之假借玉篇引百川沸滕周易滕口說引伸之義从水朕聲徒登切六部

潏　涌出也上林賦潏潏漏漏李善皆引說文證之應劭晉灼注上林賦云潏涌出聲也江賦潏湟淴決南都賦淈滑瀵潏潛盧洞出一曰水中坻人所爲爲潏釋水曰小沚曰坻人所爲爲潏一曰潏水名在京兆杜陵京兆尹杜陵二志同故城在今陝西西安府咸寧縣東南潘岳關中記曰涇渭霸滻豐鎬澇潏上林賦所謂八川分流也師古上林賦注曰地理志鄠縣有潏水北過上林苑入渭而今之鄠縣則無此水許慎云潏水在京兆杜陵此即今所謂沈水從皇子陂北流經昆明池入渭者也葢爲字或从水旁穴與沈字相似俗人因名沈水乎按水經注渭水又東北逕渭城南有沈水自南注之亦謂是水謂潏水也故呂忱曰潏水出杜陵縣亦曰高都水王氏五侯壞決高都是也是則當酈時已名沈水小顏推求其故殆因潏之聲誤爲泬泬之字誤爲沈由俗人不識泬字遂名之沈水沿譌積習往往如此小顏之說善矣而戴先生挍水經注乃盡改沈水爲泬水則又

無以證古今之異名同實且使小顏之前固作沇水則小顏何不顯證之而作疑辭乎一統志今潏水在西安府長安縣南源出南山自咸寧縣界流入又西北入渭水○按酈注沈水沈蓋沇字之誤李善注上林賦曰潏水出杜陵今名沇水自南山黃子陂西北流經至昆明池入渭司馬貞注上林語全同亦作今名沇水單行索隱如此沇從允聲余準切潏矞聲食聿切二字相爲雙聲疊韵唐初呼沇水字異而音實同耳小顏與李善同時其注漢書葢亦本作今所謂沇水轉寫作沈字由俗書沈字似沇也惟小顏不知潏沇同聲而指爲浂字之誤是爲無稽之談集韵沇庾準切水名謂潏水也若沇水東流爲沛則讀以轉切矣**从水矞聲**古穴切十五部

洸水涌光也江賦曰澄瀁汪洸又曰流映揚焆謂涌而有光也邶風曰有洸有潰毛曰洸洸武也潰潰怒也大雅武夫洸洸毛曰洸洸武貌此引伸假借之義**从水光光亦聲**古黃切十部**詩曰有洸有潰**

波水涌流也左傳其波及晉國者莊子夫孰能不波皆引伸之義也又假借爲陂字見漢書

从水皮聲博禾切十七部

澐江水大波謂之澐專謂江水也玉裁昔署理四川南谿縣攷故碑大江在縣有揚澐灘从水雲聲王分切十三部

瀾大波爲瀾魏風河水清且漣猗釋水引作瀾云大波爲瀾毛傳云風行水成文曰漣按傳下文云淪小風水成文則瀾爲大可知與爾雅無二義也凡瀾漫當作此瀾字从水闌聲洛干切十四部

漣瀾或從連古闌連同音故瀾漣同字後人乃別爲異字異義異音

淪小波爲淪魏風河水清且淪猗釋水曰小波爲淪毛傳曰小風水成文轉如輪也韓詩曰從流而風曰淪釋名曰淪倫也水文相次有倫理也从水侖聲力迍切十三部詩曰河水淸且淪猗猗各本作漪今正毛詩漣猗直猗淪猗猗與兮同漢石經魯詩殘碑作兮可證後人妄加水作漪吳都賦乃有刷盪漪瀾翟明月於漣漪之句其繆甚矣一曰沒也微子篇今殷其淪喪某氏曰淪沒也按釋言淪率也小雅淪胥以鋪此以淪爲率之假借也古率讀如律於淪雙聲

漂浮也謂浮於水也鄭風風其漂女毛曰漂猶吹也按上章言吹因吹而浮故曰猶吹凡言猶之例視此漂瀫水中擊絮也莊子曰洴澼从水票聲匹消切又匹妙切二部

浮汎也各本汎作氾今正木華海賦浮天無岸李注引說文浮汎也按上文云汎浮也是汎浮二字互訓與氾濫二字互訓義別汎浮二篆當類廁今本多非許之舊从水孚聲縛牟切三部

濫氾也謂廣延也商頌左傳皆云賞不僭刑不濫魯語濫於泗淵皆其引伸之義从水監聲盧瞰切八部一曰濡上及下也此因濫與淋聲近淋訓以水沃則濫訓略同詩曰觱沸濫泉觱小徐作滭此詩小雅大雅皆有之今作檻泉者字之假借也毛曰觱沸泉出貌檻泉泉正出也濫泉由小以成大故偁以證氾義一曰清也此又別一義與濫蓋相反而相成也者

氾濫也元應引此下有謂普博也四字楚辭卜居將氾氾若水中之鳧乎王逸云氾氾普愛衆也若水中之鳧羣戲遊也論語汎愛衆此假汎爲氾从水㔾聲

守梵切七部

泓　下深皃。下深謂其上似淺陿其下深廣也揚子其中宏深其外肅括月令其器閎鄭云閎謂中寬象土含物泓之義略同从水宏聲。烏宏切古音在六部

湋　回也。以疊韵爲訓从水韋聲。羽非切十五部

測　深所至也。深所至謂之測度其深所至亦謂之測猶不淺曰深度深亦曰深也今則引伸之義行而本義隱矣呂覽昬乎其深而不測高云測盡也此本義也考工記桼欲測鄭云測猶清也此引伸之義也从水則聲。初側切一部

湍　疾瀨也。瀨水流沙上也疾瀨瀨之急者也趙注孟子曰湍者圜也謂湍湍縈水也趙語爲下文決東決西張本从水耑聲。他耑切十四部

淙　水聲也。水聲淙淙然从水宗聲。藏宗切九部

激　水礙衺疾波也。當依衆經音義作水流礙邪急曰激也水流不礙則不衺行不衺行則不疾急孟子激而行之可使在山賈子曰水激則旱兮矢激則遠从水敫聲。吉歷切古音在二部一曰半遮也。此亦有礙

之意與徼邀音義略同

洞疾流也此與辵部迵馬部駉音義同引伸爲洞達爲洞壑从水同聲徒弄切九部

瀶大波也从水旛聲孚袁切十四部

洶洶洶涌也各本無洶洶字今依高唐賦注補相如賦曰洶涌滂濆左思賦曰濞焉洶洶楊雄賦曰洶洶旭旭天動地岋从水匈聲許拱切九部

涌滕也滕水超踊也二篆宜相連今本葢非古也从水甬聲余隴切九部一曰涌水在楚國左傳莊十八年閻敖游涌而逸楚子殺之杜曰涌水在南郡華容縣華容今湖北荆州府監利縣地涌水在今江陵縣東南自監利縣流入夏水支流也水經曰江水又東南當華容縣南涌水入焉酈云水自夏水南通於江謂之涌口

湁湁湒逗灊也上林賦潏潏淈淈湁潗鼎沸索隱引周成雜字曰湁潗水沸之皃也潗與湒同湒又訓雨下故不類廁於此灊沸古今字鼎沸者言水之流如爨鼎沸也按此葢引上林成語如入部引徼御受屈今本奪鼎字从水拾聲丑入切七部

涳直流也从水空聲哭工切又苦江切九部汋激水聲也从水勺聲市若切古音在二部釋名汋澤也有潤澤也自臍以下曰水腹水汋所聚也胞主以虛承汋也蓋皆借爲液字又楚詞汋約卽莊子淖約井一有水一無水謂之瀱汋見釋水劉氏釋名說其義曰瀱竭也汋有水聲汋汋也然則瀱謂一無水汋謂一有水瀱井一有水一無水謂之瀱汋也从水罽聲居例切十五部按釋水文已見上文此但云瀱汋也已足不當複舉汋釋名作罽不从水說文當同之瀱篆乃淺人所增耳爾雅作瀱亦非古本罽訓竭於音得之渾溷流聲也溷作混者誤溷亂也酈善長謂二水合流爲渾濤今人謂水濁爲渾从水軍聲戶昆切十三部一曰洿下也洿下曰一曰窊下也洌水清也案許書有洌冽二篆毛詩有冽無洌冽彼下泉傳云冽寒也有冽氿泉傳云冽寒意二之日凓冽傳云栗冽寒氣也皆不从水東京賦元泉洌清薛曰洌清澄皃

从水削聲良薛切十五部易曰井洌寒泉食井九五爻辭王云絜也崔憬云清且絜也皆與許合經云洌寒故崔云既寒且絜

淑清湛也湛沒也湛沈古今字今俗云深沈是也釋詁曰淑善也此引伸之義从水叔聲殊六切三部

溶水盛也甘泉賦溶方皇於西清善曰溶盛皃也按今人謂水盛曰溶溶从水容聲余隴切又音容九部

澂清也澂之言持也持之而後清方言曰澂清也澂澄古今字禮運澄酒在下字作澄鄭云澄酒與周禮沈齊字雖異葢同物也周易君子以徵忿徵者澂之假借字蜀才作登鄭云徵猶清也必云猶者正謂澂不訓清澂之斯清故王弼訓止也从水徵省聲直陵切六部

清朖也澂水之皃朖者明也澂而後明故云澂水之皃引伸之凡潔曰清凡人潔之亦曰清同瀞从水青聲七情切十一部

湜水清見底也各本作底見依詩釋文正邶風曰涇以渭濁湜湜其止毛云涇渭相入而清濁異按毛本作止鄭乃作沚毛意涇以入渭而形

己濁且以己形渭之湜湜然清澂喻君子以新昏而不潔己且以己而益見新昏之可安止者水之澂定也鄭易止爲沚云小渚曰沚湜湜持正皃喻君子得新昏故謂己惡己之持正守身如沚然不動搖是其訓湜字比傳是字之解爲之非水清見底之謂矣**从水是聲**常職切古音在十六部**詩曰湜湜其止**古今各本及玉篇集韻類篇皆作止毛詩舊文也傳於蒹葭云小渚曰沚於此無文可以證矣鄭箋當有止讀爲沚之文淺人刪之而竝改經文

潣　水流浼浼皃也浼浼當作潣潣淺人所改一說潣浼古今字故以浼浼釋潣潣河水浼浼見邶風浼之本義訓污邶風之浼卽潣潣之假借免聲古讀如門與潣音近毛傳曰浼浼平地也卽潣潣之義也**从水閔聲**眉殞切十三部

滲　下漉也司馬相如封禪文滋液滲漉揚雄河東賦澤滲灕而下降今俗云滲漏**从水參聲**所禁切七部

潿　不流濁也謂薉濁不流去也左傳曰有汾澮以流其惡**从水圍聲**羽非切十五部此於聲見義

溷　亂

也離騷世溷濁而不分兮王曰溷亂也濁貪也一曰水濁皃此别一義今人不分从水圂聲胡困切十三部

淈濁也今人汩亂字當作此按洪範汩陳其五行某氏曰汩亂也書序汩作汩治也屈賦汩鴻謂治洪水治亂正一義卽釋詁之淈治也某氏注爾雅引詩淈此羣醜其勿反从水屈聲古忽切十五部一曰滒泥多汁成泥一曰水出皃上林賦潏潏淈淈

潏回泉也杜詩撇漩捎濆無險阻漩夔州土人讀去聲謂峽中回流大者其深不測舟遇之則旋轉而入江賦所謂盤渦谷轉也濆土人讀如瀵謂峽中回流漸平則突涌如山江賦所謂渨溳濆瀑也斯二者必撇之捎之而行不可正犯杜用峽中語言入詩从水旋省聲似沿切十四部按廣韻又辭戀切

潅深也小雅有潅者淵毛傳曰潅深皃从水雈聲七罪切十五部詩曰有潅者淵

淵回水也顏回字子淵从水象形下文釋象形左右謂川岸也中謂卝象水皃烏懸切十

二部

𣶒淵或省水囦古文从口水口其外而水其中江賦濆滉囦泫用囦字

濔水滿也依詩釋文補水字邶風曰河水瀰瀰毛云瀰瀰盛皃玉篇曰洋亦瀰字按盧氏文弨曰漢地理志邶詩云河水洋洋字从芉姓爲聲謂新臺也俗譌爲洋洋師古謂邶無此句从水爾聲奴禮切古音在十六部

澹澹澹水繇皃也東京賦注高唐賦注引皆有澹澹字皃字亦依東京賦注補高唐賦曰水澹澹而盤紆東京賦曰淥水澹澹俗借爲淡泊字繇當作搖从水詹聲徒敢切八部

潯旁深也今人用此字取義於旁而已从水尋聲徐林切七部

泙谷也廣韵曰水名玉篇曰谷名从水平聲符兵切十一部

泏水皃廣韵曰水出皃文子曰原流泏泏沖而不盈从水出聲讀若窋竹律切十五部

瀳水至也至疑當作巟巟大也廣韵曰水荒曰洊洊者瀳之異文周易曰水洊至習坎洊雷震釋言荐再也荐同洊从水薦聲讀若

尊今音在甸切古音十三部

⿰氵⿰智亏　土得水沮也魏風毛傳云沮洳其漸洳者衆經音義引倉頡篇云沮者漸也許君沮字下未舉此義今俗謂水稍稍侵物入其內曰⿰氵⿰智亏當作此字从水⿰智亏聲讀若⿺麥適竹隻切十六部

滿　盈溢也从水㒼聲莫旱切十四部

滑　利也古多借爲汩亂之汩从水骨聲戶八切十五部

濇　不滑也止部曰歰不滑也然則二字雙聲同義七發邪氣襲逆中若結轖此假轖爲濇也从水嗇聲色立切按當依職韵所力切一部

澤　光潤也又水艸交厝曰澤又借爲釋字从水睪聲丈伯切古音在五部

淫　浸淫隨理也浸淫者以漸而入也司馬相如難蜀父老曰六合之內八方之外浸淫衍溢史記作浸潯从水𡈼聲余箴切七部一曰久雨曰淫月令曰淫雨蚤降左傳曰天作淫雨鄭曰淫霖也雨三日以上爲霖

瀸　漬也公羊傳莊十七年齊人瀸于遂瀸者何瀸積也衆殺戍者也積本又作漬何曰積死非一之辭

按傳文及說文皆當作積爲長許云潰漚也瀸篆不與潰篆聯可以知許說矣 从水韱聲 子廉切七部 爾雅曰泉一見一不爲瀸 釋水文此與上文別一義

泆 水所蕩泆也 蕩泆者動盪奔突而出禹貢道沇水入于河泆爲熒本作泆周禮疏師古漢書注所引不誤且史記水經注皆作泆惟漢地理志作軼軼車相出也正與泆義同左傳彼徒我車懼其侵軼我又曰迭我殽地迭卽泆軼之假借也凡言淫泆者皆謂太過其引伸之義也衛包改禹貢之泆爲溢淺人以滿釋之固可歎矣 从水失聲 夷質切十二部

潰 漏也 漏當作扇屋穿水下也左傳凡民逃其上曰潰此引伸之義小雅大雅毛傳皆曰潰遂也此皆謂假潰爲遂 从水貴聲 胡對切十五部

沴 水不利也 河東賦秦神下讋跖魂負沴服虔曰沴河岸之坻也晉灼申之曰沴渚也按坻凝水令水不行故謂之沴 从水㐱聲 郎計切按㐱聲本音當在十二部鄭訓沴爲殄是也今音郎計者依如淳音拂戾之戾也 五行傳曰若其沴作

其當作六字之誤也五行傳謂伏生洪範五行傳也若六沴作見洪範五行傳文鄭曰沴殄也服虔曰沴害也司馬彪引五行傳說曰氣之相傷謂之沴

淺　不深也　許於深下但云水名不云不淺而測下淺下突下可以補足其義是亦一例按不深曰淺不廣亦曰淺故考工記曰以博爲帴帴者淺之假借又馬鄭古文尚書寅淺納日馬云淺滅也馬意讀爲戩滅之戩謂伺日入也　从水戔聲　七衍切十四部

洔　水暫益且止未滅也　此義未見葢與待偫峙字義相近爾雅釋水亦借爲沚字　从水寺聲　直里切一部

渻　少減也　今減省之字當作渻古今字也女部又曰㛐者減也㛐渻音義皆同左傳有渻竈人姓名也　一曰水門　此義未見玉篇云一曰水門名廣韵集韵則云一曰水名　从水省聲　息井切十一部　又水出丘前謂之渻丘　爾雅釋丘文也釋名作阯丘阯基阯也按阯丘疑本作址丘古楷址字同故渻丘亦爲楷丘

淖　泥也　左傳曰有淖於前乃皆左右相違於淖杜注同倉頡篇云

深泥也字林云濡甚曰淖按泥淖以土與水合和爲之故淖引伸之義訓和儀禮嘉薦普淖注曰普淖黍稷也普大淖和也德能大和乃有黍稷也劉瓛述張禹之義曰仲者中也尼者和也言孔子有中和之德故曰仲尼蓋漢人尼與泥通用故漢碑仲尼字或作泥又按許泥爲水名不箸塗泥之解於此補見是與深同例也魏晉以後泥淖字作埿

从水卓聲 奴敎切二部

㴘 小溼也 小益下之譌篇韵皆云下溼從古本也

从水翠聲 遵誄切十五部按篇韵皆云且遂切下溼也遵誄切汁漬也

溽 溽暑溼暑也 溽暑二字依李善注悼亡詩補月令季夏土潤溽暑鄭曰潤溽謂塗溼也潤溽雙聲字記言土塗溼而暑上烝也塗讀如雨雪載塗之塗許以溼暑釋記溽暑後人妄刪非是大雅雲漢傳曰蘊蘊而暑隆隆而雷蟲蟲而熱此暑熱之別暑言下溼熱言上燥也謂之溽者濃也厚也儒行注曰恣滋味爲溽月令溽本或作辱

从水辱聲 而蜀切三部

涅 黑土在水中者也 者字依論語釋文補論語孔注涅可以染皁者按水部曰

澱者滓垽也滓者澱也土部曰垽者澱也黑部曰𪑾謂之垽垽滓也皆與涅義近 **从水土曰聲** 奴結切十二部

滋 益也 艸部茲下曰艸木多益也此字从水茲爲水益也凡經傳增益之義多用此字亦有用茲者如常棣召旻傳云兄茲也桑柔傳云兄茲也祇是一義 **从水茲聲** 各本篆文作滋解作兹聲誤也今正說詳四篇下兹篆下子之切一部 **一曰滋水出牛飲山白陘谷東入呼沱** 此謂水名也地理志常山郡南行唐牛飲山白陸谷滋水所出東至新市入虖池水南行唐故城在今直隸正定府行唐縣縣治北新市故城在今正定府治西北四十里一統志曰滋河源出山西五臺縣盻東南流逕正定府靈壽縣北行唐縣南又東歷正定藁城二縣北無極縣南又東北入定州深澤縣盻古與滹沱合流今折而東北與滹沙二水合不入滹沱矣

湣 青黑皃 皃字依廣韵訂 **从水昌聲** 各本篆文作湣解作昬聲此以隸體改篆也篇韵皆曰湣今作湣今據正其音當依廣韵荒內切十五部大徐呼骨切

浥 溼也

召南毛傳曰厭浥溼意也**从水邑聲**於及切七部

沙　水散石也詩正義作水中散石非是水經注引與今本同凡古人所引古書有是有非不容偏信大雅傳云沙水旁也許云水散石與毛不異石散碎謂之沙引伸之凡生澁皆爲沙如內則鳥沙鳴是**从水少**會意**水少沙見**釋其會意之恉所加切十七部古音娑從石作砂者俗字也古丹沙祇用此**楚東有沙水**此別一義也水經注渠水篇曰渠水又東南流逕開封縣睢渙二水出焉右則新溝注之即沙水也音蔡許慎正作沙音言楚東有沙水謂此水也

沙　譚長說沙或从尐少尐二字皆見小部尐者少也

瀨　水流沙上也九歌石瀨兮淺淺伍子胥書有下瀨船漢有下瀨將軍應劭漢書注曰瀨水流沙上也臣瓚曰瀨湍也吳越謂之瀨中國謂之磧按瀨之言隸也水在沙上滯隸而下滲也埤倉云滯隸漉也**从水賴聲**洛帶切十五部

濆　水厓也詩大雅鋪敦淮濆傳曰濆厓也周南遵彼汝墳傳曰墳大防也畫然分別周禮大司徒職

丘陵墳衍原隰注曰水涯曰墳而常武箋亦釋濆爲大防是鄭謂古經假借通用也許則謹守毛傳**从水賁聲**符分切十三部**詩曰敦彼淮濆**敦彼當是鋪敦之誤箋釋爲陳屯

涘　水厓也爾雅釋丘王風秦風傳皆曰涘厓也**从水矣聲**牀史切一部**周書曰王出涘**周頌思文箋曰武王渡孟津白魚躍入于舟出涘以燎正義引大誓云惟四月太子發上祭于畢下至于孟津之上太子發升舟中流白魚入于王舟王跪取出涘以燎之按今文尚書古文尚書皆有大誓非枚頤本之大誓也許引大誓者三此與手部攴部也

汻　水厓也大雅率西水滸傳曰滸水厓也釋丘曰岸上滸**从水午聲**呼古切五部

氿　水厓枯土也按今爾雅水醮曰厬厎出泉曰氿許書厎出泉曰厬水厓枯土曰氿與今爾雅正互易依毛詩有冽氿泉似今爾雅不誤也**从水九聲**居洧切古音在三部**爾雅曰水醮曰氿**釋水文今本作厬音義云字又作⿰氵軌

漘　水厓也魏風傳漘厓也爾雅曰厓

夷上洒下漘按夷上謂上平也洒下謂側水邊者斗峭　从水脣聲常倫切十三部詩曰寘河之漘集韻類篇皆河上有諸韻會同

浦　水瀕也瀕下曰水厓人所賓附也大雅率彼淮浦傳曰浦厓也　从水甫聲滂古切五部

沚　小渚曰沚此渾言之秦風傳曰沚渚也爾雅釋水曰小渚曰沚此析言之也　从水止聲諸市切一部　詩曰于沼于沚

沸　畢沸逗濫泉也畢一本从水作滭上林賦滭弗蘇林曰滭音畢則古非無滭字也泉下小徐有也按也當作皃詩小雅大雅皆有觱沸檻泉之語傳云觱沸泉出皃檻泉正出釋水曰濫泉正出正出涌出也司馬彪注上林賦曰滭弗盛皃也按畢沸疊韻字毛詩觱檻皆假借字今俗以沸爲鬻字　从水弗聲分勿切十五部上林賦滭弗一本作浡

潨　小水入大水曰潨大雅傳曰潨水會也按許說申毛若鄭箋云潨水外之高者也有瘞埋之象則謂潨與崇同恐非詩意　从水眾聲此形聲包會意祖紅切九部

詩曰鳧鷖在潀派別水也吳都賦百川派別劉逵注引字說曰水別流爲派从
水𠂢𠂢亦聲匹賣切十六部按衆經音義兩引說文𠂢水之衺流別也以釋派韵會曰派本作𠂢从反
永引鍇云今人又增水作派據此則說文本有𠂢無派今鍇鉉本水部派字當刪汜水別復入
水也上水字衍文召南傳曰決復入水也謂既決而復入之水也自其水出而不復入者釋水自河出爲灉已
下是也決而復入者汜是也釋名曰汜已也如出有所爲畢已而復入也按古以無已釋已如祀之解曰祭無已是
也故汜之字从已从水已聲詳里切一部詩曰江有汜一曰汜窮瀆也
此別一義釋丘曰窮瀆汜郭云水無所通者漢書張良閒從容步游下邳汜上服虔讀爲圯音頤楚人謂橋曰圯此
漢人易字之例也應劭曰汜水之上此不易字謂窮瀆無水之上也下文直墮其履汜下良下取履其爲無水之瀆
了然史記本亦作汜小司馬云姚察見史記有作土旁者云有則知史記不皆作土旁也義本易憭諸家說皆不察

湀辟逗流水處也流鉉作深非釋水曰湀闢流川从水癸聲求癸切十五部字林音圭

滎濘逗絕小水也滎篆本在濘篆下今移正滎濘二字各本無今依全書通例補李善注七命引說文濘絕小水也奴冷切可以證今本之誤但尚奪滎字耳甘泉賦梁弱水之濎濴服虔曰崑崙之東有弱水渡之若濎濴耳善曰汀濴小水也引字林濴絕小水也按甘泉賦之濎濴七命之汀濘皆謂小水也濴濘義同濴卽許之滎字一爲熒省一不省也若熒澤熒陽古皆作熒不作滎唐碑宋槧尚多不誤近今乃皆作滎潛丘劄記乃云說文絕小水之絕爲爾雅正絕流曰亂之絕與禹貢沛入河泆滎相發明其荒謬有如此者中斷曰絕絕者窮也引伸爲極至之用絕小水者極小水也此六書不可以本義滅其引伸之義者也許書陘者山絕坎也此中絕之絕絕小水非其倫也然則熒澤字從火之義若何曰沛之顯伏不測如火之熒熒不定也从水熒省聲戶扃切十一部

濘滎濘也从水寧聲乃定切十一部按濴濘疊韵此當依七命

注奴冷切後人謂淖爲泥濘讀乃定切義與音皆非古矣**洼深池也**史漢皆云得神馬渥洼水中莊子齊物論云似洼者**从水圭聲**一佳切又於瓜切按古音在十六部**漥清水也**未詳**从水窐聲**一穎切又屋瓜切按古音在十六部**一曰窊也**穴部曰窊污衺下地也**潢積水池也**左傳潢污行潦之水服虔曰畜小水謂之潢水不流謂之污行潦道路之水**从水黃聲**乎光切十部廣韵引釋名曰潢染書也乎曠切唐有妝潢匠**沼池也**召南傳曰沼池也張揖廣雅同按衆經音義兩引作小池也**从水召聲**之少切二部按沼之言招也招外水豬之**池陂也**

从水也聲此篆及解各本無今補按徐鉉等曰池沼之池通用江沱字今別作池非是學者以爲確不可易矣攷初學記引說文池者陂也从水也聲依𠂤部陂下一曰池也衣部褫讀若池褫之則池與陂爲轉注徐堅所據不誤又攷左傳隱三年正義引應劭風俗通云池者陂也从水也聲風俗通一書訓詁多襲說文然則應所見固

有池篆別於沱篆顯然徐堅所見同應而孔穎達引風俗通不引說文者猶上文引廣雅沼池也不系諸說文可逮其後說文佚此而淺人謂沱池無二夫形聲之字多含會意沱訓江別故从它沱之言有它也停水曰池故从也也本訓女陰也詩謂水所出爲泉所聚爲池故曰池之竭矣不云自瀕泉之竭矣不云自中豈與沱同字乎漢碑作池沼字皆從也廣雅曰沼池也池沼也二字互訓與許合直離切古音在十七部今本初學記也聲誤爲它聲今本左傳正義陂也誤爲陂池皆淺人所改

湖 **大陂也**𨸏部曰陂一曰池也然則大陂謂大池也古言鴻隙大陂言汪汪若千頃陂皆謂大池也池以鍾水湖特鍾水之大者耳**从水胡聲**戶吳切五部**揚州浸有五湖**職方氏曰揚州其澤藪曰具區其浸五湖鄭曰具區五湖在吳南按經具區五湖分析言之五湖之非具區明矣鄭云皆在吳南則其相聯屬可知也

浸逗**川澤所仰以漑灌者也**上文言渭雝州浸汾冀州浸潞冀州浸漾荊州浸沭沂皆青州浸五湖揚州浸下文曰湛豫州浸皆據職方爲言此

總釋浸字以補濅篆下所未備也鄭曰浸可以爲陂灌漑者按可以爲陂謂可以爲池也許云川澤所仰以漑灌者謂職方其澤藪其川其浸三者析言之川流或竭澤水本希藉浸水亭蓄者多可以灌注之故必兼言浸也上文漑字下曰漑灌注也風俗通曰湖者言流瀆四面所猥也川澤所仰以漑灌也用許語

汥　水都也　都水者水所聚也民所聚日都汥之證未詳　从水支聲　章移切十六部

洫　十里爲成成閒廣八尺深八尺謂之洫　考工記匠人文也匠人溝洫之制惟欽程氏瑤田通藝錄能發明之洫亦作淢韓詩築城伊洫毛詩作淢傳曰淢成溝也箋云方十里曰成淢其溝也按門閾之字古文作閾是或與血異部而音通也溝洫對文則異散文則通故毛曰成溝　从水血聲　况逼切按古音在十二部入聲今入職韵者以毛詩作淢之故　論語曰盡力于溝洫　論語泰伯篇今本于作乎

溝　水瀆也　也字依元應補　廣四尺深四尺　匠人職曰九夫爲井井閒廣四尺深四尺謂之溝　从

水冓聲古矦切四部

瀆　溝也謂井閒廣四尺深四尺者也从水賣聲徒谷切三部一曰邑中曰溝曰字依〔元應〕補不必井閒亦不必廣四尺深四尺者也按瀆之言竇也凡水所行之孔曰瀆小大皆得稱瀆釋水曰注澮曰瀆又曰江河淮濟爲四瀆水經注謂古時水所行今久移者曰故瀆

渠　水所居也渠居疊韵風俗通亦云渠者水所居也从水𣸣聲小徐云𣸣即柜字見木部又堯廟碑以柜爲榘彊魚切五部

瀶　谷也泉出通川爲谷谷亦稱瀶也从水臨聲讀若林力尋切七部一曰寒也與凜音義略同

湄　水艸交爲湄小雅居河之湄釋水毛傳皆曰水草交爲湄从水眉聲武悲切十五部

洐　溝行水也从水行此以會意包形聲戶庚切古音在十部

澗　山夾水也釋山毛傳皆云小雅秩秩斯干毛云干澗也此謂詩假借干爲澗也从水閒聲古莧切十四部一曰澗水出〔宏〕農新安

東南入雒雒各本作洛今正地理志曰宏農郡新安禹貢澗水在東南入雒禹貢雒水出宏農郡上雒冢領山東北至鞏入河按地理志禹貢雒水字作雒凡云伊水入雒穀水入雒澗水入雒瀍水入雒凡云上雒縣雒陽縣字皆不作洛也且志文前後相應此云禹貢雒水則前文稱禹貢逾于雒伊雒瀍澗既入于河道雒自熊耳古本必皆作雒斷不作洛也且志稱職方豫州川曰滎雒雍州浸曰渭洛二字分別畫然可以證上稱禹貢亦必分別畫然惟豫雒雍洛不同字故北地歸德下云洛水出北蠻夷中直路下云沮水出東西入洛左馮翊褱德下云洛水東南入渭與雒水字迥別學者以是求之可以知黃初一詔之欺人矣漢新安縣故城在今河南河南府澠池縣東澗水在今澠池縣東合於穀水而互受通稱同至今洛陽縣西南入洛水

澳隈厓也其內曰澳其外曰鞫鞫舊作隈今正爾雅說厓岸曰隩隈厓內爲隩外爲鞫郭以隈字上屬厓字下屬以許訂之郭非是自部隈下曰水曲隩也隩下曰水隈厓也亦隈厓聯文隩與澳字異而音義同今毛詩瞻彼淇奧字作奧

許誤詩

十一篇上二

古文假借也毛詩曰奧隈也此言水曲之裏𣶒奧然也大雅芮鞫之即箋云水之內曰澳水之外曰鞫鞫謂水曲之表圜穹然也鞫之雙聲爲居窮切故傴僂之狀曰鞠窮曰匑窮水曲之表如弓故曰鞫韓詩漢志作阸字林作坭俗本爾雅改鞫爲隈因或取以改說文耳从水奧聲於六切三部

澩夏有水冬無水曰澩釋山曰山上有水埒夏有水冬無水澩謂山上夏有停潦冬則乾也从水學省聲讀若學胡角切三部

澩澩或不省

𪷶水濡而乾也鷬字古義如此後人用爲沙灘此之謂古今字也沙灘字亦或作潬从水鷬聲詩釋文引說文他安反大徐益以呼旰切非也十四部詩曰𪷶其乾矣王風文今毛詩作暵蓋非也一章曰𪷶其乾矣二章曰𪷶其脩矣脩且乾也三章曰𪷶其溼矣知𪷶兼濡與乾言之毛傳曰菸皃菸者一物而濡之乾之則菸邑無色也

灘俗𪷶从隹

汕魚游水皃小雅南有嘉魚烝然汕汕傳曰汕樔也詩不从毛蓋三家之說从水

山聲所晏切十四部詩曰烝然汕汕

決下流也各本作行流衆經音義三引皆作下流下讀自上下下之下胡駕切決水之義引伸爲決斷从水夬聲古穴切衆經音義三引說文胡玦切十五部

廬江有決水出大別山地理志廬江郡雩婁決水北至蓼入淮又有灌水亦北至蓼入決水經注決水自安豐縣故城西北逕蓼縣故城東又西北灌水注之又北入於淮決水即今史河詳灌字下按漢志六安國安豐縣下曰禹貢大別在西南許云決水出大別山即安豐之大別山也漢安豐今爲固始及霍丘

灓屚流也宋姚宏曰戰國策王季歷葬於楚山之尾灓水齧其墓謂墓爲山尾屚流所沮敗也孔衍春秋後語改爲灓水注云宜都縣有灓水誤甚王季葬鄠南从水䜌聲洛官切十四部

滴水注也埤倉有滳字讀去聲即滴字也从水啻聲都歷切十六部

注灌也大雅曰挹彼注茲引伸爲傳注爲六書轉注注之云者引之有所適也故釋經以明其義曰注交互之而其義相輸曰轉注釋

注　案玉篇註疏也解也廣韻注灌注也又注記也之戍切註駐射又音駐解也是註記亦作注記而注解字亦可作註解本可通用

故釋言釋訓皆轉注也有假注爲咮者如注星即咮星是也　从水主聲之戍切古音如晝在四部○按漢唐宋人經注之字無有作註者明人始改注爲註大非古義也古惟註記字从言如左傳敘諸所記註韓愈文市井貨錢註記之類通俗文云記物曰註廣雅註識也古起居註用此字與注釋字別

沃　溉灌也自上澆下曰沃故下文云澆者沃也周禮左傳皆言沃盥是也水沃則土肥故云沃土水沃則有光澤故毛傳云沃沃壯佼也又云沃柔也　从水芺聲烏酷切古音在二部隸作沃

浩　所㠯攤水也攤當作雝雝塞也廣雅曰浩㮦也　从水昔聲所責切古音在五部曹憲倉故反　漢律曰及其門首洒浩蓋謂壅水於人家門前有妨害也

澨　埤增水邊土人所止者土部曰埤增也增益也酈善長曰左傳文十六年楚軍次於句澨定四年左司馬戌敗吳師於雍澨昭二十三年司馬薳越縊於薳澨服虔或謂之邑又謂之地京相璠杜預亦云水際及邊地名也今南陽淯陽二縣之間淯水之濱有南

十一篇上二　三

澨北澨矣从水筮聲筮小篆作簭時制切十五部夏書曰過三澨禹貢文水經曰三澨地在南郡邔縣北沱鄘注云地說曰沔水東行過三澨合流觸大別山阪故馬融鄭[元]王肅孔安國等咸以爲三澨水名也惟許愼說異按水經釋爲地與許合水經者或謂桑欽所作然則許正用孔氏古文尚書說也

津　水渡也商書微子曰若涉大水其無津俗本妄增涯字按經傳多假借津爲盡潤字周禮其民黑而津是从水𦘔聲將鄰切十二部隸省作津

𦨭　古文津从舟淮按當是从舟从水進省聲

淜　無舟渡河也小雅傳曰徒涉曰馮河徒搏曰暴虎爾雅釋訓論語孔注同淜正字馮假借字从水朋聲皮冰切六部

㶇　小津也謂渡之小者也非地大人衆之所小一作水非从水横聲戶孟切按玉篇戶觥切爲長古音在十部一曰㠯船渡也方言曰方舟謂之㶇郭云楊州人呼渡津舫爲杭荆州人呼㶇音横廣雅㶇筏也

泭　編木㠯渡也周南江之永矣不可

方思傳曰方泭也卽釋言之舫泭也爾雅字多從俗耳釋水曰大夫方舟士特舟庶人乘泭方言曰泭謂之䉏䉏謂之筏筏秦晉之通語也廣韵曰大曰篺曰筏小曰泭按論語乘桴于海假桴爲泭也凡竹木蘆葦皆可編爲之今江蘇四川之語曰䉏 **从水付聲** 芳無切古音在四部

渡　濟也 此上文濟篆下無此義此補見邶風傳曰濟渡也方言曰過度謂之涉濟凡過其處皆曰渡假借多作度天體三百六十五度謂所過者三百六十五也 **从水度聲** 徒故切五部

沿　緣水而下也 禹貢沿于江海達于淮泗鄭本沿作松字之誤也馬本作均依今文尚書也均者沿之假借字如三年問反巡過其故鄉荀卿巡作鉛假鉛爲巡其理一也 **从水㕣聲** 與專切十四部㕣古文沇 **春秋傳曰王沿夏** 左傳昭十三年曰王沿夏將欲入鄢

㴑　逆流而上曰㴑洄 秦風傳曰逆流而上曰遡洄順流而涉曰遡游釋水同涉作下 **㴑向也** 向當作鄉淺人所改也漢人書向背字皆作鄉不作向中庸素隱注曰素讀爲攻城攻其所傃

之傃傃猶鄉也按遡者從其朔傃者從其素故字从朔从素**水欲下違之而上也**此釋洄字之義洄違疊韵**从水㡿聲**桑故切五部

遡　**𣴎或从辵朔**朔亦聲也

洄　**𣴎洄也从水回聲**以形聲包會意戶灰切十五部

泳　**潛行水中也**周南不可泳思釋水毛傳皆曰潛行爲泳下文云潛涉水也涉徒行厲水也**从水永聲**爲命切古音在十部

潛　**涉水也**上文云潛行水中對下文浮行水上言之邶風傳云由厀以上爲涉然則言潛者自其厀以下沒於水言之所謂泳也左傳哀十七年越子以三軍潛涉又按潛汓等字後人不甚分明若水經注江水篇云有潛客泳而視之見水下有兩石牛此則謂潛全沒水中矣**一曰藏也**此今日通行義釋言曰潛深也方言曰潛涵沈也**从水朁聲**昨鹽切七部**一曰漢爲潛**釋水文劉逵注蜀都賦云禹貢梁州沲潛旣道有水從漢中沔陽縣南流至梓潼漢壽縣入大穴中通岡山下西南潛出今名伏水舊說云禹貢潛水也郭樸

爾雅音義同此說

㴋　水入船中也水入船中必由朕而入淦者浸淫隨理之意从水金聲古暗切古音在七部一曰泥也謂塗泥

汵　淦或从今今聲

泛　浮也邶風曰汎彼柏舟亦汎其流上汎謂汎汎浮皃也下汎當作泛浮也汎泛古同音而字有區別如此左傳僖十三年汎舟之役亦當作泛从水乏聲孚梵切古音在七部

汓　浮行水上也若今人能泅水者是也列子曰習於水勇於泅从水子子猶小也浮於水上望之甚小也似由切三部古文或㠯汓爲沒字此古文小篆之別也其義其音其形皆別矣按善水者或沒或浮皆無不可則不妨同字同音也

泅　汓或从囚聲

砅　履石渡水也謂若今有水汪蓺甎石而過水之至小至淺者也从水石會意力制切十五部詩曰深則砅此稱邶風言假借也毛詩曰深則厲釋水曰以衣涉水爲厲又曰繇帶以上爲厲此竝存二說也毛傳依之定本改云以衣涉水爲厲謂由帶以上

十一篇上三

砅

案釋水以衣涉水為厲又曰繇帶以上為厲毛傳詹兩為一云以衣涉水為厲謂由帶以上也釋文引韓詩至心曰厲玉篇水深至心曰砅今作厲是与毛義合戴東原據旨狐淇梁湛厲注稱以厲為梁厲王伯申言厲之言陵厲非謂橋梁說文履石渡水仍取渡涉之義湛厲傳厲深可厲之旁淇厲使例甚義也案說文涉字解云徒行厲水也是亦以厲為涉水可厲之旁即呼曰厲旁濟渡安即呼為濟也今水呼渡水處曰渡

也合爲一說繆矣履石渡水乃水之至淺尚無待於揭衣者其與深則厲絕然二事明矣厲砅二字同音故詩容有作砅者許稱以明假借如尚書以𢻱爲作好以莫席爲蔑席之比經典釋文引韓詩至心曰厲玉篇作水深至心曰砅至心卽由帶以上之說也葢韓詩作深則砅許稱之與戴先生乃以橋梁說砅如其說許當徑云石梁不當云履石渡水矣詩言深則厲淺則揭謂因時之宜倘深待石梁則有不能渡者矣禹貢厲砥（𥐻）應引作砅砥僞說命用汝作厲宋庠國語補音引詩作砅汗簡云砅古文礪此可見古假砅爲厲非一處矣

濿　砅或从厲。厲者石也從水厲猶從水石也引伸之爲凡渡水之偁如大人賦云横厲飛泉以正東是也字多作厲○厲旣改作𠪚則此亦當作濿

湊　水上人所會也。引伸爲凡聚集之偁　从水奏聲。倉奏切四部

湛　沒也。古書浮沈字多作湛湛沈古今字沈又沈之俗也下文云沒湛也二字轉注　从水甚聲。按直林切七部大徐宅減切未知古義古音也凡湛字引伸之義甚多其音不一要其古音則同直林切

而已

一曰湛水豫州浸州各本作章今依地理志注集韵所引訂正職方氏荆州其浸潁湛豫州其浸波溠許系溠於荆系湛於豫葢以正經文之互譌也鄭注云湛未聞許系諸豫葢必實有所指矣水經汝水篇注曰汝水又東南逕繁邑城南而東南出湛水出犨縣北魚齒山西北東南流歷魚齒山爲湛浦春秋傳襄十六年楚晉戰於湛阪葢卽湛水以名阪也又東南逕蒲城北又東入汝周禮鄭注曰未聞葢偶有不照按許意亦正謂斯水也杜元凱云昆陽縣北有湛水東入汝今河南南陽府葉縣北二十里有昆陽城

湛古文

湮沒也釋詁湮落也落與沒義相近**从水垔聲**於眞切十二部

㲻沒也此沈溺之本字也今人多用溺水水名字爲之古今異字耳玉篇引孔子曰君子㲻於口小人㲻於水顧希馮所見禮記尚作㲻**从水人讀與溺同**奴歷切古音葢在二部

沒湛也湛各本作沈淺人以今字改之也今正沒者全入於水故引伸之義訓盡小雅曷其沒矣傳云沒盡也論語沒階孔安國曰沒盡也凡貪沒乾沒皆

沈溺之引伸从水𠬶聲莫勃切十五部渨沒也从水畏聲烏恢切十五部按此
字疑後人所增滃雲气起也易林潼滃蔚薈扶首來會謂雲起也江賦氣滃渤以霧杳有假翁爲
滃者周禮醴齊注盎猶翁也成而翁翁然葱白色从水翁聲烏孔切九部泱滃也射雉
賦天泱泱以垂雲善曰毛詩英英白雲毛萇曰英英白雲皃泱與英古字通按泱滃雙聲从水央聲於良
切十部徐爰曰音英音之轉也淒雨雲起也各本作雲雨誤今依初學記太平御覽正雨雲謂欲
雨之雲唐人詩晴雲雨雲是也按詩曰淒其以風毛傳淒寒風皃又曰風雨淒淒葢淒有陰寒之意小雅有渰淒淒
皃急雨欲來之狀未嘗不兼風言之許以字從水但謂之雨雲从水妻聲七稽切十五部詩曰有
渰淒淒今詩作萋萋非也呂覽漢書玉篇廣韵皆作淒淒渰雨雲皃各本作雲雨皃今依
初學記太平御覽正毛傳曰渰雲興皃顏氏家訓定本集注作陰雲恐許所據徑作雨雲渰漢書作黤按有渰淒淒

謂黑雲如鬈淒風怒生此山雨欲來風滿樓之象也既而白雲彌漫風定雨甚則與雲祁祁雨我公田也詩之體物劉亮如是 **从水弇聲** 衣檢切七部

溟　小雨溟溟也 太玄經密雨溟沐玉篇曰溟濛小雨莊子南溟北溟其字當是本作冥 **从水冥聲** 莫經切十一部

涑　小雨霝皃 霝各本作零今正涑涑亦雨聲 **从水束聲** 所責切十六部俗作潄

瀑　疾雨也 暴疾有所趣也故从水从暴爲疾雨 **从水暴聲** 平到切二部 **詩曰終風且瀑** 詩邶風文按毛詩終風且暴傳曰暴疾也卽指風言許所據蓋三家詩 **一曰沫也** 沫一作沬誤馬融長笛賦曰山水猥至滈瀑噴沫噴沫水跳沫也滈瀑噴沫皃蜀都賦亦曰龍池滈瀑濆其隈濆當作噴江賦曰揚拂瀑沫 **一曰瀑霣也** 雨部曰霣雨也齊人謂靁爲霣

澍　時雨也所㠯樹生萬物者也 依魏都賦注後漢明帝紀注補五字樹舊譌澍今正澍澍以疊韵爲訓難蜀父老曰羣生澍濡 **从水尌聲** 當句切古

十一篇上二

音在四部湒雨下也廣雅云湒湒雨也毛詩其角湒湒宋本釋文如是假借爲角皃从水咠聲姊入切七部一曰䰞涌皃上文云湁湒䰞也澬久雨涔資也亦作涔[illegible]一曰水名廣韵曰在常山郡从水資聲才私切又即夷切十五部潦雨水也各本作雨水大皃今依詩采蘋正義文選陸機贈顧彥先詩注衆經音義卷一訂曲禮釋文亦曰雨水謂之潦雨水謂雨下之水也左傳曰水潦將降召南于彼行潦傳曰行潦流潦也按傳以流釋行服注左傳乃云道路之水趙注孟子乃云道旁流潦以道釋行似非潦水流而聚焉故曰行潦不必在道旁也从水尞聲盧皓切二部俗借澇水字爲之濩雨流霤下皃皃宋本無非霤屋水流下也今俗語評簷水霤下曰滴濩乃古語也或假濩爲鑊如詩是刈是濩是也或假爲護如湯樂名大濩是也从水蒦聲胡郭切五部涿流下滴也周禮壺涿氏注壺瓦鼓也涿擊之也按擊瓦鼓之聲如滴然故曰壺涿今俗謂一滴

日一涿音如篤卽此字也又作沰音當洛反廣雅沰磓也雀寔書上火不落下火滴沰周禮掌舍注云柜受居溜水涑橐者也橐卽沰之假借**从水豖聲**竹角切古音在三部**上谷有涿鹿縣**鹿字各本奪今補涿縣在涿郡不在上谷也地理志上谷郡涿鹿今涿鹿故城在直隸宣化府保安州南明志謂之軒轅城涿郡涿今涿縣故城在順天府涿州州治

奇字涿古文奇字也**从日乙**从日者謂於日光中見之乙葢象滴下之形非甲乙字

瀧雨瀧瀧也也大徐作皃今依小徐及廣韻瀧瀧雨滴皃也音轉讀爲浪浪平聲方言曰瀧涿謂之霑漬郭云瀧涿猶瀨滯也瀨滯當作瀎渧埤倉云渧瀎瀌也通俗文云霝滴謂之瀎渧又廣韵集韵皆云瀧涑沾漬也瀧涑卽瀧涿也荀卿書東籠而退楊倞云東籠卽瀧涑**从水龍聲**力公切九部

渿渿沛也玉篇同未聞一本作沛之廣韻集韵類篇同亦未聞按渿沛當係瀿渧之字誤又佚渧篆耳與上文三篆同義故廁於此**从水柰聲**奴帶切十五部瀿郎計切渧都計切今俗

語多如此滈久雨也引伸爲水皃上林賦翯乎滈滈吳都賦滈汗六州之域借爲京兆鎬水字从水高聲乎老切二部漊雨漊漊也漊漊猶縷縷也不絕之皃一曰汝南人廣韵有人字謂飲酒習之不醉曰漊曰字依韵會訂謂不善飲者每日飲少許久久習之漸能不醉其方言曰漊从水婁聲力主切古音在四部𣿅小雨也今人槩作微廣韵集韵皆曰溕溦小雨按爾雅谷者溦假借字也从水敚聲各本作微省聲今正無非切十五部濛溦雨皃溦各本作微今正皃各本作也今依玉篇正溦溟濛三字一聲之轉豳風曰零雨其濛傳云濛雨皃廣韵空濛小雨廣雅作霿霿俗字也从水蒙聲莫紅切九部沈陵上滈水也謂陵上雨積停潦也古多假借爲湛沒之湛如小雅載沈載浮是又或借爲瀋字檀弓爲榆沈是也从水冘聲直深切又尸甚切八部一曰濁黕也黑部曰黕滓垢也黕沈同音通用㴐靁震㴐

溽也从水霝震雨中故从水再聲作代切一部

淊泥水淊淊也从水臽聲胡感切八部一曰繅絲湯繅絲必用灊湯名曰淊

涵水澤多也所受潤澤多也从水函聲胡男切七部詩曰僭始既涵小雅巧言文傳曰僭數涵容也按涵訓容者就受澤多之義而引伸之

洳漸溼也魏風彼汾沮洳傳曰汾汾水也沮洳其漸洳者洳澤同字沮子預反猶濳也从水挐聲人庶切五部

瀀澤多也與優義近瞻卬傳曰優渥也優卽瀀之假借矣从水憂聲於求切三部詩曰既瀀既渥小雅信南山文今詩作優

涔漬也淮南書牛蹄之涔謂水之漬於牛跡中者也毛詩潛有多魚韓詩作涔爾雅曰槮謂之涔毛傳曰潛槮也說者云槮卽罧字韓詩曰涔魚池也此皆涔之別義从水岑聲鉏箴切七部一曰涔陽渚在郢屈原九歌望涔陽兮極浦王逸曰涔陽江碕名附近郢按許曰在郢王曰附近郢許云渚名王

云江碕名皆不云有涔水謂近郢濆大江之洲渚耳近儒說未可信漬漚也謂浸漬也古多假爲骴字公羊傳大瘠禮記注引作大漬公羊傳瀸者何漬也衆殺成者也周禮蜡氏掌除骴故書骴作脊鄭司農云脊讀爲漬謂死人骨也漢志國亡捐瘠孟康曰肉腐爲瘠按骴漬脊瘠四字古同音通用當是骴爲正字也从水責聲前智切十六部漚久漬也言久漬者略別於漬也上統言此析言互相足也陳風可以漚麻傳曰漚柔也考工記漚其絲注曰楚人曰漚齊人曰涹或假渥字爲之如左傳鄬人漚菅者周禮注引作繪人渥菅是也从水區聲烏候切四部浞小濡皃也濡者霑也上文濡篆下未舉此義故此及雨部補見小雅曰既霑既足蓋足即浞之假借也从水足聲士角切古音在三部渥霑也小雅既優既渥考工記欲其柔滑而腥脂之注腥讀如沾渥之渥按渥之言厚也濡之深厚也邶風傳曰渥厚漬也从水屋聲於角切古音在三部[氵隺]灌也[氵隺]與渶義同从水隺聲戶角切又公沃

切三部

洽 霑也大雅民之洽矣傳曰洽合也此謂毛詩假洽爲合也釋詁曰郃合也郃卽洽毛詩在洽之陽稱引者多作在郃之陽是也从水合聲矦夾切七部

濃 露多也小雅蓼蕭傳曰濃濃厚皃按酉部曰醲厚酒也衣部曰襛衣厚皃凡農聲字皆訓厚从水農聲女容切九部詩曰零露濃濃

瀌 瀌瀌雨雪皃依韵會所據小徐本訂小雅角弓曰雨雪瀌瀌見晛曰消廣雅瀌瀌雪也劉向傳作麃从水麃聲甫嬌切二部

溓 溓溓薄仌也溓溓二字依文選注補潘岳寡婦賦曰水溓溓以微凝按食部鎌下云讀若風溓溓蓋當云讀若風溓之溓風溓謂風之薆凌也或曰中絕小水玉篇廣韵作大水中絕小水出也當是古人所見完本後奪誤爲四字耳謂大水中絕小水之流而出也八字一句公羊傳曰周公盛魯公燾羣公溓何曰盛者新穀燾者冐也故上以新也溓者連新於陳上財令半相連耳此溓引伸之義也公羊疏本作溓今本公羊作廩誤鄭注周易引羣公溓見詩采薇正

義又曰淹也晁以道云唐本有此四字楊上善注素問云溓水靜也於此此義相近淹篆下無此義於此補見从水兼聲力鹽切七部按宋晁以道所據唐本力簟反楊上善素問注廉檢反李善文選注力檢反

濂或从廉晁以道云唐本有見樓攻媿集

泐水之理也各本水下有石字今刪自部曰防地理也从𨸏木部曰朸木之理也从木然則泐訓水之理从水無疑矣淺人不知水有理又見下文引周禮說石乃妄增一字水理如地理木理可尋其字皆从力力者人身之理也从水防聲形聲包會意也大徐無聲字盧則切一部周禮曰石有時而泐考工記文石隨其理而解散石之理如水之理故借用泐字水理猶地理故泐以防會意形聲

滯凝也凝俗冰字周禮廛人凡珍異之有滯者鄭司農云貨物沈滯於廛中不決泉府貨之滯於民用者故書滯爲癉杜子春云癉當爲滯从水帶聲直例切十五部

泜箸止也箸直略切箸止有所箸而止也土部坁下曰箸也與此字皆从氏徐楚金引左傳物乃泜

伏按左傳自作坻伏杜曰坻止也尋其義當作坻與泜義略同蓋唐宋以來氐氏溷淆多矣 **从水氏聲** 按玉篇之是切廣韵諸氏切十六部大徐直尼切誤認爲坻字耳

㶁 水裂去也 謂水分裂而去也韓愈文用㶁㶁字 **从水虢聲** 古伯切古音在五部

澌 水索也 方言曰澌索也郭注云盡也按許說其本義楊說其引伸之義也索訓盡者索乃索之假借字入室搜索有盡意也方言曰鋌賜也賜者澌之假借亦作賜 **从水斯聲** 息移切十六部

汔 水涸也 大雅民勞傳曰汔危也周易汔至亦未繘井小狐汔濟虞翻曰汔幾也皆引伸之義水涸爲將盡之時故引伸之義曰危曰幾也 **从水气聲** 許訖切詩音義引說文巨乞反十五部 **或曰泣下** 別一義 **詩曰汔可小康** 前說引伸之義

涸 渴也 渴盡也渠列切釋詁曰涸渴也俗本作竭月令仲秋之月水始涸 **从水固聲** **讀若狐貈之貈** 按貈從舟聲今人以貉爲之音下各切別作蠻貊字音莫白切皆非古也此涸下當

云讀若貈，恐音既變之後桼經改竄耳。下各切。五部。

𣽄　涸亦从水鹵舟。未聞其意。

消　盡也。未盡而將盡也。从水肖聲。相幺切。二部。

潐　盡也。荀卿書其誰能以己之潐潐受人之掝掝者哉。楊倞曰潐盡也。潐謂窮盡明於事，猶楚辭之察察。从水焦聲。子肖切。二部。按焦者火所傷，義近盡，故訓盡。則以焦會意。

渴　盡也。渴竭古今字。古水竭字多用渴，今則用渴爲𣸉字矣。从水曷聲。佩觿曰說文字林渴音其列翻。按大徐苦葛切非也。十五部。

漮　水虛也。爾雅音義引作水之空也。蓋許用釋爾雅舊說，故爲分別之詞。釋詁曰漮虛也。虛，師古引作空。康者穀皮中空之謂，故从康之字皆訓爲虛。歉下曰饑虛也。㝩下曰屋㝩𡫯也。詩酌彼康爵，箋云康虛也。方言曰康空也。長門賦槺梁虛梁也。急就篇顏注曰槺謂輿中空處所用載物也。水之空謂水之中心有空處。从水康聲。苦岡切。十部。

溼　幽溼也。从一，句 覆也。覆土而有水，故溼也。凡溼之所从生多生於上有覆而氣

不濕故从一土水會意从㬎省聲失入切七部今字作濕

湆　幽溼也从水音聲去急切七部五經文字云湆從泣下月大羹也湆從泣下日幽深也今禮經大羹相承多作下字或傳寫久譌不敢改正按湆字不見於說文則未知張說何本儀禮音義引字林云湆羹汁也玉篇廣韵同然則本無異字肉之精液如幽溼生水也廣雅服虔注左傳羹謂之⿰月立皆字之或體耳

洿　濁水不流也云水不流謂之汙按汙即洿之假借字孟子梁惠王作洿滕文公作汙元應引說文濁水不流池也引字林濁水不流曰洿宜有池爲長一曰窊下也窊本作窳今改从水夸聲哀都切五部

汙　薉也艸部曰薉者蕪也地云蕪薉水云汙薉皆謂其不潔清也此篆上濁水不流池類言之大徐本移洿篆於汙篆前不知下文潤瀆洿類列略同方言廁於此則非其次矣从水亏聲烏故切按當哀都切五部義與洿略同一曰小池爲汙池之小者汙池見孟子滕文公一曰涂也與杇義略同木部曰杇所以涂也

湫 隘下也 當作湫湫隘湫下也此擧左傳湫隘字而釋湫下隘小下文塏訓高燥爲湫之反昭三年左傳服注湫箸也十二年杜注湫愁隘也皆引伸之義 一曰有湫水在周地 未聞 春秋傳曰晏子之宅湫隘 事見左傳昭三年 安定朝那有湫淵 湫淵各本作泉唐人避諱改也今正安定郡朝那二志同朝追輸切朝那故城在今甘肅平涼府附郭平涼縣西北前志云有湫淵祠蘇林云淵方四十里停不流冬夏不增減不生艸木一統志曰朝那湫今在平涼府固原州西南 从水秋聲 子了切又即由切三部

潤 水曰潤下 語見洪範 从水閏聲 如順切十三部

準 平也 謂水之平也天下莫平於水水平謂之準因之製平物之器亦謂之準漢志繩直生準準者所以揆平取正是也因之凡平均皆謂之準考工記準之然後量之易繫辭易與天地準是也 从水隼聲 之允切按隼卽鵻字鵻从隹聲準古音在十五部讀之壘切考工記故書準作

瀵　字林曰瀵大出尾下案此亦錯引字林今訛竄入說文者

水○準五經文字云字林作准按古書多用准蓋魏晉時恐與淮字亂而別之耳**汀平也**謂水之平也水平謂之汀因之洲渚之平謂之汀李善引文字集略云水際平沙也乃引伸之義耳**从水丁聲**他丁切十一部**𣲺汀或从平沑水吏也**謂水駛也駛疾也其字在說文作𩨗不解者譌爲吏耳一本作利義同錢氏大昕云吏當作文海賦踧沑注云蹵聚也廣韵云蹜沑水文聚踧蹜同按廣韵上聲人九切引說文同入聲女六切云水文聚**又昷也从水丑聲**人九切三部**瀵水漫也**漫各本作浸今依集韵訂說文水部無漫當作曼曼者引也瀵者水之引而愈出也曼瀵聲類相近**从水糞聲讀若粉**方問切廣韵匹問切十三部**爾雅曰瀵大出尾下**釋水文郭云今河東汾陰縣有水口如車輪瀵沸涌出其深無限名之曰瀵郃陽縣復有瀵亦如之相去數里而夾河河中陼上又有一瀵瀵源皆潛相通按地理志上谷郡潘縣師古普半反全氏祖望據水經注河水過蒲阪下引帝王世紀曰舜

十一篇上二

都蒲阪或言都平陽及瀵正前志潘當作瀵

滜新也謂水色新也如玉色鮮曰玭廣韵曰新水狀也从水臯聲七臯切十五部

瀞無垢薉也此今之淨字也古瀞今淨是之謂古今字古籍少見韵會云楚辭收潦而水清注作瀞按今文選本作百川靜洪興祖本作百川清皆與黃氏所見異古書多假清爲瀞从水靜聲疾正切十一部

瀎瀎泧二字各本奪今依全書例補飾滅皃飾各本作拭今正又部曰㕞飾也巾部曰飾㕞也許書無拭字飾拭古今字今本說文又部作拭而五經文字所引不誤拭滅者拂拭滅去其痕也瀎泧今京師人語如此音如麻沙釋名曰摩娑猶末殺也手上下之言也巾部幭字下曰讀如末殺之殺末殺字林作抹撥卽瀎泧也異字而同音義从水蔑聲莫達切古在十二部入聲

泧瀎泧也从水戉聲讀若椒樧之樧按音所八切十五部大徐云火活切非也

洎灌釜也灌者沃也沃今江蘇俗云燠鳥到切廣韵三十七號云燠釜以水添釜也周禮士師

洎鑊水注云洎謂增其沃汁呂覽多洎之少洎之左傳去其肉而以其洎饋正義云洎者添釜之名添釜以爲肉汁遂名肉汁爲洎**从水自聲**其冀切按當依釋文其器反十五部

湯　熱水也从水昜聲土郎切十部又始陽切湯湯水盛

渜　湯也士喪禮渜濯棄于坎注沐浴餘潘水渜作湪作湪荆沔之閒語疏潘水既經溫煮謂之渜已將沐浴謂之濯○今北方灤河漢志水經作濡水乃官切正渜之誤耳耎多譌需詳手部渜洝古皆平聲猶安䨣**从水耎聲**乃管切十四部

洝　渜水也日部曰安䨣溫也然則洝渜猶安䨣皆疊韵字**从水安聲**烏旰切十四部

洏　洝也洏與渜音近耎從而聲也**从水而聲**如之切一部**一曰煑孰也**肉部曰胹爛也然則洏與胹同也內則作濡蓋字之誤注曰凡濡謂烹之以汁和也

涗　財溫水也考工記曰以涗水漚其絲注云故書涗作湄鄭司農云湄水溫水也元謂涗水以灰所泲水也玉裁按湄當作渜集韵云渜或作湄是也大鄭從渜故釋之曰溫水鄭從

涗故依禮記涗齊貴新之涗釋爲以灰所泲水其說殊矣許則字從涗而釋從大鄭依許說則內則祭統涗字不可解**从水兑聲**輸芮切十五部**周禮曰以涗漚其絲**

涫　灊也春秋繁露燔以涫湯韓詩外傳作沸湯然則涫灊一也周禮注曰今燕俗名湯熱爲觀觀卽涫今江蘇俗語灊水曰滾水滾水卽涫語之轉也**从水官聲**古丸切十四部**酒泉有樂涫縣**二志同故城在今甘肅肅州高臺縣西北鎮夷城西南

潪　涫溢也今河朔方言謂灊溢爲潪河朔河北也**从水沓聲**徒合切八部

汏　淅灡也淅字賸文選注王元長擧秀才文注引無淅字可證士喪禮祝淅米于堂注淅汏也釋詁曰汏墜也汏之則沙礫去矣故曰墜也九章齊吳榜以擊汏吳大也榜楫也言齊同用大楫擊水而行如汏洒於水中也凡舟子之用櫓振力擊之乃徐抴之如汏然今蘇州人謂搖曳洒之曰汏音如俗語之大在禡韻**从水大聲**徒蓋切十五部大徐云又代何切按凡沙汏淘汏用淅米之義

引伸之或寫作汏多點者誤也若左傳汏侈汏輈字皆即泰字之假借寫作汰者亦誤

⿰氵簡淅也從簡者柬擇之意從析者分別之意故二字轉注从水簡聲古限切十四部

淅汏米也毛詩傳曰釋淅米也爾雅溞溞淅也孟子注曰淅漬米也凡釋米淅米漬米汏米灡米淘米洮米漉米異稱而同事淅箕謂之匴从水析聲先擊切十六部

滰浚乾漬米也自其方漉未淘言之曰漬米不及淘抒而起之曰滰乾音干从水竟聲其兩切十部孟子曰孔子去齊滰淅而行萬章篇文今滰作接當是字之誤

溲溲沃也溲沃各本作浸沃今依國語補音宋刊本訂沃沃者澆沃而沃酒之若今人言溲麪是也士虞禮明齊溲酒注明齊新水也言以新水溲釀此酒也此溲即沃之義从水叜聲疏有切三部

浚抒也抒者挹也取諸水中也春秋經浚洙孟子使浚井左傳浚我以生義皆同浚之則深故小弁傳曰浚深也从水夋聲私閏切十三部

瀝漉也

从水歷聲郎擊切十六部一曰水下滴瀝也鉉本有一曰水下滴瀝六字鍇本無今按文選魯靈光殿賦李注引水下滴瀝之也則鉉本是許意瀝漉皆訓自下而上之滴瀝則爲自上而下之故殊其義

漉浚也月令仲春毋竭川澤毋漉陂池注順陽養物也从水鹿聲盧谷切三部一曰水下皃也鉉本無今依鍇本封禪文滋液滲漉後世言漉洒是此義

淥漉或从彔彔聲也考工記作盝三部

潘淅米汁也內則曰其閒面垢燂潘請靧鄭云潘米瀾也按瀾者𤄷之省力旦反从水番聲普官切十四部經典釋文芳袁反一曰潘水在河南熒陽熒各本作滎誤今正熒陽故城在今河南開封府滎澤縣西南水經注濟水篇云晉書地道志濟自大伾入河與河水鬭南泆爲熒澤尚書熒波既豬孔安國曰熒澤波水已成遏豬闞駰曰澤名也故呂忱曰播水在熒陽謂是水也昔大禹遏其淫水而於熒陽下引河東南以通淮泗按所引呂忱語謂字林也字林多本說文且說文字林之例手部播

字不應旁及水名然則字林正作潘字水在滎陽與說文合馬鄭王尚書皆作滎播謂卽滎澤許呂則潘別爲一水與滎爲二僞孔傳釋滎爲澤名波爲水名正同也鄭注周禮滎雒波溠爲四云波讀爲播引禹貢滎播旣都則注書一之注周禮亦二之矣僞孔本作波依周禮改尚書也許作潘謂潘其正字播其假借字也今潘水未聞

灡潘也此字以從蘭與大波之瀾別而古書通用周禮稾人注雖其潘灡餘不可褻內則注潘米灡也从水蘭聲洛干切十四部按周禮禮記音義皆云去聲

泔周謂潘曰泔今各處語言同此荀卿子曰曾子食魚有餘曰泔之从水甘聲古三切古音在七部

滫久泔也荀卿子蘭槐之根是爲芷其漸之滫君子不近庶人不服其質非不美也所漸者然也大戴禮同謂久泔皀蘞也內則滫瀡注秦人溲曰滫此則別是湯液之類與久泔異實同名秦人方言也从水脩聲息流切又思酒切三部

澱滓垽也釋器曰澱謂之垽土部曰垽澱也黑部曰䵤謂之垽按䵤與澱異字而音義同實則一字

也从水殿聲堂練切十三部

淤澱滓濁泥也方言水中可居爲洲三輔謂之淤其引伸之義也从水於聲依據切五部

滓澱也釋名曰緇滓也泥之黑者曰滓此色然也廣雅曰澱謂之滓按古亦假滓爲緇从水宰聲阻史切一部

淰濁也義與澱淤滓相類禮運曰龍以爲畜故魚鮪不淰注淰之言閃也凡云之言者皆假其音以得其義蓋濁其本義閃其引伸假借之義也衆經音義引埤倉淰水無波也杜詩山霧戎戎溼溪雲淰淰寒戎戎言其流動淰淰言其凝滯水無波之義之引伸也从水念聲乃忝切七部禮記音義審閃二音

瀹漬也此蓋謂納於污濁也故廁於此孟子瀹濟漯言浚治其污濁也瀹與鬻同音而義近故皆假瀹爲鬻今人曰煠助甲切古人曰瀹亦作汋詳鬲部从水龠聲以灼切二部

㵐釃酒也釃下酒也卽今之漉酒也以筐曰釃一曰浚也此亦同瀝灑義可兩兼从网水會意焦聲讀若夏書天用剿絕剿當依刀

部作剩今本从力尤誤子小切二部

漀側出泉也側出者旁出如醡出然故其字與灑湑爲類爾雅釋水曰氿泉穴出穴出仄出也毛傳側出曰氿泉許厂部曰晷仄出泉也晷與氿音同字異漀者晷之一名也从水殸聲去挺切十一部殸籒文磬字

湑莤酒也小雅伐木云釃酒有藇傳曰以筐曰釃以藪曰湑又云有酒湑我傳曰湑莤之也按毛許釃莤皆有別酉部云莤者禮祭束茅加於祼圭而灌鬯酒是爲莤與鄭大夫甸師注合是則毛傳湑訓以藪莤之藪謂艸如祭之用茅也故亦曰莤一曰浚也此亦同漉瀝義可兩兼湑浚雙聲一曰露皃也小雅蓼蕭云零露湑兮傳曰湑湑然蕭上露皃从水胥聲私呂切五部詩曰有酒湑我又曰零露湑兮

湎湛於酒也湛各本作沈此等皆後人以習用改之耳沈休於酒周易所謂飲酒濡首亦不知節也韓詩云飲酒閑門不出客曰湎樂記流湎以忘本其引伸之義也从水面聲彌兗切十四部按鄭注酒誥曰飲酒齊色曰湎

大雅天不湎爾以酒箋云天不同女顏色以酒有沈湎於酒者是乃過也鄭意此字从面會意故釋云齊色謂同飲者至於同色也許則謂形聲**周書曰罔敢湎于酒**酒誥文

𣵽　酢漿也周禮酒正四飲漿人掌共王之六飲皆有漿注云漿今之酨漿也內則注云漿酢酨也按酉部云酨酢漿也則漿酨二字互訓**从水將省聲**即良切十部

𣴞　古文漿从爿聲也

涼　薄也涼廁於此者謂六飲之涼與漿爲類也鄭司農云涼以水和酒也元謂涼今寒粥若糗飯襍水也許云薄也蓋薄下奪一酒字以水和酒故爲薄酒此用大鄭說也引伸之爲凡薄之稱如職涼善背號多涼德毛杜皆云涼薄是也薄則生寒又引伸爲寒如北風其涼是也至字林乃云涼微寒也唐殷敬順引之廣韵玉篇皆云凉俗涼字至集韵乃特出凉字注云薄寒曰涼**从水京聲**呂張切十部

淡　薄味也醲之反也酉部曰醲厚酒也又灂淡亦作淊淡水滿皃楊雄賦秬鬯泔淡應劭曰泔淡滿也按泔淡訓滿謂淡爲贍之假借**从水炎聲**徒敢

切入部

涒　食巳而復吐之未聞江賦涒瀨謂水皃从水君聲他昆切十三部爾雅曰大歲在申曰涒灘釋天文高誘曰涒大也灘循也萬物皆大循其情性也

澆　漢也沃爲澆之大澆爲沃之細故不類廁凡醲者澆之則薄故其引伸之義爲薄漢書循吏傳澆淳散樸从水堯聲古堯切二部

液　𦾔也皿部曰𦾔气液也按樂記注曰永歎淫液歌遲之也考工記春液角鄭司農液讀爲醳謂重釋治之此皆引伸之義也从水夜聲羊益切古音在五部

汁　液也古經傳多假汁爲叶方言曰斟協汁也北燕朝鮮洌水之閒曰斟自關而東曰協關西曰汁此兼瀋汁和叶而言如台朕賚畀卜陽予也之例汁液必出於和協故其音義通也从水十聲之入切七部漢汁邡縣用此字

滒　多汁也淮南原道訓曰甚淖而滒高云滒亦淖也饘粥多瀋者曰滒讀歌謳之歌按今江蘇俗語謂之稠也从水哥聲讀若哥古俄切十七部

灝　豆汁也豆者

朵也从水顥聲乎老切二部廣韵曰灝溔水勢遠也

溢器滿也禮經一溢米注二十兩曰溢按謂二十兩溢者謂滿於一斤十六兩之外也後人因製鎰字从水益聲以形聲包會意也夷質切古音在十六部

洒滌也下文云沬洒面也浴洒身也澡洒手也洗洒足也今人假洗爲洒非古字按古有假洒爲峻陗之峻者如詩新臺有洒爾雅望厓洒而高岸夷上洒下漘毛詩洒高峻也从水西聲先禮切按西聲當在古音十三部古文㠯爲灑埽字各本奪㠯字今依全書通例補凡言某字古文以爲某字者皆謂古文假借字也洒灑本殊義而雙聲故相假借凡假借多疊韵或雙聲也毛詩洒埽四見傳云洒灑也鄭注周禮隸僕韋注國語皆同皆釋假借之例若先鄭云洒當爲灑則以其義別而正之以漢時所用字正古文也

滌洒也皿部曰盪滌器也引伸爲凡清瀞之言如七月傳曰滌場埽地雲漢傳曰滌滌旱氣也山無木川無水是从水條聲徒歷切古音在二部周禮條狼氏樂記條蕩其聲皆假條爲滌周禮凡酒脩酌

假借爲滌也。濈和也。小雅爾羊來思其角濈濈傳曰聚其角而息濈濈然也按毛意言角之多蓋言聚而和也如輯之訓聚兼訓和。从水戢聲。阻立切七部。瀋汁也。左傳哀三年曰無備而官辦者猶拾瀋也杜云瀋汁也陸德明云北土呼汁爲瀋按禮記檀弓爲榆沈假沈爲瀋。从水審聲。昌枕切七部。春秋傳曰猶拾瀋也。按瀋篆當廁於汁篆下乃得其次寫者亂之耳玉篇廁於液灝與之下。渳飲歃也。周禮王朙大肆以秬鬯渳杜子春讀渳爲泯以秬鬯浴屍也按浴屍則釁屍口鼻與飲歃義相近。从水弭聲。緜婢切十六部。㵴飲歃也。歃歠也。从水籑聲。各本篆作㵴解作算聲今按玉篇廣韵皆作灒知古說文如此集韵類篇始誤从俗本說文耳衫洽切又先活切宋本皆如此今各本衫洽改作巽倦古音在十四部即今之涮字也涮所患切。一曰吮也。吮軟也。漱盪口也。漱者軟之大也盪口者吮刷其口中也曲禮諸母不漱裳假漱爲涑也。从水軟聲。以形

聲包會意所右切三部

洞　滄也　此義俗从仌作洞篇韵洞皆訓冷是也大雅洞酌彼行潦毛曰洞遠也此謂洞即迥之假借　**从水同聲**　戶裝切十一部

滄　寒也　周書周祝解曰天地之閒有滄熱列子湯問一兒曰日初出滄滄涼涼仌部滄字音義同　**从水倉聲**　七岡切十部

瀙　冷寒也　冷寒者冷之寒同寒而有別也世說新語曰劉眞長始見王丞相時盛暑之月丞相以腹熨彈棊局曰何乃渹劉既出人問見王公云何劉曰未見他異惟聞作吳語耳注云吳人以冷爲渹大平御覽引此事渹作瀙集韵類篇皆云瀙渹二同楚慶切吳人謂冷也今吳俗謂冷物附他物其語如鄭國之鄭即瀙字也　**从水靚聲**　七定切十一部　廣韵楚敬切

淬　滅火器也　盛水濡火使滅其器謂之淬與火部之焠義略相近故焠通作淬　**从水卒聲**　七芮切十五部

沐　濯髮也　引伸爲芟除之義如管子云沐涂樹之枝釋名云沐禿無上皃之稱　**从水木聲**　莫卜切三部

沬　洒

面也 律曆志引顧命曰王乃洮沬水師古曰沬洗面也禮樂志霑赤汗沬流赭晉灼曰沬古靧字檀弓瓦不成味鄭云味當作沬沬靧也按此沬謂瓦器之釉如洗面之光澤也 从水未聲 荒內切十五部

頮 古文沬从𠬞水从頁 各本篆作湏解作从頁今正尚書王乃洮頮水釋文曰說文作沬云古文作頮文選頮血飲泣李注曰頮古沬字李注本作古文沬字奪文耳陸語尤可證說文作頮从𠬞手匊水而洒其面會意也內則作靧从面貴聲蓋漢人多用靧字沬頮本皆古文小篆用沬而頮專爲古文或奪其𠬞因作湏矣

浴 洒身也 老子浴神不死河上公曰浴養也夏小正黑鳥浴浴也者飛乍高乍下也皆引伸之義也 从水谷聲 余蜀切三部

澡 洒手也 皿部曰盥澡手也儒行篇曰澡身而浴德其引伸之義按或假繰爲澡如禮記緦冠繰纓是荀卿又作慅纓 从水喿聲 子皓切二部

洗 洒足也 洒俗本作灑誤今依宋本正內則曰面垢燂潘請靧足垢燂湯請洗此洒面曰靧洒足曰洗之證也洗讀如跣

足之跣自後人以洗代洒滌字讀先禮切沿至近日以酒代灑轉同詩禮之用矣从水先聲穌典切十三部

汲引水也各本有於井二字今依元應引及玉篇訂其器曰缾曰罋其引罋之繩曰綆曰繘井九三曰可以汲引伸之凡擢引皆曰汲廣雅曰汲取也古書多用汲汲爲彶彶同音假借从及水本作从水从及今訂及亦聲居立切七部小徐本从水及聲

淳淥也上文曰淥或瀌字似淳淋二篆宜類廁恐轉寫者亂之也內則考工記注皆曰淳沃也按㡛氏而沃之卽上文之渥淳其帛也內則淳熬淳模之名因沃之以膏也然則許云淥也謂淥之後一義从水𦎫聲常倫切按當依經典釋文之純反常倫乃不澆之訓純醇二字之假借也假借行而本義廢矣十三部

淋以水沃也今俗語皆爾郭樸注三倉曰淋瀌水下也从水林聲力尋切七部一曰淋淋山下水也謂山下其水也與下文決下水也義同七發曰洪淋淋焉若白鷺之下翔

渫除去也井九三曰井渫不食荀爽曰渫去穢濁淸

潔之意也按凡言泄漏者卽此義之引伸變其字爲泄耳从水枼聲私列切十五部按枼聲或在十五部或在八部葢二部之通融難以枚數枼从世聲

𣿅濯衣垢也周南箋云澣謂濯之半澣曰湔見上文从水榦聲胡玩切十四部篇韵皆上聲按作澣者今俗字也

浣今澣从完小徐本如此按儀禮古文假浣爲盥公羊傳亦有此字

濯澣也崧高傳曰濯濯光明也靈臺傳曰濯濯娛遊也皆引伸之義也有假洮爲濯者如鄭注顧命之洮爲澣衣成事是也周禮故書以濯爲祧爾雅以濯爲珧史漢以輯濯爲楫櫂皆古文假借从水翟聲直角切二部

涑澣也涑亦假漱爲之公羊傳臨民之所漱浣也何曰無垢加功曰漱去垢曰浣齊人語解云無垢加功謂但用手斗漱去垢葢用足物故內則云冠帶垢和灰請漱衣裳垢和灰請澣鄭云手曰漱足曰澣是也若然則涑與澣別而許不別者許渾言何析言也毛詩周南箋云汙煩也煩撋之用功深澣謂濯之耳是則澣對汙言又分深淺實則何之去垢卽毛詩之汙何之無垢加

功即毛詩之𣽎古人因義立文後人當因文攷義耳上文湔篆下云一曰手𣽎巳依水經注訂手爲半依諸家用手曰涑之云則作手固未嘗非是**从水柬聲**速侯切三部**河東有涑水**左傳曰伐我涑川水經曰涑水出河東聞喜縣東山黍葭谷今涑水出山西絳州絳縣陳村峪伏流復出西入聞喜縣肸又西南入夏縣肸經安邑縣北西流入蒲州府猗氏縣肸又西南經臨晉縣南虞鄉縣北永濟縣西南入五姓湖又西南入黃河按左傳音義此水徐仙民息錄反字林音速

澼於水中擊絮也擊當爲擊擊澼同音手部曰擊敝也一曰擊也似敝義於此爲近考工記注曰澼漂絮莊子曰洴澼絖皆謂於水面漂擊之竹部曰箈澼絮簀也糸部曰紙絮一箈也然則擊絮乃造紙之先聲亦謂之漂史記韓信釣於城下諸母漂漂與澼雙聲爲轉注漂孚妙切玉篇及曹憲注廣雅乃合澼漂爲一字同切孚妙誤矣**从水辟聲**匹蔽切十五部秋興賦游鯈澼澼魚游水皃引伸之義也

涂也謂涂墍也通俗文曰泥塗謂之瀧澒**从水从土尨聲讀**

若隴按隴字蓋誤龙聲不得讀如隴也壟又見土部玉篇亦在土部引說文木貢切元應濛湏上莫董切下胡動切大徐亡江切壟之言蒙不得讀若隴蓋水部本無此字淺人增之妄增此讀若也

灑汛也凡埽者先灑弟子職云實水於盤攘臂袂及肘堂上則播灑室中握手是也引伸爲凡散之稱从水麗聲山豉切十六部音變爲所蟹切音轉爲沙下切

汛灑也卂疾飛也水之散如飛此以形聲包會意也楊雄劇秦美新云況盡汛埽前聖數千載功業汛埽卽灑埽也俗用爲潮汛字从水卂聲息晉切十二部按汛與灑互訓而殊音洒則經典用爲灑之假借然謂洒卽汛之假借則於古音尤合蓋洒从西聲西古音如詵也小顏注東方朔傳洒埽云洒音信此謂卽汛字也云又山豉反此謂卽灑字也此等必皆漢書音義舊說

染以繒染爲色此據周禮染人言也染人掌染絲帛繒者帛也不言絲者舉帛以該絲也夏纁元秋染夏从水杂聲此當云从水木从九裴光遠曰从木木者所以染梔茜之屬也从九九者染之數也按裴說近是禮

十一篇上三

一入爲縓再入爲赬三入爲纁朱則四入五入爲緅[元]則六入七入爲緇字从九者數之所究言移易本質必深入之也而剡切八部

泰滑也此以疊韵爲訓字从廾水水在手中下瀶甚利也與辵部達字義近皆他達切周易泰通也否塞也左傳汏輈及鼓跗著于丁寧汏輈以貫笠轂皆滑之意也滑則寬裕自如故引伸爲縱泰如論語泰而不驕是也又引伸爲泰侈如左傳之汏侈如西京賦之心奓體泰是也汏即泰之隸省隸變而與澌米之汏同形作汏者誤字从廾水會意大聲他蓋切十五部按隸作泰字形字音字義皆與古絕異

夳古文泰如此按當作夳从仌取滑之意也从大聲轉寫恐失其眞矣後世凡言大而以爲形容未盡則作太如大宰俗作太宰大子俗作太子周大王俗作太王是也謂太即說文夳字夳即泰則又用泰爲太展轉貤繆莫能諟正

濶海岱之閒謂相污曰濶方言氾浼濶洼洿也自關而東或曰洼或曰氾東齊海岱之閒或曰浼或曰濶按洿污古通用子雲義取污薉許說及廣雅皆从之郭注以洿地釋之非

也从水閻聲余廉切八部⿰氵免污也孟子公孫丑篇曰爾焉能浼我哉趙注惡人何能污我也从水免聲武罪切古音免聲字多在十三部詩曰河水浼浼邶風新臺文毛傳曰浼浼平地也按浼浼與亹亹同如亹亹文王卽勉勉文王也文選吳都賦清流亹亹李注引韓詩亹亹水流進皃此必毛詩浼浼之異文今李注奪一亹字非許引此詩者言假借之義也孟子曰汝安能浼我此證本義灒污灑也謂用污水揮灑也釋元應曰江南言灒子旦反山東言湔子見反史記廉藺傳作濺楊泉物理論作㖭皆音子旦反一曰水中人也中讀去聲此與上文無二義而別之者此兼指不污者言也上但云灑則不中人从水贊聲則旰切十四部⿰氵愁腹中有水气也从水愁聲士尤切三部湩乳汁也見列子穆天子傳或借重字爲之漢書匈奴傳重酪之便美是也管子湩然擊鼓士忿怒借湩爲䵺也周禮注湩容卽毛詩傳之童容也从水重聲多貢切九

部

洟鼻液也易萃上六齎咨涕洟鄭注自目曰涕自鼻曰洟檀弓垂涕洟正義目垂涕鼻垂洟詩陳風涕泗滂沱毛傳自目曰涕自鼻曰泗泗卽洟之假借字也古書弟夷二字多相亂於是謂自鼻出者曰涕而自目出者別製淚字皆許不取也素問謂目之水爲淚謂腦滲爲涕王襃童約目淚下落鼻涕長一尺曹娥碑泣淚掩涕驚動國都漢魏所用已如此从水夷聲他計切十五部周易音義他麗反又音夷

汗身液也身各本作人今依太平御覽訂易渙汗其大號劉向說曰汗出而不反者也从水干聲侯旰切十四部漢餘汗縣字如此讀如干

泣無聲出涕者曰泣依韵會所據小徐本訂者別事詞也哭下曰哀聲也其出涕不待言其無聲出涕者爲泣此哭泣之別也尚書大傳曰微子將往朝周過殷之故墟志動心悲欲哭則爲朝周俯泣則近婦人推而廣之作雅聲謂之麥秀歌从水立聲去急切七部素問以爲歰字

涕泣也按泣也二字當作目液也三字轉寫之誤也毛傳皆云自目出曰涕篇韵皆云目汁泣非

其義从水弟聲他禮切十五部潸涕流皃小雅大東曰潸焉出涕毛云潸涕下皃从水散省聲所姦切十四部詩曰潸焉出涕焉韵會作然湅瀾也周禮染人凡染春暴練注云暴練練其素而暴之按此練當作湅湅其素素者質也即㡛氏之湅絲湅帛也已湅之帛曰練糸部練下云湅繒也是也㡛氏如法湅之暴之而後絲帛之質精而後染染人可加染湅之以去其瑕如瀾米之去康粊其用一也故許以瀾釋湅戰國策蘇秦得大公陰符之謀伏而誦之簡練以爲揣磨簡練者瀾湅之假借也高誘曰簡汏也練濯治也正與許云瀾淅也淅汏米也湅瀾也相符合許不以湅瀾二篆爲伍者瀾謂米湅謂絲帛也金部治金曰鍊猶治絲帛曰湅从水柬聲郎甸切十四部讞議辠也文王世子獄成有司讞於公其死罪則曰某之罪在大辟其刑罪則曰某之罪在小辟鄭曰成平也讞言白也按今本注作讞之言白也之字衍以徐邈云言也正義云言白也正之當是本作言也白也正義省一也字耳言與讞雙聲疊韵王制百官各以其

成質於三官大司徒大司馬大司空以百官之成質於天子此云以成讞於公猶以成質於天子也故其字从水獻其議如水之平而獻於上也所質既下爲受質所讞不當而上更議之亦爲讞葢本下獻上之詞又轉爲上平下之詞矣漢書云諸獄疑於人心不厭者輒讞之是**从水獻與瀱同意**瀱以三體會意讞以二體會意瀱下云平之如水从水瀱之从水同也瀱以會意包形聲瀱則專會意魚列切十四十五部之合音

渝　變污也釋言曰渝變也鄭風傳虞翻注易杜注左傳皆同許謂瀞而變污**从水俞聲**羊朱切四部

一曰渝水在遼西臨渝東出塞遼西郡臨渝二志同臨渝下曰故城無考前志臨渝下曰渝水首受白狼東入塞外又有侯水北入渝同郡交黎縣下曰渝水首受塞外南入海按水經注遼水篇詳白狼水渝水侯水今渝水未詳一統志於永平府曰古今水道變遷所當闕疑

減　損也古書多假咸爲減**从水咸聲**古斬切古音在七部

滅　盡也从水威聲此舉形聲包會意亡列切十五

影宋本集韵作浸也
局刻漫也蓋誤字
泮　西南爲水東北爲墻語不可解段注東西門以南通水北無也與說解亦不相應

部

漕　**水轉轂也**　轂各本譌轂今依韵會平準書索隱蕪城賦注訂如淳漢書注曰水轉曰漕百官志曰大倉令主受郡國傳漕轂　**从水曹聲**　在到切古音在三部　**一曰人之所乘及船也**　乘下疑奪車字葢車亦得稱漕或云及葢誤字按史記索隱作一云車運曰轉水運曰漕十字當從之

泮　**諸侯饗射之宮**　諸侯上當有泮宮二字饗大徐作鄉今依小徐饗者謂鄉飲酒也詩行葦泮水皆言諸侯鄉飲酒之禮見鄭箋古者養老之禮卽鄉飲酒之禮也公劉先射而後養老故曰饗射廱篆下曰天子饗飲辟廱亦謂鄉飲酒不言射者言饗以關射五經異義引韓詩說辟雍所以教天下春射秋饗尊事三老五更魯頌曰思樂泮水又曰旣作泮宮毛曰泮水泮宮之水也天子辟廱諸侯泮宮王制曰天子曰辟廱諸侯曰頖宮鄭云辟明也廱和也所以明和天下頖之言班也所以班政教也許書無頖字葢禮家製頖字許不取也小戴三云頖宮　**西南爲水東北爲牆从水半**　魯頌箋云辟廱者築土雝水之外圓如璧四方來觀

者均也泮之言半也葢東西門以南通水北無也白虎通曰獨南面禮儀之方有水耳半亦聲普半切十四部詩迨冰未泮傳云泮散也此假泮爲判也隰則有泮傳云泮坡也此假泮爲畔也

漏㠯銅受水刻節晝夜百節百節各本作百刻今依韵會所據小徐本訂晝夜以百節之故爲刻者百因評百刻矣周禮挈壺氏凡喪縣壺以代哭者皆以水火守之分以日夜注云以水守壺者爲沃漏也以火守壺者夜則視刻數也分以日夜者異晝夜漏也漏之箭晝夜共百刻冬夏之閒有長短焉文選注引司馬彪曰孔壺爲漏浮箭爲刻下漏數刻以考中星昏明星焉按晝夜百刻每刻爲六小刻每小刻又十分之故晝夜六千分每大刻六十分也其散於十二辰每一辰八大刻二小刻共得五百分也此是古法樂記百度得數而有常注云百度百刻也靈樞經漏水下百刻以分晝夜从水屚取屚下之義屚亦聲此依韵會而更考定之如此屚屋穿水下也故云取屚下之義盧后切四部今字皆假漏爲屚

澒丹沙所化爲水銀也

萍　案苹洴二篆既見艸部不當水部更出萍且亦不當入水部蓋後人妄增段疑許書有萍無洴殊倒置

本艸經曰鎔化還復爲丹然則本丹之所化明矣後代燒煅麁夾朱砂爲之淮南書高注曰白頊水銀也廣雅曰水銀謂之澒字一作汞說者分別之云汞水銀滓从水項聲呼孔切九部

萍苹也苹萍二篆見艸部篇韵皆云萍蓱同字疑許書本有萍無蓱小正毛詩爾雅皆作苹爾雅毛傳皆曰蓱也蓱卽萍之別字周禮萍氏疑本作苹氏然則說文艸部苹下曰萍也與水部萍下曰苹也爲轉注不當有蓱篆水艸也从水苹水艸也三字釋从水之意苹亦聲薄經切十一部

汩治水也天問不任汩鴻師何以尚之王云汩治也鴻大水也引伸之凡治皆謂汩書序汩作汩治也汩本訓亂如亂之訓治故洪範汩陳其五行汩亂也上文淈訓濁而釋詁云淈治也郭景純云淈汩同从水曰聲于筆切十五部俗音古忽切訓汩沒汩亂

文四百六十五宋本五作八今刪瀸篆補池篆　重二十三今補瀌篆

十一篇上二

說文解字第十一篇上三

受業胡積城校字

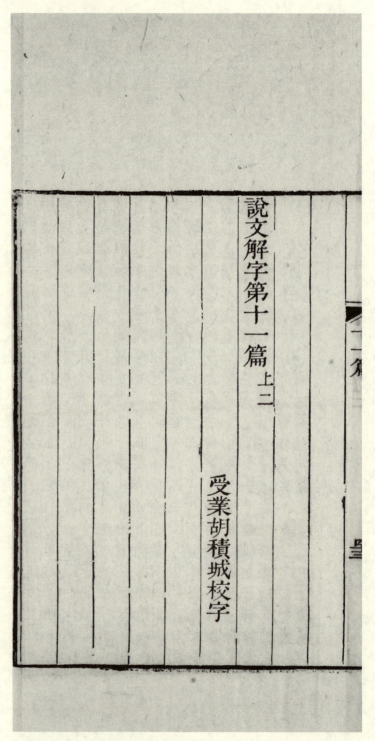

說文解字第十一篇下

金壇段玉裁注

沝　二水也即形而義在焉闕此謂闕其聲也其讀若不傳今之壘切者以意爲之凡沝之屬皆从沝

𣴎　水行也从沝㐬會意力求切三部㐬突忽也㐬之本義謂不順忽出也引申爲突忽故流从之

流　篆文从水流爲小篆則𣴎爲古文籀文可知此亦二上之例也或問曰何不以流涉入水部而附𣴎𣶏爲重文乎曰如是則沝無所附沝不附水部之末而爲部首者以配屾部也

𣶏　徒行厲水也濿各本作厲誤濿或砅字也砅本履石渡水之偁引申爲凡渡水之偁釋水曰繇膝以上爲涉毛傳同許云徒行者以別於以車及方之舟之也許意詩所言揭厲皆徒行也皆涉也故字从步从沝步會意時攝切八部

涉　篆文从水

文三　重二

水厓人所賓附也厓今之涯字附當作駙馬部曰駙近也瀕賓以疊韵爲訓瀕今字作濱召旻傳曰瀕厓也采蘋北山傳皆曰濱厓也今字用頻訓數攷桑柔傳曰頻急也廣雅曰頻頻比也此從附近之義引申之本無二字二音而今字妄爲分別積習生常矣**顰戚不歬而止从頁从涉**顰戚各本作顰戚今正此以顰戚釋从頁之意也將涉者或因水深顰眉蹙頞而止故字从涉頁符眞切按當必鄰切十二部**凡瀕之屬皆从瀕**

涉水顰戚也戚古音同蹴迫也各本作蹙誤顰戚謂顰眉蹙頞也許必言涉水者爲其字之从瀕也**从瀕卑聲**符眞切按从卑聲則古音在十六部易頻復本又作嚬王弼虞翻侯果皆以頻蹙釋之鄭作卑陸云音同按諸家作頻省下卑鄭作卑省上頻古字同音叚借則鄭作卑爲是諸家作頻非顰本在支韵不在眞韵也㠯各書省爲頻又或作嚬又莊子及通俗文叚臏爲顰而古

音不可復知乃又改易音義云鄭作韇𦥑晁氏以道古周易呂氏伯恭古易音訓所據音義皆作𦥑晁云𦥑古文也今文作韇攷古音者得此眞一字千金矣

文二

く　水小流也　水部曰涓小流也く與涓音義同釋名曰山下根之受霤處曰甽甽吮也吮得山之肥潤也按此爲禹貢羽畎岱畎之說解亦卽小流之義　周禮匠人爲溝洫梠廣五寸　梠許之耜字也見木部各本作梠誤　二梠爲耦一耦之伐廣尺深尺謂之く倍く謂之遂倍遂曰溝倍溝曰洫倍洫曰巜　已上攷工記匠人職文說詳鄭注及程氏瑤田通藝錄今周禮く作畎巜作澮與許所據不同者後人所改也く巜巛三篆下皆宜曰象形而不言者省文也姑泫切十四部　凡く之屬皆从く

𤰝　古文く从田川　古文

疑當作籀文蓋く巜皆古文也按鄭注攷工記曰甽畎也謂甽畎古今字甽即今之畎字也**田之川也**四字小徐有而田譌作甽

畎　篆文く从田犬聲畎爲小篆則く甽爲古籀可知此亦先二後上之例

六畎爲一畮漢食貨志曰趙過能爲代田一晦三甽古法也后稷始甽田以二耜爲耦廣尺深尺曰甽長終晦一晦三畎一夫三百甽而播種於甽中按長終晦者長百步也六尺爲步步百爲晦播種於甽中者甽中猶甽間播種於兩甽之間也深者爲甽高者爲田皆廣尺三百甽積廣六百尺長百步亦長六百尺故一夫百晦其體正方許云六畎爲一晦者謂其地容六畎耳與一晦三畎之制非有二也畎與田來歲互易即代田之制也六尺爲步步百爲晦見田部

文一　重二

巜　水流澮澮也澮澮當作涽涽毛傳曰涽涽流也水部曰涽涽水流聲也古昏聲會聲多通用

水流涓涓然曰く浩浩然則曰巜巜大於く矣此字之本義也因以名井田之制方百里爲巜廣二尋深二仞考工記匠人文尋仞依許寸部人部說皆八尺今周禮作澮許所據作巜後人以水名易之也古外切十五部凡巜之屬皆从巜

粼水生厓石閒粼粼也厓者山邊也从巜粦聲力珍切十二部

文二

巛毌穿通流水也毌各本作貫毌穿物持之也穿通也巜則毌穿通流又大於巜矣水有始出謂川者如爾雅水注川曰谿許云泉出通川爲谷是也有絕大乃謂川者如皋陶謨く巜距川攷工記澮達於川是也本小水之名因以爲大水之名虞書曰謂古文皋陶謨濬く巜距巛距各本作距今正今尚書作畎澮距川者後人所改也言深く巜之水會爲川也此偁尚書釋之以見尚書

之川與川字有間矣川今昌緣切古音在十三部讀如春雲漢之詩是也凡川之屬皆从川

巠水衇也巠之言濥也濥者水衇行地中濥濥也故从川在地下从川在一下一地也會意壬省聲古靈切十一部一曰水冥巠也冥巠水大皃今字作溟涬司馬注莊曰涬溟自然氣也

𡿧古文巠不省

巟水廣也引申爲凡廣大之偁周頌天作高山大王荒之傳曰荒大也凡此等皆叚荒爲巟也荒蕪也荒行而巟廢矣从川亡聲呼光切十部易曰包巟用馮河泰九二爻辭今易作荒陸云本亦作巟

𣶒水流皃皃舊作也今依篇韵正江賦溭淢濜溳李云參差相次也淢卽𢒻詩黍稷彧彧彧者𢒻之變叚𢒻爲鰄也从巛或聲于逼切一部亦胡國切

汩水流也此與水部汩義異汩治水也上林賦曰汩乎混流又曰汩㴔漂疾方言汩疾行也注云汩汩急皃于筆切此用汩爲𠕁也廣韵合爲一非从巛曰聲于筆切十五部

𡿦　水流𡿦𡿦也从巛列省聲　大徐曰列字从𡿦此疑誤當是从卢省小徐本作卢省聲　良薛切十五部

邕　邑四方有水自邕成池者是也　邑各本無依韵會補成各本作城誤依廣韵韵會正自邕當作自擁擁轉寫之誤擁者抱也池沼多由人工所爲惟邑之四旁有水來自擁抱旋繞成池者是爲邕以擁釋邕以疊韵爲訓也故其字从川邑引申之凡四面有水皆曰邕周頌曰于彼西雝傳曰雝澤也大雅曰於樂辟雝鎬京辟雝傳曰水旋丘如璧曰辟雝水經注釋漁陽郡雍奴曰四方有水爲雍不流爲奴皆邕字之段借也　从巛邑　會意川圍邑　讀若雝　於容切九部　⿱巛吕　籒文邕如此

𡿧　害也　害者傷也巛害字本如此作玉篇云天反時爲巛今凡作灾災菑皆段借字也災行而巛廢矣周語曰陽塞而在陰川原必塞原塞國必亡以一塞川是爲害川故字从一雝川　从一雝川　雝壅古今字王莽傳邕涇水不流亦段邕爲壅此會意也祖才切一部　春秋傳曰川雝爲澤凶

宣十二年左傳文此偁傳說會意之恉也知莊子曰周易師之臨曰師出以律否臧凶川雝爲澤夭且不整所以凶也與偁艸木麗於土說麗从艸麗偁豐其屋說寷从宀豐同

侃剛直也論語鄉黨與下大夫言侃侃如也孔曰侃侃和樂皃也葢謂卽衎衎之叚借字从㐰㐰古文信也見言部从巛取其不舍晝夜信則可恆會意空旱切十四部論語曰子路侃侃如也見先進篇今作子路行行如也冉有子貢侃侃如也葢許氏筆誤

州水中可凥者曰州凥各本作居今正者字今補周南在河之州釋水毛傳皆曰水中可居者曰州水匊繞其旁从重川水字今補匊繞各本作周遶誤今正匊者帀也會意職流切三部俗作洲昔堯遭洪水民凥水中高土故曰九州州本州渚字引申之乃爲九州俗乃別製洲字而小大分係矣詩曰在河之州關雎文證州之本義也一曰州疇也以疊韵爲訓疇耕治之田也各疇其土

而生也人各耕治以爲生此說州之別一義其實前義內可包𡿧古文州此像前後左右皆水

文十　重三

泉水原也釋水曰濫泉正出正出涌出也沃泉縣出縣出下出也氿泉穴出穴出仄出也毛傳亦云檻泉正出側出曰氿泉許作濫泉厬泉召旻曰泉之竭矣不云自中傳曰泉水從中以益者也引申之古者謂錢曰泉布許云古者貨貝而寶龜周而有泉至秦廢貝行錢象水流出成川形同出而三岐略似巛形也疾緣切十四部凡泉之屬皆从泉

⿱緐泉泉水也泉水者泉出之水也淮南書云莫鑒於流瀿而鑒於澄水許注云楚人謂水暴溢爲瀿瀿卽⿱緐泉字泉水暴溢曰⿱緐泉也从泉緐聲讀若飯符萬切十四部古讀平聲

文二

灥三泉也凡積三爲一者皆謂其多也不言从三泉者不待言也闕此謂讀若未詳闕其音也今音詳遵切依附泉之雙聲爲之凡灥之屬皆从灥

厵水本也各本作水泉本也今刪正月令百源注曰衆水始所出爲百源單評曰原衆評曰原泉孟子原泉混混是也从灥出厂下厂者山石之厓巖會意愚袁切十四部

原篆文从泉此亦先二後上之例以小篆作原知厵乃古文籒文也後人以原代高平曰邍之邍而別製源字爲本原之原積非成是久矣

文二　重一

永水長也引申之凡長皆曰永釋詁毛傳曰永長也方言曰施於衆長謂之永象水巠理之長永也巠者水脈理者水文于憬切古音在十部詩曰江之永矣周南漢廣文凡

永之屬皆从永

羕　水長也引申之爲凡長之偁釋詁曰羕長也从永羊聲余亮切十部詩曰江之羕矣漢廣文毛詩作永韓詩作羕古音同也文選登樓賦川既漾而濟深李注引韓詩江之漾矣薛君曰漾長也漾乃羕之譌字

文二

𠂢　水之衺流別也流別者一水歧分之謂禹貢曰漾東流爲漢沇東流爲泲江東別爲沱此言流別之始釋水詳之自河出爲灉濟爲濋已下是也流別則其勢必衺行故曰衺流別𠂢與水部派音義皆同派蓋後出耳衺流別則正流之長者較短而巠理同也故其字从反永从反永匹卦切十六部凡𠂢之屬皆从𠂢讀若稗縣禾部曰瑯邪有稗縣今地理志作椑縣誤也小徐本作蜀稗縣非蜀秖有郫縣音疲

衇　血理分衺行體中者理分猶分理序曰見鳥獸蹏迒之迹知分理之可相

別異衺行體中而大候在寸口人手卻十分動脈爲寸口也从𠂢从血會意不入血部者重𠂢也𠂢亦聲莫獲切十六部

衇或从肉

籒文左血左𠂢

衺視也釋詁曰覛胥相也郭云覛謂相視也按覛與目部脈通用古詩脈脈不得語李善引爾雅及注作脈今文選譌作脈非也覛不入見部者重𠂢也从𠂢从見會意𠂢亦聲莫狄切廣韵莫獲切十六部俗有尋覓字此篆之譌體

籒文

文三　重三

泉出通川爲谷釋水曰水注川曰谿注谿曰谷許不言谿者許以谿專係之山礦無所通也川者毌穿通流之水也兩山之閒必有川焉詩進退維谷叚谷爲鞫毛傳曰谷窮也卽邶風傳之鞫窮也从水半見出於口此會意古祿切三部亦音浴凡谷之屬皆从谷

山

隫無所通者。隫各本作瀆今正𨸏部曰隫通溝也讀若洞古文作瀆釋山曰山瀆無所通谿然則許作隫明矣。从谷奚聲。苦兮切十六部

豁　通谷也。通迴之谷也文選注曰華延洛陽記云城南五十里有大谷舊名通谷引申爲凡疏達之偁。从谷害聲。呼括切十五部

𧮫　空谷也。虛廫之谷也大雅曰大風有隧有空大谷。从谷翏聲。洛蕭切古音在三部

豅　大長谷也。司馬相如傳曰巖巖深山之谾谾兮晉灼曰谾音籠古豅字蕭該曰谾或作豅長大皃也徐廣谾音力工反與晉說同白駒傳曰空谷大谷也。从谷龍聲。讀若聾。盧紅切九部

谹　谷中響也。此與宖屋響也義近攷工記其聲大而宏司農注謂聲音大也引申爲凡大之偁史記司馬相如傳必將崇論谹議。从谷厷聲。戶萌切古音在六部

谸　望山谷千千青也。各本千千作谸谸今正高唐賦仰視山顛肅何芊芊李注云說文曰谸望山谷千千青也千與芊古字通按千芊爲古今字俗用芊改千楚詞及陸

十一篇下　七

機文賦皆用千眠字南都賦作盰瞑謝眺詩遠樹曖阡阡廣雅乃有芊芊字耳从谷千聲倉絢切十二部

古讀平聲㕡深通川也深之使通也睿與叡睿音義皆相近故今文洪範曰思心曰睿睿作聖古文曰思曰睿睿作聖从𣦵谷會意私閏切十三部𣦵殘也殘猶穿也谷阬坎意也𣦵謂穿之谷取阬坎之意阬坎深意也已上十一字依韵會本虞書曰睿畎澮距川川部既偁咎繇謨濬く巜距川矣此又偁而字異何也葢前爲古文尚書此爲今文也以濬く皆倉頡古文知之

濬睿或从水

睿古文睿从水从睿睿古文叡也叡深明也通也

文八　重二

仌凍也仌凍二篆爲轉注絫評之曰仌凍如月令冰凍消釋是也象水冰之形冰各本作凝今正謂象水初凝之文理也筆陵切六部凡仌之屬皆从仌

冰水堅也易象

傳初六履霜陰始凝也馴致其道至堅冰也古本當作陰始冰也至堅仌也釋器冰脂也孫本冰作凝按此可證詩膚如凝脂本作冰脂以冰代仌乃別製凝字經典凡凝字皆冰之變也

从水仌會意魚陵切六部

凝 俗冰从疑以雙聲爲聲

凍 仌也初凝曰仌仌壯曰凍又於水曰冰於他物曰凍故月令曰水始冰地始凍

从仌東聲多貢切九部

𦩍 仌出也仌出者謂仌之出水文棱棱然輕讀爲力膺切重讀則里孕切今俗語猶尒豳詩三之日納于凌陰傳曰凌陰冰室也此以冰釋凌以室釋陰非謂𦩍爲仌室也鄭注周禮凌人徑云凌冰室也似失之

从仌朕聲六部詩曰納于𦩍陰七月文

凌 𦩍或从夌夌聲也

凘 流仌也謂仌初結及已釋時隨流而行也

从仌斯聲息移切十六部

凋 半傷也傷創也半傷未全傷也

从仌仌霜者傷物之具故从仌周聲都僚切二部三部

冬 四時盡也冬之爲言終也考工記曰水有時而凝有

時而釋故冬从仌从仌从舟會意舟亦聲都宗切九部舟古文終字見糸部

古文冬从日

銷也銷者鑠金也仌之融如鑠金然故鑪鑄亦曰冶易野容誨淫陸德明本作冶容按野冶皆蠱之叚借也張衡賦言妖蠱今言妖冶从仌台聲聲蓋衍台者悅也仌台悅而化會意冶今音羊者切古音讀如與在五部或曰台雙聲也故以爲聲

寒也此與水部滄音義皆同枚乘上書曰欲湯之滄絕薪止火而已按方言曰凔淨也二字當从冫凔卽滄字凈卽凊字从仌仌者寒之象也故訓寒之字皆从仌倉聲初亮切十部

寒也从仌令聲魯打切十一部

寒也从仌函聲胡男切八部

凜凜依文賦注補二字寒也引申爲敬畏之偁俗字作懍懍从仌廩聲力稟切七部

寒也曲禮曰凡爲人子之禮冬溫而夏凊从仌青聲七正切十一部凔凊二篆舊在凍篆之前非其次也今更正凡全書內多有迻正者學者依此求之

滭　滭冹二字今補風寒也豳風七月一之日觱發傳曰觱發風寒也按觱發皆叚借字滭冹乃本字猶水部畢沸今詩作觱沸或許所據毛詩不同今本或許采三家詩皆未可定也詩曰一之日滭冹七字今補从仌畢聲卑吉切十二部

冹　滭冹也三字今正从仌犮聲分勿切十五部

凓　凓冽二字今補寒皃皃各本作也今依大東正義及小徐本毛傳曰凓冽寒氣也古亦單用栗字春秋緐露謂燠寒曰熏栗詩曰二之日凓冽七字今補亦豳風七月文也今詩作栗烈考詩冽彼下泉疏引七月二之日凓冽是孔本與許同而陸釋文作栗烈與許異且云說文作颲颲其實風部未嘗引詩也五經文字仌部有凓知其所據詩作凓从仌栗聲力質切十二部

冽　凓冽也三字今正古單用列字者如詩冽彼下泉傳曰冽寒也有冽氿泉傳曰冽寒意也素問曰風寒冰冽从仌列聲各本篆作瀨解作賴聲音洛帶切今正按瀨字郎韵玉篇皆無之而孔沖遠大東正義李善注高唐賦

嘯賦皆引說文字林列字是今本列譌爲瀨顯然也艮辥切十五部

文十七　重三

水從雲下也引申之凡自上而下者偁雨一象天冂象雲水霝其閒也王矩切五部凡雨之屬皆从雨古文象形

霒昜薄動生物者也各本作陰陽今正動下各本有靁雨二字不辭今依韵會本正薄音博迫也陰陽迫動即謂靁也迫動下文所謂回轉也所以回生萬物者也从雨畾象回轉形許書有畕無畾凡積三則爲衆衆則盛盛則必回轉二月陽盛靁發聲故以畾象其回轉之形非三田也韵書有畾字訓田閒誤矣凡許書字有畾聲者皆當云靁省聲也魯回切十五部○凡古器多以回爲靁籀文靁閒有回當作畾閒有回奪畾回靁聲也說畾閒有回之意古文靁古文

霣齊人謂靁爲霣各本齊上有雨也二字按自靁篆至震篆皆言雷電自霝篆至霚篆皆言雨段令霣之正義爲雨則當次於彼閒今刪韵會本亦無此二字齊人謂靁曰霣方俗語言如此靁古讀如回回與員語之轉公羊傳星霣如雨段爲隕字从雨員聲于敏切十三部一曰雲轉起也別一義雲回轉而起名之霣者略與雲同音也古文云作員讀若昆大徐無此三字霣古文霣如此古當作籒員下云籒文作鼎鼎下云籒文以鼎爲貝是也⿰女鼎者籒文妘⿰鼎刂者籒文則皆是以鼎爲貝

霆靁餘聲鈴鈴句所㠯挺出萬物聲下有也字者譔衍鈴與挺皆以疊韵爲訓靁所以生物而其用在餘聲鈴鈴然者禮記曰地載神氣神氣風霆風霆流形庶物露生从雨廷聲特丁切十一部古多讀上聲

霅霅霅靁電皃靁各本作震今依韵會本霅霅聲光䃤沓之皃按馬融廣成頌雲霅爾雹落雲音素洽反今俗語云霎時閒霎卽霅之俗字从雨譶省聲省譶爲言如省

蟲爲虫也丈甲切八部**一曰霅衆言也**依韵會本六字在此譶疾言也霅以爲聲或訓霅爲衆言則是从言从雨會意矣吳都賦曰輟霅驚捷

電霒昜激燿也孔沖遠引河圖云陰陽相薄爲靁陰激陽爲電電是靁光按易震爲靁離爲電月令靁乃發聲始電詩十月之交春秋隱九年言震電詩采芑常武雲漢言靁霆震靁一也電霆一也穀梁傳曰電霆也古義霆電不別許意則統言之謂之靁自其振物言之謂之震自其餘聲言之謂之霆自其光燿言之謂之電分析較古爲歷心靁電者一而二者也**从雨从申**靁自其回屈言電自其引申言申亦聲也小徐本作雨申聲堂練切古音在十二部讀如陳

電古文電如此申部曰昌籀文申又部曰昌古文申乖悟不合依此則當作古

震劈歷振物者劈歷疾雷之名釋天曰疾靁爲霆倉頡篇曰霆霹靂也然則古謂之霆許謂之震詩十月之交春秋隱九年僖十五年皆言震振與震疊韵春秋正義引作震物爲長以能震物而謂之震也引申之凡動謂之震辰下曰震也**从雨**

辰聲章刃切十三部古多讀平聲春秋傳曰震夷伯之廟左氏僖十五年經傳皆有之必引此者以爲劈歷震物之證也史記殷武乙暴靁震死神道設教之至縣者也［篆］籒文震

［篆］冰雨說物者也冰各本作凝今正凝者冰之俗也釋名曰雪綏也水下遇寒氣而凝綏綏然下也故許謂之冰雨說今之悅字物無不喜雪者說與雪曡韵从雨彗聲相絕切十五部

［篆］雨霰爲霄雨猶霰也釋天曰雨霓爲霄雪此霄字本義若淮南書上游於霄雿之野高讀如紺綃之綃此則別爲一義乃今義行而古義罕用矣霄亦叚消从雨肖聲相邀切二部齊語也亦方俗語

言如此

［篆］稷雪也謂雪之如稷者毛詩傳曰霰暴雪也暴當是黍之字誤俗謂米雪或謂粒雪皆是也曾子曰陽之專氣爲霰詩箋云將大雨雪始必微溫雪自上下遇溫氣而團謂之霰久之寒勝則大雪矣从雨散聲穌甸切十四部

［篆］霰或从見見聲

［篆］雨仌也仌舊作冰今正雨仌

謂自上而下之仌也曾子曰陰之專氣爲雹劉向曰盛陽雨水溫暖而湯熱陰氣脅之不相入則轉而爲雹故沸湯之在閉器而湛於甘泉則爲冰此其驗也左氏傳曰聖人在上無雹雖有不爲災**从雨包聲**蒲角切古音在三部

⿱雨⿱〇⿰〇〇 **古文雹如此**象其磊磊之形

霝 **雨⿱雨各也**⿱雨各各本作零今依廣韵正霝與零義殊許引東山霝雨今作零雨譌字也定之方中霝雨既零傳曰零落也零亦當作霝霝亦叚靈爲之鄭風零露漙兮正義本作靈箋云靈落也靈落卽霝落雨曰霝⿱雨各艸木曰零落**从雨吅象⿱雨各形**郎丁切十一部**詩曰霝雨其濛**豳風東山文

⿱雨各 **雨⿱雨各也**此下雨本字今則落行而⿱雨各廢矣**从雨各聲**盧各切五部

零 **徐雨也**徐各本作餘今依玉篇廣韵及太平御覽所引纂要訂謂徐徐而下之雨小雅與雲祁祁傳曰祁祁徐也箋云古者陰陽和風雨時其來祁祁然而不暴疾引申之義爲零星爲凋零**从雨令聲**郎丁切古音在十二部讀如鄰

⿱雨鮮 **小雨財⿱雨各也**財當作才

取初始之義今字作纔从雨鮮聲讀若斯息移切十六部鮮聲在十四部而讀如斯者以雙聲合音也列子鮮而食之卽析而食之也斯析音義同

霢霢霂句小雨也信南山曰益之以霢霂釋天毛傳皆曰霢霂小雨也釋名曰言裁霢歷霑漬如人沐頭惟及其上枝而根不濡也按霢霂者溟濛之轉語水部溟下曰小雨溟溟也濛下曰濛濛溦雨也从雨脈聲莫獲切十六部

霂霢霂也此雙聲字从雨沐聲莫卜切三部

䨙小雨也从雨酸聲素官切十四部

䨢溦雨也溦各本作微今正水部曰溦小雨也今人謂小雨曰廉纖卽䨢也从雨戔聲子廉切七部又讀若芟又字衍一說謂讀若戔矣又讀若芟也

⿱雨眾小雨也从雨眾聲職戎切九部明堂月令曰⿱雨眾雨月令無此文惟季春行秋令淫雨蚤降注云今月令曰眾雨漢人眾讀平聲卽許所據之⿱雨眾雨也但記文淫雨鄭注云霖雨許不當以小雨釋⿱雨眾似小必是誤字

霃从

霒也月令季春行秋令則天多沈陰沈卽霃之叚借也沈行而霃廢矣从雨沈聲直深切七部

⿱雨兼久雨也⿱雨兼之言連也从雨兼聲力鹽切七部

⿱雨圅久雨也从雨圅聲胡男切八部

霖凡雨三日已往爲霖左傳隱九年春王三月癸酉大雨霖以震書始也庚辰大雨雪亦如之書時失也凡雨自三日以往爲霖平地尺爲大雪按許直用傳文爲說也已當作以自三日以往謂雨三日又不止不定其日數也雨三日止不得謂霖矣韋注國語亦曰雨三日以上爲霖若宋人注尚書云三日雨爲霖失古義矣釋天久雨謂之淫淫謂之霖从雨林聲力尋切七部

⿱雨㐺霖雨也南陽謂霖⿱雨㐺俗本作謂霖雨曰⿱雨㐺全書多類此者今不可盡正矣其字从㐺㐺者衆立也故雨多取之是可以證⿱雨㐺雨之爲霖而非小雨矣淫雨卽⿱雨㐺雨之叚借从雨㐺聲銀箴切七部按舉形聲關會意

⿱雨眞雨聲从雨眞聲讀若資眞聲而讀若資者合音也故廣韵作⿱雨資卽夷切十五

部
䨞雨皃方語也方上葢奪北字集韵曰䨞火五切北方謂雨曰䨞呂靜說按呂氏韵集所
據說文爲完善从雨禹聲讀若禹王矩切五部按如今音雨䨞皆切王矩何以見爲殊語依集韵
當作讀若虎玉篇尤句切䨟小雨也从雨僉聲子廉切七部
小雅旣霑旣足从雨沾聲張廉切七部䨲濡也濡此義水部失載於此見之今人多用霑
染濡染染行而䨲廢矣染者以繒染爲色非霑義从雨染聲而剡切八部霤屋水流
也水部曰漊霤下皃也釋名曰中央曰中霤古者覆穴後室之霤當今之棟下直室之中古者霤下之處也从
雨畱聲力救切三部屚屋穿水入也今字作漏漏行而屚廢矣漏者以銅受水刻節
也从雨在尸下尸者屋也尸部屋下云尸象屋形會意盧后切四部䨣雨濡
革也雨濡革則虛起今俗語若朴从雨革會意讀若膊匹各切五部霸字以爲聲[illegible]

十一篇下

雨止也釋天雨濟謂之霽濟古多訓止者如厲風濟則衆竅爲虛是也許云雨止者以詁訓字易其本字也凡止曰濟雨止則有霽字洪範曰雨曰濟今古文皆如是是尙書用濟爲霽也从雨齊聲子計切十五部

䨋霽謂之䨋从雨妻聲七稽切十五部

霩雨止雲罷皃淮南天文訓道生於虛霩虛霩生宇宙今俗字作廓廓行而霩廢矣从雨郭聲苦郭切五部

露潤澤也澤與露疊韵五經通義曰和氣津凝爲露蔡邕月令曰露者陰之液也按露之言臚也故凡陳列表見於外曰露亦叚路爲之如孟子神農章贏露字作路是也从雨路聲洛故切五部

霜喪也以疊韵爲訓成物者豳風九月肅霜傳曰肅縮也霜降而收縮萬物秦風白露爲霜傳曰白露凝戾爲霜然後歲事成按雷雨露皆所以生物雪亦所以生物而非殺物者故其用在霜殺物之後詩言雨雪雱雱益之以霢霂生我百穀其證也惟霜爲𩏄斂萬物之用許列字首靁爲動萬物者莫疾乎此也次之以雪乃次之以霝零謂冬雪而

後春雨也次之以露露春夏秋皆有之秋深乃凝霜也次之以霜而歲功成矣歲功以雪始以霜終从雨相聲所莊切十部

霚地气發天不應曰霚曰霚二字今補霚今之霧字釋天曰地氣發天不應曰霧霧者俗字霧一本作霿非也釋名曰霧冒也氣蒙冒覆地之物也開元占經引元命包陰陽亂爲霧亦雨之類也故从雨地气發而天應之則雨矣敄聲亡遇切古音在三部敄从矛聲故霚讀如矛

雺籀文霚省洪範曰蒙古文尚書作曰雺徐邈音亡鉤反宋世家作曰霧霧卽霚霚者雺之小篆

霾風而雨土爲霾依釋天補三字邶風終風且霾釋天曰風而雨土爲霾傳曰霾雨土也釋名曰霾晦也从雨貍聲莫皆切古音在一部詩曰終風且霾

霿天氣下地不應曰霿釋天曰天氣下地不應曰霿今本作曰雺或作曰霧皆非也霿釋名作蒙開元占經作濛釋名曰蒙日光不明蒙蒙然也開元占經引郗萌曰在天爲濛在人爲霧日月不見爲濛前後人不相見爲霧按霚

與霿之别以郗所言爲確許以霿系天气以霚系地气亦分别井然大氐霚下霿上霚淫霿乾霚讀如務霿讀如蒙霚之或體作霧霿之或體作蒙不可亂也而爾雅自陸氏不能諟正譌舛不可讀如玉篇云霚天氣下地不應也霿地氣發天不應也葢本爾雅而與說文互易則又在陸氏前矣其他經史𩅰霿霧三字往往淆譌要當以許書爲正○開元占經引月令仲冬、行夏令氛濛冥冥今月令作氛霧霧乃霿之誤也○衛包尚書曰蒙恒風若漢五行志作霿尚書大傳作瞀劉向曰瞀眊眊亂也按此霿字引申叚借之義也本音茂轉音蒙易傳蒙者蒙也亦霿之叚借

霿晦也　晦本訓月盡引申爲日月不見之偁釋天曰霿謂之晦許言此者欲人知霿與霚異也**从雨敄聲**　莫弄切亦平聲霿亦敄聲而入九部者合音也

霓屈虹青赤或白色　或字陸德明作也一曰三字非也韵會白下無色字是也屈當作詘許書云詰詘者謂詘曲屈非其義許意詘曲之虹多青赤或有白色者皆謂之霓釋天曰螮蝀虹也霓爲挈貳郭云雙出色鮮盛者爲雄曰虹闇者爲雌曰霓據此似青赤爲

虹白色爲霓然析言有分渾言不別故趙注孟子曰霓虹也虹見則雨楚辭有白霓**霒气也从雨**霓爲陰氣將雨之兆故从雨从虫作蜺猶虹从虫也**兒聲**五雞切十六部如淳五結切郭樸五擊切沈約郊居賦雌蜺連蜷深恐人讀爲平聲

𩅿寒也从雨執聲都念切七部**或曰早霜也讀若春秋傳墊阨**成六年襄九年廿五年皆云墊隘阨者阨之隸變阨隘古通用此謂𩅿音同墊耳非謂春秋傳有𩅿隘也而九經字樣云𩅿音店寒也傳曰𩅿隘引說文而失其眞遂致爲經作音而非其實以經典絕無𩅿字也

雩夏祭樂於赤帝以祈甘雨也公羊傳曰大雩者何旱祭也月令仲夏之月大雩帝用盛樂乃命百縣雩祀百辟卿士有益於民者以祈穀實注曰雩吁嗟求雨之祭也雩帝謂爲壇南郊之旁雩五精之帝配以先帝也自鞀鞞至柷敔皆作曰盛樂凡他雩用歌舞而已春秋傳曰龍見而雩雩之正當以四月按鄭言五精之帝高誘注時則訓曰帝上帝也許獨云赤帝者以其爲夏祭而言也以祈甘雨故字从

十一篇下

雨以于耋而求故从亏服虔曰雩遠也亦於从于得義也从雨亏聲羽俱切五部𦐄雩或从羽或字如此作雩舞羽也說从羽之意周禮樂師有羽舞有皇舞鄭司農云羽舞者析羽皇舞者以羽覆冒頭上衣飾翡翠之羽鼓師云教皇舞帥而舞旱暵之事按皇舞亦羽舞也故字或作翌而雩或作𦐄

需䇓也䇓者待也以疊韵爲訓易彖傳曰需須也須即䇓之叚借也左傳曰需事之賊也又曰需事之下也皆待之義也凡相待而成曰需遇雨不進止䇓也从雨而遇雨不進說从雨之意而者䇓之意此字爲會意各本作而聲者非也公羊傳曰而者何難也穀梁傳曰而緩辭也而爲遲緩之辭故从而而訓須須通䇓从而猶从䇓也春秋經已丑葬我小君頃熊雨不克葬庚寅日中而克葬是从雨而之證也相俞切古音在四部易曰雲上于天需易需卦象傳文此偁易以證从雨之意雲上于天者雨之兆也宋衷曰雲上于天需時而降雨

䨁水音也江氏聲曰五聲羽屬水許字作䨁與各書不同今按此當謂流

水之音耳从雨羽聲王矩切五部

文四十六六宋本作七　重十一

雲山川气也天降時雨山川出雲从雨云象回轉之形回上各本有雲字今刪古文祇作云小篆加雨於上遂爲半體會意半體象形之字矣云象回轉形此釋下古文雲爲象形也王分切十三部凡雲之屬皆从雲

云古文省雨古文上無雨非省也二葢上字象自下回轉而上也正月昏姻孔云傳曰云旋也此其引伸之義也古多叚云爲曰如詩云即詩曰是也亦叚員爲云如景員維河箋云員古文作云昏姻孔云本又作員聊樂我員本亦作云尚書云來衛包以前作員來小篆妘字籀文作䢵是云員古通用皆叚借風雲字耳自小篆別爲雲而二形迥判矣

云亦古文雲此取初古文象回轉之形者其字引而上行書之所謂觸石而出膚寸而合也變之則爲云

霒雲覆日也今人

陰陽字小篆作霒昜霒者雲覆日昜者旗開見日引申爲网儀字之用今人作陰陽乃其中之一耑而已霒字今僅見大戴禮記文王官人篇素問五常政大論从雲今聲於今切七部古文霒省古文雲本無雨耳非省也陰字从此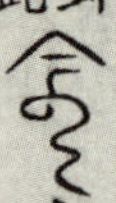亦古文霒此取初古文也侌則以小篆法整齊之云亦同

文二　重四

水蟲也象形魚尾與燕尾相佀其尾皆枝故象枝形非从火也語居切五部凡魚之屬皆从魚魚子已生者也謂魚卵生於水艸閒初孚有魚形者云已生對未生言之魚子未生者曰鯤鯤卽卵字卵說文作卝古音讀如關亦可讀如昆內則濡魚卵醬卵鄭讀鯤或作攔鯤醬者魚卵醬也內則讀鯤如字未嘗不協凡未出者爲卵已出者爲子鯤卽魚卵故說文以卝包之而魚部無鯤字鮞則已出於卵者也从魚隋聲各本作惰省聲按肉部有隋字今正徒果切十七部集韵

類篇又㔛規籀文鰖从魚據徐氏鉉筆迹相承小異切音之轉也條云史籀筆迹如此也陊者从籀文陊字而省一左也

鮞魚子也魚子謂成細魚者上文曰魚子已生者謂初出卵此云魚子則成細魚矣凡細者偁子魯語曰魚禁鯤鮞韋注曰鯤魚子也鮞未成魚也韋意鯤是卵未孚者鮞是已孚而尚未成魚者許則就已孚又別爲鰖鮞二形。按爾雅曰鯤魚子也鱦小魚也爲韋所本許無鯤字者以卝包之據內則之卵醬也許有鮞無鱦者鱦从繩省聲之與蒸合音冣近鱦者鮞之俗字也爾雅鄭皆云鯤魚子爾雅意魚子卽魚卵今人俗語猶如是若西京賦摷鯤鮞薛注鯤魚子也鮞細魚族類也此與鄭內則注鯤魚子也皆謂出卵者爲魚子失爾雅本義若莊子評絕大之魚爲鯤此則齊物之寓言所謂汪洋自恣以適已者一曰魚之美者東海之鮞鮞之別一義見呂覽本味篇伊尹語高注曰鮞魚名也木部櫨下禾部秏下皆言伊尹曰此不言者婼文从魚而聲如之切一部五經文字人六切

鮇鮇魚也舊刪鮇字今補此如河篆

下云河水也之例漢書上林賦禺禺魼鰨郭樸注云比目魚也按郭說未知其審犬部狧字下有比目魚鰈同爾雅而魚部無鰈字玉篇廣韵合魼鰈爲一字非也从魚去聲去魚切五部

魶魚佀鼈無甲有尾無足口在腹下从魚納聲按此篆玉篇作鰨廣韵作魶史記上林賦有魶字云魶一作鰨奴荅切八部

虛鰨也漢書上林賦魼鰨史記作鱋魶魶一作鰨注家皆以魼鰨爲二魚許亦別魼與虛鰨爲二虛非魼鱋之異文也郭注云鰨鯢魚也似鮎有四足聲如嬰兒按許下文云鯢刺魚也不類列一處則鰨之非鯢明矣从魚扇聲土盍切八部

赤目魚也見豳風釋魚曰鮅鱒毛傳曰鱒大魚也陸璣郭樸皆云鱒似鯶赤眼从魚尊聲慈損切十三部

鱗魚也亦三字句周禮其動物宜鱗物劉本作鱗音鱗按劉本段鱗爲鱗耳非川澤祇生此魚也集韵曰鱗通作鱗本劉从魚粦聲力珍切十二部

鰫魚也鄭注內則云今東海鰫魚有骨名乙在目

旁狀如篆乙食之鰒人不可出从魚容聲余封切九部[篆]䱬魚也从魚胥聲相居切五部[篆]鮥也毛詩衛風傳曰鮪鮥也許本之陸璣疏曰鮪魚形似鱣而青黑頭小而尖似鐵兜鍪口亦在頷下其甲可以摩薑大者不過七八尺益州人謂之䱹鱛大者爲王鮪小者爲鮛鮪一名鮥肉色白味不如鱣也郭氏山海經傳曰鮪即鱏也似鱣而長鼻體無鱗甲按即今之鱘魚也周禮春獻王鮪天官𩰫人文注曰王鮪鮪之大者引月令季春薦鮪于寢廟西京賦曰王鮪岫居薛綜陸璣李奇酈道元皆言鮪自南方江中來至河南鞏穴又入河度龍門蓋古事如此不然鮪出江中何以西周能薦鮪也从魚有聲榮美切古音在一部讀如以[篆]䱹鮠逗䱹字淺人刪之今補鮪也鮪字各本無今依全書通例補上林賦䱹鱛螹離郭注曰䱹鱛鮪也李善注吳都賦同按劉逵注蜀都賦曰鱣䱹鱛也古人言鱣鮪多有不別者如山海經傳亦云鮪即鱣也當是以爲一類而渾言之周雒謂之鮪蜀謂之䱹鮠十字

各本譌作周禮謂之䱏五字今補正李奇注上林曰周洛曰鮪蜀曰䱏鱛陸詩疏曰益州人謂之䱏鱛按蜀有之者出於江也周雒有之者出鞏穴入河也䱏鱛雙聲字

从魚亙聲 各書多作䱏省亡心也古恆切六部

鯍　䱏鯍也从魚㐬聲 武登切古音當在十部讀如茫音轉入蒸登部而字形亦改爲鱛矣

鮛　叔鮪也 此見釋魚許本之叔鮪者鮪之小者也對王鮪爲辭江賦亦以叔鮪王鱣儷句叔字林作鮛俗字也郭注爾雅曰鮪鱣屬也今宜都郡自京門以上江中通出鱏鱣之魚有一魚狀似鱣建平人呼鮥子即爾雅之鮥也按今川江中尚有鮥子魚昔在南溪縣巫山縣食之叔鮪名鮥則王鮪不名鮥而以鮥注鮪者何也渾言析言不同故互注而又別其大小也

从魚各聲 盧各切今語正如此五部

鯀　鯀魚也从魚系聲 此未詳爲何魚系聲讀古本切亦未詳所以恐古音不同今讀也禹父之字古多作鮌作𩩲禮記及釋文作鯀廣韻曰禹父𩩲尚書本作鯀按鯀乃鯀譌

鰥　鰥魚也 見齊風毛傳曰大魚也謂鰥與魴皆

鰥

鰥當从眔聲省聲故詩其魚魴鰥箋讀爲爾雅鯤魚字之鯤

大魚之名也鄭箋乃讀鰥爲爾雅鯤魚子之鯤殆非是鰥多叚借爲鰥寡字鰥寡字葢古祇作矜矜卽憐之叚借

从魚眔聲 古頑切古音在十三部齊風與雲韵可證也眔古讀同隶十三十五部合音也

鯉 鱣也 此見釋魚毛傳於鱣云鯉於鯉不云鱣者鯉者俗通行之語不待注也舍人云鯉一名鱣毛云鱣鯉也爾雅古說如此自陸璣說鱣身形似龍銳頭口在頷下背上腹下皆有甲縱廣四五尺今於孟津東石磧上釣取之大者千餘斤而郭注乃分鯉鱣爲二云鱣大魚似鱏而短鼻口在頷下體有邪行甲無鱗肉黃大者長二三丈此卽今江中及關東之黃魚也如其言則鱣絕非鯉矣周頌有鱣有鮪鰷鱨鰋鯉鱣鯉並言似非一物而箋云鱣大鯉也然則凡鯉曰鯉大鯉曰鱣猶小鮪曰鮥大鮪曰鮪謂鱣與鯉鮥與鮪不必同形而要各爲類也許意當亦如是○按他家說鱣鮪同類而有短鼻長鼻肉黃肉白之分爾雅毛鄭許則短鼻長鼻肉黃肉白者統以鮪鮥包之而惟三十六鱗之魚謂之鯉亦謂之鱣古人多云鱣鮪出鞏穴渡龍門爲龍今俗語云鯉魚跳龍門葢牽合爲一非一日矣 **从魚**

里聲良止切一部鱣鯉也衞風毛傳曰鱣鯉也許本之以鮪鮥例之此當同鄭曰大鯉也蓋鯉與鱣同類而別異猶鮥與鮪同類而別異从魚亶聲張連切十四部䲢籒文鱣从夗蟺爲

聲鱄魚也士喪禮魚鱄鮒九鱄鮒皆常用之魚也故春秋有名鱄字子魚者呂覽曰魚之美者洞庭之鱄今本作鱄非也廣韵鱄出洞庭湖山海經曰鱄魚其狀如鮒而彘尾江賦亦有蟤蟤與鱄葢非一物从魚專聲旨兖切十四部郭樸音蟤如團扇之團

鮦魚舊作魚名今正許書之例不言某名也釋魚曰鱧大者鮦小者鮵許無鱧鮵字一曰鱶也此一曰猶今言一名也許書一字異義言一曰一物異名亦言一曰不嫌同辭也此六字本相接誤解者失其義中隔以从魚同聲四字今正本艸經蠡魚一名鮦魚陸德明所據作蠡釋魚鱧郭注鮦也此由不考鱧非鱶之故若釋文云鱧又作蠡則淺人所改耳毛詩傳曰鱧鮦也正義云諸本或作鱧鯇作鯇則與舍人爾雅不異按作鯇不誤淺人認鱧爲鱶因改鯇爲鮦也蠡即鱶鱶與鱧異物異

字陶通明說本艸曰蠡今皆作鱧字此郭誤注爾雅之由也許以鱯魾鱧鰈爲一魚鱶鮦爲一魚鱶卽今俗所謂烏魚或曰烏鯉頭有七星之魚也爾雅鯉鱣爲一鰋鮎爲一鱧鯇爲一古說本不誤而郭氏妄疑之鱧鯇又非下文之鰹鮦鮵也而郭氏妄合之。此當直云鱶也上四字淺人所加當刪鮦卽今頭有七星之魚俗云烏鯉其字正當作鱶攷釋魚郭本作鱧鮦也舍人本作鱧鯇也毛詩魚麗或作鱧鮦也與郭合或作鱧鯇也與舍人合詳詩正義初疑郭自釋鱧爲鮦非爾雅正文作鱧鮦但陸璣詩疏正引爾雅曰鱧鮦也許愼謂之鱶魚然則爾雅正文實有如此本爲許所本今詩疏謂之鱶魚譌作謂之鱧魚 **从魚同聲讀若絝襱** 絝襱見衣部丈冢切故鮦亦直襱切九部鮦陽縣則音轉讀若紂

䲉（篆）鮦也 正與鮦篆轉注本艸作蠡魚省作蠡陶貞白云今皆作鱧字按此名之所以不正也 **从魚蠡聲** 蠡作蠡少一畫者誤今盧啓切古音在十六部與豊聲在十五部不同

鱄（篆）鱄魚也 三字今正 **一名鯉一名鰜** 一名舊當作一曰此一名鯉耳非卽

三十六鱗之鯉也　从魚婁聲　洛侯切四部　鰜　鰜魚也　三字今正按當作鱋魚也玉篇曰鱋大青魚類篇曰鰜魚大而青是爲一物也廣韵云比目魚因鳥有鶼皮傅耳　从魚兼聲　古甜切七部　鯈　鯈魚也　周頌箋云鰷白鰷也爾雅鮂黑鰦郭云白鯈魚江東呼爲鮂莊子鯈魚出游從容按白鯈卽今白鰲條山海經北山篇彭水鯈魚其狀如雞而赤毛三尾六足四首其音如鵲此異物非常有者也晉水鮆魚其狀如鯈鯈者白鯈魚也玉篇合二物爲一疏矣　从魚攸聲　其字亦作鯈亦作鮋俗作鰷其音舊直由切大徐同在三部今音迢　⿰魚豆　⿰魚豆魚也　从魚豆聲　天口切四部亦作鮭　鯾　鯾魚也　爾雅郭注曰江東呼魴魚爲鯿海內北經大鯾居海中郭曰鯾卽魴也　从魚便聲　房連切古音在十一部　鯿　鯾或从扁　便扁聲同　魴　赤尾魚也　周南曰魴魚赬尾釋魚曰魴魾傳曰魚勞則尾赤按此傳當有魴魚也三字以魴勞赤尾與如娓非謂魴必赬尾也左傳如魚竀尾衡流而方

鮍

案鮍蓋魚之細者今吳人猶有鰟鮍之偁其魚形似魴而細故曰鰟鮍鰟卽魴之重文亦正𩶒作旁皮不知說文固有鰟鮍二字也鮍䲆鮒相連皆小魚玉篇鮍鯧魚也廣篇韻皆無鯧字疑誤

羊亦謂其囨頓許以赤尾魚釋魴殆失之魴卽鯿魚也許列字亦二篆相比近而不言爲一　从魚方聲符方切十部　鰟籀文魴从旁此依小徐及玉篇　鱮魚也齊風其魚魴鱮傳曰魴鱮大魚箋云鱮似魴而弱鱗陸疏曰鱮似魴厚而頭大其頭尤大而肥者徐州人謂之鰱廣雅曰鱮鰱也　从魚與聲徐呂切五部　鰱魚也按許列字亦二篆相比近而不言爲一　从魚連聲力延切十四部　鮍魚也　从魚皮聲敷羈切古音在十七部　䲆魚也廣雅䲆鱮也謂䲆亦名鱮鰌之類也　从魚幼聲讀若幽於糾切三部按廣雅玉篇於堯切　鮒魚也鮒見易禮鄭注易曰鮒魚微小虞翻曰鮒小鮮也王逸注大招及廣雅皆云⿰魚脊鮒也　从魚付聲符遇切古音在四部　⿰魚巠魚也尚書大傳曰大都⿰魚巠魚鄭注大都明都⿰魚巠魚今江南以爲鮑　从魚巠聲仇成切十一部　⿰魚脊魚也今人所常食也　从魚脊聲

十一篇下　三

賫昔切十六部按或作鰿責聲亦十六部也或作鯽非是鱺 鱺魚也此卽今人謂鰻爲鰻鱺之字也與鱧鱶鯉皆不同類篇云小鮦也此用郭注爾雅語从魚麗聲郎兮切十六部鰻 鰻魚也亦二篆相比近而不言爲一蓋許於此等在疑信之閒从魚曼聲母官切十四部鱯 鱯魚也郭注釋魚曰鱯佀鮎而大白色按今江中多有之俗譌爲回魚聲之誤耳水經注洒陽縣度口水有二源一曰清檢一曰濁檢清水出鱯濁水出鮒常以二月八月取華陽國志鱯譌爲鮻从魚蒦聲胡化切古音在五部魾 大鱯也其小者名鮡見釋魚丕訓大此會意兼形聲也爾雅魴魾亦謂魴之大者爲魾从魚丕聲敷悲切古音在一部鱧 鱯也釋魚毛傳鱧鯇爲一許鱧鱯爲一各有所受之也从魚豊聲盧啓切十五部⿰魚果 鱧也廣韵曰⿰魚果似鮎與說文合从魚果聲胡瓦切十七部鱨 揚也揚各本从木者誤魚麗傳曰鱨揚也陸疏曰今黃頰魚也似燕頭魚身形厚而

長大頰骨正黃魚之大而有力解飛者徐州人謂之揚按山海經之鱤郭云黃頰魚也从魚嘗聲市羊切十部

鱏鱏魚也郭景純說鮪即鱏也許意不尒故二篆劃分異處劉注蜀都賦曰鱏魚出江中頭與身正半口在腹下亦與陸璣所說鮪狀正同鱏今字作鱘見陳藏器本艸从魚覃聲余箴切七部師古曰今俗語讀尋傳曰伯牙鼓琴鱏魚出聽傳曰者諸書多有之不定爲何書也諸書或作鱏魚或作淫魚或作潛魚皆出聲近傳意謂大魚耳淫者大也

鯢刺魚也刺盧達切或作刺者誤刺魚者乖刺之魚謂其如小兒能緣木史漢謂之人魚釋魚曰鯢大者謂之鰕郭云今鯢魚似鮎四腳前似獮猴後似狗聲如小兒啼大者長八九尺別名鰕按此魚見書傳者不下數十處而人不之信少見則多怪也余在雅州親見之廣雅鰨鯢也亦謂此集韵有鰨字刺之俗从魚兒聲形與聲皆如小兒故从兒舉形聲關會意也五雞切十六部

鰼鰌也見釋魚郭云今泥鰌按山海經之鰼魚別是一物从魚習聲

似入切七部

鰌　鰼也。从魚酋聲。七由切三部

鯇　鯇魚也。釋魚鱧鯇也毛傳同許於鱧下云鱯也不云鯇也故鯇篆割分異處葢其所傳不同鯇鯶古今字今人曰鯶子讀如混多食之　从魚完聲。戶版切舊音也十四部又胡本切今音也音轉而形改爲鯶矣

魠　哆口魚也。哆者張口也上林賦鰅鰫鰬魠郭注魠鱤也一名黃頰郭語恐非許意儻是黃頰則當與鱣爲伍廣雅曰魧鰽魠也以魠爲名取開袥之意　从魚乇聲。他各切五部

鮆　刀魚也。飮而不食。各本作飲而不食刀魚也今依韵會本漢書貨殖傳顏注正如此下多者字刀魚今人語尚如此以其形像刀也俗字作魛尚書大傳有魚刀葢卽此飮而不食故其形纖俐而味清雋春出江中人多食之山海經云苕水注於具區其中多鮆魚郭云鮆魚狹薄而長頭大者尺餘太湖中今饒之郭不係江係太湖者以經云具區也今太湖中尚時有之又按釋魚鮤鱴刀郭云今之鮆魚亦呼爲魛魚郭說葢非鄭注周禮薌物爲鱴刀含漿之屬鱴刀含漿必皆蚌蛤之類故

謂之𩀌物不得因一刀字附會也。周禮正義云孫注
爾雅刀魚與鱴別然則孫氏鱴爲逗刀爲句郭葢同
九
江有之九江謂㟭江東至於醴以下也从魚此聲徂禮切十五十六部漢書音義曰楚人言薺魚
鮎也釋魚毛傳皆曰鯊鮀也許以魦系樂浪潘國釋鮀爲鮎於古說不同葢有所受之也春秋傳名
鮀者字子魚玉裁又按鯊見於詩爾雅毛傳皆曰鯊鮀也
許當無異說不當訓鮀爲鮎而以鯊爲出樂浪潘國葢鮎
鯊也鯊鮎也許同爾雅毛傳而鮀下訓沙也亦與古同毛
詩鯊本作沙故說文無鯊字鮀下云沙也淺人以爲怪遂
竄改錯亂如此諸書紀載雖有魦字从沙省聲此樂浪潘
國之魚非詩之沙也故不相牽混許書之精嚴如此。邠
風莎雞古祇作沙。釋魚開卷鯉鱣爲一鰋鮎爲一鯊鮀
爲一許說皆同惟鱧鯇爲一許說不同。舍人云鯊石鮀
也郭云今吹沙小魚也體圓而有點文从魚它聲徒何切十七部
鯷也釋魚及魚麗傳曰鰋鮎也孫炎云鰋一名鮎郭別鰋鮎爲二非也从魚占聲奴兼切七部
鮀也謂之

鰋者以其偃頟也偃者仰也玉裁按鮀也乃鮎也之誤妄人所改也**从魚晏聲**於幰切十四部

鰋或从匽今經典皆如此作

鮷大鮎也从魚弟聲此字詩爾雅釋文廣韵作鮧从夷文選蜀都賦及玉篇作鮷未知孰是以夷弟篆體易譌也山海經傳曰今亦呼鮎爲鮷字林曰青州人呼鮎鯷郭注爾雅曰鮎別名鯷江東通呼鮎爲鮧蓋鮷鯷鮷三形一字同大兮反而鮧則別一字別一音不當合而一之杜兮切十五部

⿰魚賴魚也从魚賴聲洛帶切十五部

⿰魚朁魚也此是魚名類篇謂卽小魚爲魿之魿非也**从魚朁聲**鉏箴切七部

⿰魚翁魚也从魚翁聲烏紅切九部

⿰魚臽魚也从魚臽聲戶賺切八部

鱖魚也篇韵皆曰大口細鱗有斑文卽今人所食之鱖魚也而釋魚鱊鮬鱖鯞郭云小魚也似鮒子而黑俗呼爲魚婢江東呼爲妾魚羅端良以今之彭皮當之玉裁謂鯞音同婦鱊鱖音近鮬鯞音近鱖婦卽今俗謂之鬼婆子是也非別有細魚鯞音

鮸　段謂鮸即石首未知所本鰵魚之爲石首則亦見篇韻

章酉反非从魚厥聲居衛切十五部鯫白魚也白而小之魚也史記鯫千石徐廣曰鯫鯫魚也張守節曰鯫小魚也按鯫是小魚之名故小人謂之鯫生師古於漢書作鯫字音輒葢未然从魚取聲士垢切四部漢書鯫生敎我服虔曰鯫音淺鯫小人皃也淺鯫漢人有此語通作鄹釋名奏者鄹也鄹狹小之言也又盾約脅而鄹者曰陷虜淺鯫卽淺鄹俗人不曉乃讀爲音淺句絕矣鱓鱓魚也今人所食之黃鱔也黃質黑文似蛇異苑云死人髮化其字亦作䱇俗作鱔或叚鮮字爲之如蟬篆下云非蛇鮮之穴無所庇是也或叚鱣爲之如楊震傳鳥銜三鱣是也各本此下有皮可爲鼓四字由古以鼉皮冒鼓鼉鱓皆从單聲古書如呂覽等皆叚鱓爲鼉淺人猶讀古書率尒妄增不知字各有本義許書但言本義則此四字可增於黽部而不可贅於此也今刪正从魚單聲常演切十四部鮸鮸魚也隋煬責貢四方海錯幾盡首曰鮸魚按今江浙人所食海中黃花魚乾之爲白鯗卽此魚也一名石首魚首中有二石許云出薉邪頭國者葢許據所見

載籍言之江賦鰒鮆順時而往還注云字林曰鰒魚出南海頭中有石一名石首然則此魚又名鰒南海亦有之

魵魚出薉邪頭國薉邪頭國穢貊也从魚免聲亡辨切古音在十三部

魵魚也釋魚曰魵鰕謂魵魚一名鰕魚也出薉邪頭國陳氏魏志范氏後漢書東夷傳皆曰濊國海出班魚皮今一統志朝鮮下亦云尒班魚卽魵魚也郭注爾雅云出穢邪頭國見呂氏字林郭注但偁字林不偁說文豈所謂逐末忘本者非邪从魚分聲符分切音轉如頒十三部

⿰魚虜魚也出樂浪潘國樂音洛浪音郎樂浪潘國眞番也番音潘从魚虜聲郎古切五部

鰸魚也狀佀鰕各本作鰕誤無足鰕有足鰸則似鰕而無足集韵類篇奪無字非也長寸大如叉股叉今釵字出遼東从魚區聲豈俱切古音在四部

鯜魚也出樂浪潘國从魚妾聲七接切八部

⿰魚巿魚也出樂浪潘國从魚

犮聲博蓋切十五部

⿰魚匊魚也。出樂浪潘國。从魚匊聲。居六切三部

一曰鮒魚出九江。九江鉉本作江東爾雅音義引無東皆非也 有兩乳。一曰溥浮。上一曰別其義鮒卽今之江豬亦曰江豚樂浪潘國與九江同產此物云一曰者載異說殊其地也下一曰猶今言一名也溥浮俗字作鱄䱐晉姑覆浮二反鱄一作鱒吳東門謂鱄䱐門卽今蘇州葑門也釋魚鱀是鱁亦江豚之類也謂之海豚

魦魚也。出樂浪潘國。从魚沙省聲。詩小雅有鯊則爲中夏之魚非遠方外國之魚明甚蓋詩自作沙字吹沙小魚也樂浪潘國之魚必出於海自作魦字其狀不可得而言也或云卽鮫魚然魦鮫二篆不相連屬也所加切十七部

鱳魚也。出樂浪潘國。从魚樂聲。盧各切古音在二部

鮮魚也。出貉國。按此乃魚名經傳乃叚爲新鱻字又叚爲尟少字而本義廢矣 从魚羴省聲。相然切十四部

鰅魚也。皮有文。

上林賦郭注曰鰅魚有文彩按長卿謂八川之中有之侈靡過其實也據下文樂浪乃有之然平子賦南都亦曰鱓鱣鰅鱅是南陽有之出樂浪東暆見日部神爵四年初捕收輸考工捕當作搏搏索取也今人用捕字漢人多用搏字神爵孝宣帝年號百官公卿表少府屬官有考工捕此魚輸考工者用其皮飾器也周成王時楊州獻鰅見周書王會篇葢漢時楊州地已無此物矣今王會篇作禺禺攷上林賦鰅與禺禺爲二物作禺禺非是从魚禺聲魚容切按禺聲古音在四部漢書注音顒徐廣李善音娛

鱅鱅魚也史記上林賦鰅鱅鰬魠漢書文選鰫皆作鰫非是據許書鰫鱅劃然二物且郭注上林云鱅常容反與慵字音正同叚令从容聲則不得反以常容矣郭云鱅似鰱而黑陸璣云鱮徐州人謂之鰱或謂之鱅从魚庸聲蜀容切九部

鰂烏鰂魚也四字句烏俗本作鰞今正陶貞白云是鷃烏所化其口腹猶相似腹中有墨能吸波潠墨令水溷黑自衞劉淵林云腹中有藥謂其背骨今名海鰾鮹是

也

从魚則聲昨則切一部吳都賦作鯎他書作鱡

鯽　鰂或从卽此乃俗鰂字以卽聲古音在十二部也今人用爲鰿魚字

鮐　海魚也各本也作名今依史記正義漢書注文選七命注正鮐亦名侯鮐卽今之河豚也吳都賦王鮪侯鮐以王侯相儷改作鯸者非貨殖傳鮐鮆千斤鮐狀如科斗背上青黑有黃文詩黃髮台背毛曰台背大老也箋云台之言鮐也大老則背有鮐文是謂台爲鮐之叚借字今爾雅作鮐背

从魚台聲徒哀切一部

鮊　海魚也从魚白聲旁陌切古音在五部玉篇讀平亞切廣韵禡韵作鮁讀若書白不黑未知所出大元昆次三曰昆白不黑不相親也疑用此語

鰒　海魚也郭注三倉曰鰒似蛤一偏著石廣志曰鰒無鱗有殼一面附石細孔襍襍或七或九本艸曰石決明一名鰒魚李時珍云與石決明同類殊種从魚复聲蒲角切三部

鮫　海魚也皮可飾刀今所謂沙魚所謂沙魚皮也許有魦字云从沙省聲卽此魚陳藏器曰沙魚狀皃非一皆皮上

有沙堪措木如木賊蘇頌曰其皮可飾刀靶按其皮可磨錯故通謂之鯌魚音措各切有鐇鯌有横骨在鼻前如斤斧形者也有出入鯌子朝出求食暮還入母腹中者也淮南子鮫革犀兕爲甲冑中山經有鮫魚郭云卽此魚中庸黿鼉鮫龍本又作蛟 从魚交聲 古肴切二部

鱷 海大魚也 此海中魚冣大者字亦作鯨羽獵賦作京京大也 从魚畺聲 渠京切古音在十部 春秋傳曰取其鱷鯢 宣公十二年左氏傳文劉淵林注吳都賦裴淵廣州記皆云雄曰鯨雌曰鯢是此鯢非刺魚也

鯨 鱷或从京 古京音如姜

鯁 魚骨也 故其字从魚與骨部骾字別而骨骾字亦多借鯁爲之爾雅曰魚枕謂之丁魚腸謂之乙魚尾謂之丙今益之曰魚骨謂之鯁魚甲謂之鱗魚臰謂之鮏 从魚更聲 古杏切古音在十部

鱗 魚甲也 甲者鎧也魚鱗似鎧亦有無鱗有甲之魚鱣是也 从魚粦聲 力珍切十二部

鮏 魚臭也 魚气也與肉部胜義別字俗作鯹 从魚生聲 桑經切十一部

鱢（篆）鮏臭也。从魚喿聲。穌遭切。二部。周禮曰膳膏鱢。按此六字當作讀若周禮曰膳膏臊八字。葢臊从肉，見肉部，云豕膏臭也，與先鄭說同。然則許所據周禮不作膳膏鱢。鱢與鮏同義。

鮨（篆）魚胎醬也。醬字衍。胎者豕肉醬也。引申爲魚肉醬，則偁魚胎可矣。公食大夫禮牛鮨，注曰：內則鮨爲膾，然則膾用鮨。謂此經之醢牛鮨卽內則之醢牛膾也。聶而切之爲膾，更細切之則成醬，爲鮨矣。鮨者膾之冣細者也。牛得名鮨，猶魚得名胎也。鄭曰：今文鮨作鰭。按鰭是叚借字，說文有耆無鰭。出蜀中。謂魚醬獨蜀中有之。从魚旨聲。旨夷切。十五部。一曰鮪魚名。鮪魚名當作鮨魚也三字一句，謂有魚名鮨也。

鮺（篆）臧魚也。釋名曰：鮓，菹也。以鹽米釀魚爲菹，孰而食之也。按古作鮺之法，令魚不殄壞，故陶士行遠遺其母。卽內則之魚膾聶而切之者也。南方謂之魿，北方謂之鮺。此一說也。周禮注曰：荊州之鮺魚。然則南方亦言鮺。一曰大魚爲鮺，小魚爲魿。此又一說也。此十字舊在下篆

薧也之下今依廣韵移併从魚差省聲側下切十七部俗作鮓

薧也渾言不別析言則別之

从魚今聲徂慘切古音在七部廣韵昨淫切玉篇才枕才箴二切

饐魚也饐飯傷溼也故鹽魚溼者爲饐魚周禮籩人有鮑注云鮑者於煏室中糗乾之出於江淮師古注漢書曰鮑今之鮿魚也鄭以爲於煏室乾之非也秦始皇載鮑亂臭則是鮿魚耳而煏室乾者本不臭也鮿於業反按玉篇作裛魚皆當作浥耳浥溼也釋名曰鮑腐也埋藏淹使腐臭也

从魚包聲薄巧切古音在三部

蟲連行紆行者考工記梓人注曰連行魚屬紆行蛇屬按紆者詘也縈也蛇行必縈曲

从魚令聲郎丁切古音在十二部

鰕魚也三字句各本作魵也今正鰕者今之蝦字古謂之鰕魚如鼉曰鼉魚馬部騢下云色似鰕魚驒下云文如鼉魚郭注爾雅云今青州呼鰕魚爲鰝皆其證鰕篆是此物正字不訓以鰕魚則騢之似鰕魚鱓之狀似鰕爲似何物乎況鰕篆之下緊接鰝篆釋云大鰕鰝爲今之大蝦無可疑者若如谷

本則鰝不爲大魵乎由釋魚有魵鰕之文郭曰出穢邪頭國與說文魵解同淺人遂改鰕篆之解爲魵也不知許立文之例以類相從鰕果是魵則鰕篆必次魵篆後不次鰝篆前至於物有同名異實者如爾雅鰕三見鰝大鰕則今之蝦也魵鰕則穢邪頭之魚也鯢大者謂之鰕則今有四腳之魚也而皆謂之鰕豈可合而一之乎鰕篆者長須水蟲之正字古亦借瑕爲之凡叚聲如瑕鰕騢等皆有赤色古亦用鰕爲雲赮字**从魚**故爾雅鰕在釋魚**叚聲**乎加切古音在五部

鰝　大鰕也見釋魚郭云鰕大者出海中長二三丈鬚長數丈今青州呼鰕魚大者爲鰝鰕吳都賦曰罩鰝鰕**从魚高聲**胡到切二部

魱　當互也見釋魚今爾雅互作魱郭云海魚也似鯿而大鱗肥美多鯁今江東呼其冣大長三尺者爲當魱魱音胡按集韵類篇模韵魱字注云吳人以爲珍卽今時魚尋繹郭注誠謂時魚也時魚七之作鰣或作鯺廣韵亦曰鰣魚似魴肥美江東四月有之但依許氏立文之例求其義自鰕至鮎六字皆字从魚而實非魚者故殿於魚部之末如蠅鼅鼄鼂必居黽尾驘驢

鮥

鮥之為當互當互之為鰣魚郭注釋魚云當古今無異說段以許書列魚部之末據許說異郭則鯢如小兒有四腳何以列鱏鰼間鯛非魚形何以列鰅鮥間鼬似鰕無足何以與鰕為類而殿部末蓋說文經後人竄亂不必泥

騤駼必廁馬後也然則許說爲何物不可知而必與郭說異亦猶鱴刀鄭云蘸物郭乃云薺魚互俗作鮔蓋非是當是罝之省罝者罟也見网部**从魚各聲**其八切三部按字林作鮥鮇鮪也鮥當鮔也與爾雅說文互易乃鮥鮥字之互譌耳而五經文字乃云鮥其救反又音洛洛乃鮥鮥音鮥豈有洛音哉凡五經文字可議處類此○釋文云字林作鮥音洛今洛譌格

魧大貝也貝海介蟲也居陸名猋在水名㒼釋魚曰大者魧尚書大傳曰散宜生得大貝如車渠車渠車网也車网者輮也江賦字作蚢**从魚**故爾雅介蟲皆入釋魚**亢聲****一曰魚膏**別一義**讀若剛**古郎切十部文選胡剛切

鮩蚌也蚌者蜃屬亦名鮩**从魚丙聲**兵永切古音在十部

鮚蚌也地理志會稽鄞縣有鮚埼亭師古曰鮚蚌也長一寸廣二分有一小蟹在其腹中埼曲岸也其中多鮚故以名亭按此名瑣鮚瑣者小也鮚之小者江賦瑣蛣腹蟹注引南越志曰瑣蛣長寸餘大者長二三寸腹中有蟹子如榆莢合體共生皆爲蛣取食**从魚吉聲**巨乙切十

二部文選字作蛣

漢律會稽郡獻鮚醬二斗二斗二字依廣韵補廣韵斗誤升小徐本作三斗

魚名从魚必聲毗必切按自鮅至魮十篆蓋皆非許書所本有以魚部鰌鰸爲魚子自鮍至鱷皆魚名自鰻至鮑皆泛言魚之體魚之用自鯩至鮚皆字从魚而實非魚者至此而魚部畢矣不當又舉魚名及魚之狀皃故知必淺人所增也釋魚云鮅鱒系一魚二名儻許錄鮅字便當與鱒相聯由許時爾雅本無鮅字但作必必則例不錄

魚名从魚瞿聲九遇切

魚名从魚矦聲乎鉤切按吳都賦鯸鮐當是本作矦鮐故與王鮪相儷廣雅鯸鮔即矦鮐之俗字也叚令許錄鯸字則當厠於鮐篆之上

骨耑脃也从魚周聲都僚切如其義則當與鯁篆相屬篇韵皆曰魚名何也

烝然鯙鯙从魚卓聲都教切按詩南有嘉魚烝然罩罩傳曰罩籗也音義罩張教反此偁詩作鯙鯙不言其義篇韵皆不載其字大徐云都教切者非唐韵有此字此音乃傳合毛詩音義爲

此音耳集韵類篇攷韵亦無此字惟覺韵有此字訓曰魚名蓋其可疑如此鱣鮪鱍鱍从魚犮聲北末切按毛詩鱣鮪發發傳曰發發盛皃音義云補末反韓詩作鱍是作鱍者非毛非韓不可信又不言其義篇韵皆無鱍字其可疑如此

鯕魚出東萊从魚夫聲甫無切依玉篇當作鈇鯕魚

魚名从魚其聲渠之切按其訓當云鈇鯕也廣韵七之又單出鯕字云鯿魚

魚名从魚兆聲治小切按字見爾雅鱥之小者也叚令許錄此字當與鱥篆相屬

魚名从魚匕聲呼跨切

新魚精也云精者鄭今之鯖字廣韵云煮魚煎食曰五侯鯖煎食作煎肉者誤謂以新魚爲肴也周禮𩟷人辨魚物爲鱻薧鄭司農曰鮮生也薧乾也詩思文正義引鄭注尚書曰眾鱻食謂魚鼈也引申爲凡物新者之偁獸人六畜六獸六禽亦偁鱻薧史言數見不鮮許書玭下云新玉色鮮也黨下云不鮮也其字葢皆本作鱻凡鮮明鮮新字皆當作鱻自漢人始以鮮代鱻如周禮經作

鱻　鱻三為鮮精　女三為姦

鱻注作鮮是其證至說文全書不用叚借字而玭 **从三魚** 下鮺下亦皆爲淺人所改今則鮮行而鱻廢矣 相然切十四部 **不變魚也** 也字今補此釋从三魚之意謂不變其生新也他部如驫麤猋等皆謂其生者鱻則謂其死者死而生新自若故曰不變

文一百三　重七

䲆 **二魚也** 此即形爲義故不言从二魚二魚重而不竝易所謂貫魚也魚行必相隨也晉語暇豫之吾吾不如烏烏韋注吾讀如魚韓文公詩用魚魚雅雅豈即本國語乎从二魚與从三魚不同三魚謂不變其新二魚謂連行可觀 語居切五部 **凡䲆之屬皆从䲆** 此所以不併入魚部必立此部者以有瀺字从䲆也

瀺 **搏魚也** 搏舊作捕今正搏索持也漢人用搏字多如此捕魚字古多作魚如周禮𩵋人本作魚此與取鼈者曰鼈人取獸者曰獸人同也左傳公將如棠觀魚者魚者謂捕魚者也呂氏春秋淮南鴻烈高注每

云漁讀如論語之語語讀如相語之語尋其文義皆由本文作魚故爲讀若以别諸水蟲周禮音義𩵹本作魚又音御御音卽高氏之語音也然則古文本作魚作鱻𩽼其籒文乎至小篆則媘爲漁矣周禮當从古作魚人作魰者失之作𩵹者非也

从鱻水必从鱻者捕魚則非一魚也鱻水者魚之鷩透於水也語居切五部

[𩽼]篆文𩽼从魚後篆文者亦先二後上之例也

文二　重一

[燕]燕燕【元】鳥也各本無燕燕二字今補乙下曰燕燕也齊魯謂之乙隹部巂下曰巂周者燕也邶風傳曰燕燕乙也商頌傳曰【元】鳥乙也釋鳥曰巂周燕燕乙也古多叚燕爲宴安宴享籋口故以廿像之布翄故以北像之枝尾與魚尾同故以火像之象形於甸切十四部凡燕之屬皆从燕

文一

龍 鱗蟲之長能幽能明能細能巨能短能長 四句一韵 春分而登天秋分而潛淵 二句一韵毛詩蓼蕭傳曰龍寵也謂龍卽寵之叚借也勺傳曰龍和也長發同謂龍爲邕和之叚借字也 从肉 與能从肉同 𠃬肉飛之形 𠃬肉二字依韵會補無此則文理不完六書故所見唐本作从肉从飛及童省按从飛謂⺄飛省也从⺄謂⺄反古文及也此篆从飛故下文受之以飛 童省聲 謂辛也力鍾切九部 凡龍之屬皆从龍

龗 龍也 雙聲轉注部 从龍霝聲 郎丁切十一部

龕 龍皃 此篆之本義也叚借爲戕亂字今人用戡堪字古人多叚龕文選注引尚書孔傳曰龕勝也 从龍今聲 各本作合聲篆體亦誤今依九經字樣正古音在七部侵韵今音入八部覃韵口含切

䶬 龍耆脊上䶬䶬也 士喪禮載魚左首進鬐注曰鬐脊也

古文鬐爲耆按此鄭从今文而壘古文於注也許彡部無鬐此出耆者許於此字從禮古文不從禮今文也耆者老也老則脊隆故凡脊曰耆或作鬐因馬鬣爲此字也龍魚之脊上出者如馬鬣然上林賦曰揵鰭掉尾郭云鰭背上鬣也鰭亦耆之今字渾言之耆卽脊析言耆在脊上龘龘龍耆皃 从龍幵聲 古賢切十二部

龖 飛龍也 廣韻曰龍飛之狀 从二龍 凡龔聾字从此省聲 讀若沓 徒合切八部

文五

飛 鳥翥也 羽部曰翥者飛舉也古或叚蜚爲飛 象形 像舒頸展翄之狀甫微切十五部 凡飛之屬皆从飛

翼 翄也 羽部曰翄者翼也二篆爲轉注翼必兩相輔故引申爲輔翼卷阿傳曰道可馮依以爲輔翼也行葦鄭箋云在前曰引在旁曰翼又凡敬者必如兩翼之整齊故毛傳曰翼敬也鄭箋云小心翼翼恭愼皃 从飛異聲 與職切一部 籒文翼 小徐有此三字 翼 篆文

䶄从羽 先籀後篆者亦先二後上之例也䶄爲飛之屬

文二　重一

非 韋也 韋各本作違今正違者離也韋者相背也自違行韋廢盡改韋爲違此其一也非以相背爲義不以離爲義 从飛下翄 謂从飛省而下其翄 取其相背也 翄垂則有相背之象故曰非韋也甫微切十五部 凡非之屬皆从非

𩇕 別也 別者分解也 从非己 舊己下有聲字今刪已猶身非已猶言不爲我用會意非亦聲非尾切十五部

靡 披靡也 披各本作拔今正披靡疊韵字旇下曰旇旗披靡也項羽傳漢軍皆披靡顏師古張守節皆普彼反葢其字本作柀从木析也寫者譌从手披靡分散下垂之皃易中孚九二曰吾與爾靡之孟王皆曰散也凡物分散則微細引申之謂精細可喜曰靡麗爾下曰麗爾猶靡麗也是也又與亡字無字皆雙聲故謂無曰靡 从非麻聲 文彼切古音在十七

部

靠　相韋也韋各本作違今正相韋者相背也故从非今俗謂相依曰靠古人謂相背曰靠其義一也猶分之合之皆曰離　从非告聲苦到切古音在三部

陛　陛牢謂之獄五字句各本作牢也二字今依韵會本訂牛部曰牢者閑養牛馬圈也引申之凡閑罪人者曰陛牢卽夏均臺殷羑里周圜土秦囹圄漢若盧也法言曰狴犴使人多禮字作狴猶鄉亭之繫曰犴朝廷曰獄字皆从犬　所㠯拘非也　从非說从非之意　陛省聲邊兮切十五部

文五

卂　疾飛也引申爲凡疾之偁故撞下曰卂擣也辵部迅从卂　从飛而羽不見飛而羽不見者疾之甚也此亦象形息晉切十二部　凡卂之屬皆从卂

㷀　回疾也回轉之疾飛也引申爲煢獨取褢回無所依之意或作惸作睘作嬛毛傳曰睘睘無所依也　从卂營省聲

渠營切　十一部

文二

二十一部　文六百八十五　重六十三宋本三作二

凡九千七百六十九字已上十一篇分部及篆文重文及説解字之都數也

説文解字第十一篇下

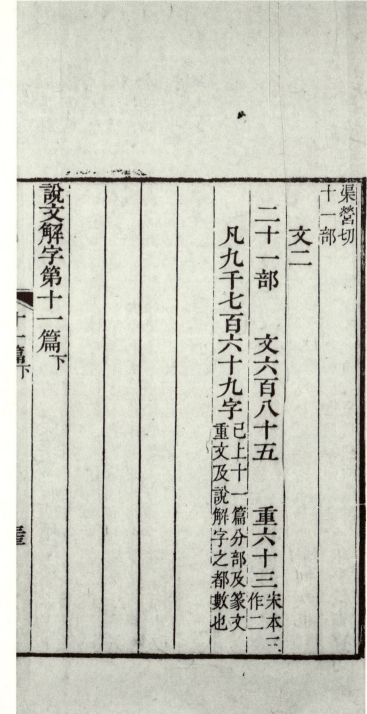

受業黟縣胡積城校字

顧亭林　王懷祖（讀書雜志）

閻百詩　錢竹汀（廿二史考異　三史拾遺　潛研堂文集）

何義门　王西莊（十七史商榷）

杭堇浦（史記疏證）　段懋堂

全謝山　姚惜抱

劉端臨　錢大昕

梁曜北（人表攷）　錢坫獻之（十蘭）

汪小米（地理志校本）

趙東潛（水經注釋　論說書在甚多）

吳斗南（刊誤補遺　刻在知不足齋叢書第集中）